LAS GUERRAS MÉDICAS

Javier Jara Herrero

LAS GUERRAS MÉDICAS

Grecia frente a la invasión persa

la esfera de los libros

Primera edición: abril de 2021

Avenida de San Luis, 25
28033 Madrid
Tel.: 91 296 02 00
www.esferalibros.com

ISBN: 978-84-1384-076-5
Depósito legal: M-4204-2021
Composición: Versal CD, S. L.
Impresión y encuadernación: Huertas
Impreso en España-*Printed in Spain*

Índice

Agradecimientos 11
Prólogo 13

1. El Imperio persa: la formación de un dominio universal 17
2. Atenas: el difícil camino hacia la democracia 43
3. Esparta 71
4. La sublevación de Jonia 99
5. La Primera Guerra Médica y la batalla de Maratón (492-490 a. C.) 125
6. Evolución y política greco-persa en el periodo de entreguerras (490-481 a. C.) 151
7. La Segunda Guerra Médica (I). Grecia en llamas: la ofensiva persa 183
8. La Segunda Guerra Médica (II). Tras la estela de Leónidas 211
9. La Segunda Guerra Médica (III). El triunfo de la «causa» griega 239
10. El papel de la religión en el conflicto: el caso del santuario de Delfos 269
11. De la gloria a la infamia. La caída en desgracia de Pausanias y Temístocles 293
12. Desarrollo militar, equipamiento y tácticas de los contendientes 317

13. La cultura griega en el contexto de la guerra 343
14. Las guerras médicas en la cultura popular contemporánea 365
15. Epílogo. El mundo griego tras las guerras médicas 381

Cronología 399
Abreviaturas 403
Bibliografía 407
Notas 417

A Charo

Agradecimientos

Antes de nada, es preciso brindar un breve pero merecido reconocimiento a aquellas personas sin cuya colaboración, directa o indirecta, este volumen no podría haber salido a la luz. Me remitiré en estas pocas líneas a quienes por su dedicación y cercanía han contribuido de manera más destacable, dejándome en el tintero, por desgracia, un buen número de amigos, colegas y allegados. Todos ellos, en su medida, son responsables de estas páginas, la *opera prima* del que escribe.

La dedicatoria que encabeza el libro está dirigida a la doctora Rosario Valverde Castro, profesora titular de Historia Antigua en la Facultad de Geografía e Historia de la Universidad de Salamanca en la que realicé mis estudios de grado y máster, directora de mis trabajos de fin de grado y de fin de máster, y tutora de la tesis en cuyo proceso me encuentro inmerso. A la doctora Valverde, o Charo (permíteme la confianza), le debo, en primer lugar, la devoción que profeso a la antigua Grecia; pero especialmente he de agradecerle la paciencia mostrada conmigo. La elaboración de un TFG o un TFM es ardua, máxime si el alumno candidato es un sabelotodo pretencioso. Fue ella, en definitiva, quien me enseñó a escribir de forma coherente.

En segundo lugar —sin que por ello le reste importancia— quisiera incluir a quien tengo el privilegio de contar como director de mi tesis: el doctor César Fornis Vaquero, catedrático de Historia Antigua en la Universidad de Sevilla, uno de los más reputados helenistas de España y, quizá, el mayor experto que conozco en lo que a la historia de la antigua Esparta se refiere. Como guía de esta etapa de mi vida formativa, César (permíteme, también, el trato) es «culpable» de todos los logros académicos asociados a mi doctorado, así como del adecuado tratamiento de las fuentes antiguas que pretendo demostrar en este trabajo, y sobre todo de la ingente bibliografía manejada en aras de la realización de mi tesis doctoral y de la que este tomo se beneficia. Una parte importante de la bibliografía utilizada lleva la firma del doctor Fornis y aproximadamente la mitad cumple el requisito de su recomendación.

A continuación, dos altruistas historiadores, paradigma del rigor y el buen hacer que nuestra exigente, delicada y, a veces, incómoda disciplina requiere. Uno de ellos es el doctor David Alegre Lorenz, especialista en experiencia de guerra del siglo XX y coeditor de la *Revista Universitaria de Historia Militar*, entre cuyas páginas me dio cobijo gentilmente en 2020 con un artículo («El oráculo de Delfos en las Guerras Médicas») que constituyó la semilla de esta obra. En este sentido, se hace necesaria también mi apreciación a Félix Gil, editor de La Esfera de los Libros, por la confianza depositada al proporcionarme la oportunidad de emprender mi andadura en el mundo editorial con una temática tan apasionante como la contienda que marcó, en buena medida, la identidad occidental actual.

Por último, no me gustaría concluir sin unas palabras de gratitud, probablemente las más vehementes, a «los míos», mi familia, quienes más experiencia acumulan soportando a una rata de biblioteca. Primero, desearía dirigir mi agradecimiento a mis padres, Eloy y Sagrario: es tanta la ayuda, tantos los aspectos por los que elogiaros, que haría falta otro libro para recogerlos. Vuestra indulgencia y benevolencia son dignas de mucho más que estas líneas. También a mi compañera de vida, Nuria Suárez, «examinadora oficial» de todo este proyecto y quien ya va siendo consciente del embrollo en el que se ha metido. Lo siento, no se admiten devoluciones.

A todos, los aquí mencionados y los que habéis aportado vuestro granito de arena, este libro es *por* vosotros. Gracias de corazón.

Prólogo

«Los griegos, por una mujer lacedemonia, reunieron una poderosa flota, pasaron, acto seguido, a Asia y destruyeron el poderío de Príamo. A raíz de entonces, siempre han creído que el pueblo griego era su enemigo; pues los persas reivindican como algo propio Asia y los pueblos bárbaros que la habitan, y consideran que Europa y el mundo griego es algo aparte. Así es como dicen los persas que sucedieron las cosas, y en la toma de Troya encuentran el origen de su vigente enemistad con los griegos».[1]

Este fragmento, uno de los primeros que componen las valiosas y extensas *Historias* de Heródoto, acredita la pervivencia de los versos de Homero en un mundo helénico que acababa de dar el salto a la Época Clásica. Sobre la figura del aedo que narró las míticas leyendas no hay nada confirmado, de manera que su naturaleza, su periodo de actividad, su misma existencia y la autoría de las obras relacionadas con la presunta guerra entre aqueos y troyanos están actualmente en entredicho. Sin embargo, el relato épico que se le atribuye y su inclusión en crónicas más tardías ponen de manifiesto, por una parte, los siglos de oscuridad, estancamiento e involución que siguieron al colapso de la civilización micénica, y, más importante, el interés del individuo griego clásico —aquel perteneciente al orden que salió victorioso ante la irrupción de lo que consideraban «bárbaros»— por conocer la trayectoria histórica que moldeó su entorno, esto es, el devenir de los acontecimientos que desembocaron en el acervo cultural del que disfrutaba y que compartía, a partir de un origen que, en tanto que desconocido, hubo de ser imaginado.

No es de extrañar que las fuentes literarias inmediatamente posteriores a las Guerras Médicas aludan a las epopeyas más arcaicas de la cultura griega, a fin de cuentas, fue la primera vez —desde la guerra de Troya, si por algún motivo consideramos verídicos los hechos presentes en la *Ilíada* y en la *Odisea*— que varios pueblos de la Hélade aparcaron sus diferencias políticas y étnicas para, unidos, hacer frente a una potencia extranjera; un poder que, además, controlaba el territorio consuetudinariamente adjudicado a la antigua Ilión. Bien es cierto que una parte importante de los estados griegos, especialmente los situados al norte del istmo de Corinto, mantuvieron una postura diplomática afín a los intereses persas; pero la difícil victoria final de la «causa» helénica estuvo vertebrada por una tímida, aunque generalizada, conciencia de identificación con un patrimonio inmaterial uniforme del que todas las *póleis*, como depositarias de tal legado, fueron partícipes.

El lector se encuentra ante un momento histórico crucial para el desarrollo de aquella cultura clásica helénica de la que la civilización occidental posterior se hizo, en parte, heredera. Las Guerras Médicas demostraron que en los sucesos bélicos influyen multitud de factores ajenos a las tácticas militares y que, a su vez, los conflictos catalizan ciertos sistemas políticos. En este sentido, la primera mitad del siglo v a. C. fue testigo tanto del encontronazo greco-persa como de los vaivenes que agitaron, consecuentemente, el territorio griego: el auge de la democracia en Atenas, el peculiar sistema normativo espartano y la hegemonía dual sostenida por ambas ciudades-estado no son más que algunos de los aspectos que perfilaron un cosmos, por lo demás intensamente impregnado por la religión. No obstante, el marco cronológico de esta obra dista de limitarse a las primeras décadas de la centuria de Pericles. Se hace necesario un breve análisis histórico de los principales contendientes de esta determinante confrontación que nos retrotraerá a sus imprecisos, legendarios y sobre todo lejanos orígenes; inmersos en las migraciones de los pueblos orientales durante los albores del segundo milenio a. C., en el caso de lo que llegaría a ser el Imperio aqueménida, y en el traumático derrumbamiento de las estructuras de poder palaciales en torno al siglo xii a. C., germen de una Grecia sobre la que brotaron infinidad de póleis y estados independientes. Iniciaremos, así, un viaje en cuyo tránsito nos detendremos no solo en el desarrollo militar, social, político e incluso místico de las guerras entre griegos y persas, sino también en el panorama diplomático que sembraron a su término, sustrato que acabaría ocasionando el estallido de otra guerra, la del Peloponeso, en el año 431 a. C.

Convergen adecuadamente, para ello, los estudios derivados de la historiografía moderna con aquellos testimonios literarios procedentes de los autores pretéritos. Dentro de este último grupo cobra una notoria relevancia el halicarnasio Heródoto, reconocido arquitecto de la obra más prolija sobre las Guerras Médicas. El «padre de la Historia», consideración con la que el erudito latino Cicerón quiso recompensar su labor cuatro siglos después, es sin duda la fuente antigua más recurrida en el curso de este volumen, pero se complementa con los trabajos al respecto de figuras sobradamente conocidas por el aficionado a la disciplina histórica (Plutarco, Diodoro de Sicilia o Platón), así como de otras menos relativas al enfrentamiento greco-persa (Polieno o el romano Valerio Máximo). No podemos olvidar, por último, la inestimable información proporcionada por el registro arqueológico, que quizá no encuentre tanta cabida entre estas páginas como merece esta esfera del conocimiento, por más que sus indagaciones resulten de lo más trascendental y riguroso.

Podría decirse —para culminar esta breve introducción— que el estudioso de las Guerras Médicas alberga un sentimiento semejante al de aquel ciudadano griego que, en el ágora de su polis, escuchaba con atención los poemas homéricos. Se trata de comprender, en cierto grado, el conflicto que significó la confirmación de una revolución cultural griega que ha terminado por empapar algunos de los valores de los que el mundo político actual pretende presumir; pero las Guerras Médicas no constituyen un enfrentamiento entre «Occidente» y «Oriente», como si de dos civilizaciones antagónicas se tratara. No consiste en asignar a la vieja Hélade, desde un enfoque presentista, un inexistente rol limitador que contuviese el empuje de una filosofía alternativa a lo largo del continente europeo, sino de entender uno de los procesos que, por su evolución, permitieron el florecimiento de una tradición cuyo progreso, a través de los siglos, representaría una determinante contribución a lo que ahora denominamos «Occidente», y la medida en la que la actitud de Grecia frente a la invasión persa contribuyó a tal desenlace.

1
EL IMPERIO PERSA: LA FORMACIÓN DE UN DOMINIO UNIVERSAL

¿Cuántos son los países que tiene el rey Darío?
La lanza del persa ha ido muy lejos:
el persa ha peleado muy lejos de Persia.
Inscripción sobre la tumba de Darío I
en Naqsh-i-Rustam

Los difusos orígenes del estado aqueménida: persas y medos

Explorar los inicios de los pueblos que llegarían a configurar lo que hoy en día conocemos como «Imperio persa» es una tarea particularmente complicada. Las fuentes de las que disponemos son variadas y heterogéneas: nuestro principal referente son las *Historias* que, a mediados del siglo V a. C., vieron la luz de la mano del halicarnasio Heródoto. Unos cincuenta años después, a principios del siglo IV a. C., encontramos la obra del médico e historiador Ctesias de Cnido, *Pérsica*, un compendio de veintitrés libros en los que plasmó su experiencia en tanto que médico real de Artajerjes II y sus conclusiones tras investigar «cada cosa en los pergaminos reales, en los que los persas tenían compuestos sus antiguos hechos»[1] y de los que solo se han conservado algunos extractos. Sin embargo, su relato acerca de los orígenes persas y medos carece de credibilidad, según Plutarco, por introducir «historias increíbles y paradójicas en sus libros».[2] Por otro lado, la *Anábasis* de Jenofonte, también de principios del siglo IV a. C., solo nos informa de las expediciones militares del príncipe persa Ciro el Joven y del contingente mercenario griego que le acompañó y en el que el autor sirvió como comandante. A los testimonios de estos historiadores griegos debemos añadir una variada documentación epigráfica procedente de Asia que presenta el inconveniente de contradecir a los helenos en algunas ocasiones. Por lo tanto, la historia de las primeras poblaciones iranias (a las que también podemos llamar «arias») es extremadamente mal conocida. Las primeras referencias a las sociedades meda y persa están vinculadas a las campañas militares que el rey asirio Salmanasar III —cuyo reinado floreció en la segunda mitad del siglo IX a. C.— acometió para ampliar y consolidar sus dominios. Lo cierto es que estos arios, y más concretamente las poblaciones medas, habían ganado fama como excelentes criadores de caballos, una costumbre conservada de sus antepasados centroasiáticos que resultaba de gran interés para el poder asirio, poco o nada conocedor de la cría de unos animales de los que, en lo sucesivo, procuraría apropiarse por la fuerza cada vez que le fuera posible. No es de extrañar, así, que estos pueblos comenzaran a obtener visibilidad en las fuentes de la que fuera la entidad política dominante en el Próximo Oriente. De hecho, en el célebre Obelisco Negro, monumento erigido en el año 827 a. C. para honrar los triunfos de Salmanasar y que descansa en la actualidad en el British Museum, aparece la primera mención conocida a «Parsua», «la tierra de los persas», de quienes no existen evidencias anteriores al reinado de este monarca.[3]

La tesis más aceptada en torno a la génesis de la etnia persa es la que sitúa su origen en Asia Central, en las comunidades nómadas ganaderas que emigraron hacia el actual Irán para asentarse en la región del Fars —perteneciente entonces al otrora poderoso territorio de Elam— y mezclarse con sus habitantes. La decadencia del Imperio elamita se extendería desde el siglo XII hasta el ataque asirio de mediados del VII a. C., momento en el que Elam desapareció del mapa y dejó un vacío de poder en el Fars que fue ocupado por una familia persa. Esta teoría, mayoritariamente aceptada, goza de cierto apoyo arqueológico materializado en el denominado cilindro de Ciro (procedente del siglo VI a. C.), una pieza cilíndrica en la que se muestra la genealogía real persa y en la que se intitula a los antecesores del soberano que le da nombre como «reyes de Anshan», un importante centro urbano perteneciente al Fars en tiempos del dominio elamita donde debieron de instalarse los primeros inmigrantes.[4]

Si los persas ocuparon un lugar prominente en las crónicas asirias del siglo IX a. C., esa posición se fue cediendo progresivamente a los medos conforme avanzó la siguiente centuria, cuando las referencias a «Mada», «la tierra de los medos», aparecen con más frecuencia. Su origen también parece derivar de sociedades pastoriles asiáticas que habrían emprendido su propio periplo hacia la zona de los montes Zagros, fundiéndose con la población autóctona y convirtiéndose en vecinos de los persas luego de instalarse al norte de su territorio y levantar un próspero centro en la antigua ciudad de Ecbatana. Ambos grupos, al igual que sus homólogos iranios arraigados tanto en los Zagros como en las inmediaciones fronterizas de un Imperio asirio en plena expansión, carecían de estructuras estatales férreas y constituían organizaciones tribales cuya economía estaba ampliamente sustentada en un modelo agropastoral. Cabe la posibilidad de que la hegemonía asiria en la zona ejerciera la influencia suficiente para que medos y persas abandonaran este formato tribal y adoptaran esquemas políticos más sólidos.[5] Sea como fuere, la relación entre asirios y medos fue mayoritariamente tensa, y los intentos de los primeros por subyugar a los segundos se repitieron hasta finales del siglo VII a. C. En este momento se produjo un punto de inflexión en la historia meda con el ascenso a su trono de Ciaxares, soberano capaz de reunir ejércitos lo suficientemente numerosos para saquear con ellos importantes ciudades asirias como Assur (614 a. C.) o Nínive (612 a. C., en alianza con los babilonios). A este Ciaxares y a su predecesor Kashtaritu (Fraortes en la crónica herodotea) se les atribuye cierta unificación y consolidación política del reino de los medos y la victoria sobre los temidos escitas. También pudieron anexionar regiones fronterizas como Bactriana y otras naciones menores, normalmente mediante tratados matrimoniales en los que los propios monarcas tomaban parte. De lo que no hay ninguna duda es de que, en torno al 600 a. C., existe un predominio de los medos sobre los persas. No conocemos con exactitud cómo se produjo este proceso de prominencia política, pero es probable que esté relacionado con la necesidad de responder de forma conjunta a los ataques escitas y asirios. En cualquier caso, sobre esta fecha Ciaxares sometió al líder persa Ciro I, y poco después estableció la frontera de su dominio en el río Halis, junto al reino minorasiático de Lidia.

A Ciaxares le sucedió su hijo Astiages en los primeros años del siglo VI a. C. El nuevo dinasta también participó de la red de alianzas establecida por su padre y que contaba ya con la inclusión de Babilonia, Egipto y Lidia, con lo que se pudo proporcionar a Oriente Próximo una relativa paz durante un periodo aproximado de cincuenta años. Esta es la coyuntura en la que Heródoto —cronológicamente posterior— considera al poder medo como un estado centralizado y fortalecido.[6] Para cuando Astiages alcanzó el trono, Ecbatana se había convertido en algo parecido a una capital, una enorme ciudadela plagada de lujos y descrita así por el historiador de Halicarnaso:

> [...] Unas murallas grandes y poderosas, hoy llamadas Ecbatana, dispuestas en círculos concéntricos. Estas murallas están trazadas de modo que cada círculo rebase al inmediato inferior solo en los baluartes. [...] En total los muros son siete, y en el recinto del último están el palacio y los tesoros. De ellas, la muralla mayor tiene más o menos la extensión del perímetro de Atenas.[7]

Pese a su favorable explicación, la visión del halicarnasio parece alejarse de la realidad. Ecbatana podría parecer opulenta, pero constituía el centro de poder de una enorme formación política a la que difícilmente podríamos dar el calificativo de «imperio», dada la escasísima cohesión estatal, las delicadas relaciones personales sobre las que se sustentaba y la ausencia de sistemas provinciales o tributarios que demostrasen sumisión al gobernante. Es más, si bien la sociedad meda parecía encaminarse hacia la configuración de un estado centralizado o incluso un imperio merced a su relación con el vecino Imperio asirio, la desaparición de este pareció truncar el tímido desarrollo político experimentado.[8] Con todo, Astiages daba muestras de ser un monarca ambicioso y deseoso de crear una autoridad despótica, tanto sobre todo noble que pudiera arrebatarle el trono como sobre el pueblo que dirigía.

Pero Astiages, como todo medo —y, en general, como todo hombre de la Antigüedad—, era también supersticioso y, según nos transmite Heródoto, obsesionado con mantener su poder. Nos dice el historiador que el gobernante había engendrado una niña, a la que llamó Mandane, que irrumpía en unos extraños sueños que atormentaban el descanso real. En uno de ellos aparecería su propia hija orinando una corriente tan fluida que inundaba por completo todo el continente.[9] El rey, naturalmente preocupado, relató entonces su pesadilla a los magos reales, expertos en oniromancia (esto es, en la predicción del futuro mediante la interpretación de los sueños), quienes le alertaron del peligro que el nacimiento de un vástago de Mandane podría suponer para la conservación del trono. Como consecuencia, Astiages receló enseguida de todo noble medo de su poco consolidado dominio y, para evitar una usurpación, esperó a que su hija llegara a edad núbil para casarla con un vasallo persa, llamado Cambises, de quien creía que «estaba muy por debajo de cualquier medo de clase media». Sin embargo, cuando Mandane quedó encinta, el soberano medo experimentó un segundo sueño en el que «le pareció ver que de las partes de su hija nacía una vid que cubría todo el Asia». De nuevo, acudió a sus magos para conocer el significado de esta visión y sus temores fueron confirmados: le hicieron saber que el hijo resultante de Mandane y Cambises le sustituiría en el trono.

Presa de la paranoia, y siempre según Heródoto, el rey ordenó dar muerte al niño tan pronto como naciera.[10] Tan abominable mandato recayó sobre Harpago, uno de los hombres de confianza de Astiages, quien, una vez con el bebé en brazos y delante de su madre, quiso apiadarse de él. Así, para no mancharse las manos de sangre y a su vez no incurrir en desacato hacia su rey, delegó el encargo en un esclavo, un tal Mitradates, al que dio la orden de dejar al niño expuesto y rodeado de fieras peligrosas en un desierto. Se daba el fortuito caso de que el esclavo en cuestión había engendrado también a un desgraciado hijo que había nacido ya muerto, y, cuando se enteró de que el muchacho a quien tenía que abandonar a su suerte era la noble simiente de Mandane y Cambises, decidió a instancias de su esposa dejar a la intemperie a su propio hijo, ya fallecido, y criar al nieto persa de Astiages.

De esta manera, el pequeño de la familia esclava recibiría un funeral con honores reales y se salvaría la vida del niño que, según los magos, estaba destinado a convertirse en señor de los medos, una criatura que llevaba por nombre Ciro.

Quiso el destino que el joven Ciro se encontrara ante Astiages diez años después. El rey de Media no tardó en reconocer a su descendiente por el parecido que ambos, en tanto que nieto y abuelo, guardaban. Considerando, tras deliberar con los magos, que el niño había escapado satisfactoriamente de su aciago destino después de nacer y que debía por lo tanto llegar a reinar en algún momento, Astiages optó por alejarlo de su corte y enviarlo de vuelta a territorio persa con sus verdaderos padres, quienes le habían dado por muerto durante todo ese tiempo. Por su parte, Harpago sufrió la cólera de su señor tras atreverse a desobedecer su orden: Astiages capturó a su hijo, lo degolló, lo cocinó al fuego y se lo sirvió a su padre en un banquete. Cuando, tras el festín, le preguntó si sabía qué animal había devorado, Harpago se limitó a contestar «que sí, que se daba cuenta, y que aceptaba complacido todo lo que hiciera el rey»[11] respuesta lisonjera a primera vista tras la que se escondía un deseo de venganza que afloraba ya en la mente del noble medo. Esta es, de acuerdo con el relato de Heródoto, la leyenda en torno a los primeros años de Ciro II de Persia, conocido posteriormente como Ciro «el Grande», personaje que pasará por ser el fundador del Imperio persa.

El ascenso persa. La figura de Ciro «el Grande»

Las tribus persas tomaron el legado dejado por el Imperio de Elam en la región del Fars y establecieron su potestad en el antiguo enclave de Anshan, donde, desde generaciones atrás, reinaba una dinastía cuyos miembros eran tratados, como hemos visto, de «reyes de Anshan». Hasta la aparición en escena de Ciro II, los persas habían vivido sometidos al dominio medo y, a partir del matrimonio de Cambises con la hija de su rey Astiages, emparentados con su nobleza.[12]

En el año 559 a. C., Ciro sucedió a su padre Cambises al frente del reino persa. Las hostilidades entre los mandatarios persa y medo no se hicieron esperar demasiado, pues, si hemos de creer a Heródoto, el resentido Harpago movió los hilos necesarios para convencer a Ciro de la necesidad de deponer a Astiages, a quien acusaba de haberse convertido en un tirano sin escrúpulos; afirmando además que, si presentaba batalla, los regimientos a sus órdenes se pasarían a las filas persas.[13] De acuerdo con las fuentes babilonias de la época, Ciro consumaría su rebelión en el 553 a. C. (según el cilindro de Sippar) o en el 550 a. C. (tal como se afirma en la *Crónica de Nabónido*). Como respuesta, Astiages movilizó su ejército y, olvidando la afrenta que le había causado al ofrecerle su propio hijo en un banquete, nombró a Harpago comandante en jefe de las fuerzas reales. En el transcurso del combate se cumplió la predicción del noble medo y, con ello, su particular venganza:

> [...] Astiages mandó a todos los medos acudir a las armas y, cegado por la divinidad, nombró a Harpago general en jefe. ¡Había olvidado por completo lo que le había hecho! Cuando los medos en su avance atacaron, algunos combatieron, los que no estaban en el secreto, pero una parte de los demás se pasó a los persas y los restantes se hicieron fingidamente los cobardes y se dieron a la fuga.[14]

Astiages llegó incluso a ser capturado por el ejército persa y se convirtió, así, en el último rey de los medos. Las fuerzas conjuntas de Ciro avanzaron después sobre Ecbatana, la capital meda, para saquear su tesoro y trasladar un cuantioso botín a Anshan; acontecimiento este que trastocó el orden político de Oriente Próximo al imponerse la soberanía persa sobre la población meda, tal como el propio Astiages reprochará con posterioridad a Harpago: «Astiages le probó que era el más necio de los hombres [...] porque por un banquete había aherrojado a los medos a la esclavitud».[15] Con Ecbatana a sus pies, Ciro adoptó el conciliador título de «rey de medos y persas» y no expulsó a los medos de las más altas instancias del poder tras su conquista, es más, el nuevo mandatario integró a los antiguos linajes entre la alta nobleza persa. Esta fusión, concretada a mediados del siglo VI a. C., explica la habitual confusión o la sinonimia entre los términos «medo» y «persa» y posibilita que, aunque el término no sea el más exacto, nos refiramos a los conflictos entre griegos y persas de principios del siglo v a. C. con el sobrenombre de «Guerras Médicas».

Como sucesor del reino o estado de los medos, Ciro se decidió a acometer una serie de campañas expansionistas. En el año 547 a. C. se enfrentó con éxito el reino de Lidia, ubicado al otro lado del río Halis, después de que su rey, Creso, quien estuviera emparentado con los reyes medos, quisiera vengar la derrota de Astiages tras consultar al oráculo de Delfos. La sacerdotisa délfica, cuyas respuestas eran conocidas por su ambigüedad, había pronosticado al monarca lidio que perdería su territorio cuando un mulo se tornara rey de los medos. Creso no se lo pensó y se lanzó al ataque contra Ciro sin tener en cuenta que el persa había sido concebido como resultado de la unión de dos personas de distinto rango, al ser su padre Cambises inferior en el escalafón social del estado medo.[16] Así pues, los lidios fueron derrotados y, ulteriormente, Creso se refugió con lo que quedaba de su ejército en Sardes, su capital, que capituló tras catorce días de asedio persa. El rey de Lidia caería prisionero en manos de Ciro en el año 546 a. C. Sobradamente célebre es la anécdota que, con respecto a la ejecución de Creso, nos transmite Heródoto: preparada y encendida la pira en la que se le depositó para morir quemado, Creso profirió tres veces el nombre del legislador Solón de Atenas, con quien habría mantenido una conversación en la que el sabio ático le espetó que «el muy rico no es más feliz que el que dispone de lo que necesita para el día, a no ser que el destino le tenga dispuesto que pueda morir felizmente».[17] Ciro, al preguntar al prisionero por la historia y constatar que él mismo, como hombre jerárquicamente semejante a Creso, podría sufrir un destino parecido, ordenó extinguir el fuego y perdonar la vida al monarca lidio, quien pasaría a formar parte de la corte persa como consejero. Cabe destacar que, en la versión del poeta Baquílides, Creso muere de forma voluntaria aun después de que una tormenta enviada por Apolo apagase la pira.[18]

La conquista de Lidia puso a los persas en contacto con las ciudades griegas de Asia Menor anteriormente integradas en los dominios de Creso. La mayoría fueron sometidas a su nueva autoridad mediante el establecimiento de guarniciones militares, otras mediante la imposición de tiranías locales afines a Ciro. Teóricamente afianzado el extremo occidental, el rey persa inició una serie de expediciones militares en el este con el fin de consolidar un imperio sobre la ecúmene asiática. Estas iniciativas, apenas documentadas por Heródoto, otorgaron a Ciro el control sobre Bactria, Drangiana y probablemente Siria, hasta llegar a las inmediaciones del valle del Indo, sin que sepamos el orden exacto en el que se llevaron a cabo.[19] El soberano se dispuso, pocos años después, a atacar el imperio babilónico de Nabónido, cuyos territorios cayeron fácilmente en manos persas tras presentar una vaga resistencia en el año 539 a. C.; de hecho, su capital, Babilonia, se rindió a Ciro sin ofrecer batalla, después de que los nobles y los sacerdotes locales desafectos con el reinado de su soberano ejercieran su influencia para permitir la entrada de las tropas persas.[20] Tras esta victoria, Ciro se convirtió en rey no solo de medos y persas, también de Babilonia y de las tierras más allá del Éufrates. En el mismo año o en el 538 a. C. se hizo con el control de Jerusalén (donde fue declarado «ungido del Señor» por la comunidad judía, a la que permitió volver a la ciudad) y de Fenicia. Al finalizar todas estas conquistas adoptó diversos títulos, según las fuentes contemporáneas babilonias ya mencionadas, como «Rey del Mundo», «Gran Rey», «Poderoso Rey», «Rey de Babilonia», «Rey de Sumer y Akkad» y «Rey de los Cuatro Extremos de la Tierra».[21] Ciro II configuró, de esta manera, el primer imperio de vocación universalista conocido, un estado con una extensión que no tenía precedentes históricos.

A la merecida fama de conquistador del líder persa hay que unir, además, su presunta moderación y magnanimidad hacia los sometidos. El Gran Rey fue artífice del tradicional respeto persa por las costumbres locales.[22] Prefirió nombrar gobernadores sujetos a su autoridad en lugar de designar a reyes vasallos; integró las religiones de las zonas conquistadas sin imponer la religión propia de los persas, procurándose así el apoyo de los sacerdocios de los diferentes centros místicos de su vasto dominio; además, dotó de cierta autonomía a las variopintas provincias incorporadas, sobre las que apenas intervino mientras los impuestos fluyeran hacia su corte y las levas militares se prestaran a defender su causa cuando fuera necesario. Tal vez este no-intervencionismo fuera la forma más eficaz de mantener unido un imperio tan extenso.

La última de las campañas de conquista emprendidas por Ciro le llevó más allá del mar Caspio, al país de los masagetas, una de las innumerables tribus nómadas que conformaban el pueblo escita. Los masagetas, cuyo nombre significa «grandes escitas», estaban gobernados por una mujer, Tomiris, que había recibido el trono tras la muerte de su marido. Aprovechando esta situación, Ciro intentó hacerse con su reinado de forma pacífica, enviando a la lideresa una petición formal de matrimonio que sería firmemente rechazada al entender la nómada que «no la pretendía a ella, sino al reino de los masagetas».[23] Cuando el rey de los persas comprobó que su estratagema no había surtido el efecto deseado, pasó a la ofensiva. Alcanzó el río Oxo[24] y se dispuso a levantar puentes para que su ejército pudiera cruzarlo. Informada de las operaciones persas, Tomiris retó a su homólogo, mensajero mediante, a encontrarse para trabar combate de forma honorable con lo más selecto de sus ejércitos, ya fuera en zona persa o masageta (esto es, a un lado o al otro del río). Por lo tanto, Ciro convocó una asamblea extraordinaria con los nobles allí presentes para deliberar dónde debía tener lugar el enfrentamiento y, por unanimidad, los persas eligieron su propio territorio.

No obstante, Creso, otrora acaudalado rey de Lidia y entonces al servicio de rey persa, convenció a Ciro para que el encuentro se produjera en zona masageta, debido a que «en el caso de una derrota, [...] está claro que los masagetas, si vencen no retrocederán, sino que marcharán contra tus dominios».[25] Quizá Heródoto incluyera esta referencia para establecer un paralelismo entre la derrota sufrida por Creso cuando cruzó el río Halis con ánimo de enfrentarse a los persas y el destino que aguardaría a Ciro si cruzaba el Oxo. Verídico o no, el Gran Rey aceptó el consejo del lidio y desestimó la opinión de los nobles convocados. No solo eso, además, consciente de que los masagetas prácticamente desconocían el vino y el embriagador efecto que causaba al consumirlo en demasía, Creso propuso a Ciro dejar a lo más bisoño e inexperto de su ejército separado del grueso de sus fuerzas y acompañarlo de varias cabezas de ganado sacrificado y aderezado, como si de un gran banquete se tratara, junto con ingentes cantidades de bebida. Ciro accedió y envió a Creso de vuelta a Persia para que acompañara a su hijo Cambises, recientemente nombrado «rey de Babilonia» y heredero del trono. Los masagetas tardaron poco en caer en la trampa tendida por los invasores: aproximadamente un tercio del ejército de Tomiris se dirigió al lugar y dio muerte con facilidad a los desdichados novatos abandonados como cebo, pese a su enconada resistencia y, tal como se esperaba, dieron cuenta de las viandas preparadas. Entonces, los guerreros masagetas fueron paulatinamente cayendo presa del sueño provocado por la borrachera inherente a una desmedida ingesta de vino, momento que aprovecharon los persas para caer sobre ellos, dando muerte a muchos de ellos y haciendo prisionero al resto del contingente. Curiosamente, entre los capturados se encontraba el hijo de Tomiris y a la sazón comandante en jefe de sus fuerzas, Espargapises.

Al enterarse de lo ocurrido y de la caída de su vástago en manos enemigas, la reina de los masagetas envió un heraldo a Ciro para reprocharle su actitud, poco honrosa al utilizar un ardid para exterminar a un tercio de su ejército, y amenazó con «hartarle de sangre» si no liberaba a su comandante y se retiraba inmediatamente de su territorio;[26] pero Ciro hizo caso omiso de las amenazas de su contrincante y continuó reteniendo a su hijo, quien, cuando despertó y se percató de todo lo sucedido, pidió ser desatado para, cuando se le concedió el deseo, suicidarse.

Los persas se prepararon después para batirse en una encarnizada lucha frente al ejército de una encolerizada Tomiris. La batalla, que tuvo lugar en un lugar indeterminado en el año 530 a. C., es descrita por Heródoto como «la más empeñada que jamás se haya librado entre hombres bárbaros» (pues los griegos consideraban asimismo a los persas como tales)[27] y se decantó finalmente del lado masageta, después de que su ejército causara cuantiosas bajas al de Ciro. El propio Gran Rey halló la muerte en la conflagración y Tomiris se apresuró a buscar su cadáver para consumar su desquite. Heródoto nos lo cuenta así:

> Tomiris mandó llenar un odre con sangre humana, y con él mandó buscar entre los muertos de los persas el cadáver de Ciro. Lo encontró, metió su cabeza en el odre y en escarnio del muerto profirió estas palabras: «A mí, que sigo viva y que te he vencido en la batalla, me mataste el hijo cogiéndomelo con engaños; ahora yo, según te amenacé, te hartaré de sangre».[28]

La muerte de Ciro el Grande es transmitida por Heródoto de la misma manera que sus orígenes, mediante mitos y cuentos populares. No es para menos: los hombres notables tienen más probabilidades de acabar rodeados por la leyenda y, en el caso del fundador del Imperio persa, su política expansionista solo puede calificarse como formidable. En treinta años consiguió que la enorme y políticamente fragmentada superficie meda pasara a ser gobernada por un estado originariamente mucho más pequeño a través de unas extraordinarias campañas bélicas, imbuidas de una mezcla de inteligencia y demostración de fuerza militar, que fueron seguidas de una inusitada tolerancia en los territorios subyugados. Ciro ha trasmitido una de las mejores imágenes que nos ha legado cualquier gobernante de la Antigüedad y ha sido estimado dentro y fuera de Persia como «padre» benefactor y gobernante carismático con destacadas dotes políticas y diplomáticas.[29] El Gran Rey fue sepultado en el año 528 a. C. en una sencilla tumba que aún puede visitarse en Pasargada, ciudad del actual Irán que convirtió en una de las capitales de su recién nacido imperio.

Cambises II, la conquista de Egipto y la llegada al trono de Darío I

Tras la muerte de Ciro el Grande, su hijo Cambises —quien fuera designado como heredero cuando el primero se lanzó a la fallida campaña contra los masagetas— accedió al trono con el nombre de Cambises II. La poca información que conservamos sobre el nuevo Rey de Reyes procede una vez más del historiador halicarnasio Heródoto y se centra mayoritariamente en la invasión que llevó a cabo sobre Egipto, el último de los poderes de Oriente Próximo que simpatizó con el extinto dominio medo y que conservaba una plena independencia. El ataque distaba de responder a un irrefrenable deseo del monarca de apoderarse de todo el mundo habitado, más bien formaba parte de la estrategia, ya emprendida por su padre, de controlar el Creciente Fértil y los territorios comprendidos entre el Nilo y el Éufrates para asegurarse un suministro constante de recursos, lo cual, antes o después, implicaría un enfrentamiento directo con el reino egipcio, estado que ya había mostrado ambiciones territoriales en sus regiones aledañas.[30]

Egipto estaba gobernado entonces por el faraón de la XXVI dinastía Amasis II, último de los grandes reyes egipcios antes de la conquista persa y controlador de una extensa flota. Cambises, consciente de la fuerza naval egipcia, tardó cuatro años en preparar una escuadra que pudiera hacer frente a la de Amasis. Durante este tiempo todos los puertos y muelles del Imperio persa trabajaron en la construcción de trirremes y naves ligeras cuya tripulación estaría compuesta por habitantes de las provincias sometidas al imperio, dejando el almirantazgo de la armada para individuos destacados de extracción puramente persa. Como medidas encaminadas a un potencial triunfo, Cambises conquistó la isla de Chipre y estableció un pacto con las poblaciones árabes del Sinaí por el que proveerían de agua la travesía del ejército persa a través del corredor sirio-palestino.[31] Para cuando el Gran Rey comenzó su campaña hacia el sur, en el 525 a. C., Amasis ya había pasado a mejor vida y había dejado su reino a Psamético III, joven e inexperto líder sobre el que recaería la defensa de su estado y que solo llegaría a gobernar seis meses. Los ejércitos persa y egipcio comenzaron abiertamente las hostilidades enfrentándose en la batalla de Pelusio, sobre la desembocadura oriental del Nilo, en una reyerta tras la que el ejército del faraón fue derrotado. Acerca del posterior asedio a la fortaleza de la ciudad, nos cuenta el macedonio Polieno —ya en el siglo II de nuestra era— una curiosa anécdota, execrable para cualquier amante de los animales:

> Cuando Cambises atacó Pelusio, que protegía la entrada a Egipto, los egipcios defendieron la plaza con gran resolución. Utilizaron una for-

> midable artillería contra los sitiadores, y arrojaron proyectiles, piedras de gran tamaño y fuego desde sus catapultas. Para contrarrestar este destructivo bombardeo, Cambises les lanzó con sus catapultas perros, ovejas, gatos, ibises y cualquier otro animal que los egipcios considerasen sagrado. Los egipcios detuvieron sus maniobras inmediatamente, por miedo a lastimar a los animales, a los que mostraron una gran veneración. Cambises capturó Pelusio, y de este modo consiguió abrirse camino hacia el interior de Egipto.[32]

El ejército egipcio, ya desmoralizado por el trato ofrecido a sus animales sagrados, continuó su huida hasta refugiarse tras las murallas de la misma Menfis. Cambises envió entonces un heraldo a los defensores para conminarles a firmar una rendición, pero obtuvo por respuesta la ejecución del emisario y de la tripulación de su barco. La fortaleza de la ciudad fue sitiada y tomada a los pocos días por los persas, cayendo Psamético prisionero, lo cual no fue óbice para que el ya exfaraón tratara de iniciar una rebelión contra sus nuevos señores, que fracasó rápidamente. Cautivo y deshonrado por completo, el joven soberano se quitó la vida (al decir de Heródoto) bebiendo sangre de toro,[33] circunstancia que puso punto final a la etapa del antiguo Egipto conocido como «periodo tardío». Con Menfis bajo el control persa, los pueblos vecinos al oeste, como Cirene o Libia, ofrecieron su sometimiento al imperio de Cambises, con lo que la frontera meridional de Egipto quedó plenamente afianzada.

Las conquistas de Chipre y Egipto parecen ser lo único favorable que las fuentes antiguas griegas ofrecen sobre la figura de Cambises; por lo general, los historiadores helénicos tienden a destacar la poca aptitud del Gran Rey. El relato de Heródoto lo presenta como un tirano sin escrúpulos, paranoico y con delirios de grandeza. Si hemos de dar credibilidad al halicarnasio, el dinasta persa permitió el saqueo de los templos egipcios durante la invasión de su territorio y llegó a insultar a la religión egipcia al tratar de matar al buey que personificaba al dios local Apis,[34] una actitud que chocaría frontalmente con la impulsada por su padre y con la tradición persa, que preconizaba el respeto a las religiones de los pueblos ocupados.[35] Jenofonte, en la misma línea, llega a afirmar que «inmediatamente después de la muerte de Ciro, sus hijos se enemistaron, ciudades y pueblos hacían defección, y todo tornó a peor».[36] Ciertamente, el reinado de Cambises estuvo impregnado de problemas internos vinculados con su nobleza, con la que mantuvo una compleja relación, toda vez que el Gran Rey no poseía descendencia que asegurase su sucesión. Concluida la ocupación de Egipto, Cambises tuvo un sueño en el que aparecía un mensajero persa portando la noticia de que su hermano Bardiya (Esmerdis en las *Historias* de Heródoto) había ocupado el trono aqueménida y que «con la cabeza tocaba el cielo».[37] Ya hemos comprobado la importancia que los mandatarios medos y persas otorgaban a sus experiencias oníricas, de modo que Cambises, víctima del pánico, ordenó la muerte en secreto de su hermano, de quien dice el historiador que se encontraba en Susa. Un conflicto entre dos hermanos por la ocupación del trono persa habría sido perfectamente posible, máxime si ambos disponían de una fuerza militar parecida, pues parece que este Bardiya recibió como herencia de Ciro extensos territorios en Asia central que quedaron exentos de pagar el correspondiente impuesto a la autoridad central, es decir, al nuevo rey.

Sea como fuere, tras la muerte de Bardiya, un mago llamado Gaumata —que habría iniciado una sublevación en la ciudad de Nasirma— habría tomado conciencia de que la desaparición de aquel constituía un secreto de Estado y se habría hecho pasar por el hermano asesinado de Cambises. Cuando Gaumata declaró ante los pueblos sometidos al Imperio persa que él era Bardiya, las tropas que permanecían acantonadas en la localidad traicionaron al verdadero monarca y se unieron a la causa del mago, que llegaría a ostentar *de facto* la magistratura real. Cambises había perdido aparentemente su corona mientras llevaba a cabo su expedición contra Egipto.

Ante el cariz que estaba tomando la situación, Cambises decidió emprender el camino de vuelta a su Persia natal para castigar al instigador de lo que podría calificarse en nuestro tiempo como «golpe de Estado». A partir de este punto, las fuentes difieren en el resultado final de la historia. Heródoto asegura que, cuando Cambises montó sobre su caballo para iniciar la travesía a Susa, la pieza que recubría la parte inferior de la vaina de su espada se desprendió, dejando al aire la punta del arma, con la que se lastimó en la pierna (concretamente, en el mismo lugar donde en su momento habría herido al buey sagrado egipcio). Cambises moriría veinte días después, luego de arengar a sus soldados fieles para recuperar el poder en Persia, al tiempo que el impostor terminaría siendo descubierto por un grupo de siete nobles que maquinó un complot para asesinarlo junto a sus acólitos. El trono persa había quedado vacante tras la desaparición de los dos hermanos.

Heródoto introduce en los siguientes párrafos de su narración lo que, quizá, podría considerarse el primer destello de filosofía política occidental escrita. Tres de los conjurados, de esos nobles persas que dieron muerte al farsante, debaten ahora cuál es la forma de gobierno más beneficioso para su territorio:[38] el noble Ótanes abogaba por «dar el poder al pueblo»; otro, de nombre Megabizo, apostaba por un sistema oligárquico «formado por los mejores hombres»; por último, Darío opinaba que «no puede aparecer nada superior al gobierno de uno solo». Naturalmente, esta deliberación carece totalmente de historicidad y es fruto de la pluma de un Heródoto que quiso incluir en su obra parte de las reflexiones políticas que tanta pasión desataban en la Grecia de mediados del siglo v a. C., adaptándolas a la crónica del *interregnum* persa. La discusión terminó con el triunfo del parecer de Darío y la asamblea determinó que Persia continuaría siendo una monarquía, pero todavía quedaba por esclarecer cuál de los nobles congregados allí era elegido nuevo Gran Rey. Los siete personajes acordaron dejar la elección a los dioses, accediendo a la dignidad real «aquel cuyo caballo relinchara el primero cuando, al amanecer, ellos cabalgaran delante de la ciudad».[39] A la mañana siguiente se dio comienzo al proceso:

> Cabalgaron por el arrabal de la ciudad, y [...] el caballo de Darío soltó un relincho y al tiempo que el caballo hacía esto, en el cielo sereno se formó una tormenta con relámpagos. Y este fenómeno añadido a favor de Darío le confirmó, hubiérase dicho que fue algo preconcebido. Los demás desmontaron de sus cabalgaduras y besaron la mano de Darío.[40]

Así fue como, de acuerdo con el relato herodoteo, Darío se convirtió —con el nombre de Darío I— en el sucesor de Cambises en el trono persa. Otra versión de los hechos es la que nos ha legado el propio rey en el enorme monumento conocido como Inscripción de Behistún, magnífico relieve trilingüe construido en el monte homónimo en lengua persa, elamita y acadia; realizado en un momento indeterminado entre su coronación y su muerte y con una clarísima finalidad legitimadora. La inscripción, que serviría para descifrar por completo la escritura cuneiforme en el siglo XIX, se encuentra a sesenta metros de altura sobre la ladera de un antiguo camino de caravanas, lo que reforzaba su función propagandística.[41]

Lo primero que aparece en su leyenda es la genealogía de Darío. Tal maniobra de justificación resulta comprensible si tenemos en cuenta que las fuentes sobre los orígenes de Darío son oscuras y que pudo tratarse, simplemente, de un usurpador con ambiciones excesivas. Según el relieve, el soberano llegó al poder por mediación de la divinidad Ahura Mazda después de que Cambises se suicidara al comprobar que no podía hacer frente a las fuerzas del mago Gaumata, a quien el propio Darío habría dado muerte sin necesidad de conspiraciones con otros personajes, únicamente mediante inspiración divina.[42] Insiste también en vincular su linaje con el de Ciro el Grande y en presentar a los ancestros de ambos como descendientes de un mismo personaje, un tal Aquemenes. Empero, esto es casi con total seguridad una invención de Darío para fundamentar el hecho de haberse apoderado del trono de forma tan poco convencional. Por otra parte, sabemos por otras inscripciones que el padre y el abuelo de Darío aún vivían cuando este último se convirtió en Gran Rey, por lo que, de haber sido cierto el cercano parentesco del monarca con Ciro, lo lógico habría sido que uno de estos dos familiares se hubiera ceñido la corona. Otro de los factores que restan credibilidad a la versión que nos ofrece la Inscripción de Behistún radica en la proliferación de rebeliones que se desencadenaron en numerosas provincias del imperio, muchas de ellas probablemente a raíz de la ofensa que pudo suponer la apropiación indebida del legado real; otras, quizá, habrían surgido aprovechando la inestabilidad política para intentar alcanzar la independencia de sus territorios.[43] Independientemente de la motivación, poco después de su coronación en Pasargada, la mecha revolucionaria se extendió por Elam, Babilonia, Bactriana, Media, Partia, Asiria, Egipto e incluso la propia Persia, donde un levantamiento, encabezado por un individuo de nombre Bardiya —nada que ver con el hermano de Cambises II—, negaba la legitimidad del gobernante. Ahora bien, Darío no tardó más de un año en aplastar todas las sublevaciones, a pesar de haberse producido en todos los confines de su joven imperio. De ello da fe asimismo la Inscripción de Behistún, que deja claro, por un lado, el apoyo inquebrantable de una parte de la nobleza persa al nuevo Rey de Reyes y, por otro, el castigo impuesto a aquellos nobles que se declararon reyes independientes en sus provincias.

Así, la llegada al poder de Darío I como Gran Rey puso de manifiesto la profunda división social existente en el seno del estado y, sobre todo, la brillante capacidad militar del nuevo dinasta al aplacar las rebeliones. Darío había heredado una joven potencia que gozaba de una asombrosa extensión y de un poder que atemorizaba a las potencias vecinas. Sobre los verdaderos motivos de la grave crisis que acompañó su entronización solo podemos especular, pero debemos también tener en consideración el éxito del rey al enfrentarse a tan importantes problemas y salir airoso. Con Darío, la dinastía aqueménida se convirtió en la casa real del Imperio persa hasta su conquista por Alejandro Magno a finales del siglo IV a. C. De hecho, si otorgamos credibilidad a su versión de los hechos que lo llevaron al trono, solo a partir del reinado de Darío I podemos hablar con propiedad de un Imperio aqueménida que alcanzó, bajo su mandato, su máxima extensión. Persia consiguió vengar la muerte en batalla de Ciro sometiendo a los pueblos escitas del norte y obligándoles a presentar un adecuado tributo. Al este, sus combatientes alcanzaron el noroeste de la India en una fecha desconocida. En lo que respecta a la frontera occidental, Darío conquistó varias islas del Egeo y se apoderó del territorio de Tracia, más allá del Helesponto. Corría el año 513 a. C. A finales del siglo VI a. C., el todopoderoso Imperio persa y las orgullosas *póleis* griegas se encontraban frente a frente.

Organización del Imperio persa durante el reinado de Darío I

Las satrapías

Todo el Imperio persa estaba dividido en satrapías, provincias al frente de las cuales se situaba un sátrapa o gobernador afín a la política del Gran Rey y que ejercía su poder con una relativa autonomía. Indistintamente, los griegos utilizaban el término «sátrapa» para describir a cualquier funcionario a las órdenes del rey de Persia, sin atender a su poder, y en la actualidad utilizamos el mismo vocablo cuando queremos designar a un gobernante que ejerce sus funciones de manera despótica. A su vez, las satrapías del imperio se gestionaban de forma asimétrica, dado que algunas de ellas disfrutaban de un mayor grado de independencia o de un específico régimen tributario. Por ejemplo, la provincia de los montes Zagros nunca llegó a integrarse plenamente en la administración central cuando fue convertida en satrapía. Los escasos beneficios económicos que aportaba al estado persa, unidos a la orografía del territorio y a la idiosincrasia de sus gentes, hicieron del Cáucaso una excepción en lo que a las relaciones entre el trono y sus provincias se refiere. En estos supuestos, el rey persa se limitaba a agasajar con presentes a los jefes locales, quienes, en contraprestación, mantenían su fidelidad a la autoridad. También dispuso de una cierta singularidad la satrapía de Arabia. Esta provincia, como sabemos, suministró agua a las acaloradas tropas de Cambises II años atrás, en su camino hacia la ya comentada conquista de Egipto y, como recompensa por tales servicios, los árabes quedaron exentos del pago de impuestos al poder persa. Los escitas, recientemente conquistados por Darío, mantuvieron a sus élites gobernantes y no sufrieron la imposición de un gobernador elegido por la corona. Las relaciones que pudieron mantener el imperio y este pueblo nómada son poco claras, pero el hecho de que los reyes aqueménidas utilizaran amplios contingentes de soldados escitas en el ejército imperial hace pensar que, entre ambos poderes, se estableció una simbiosis beneficiosa para ambas partes.

Los ejemplos aludidos son testimonio de la flexibilidad del Gran Rey en la administración de sus territorios. Si la provincia imperial se hallaba demasiado alejada del poder central, o representaba un territorio de difícil acceso, el establecimiento de un gobernador no era imprescindible. En el resto de los casos, los sátrapas debían proceder de la etnia persa y, evidentemente, de una alta posición social (aunque el rey podía otorgar el rango de «persa» a quien estimara conveniente); algo que resulta comprensible, teniendo en cuenta que uno de los factores que mantuvieron al Imperio persa unido y cohesionado fue la solidaridad ideológica de su clase dirigente, sentimiento que se conseguía a través de la impartición de un sistema de educación a imagen y semejanza del asirio. De acuerdo con tal modelo, los hijos de los gobernantes, tanto en las satrapías como en las capitales imperiales, salían del harén a los cinco años para ser educados en las escuelas. Se les instruía en religión, tradición, administración de justicia y preparación militar. Con esta formación se lograba potenciar la identidad de grupo entre la nobleza persa, a lo que contribuía también que el Gran Rey concediese a estos nobles las tierras más alejadas de sus lugares de origen con la finalidad de combatir los particularismos.

Una vez accedían al poder provincial, gobernaban sobre territorios generalmente extensos desde un centro que solía coincidir con la capital del reino conquistado en cuestión. Estas ciudades contaban, además, con palacios en los que se instalaba el sátrapa, a menudo pertenecientes a los reyes derrocados por los persas durante sus conquistas y que permitían al nuevo gobernador llevar prácticamente el mismo estilo de vida que el Gran Rey. Los sátrapas podían alcanzar un grado de semiindependencia con respecto al rey persa, siempre y cuando el primero respondiera diligentemente las llamadas a las armas del segundo y enviara los correspondientes tributos. Se comprometían, aun así, a mantener su palacio en buen estado de conservación para ofrecérselo al rey en caso de que se encontrara en las inmediaciones de la ciudad o en el territorio de su satrapía.

Se ha atribuido tradicionalmente a Darío I la división del estado aqueménida en diversas satrapías, pero ya encontramos atisbos de una división territorial del Imperio persa bajo el mandato de su fundador,

Ciro II. Puede que los persas, a diferencia de los medos a los que conquistaron, aprendieran o imitaran las estructuras de gobierno del desaparecido Imperio de Elam. Además, es plausible que Ciro, como vencedor de Astiages, heredase de este los vínculos personales creados en el interior de sus dominios.[44] Sí es cierto que Darío organizó las satrapías, proporcionó su forma definitiva y aumentó su número a veintitrés, experimentando las provincias en lo sucesivo poca o ninguna variación hasta la conquista del Imperio persa por Alejandro, quien, pese a alterar el territorio aqueménida, mantuvo su división en satrapías para repartirlo entre sus sucesores.

Economía persa a finales del siglo VI a. C.

Es algo comúnmente aceptado que las primeras monedas de las que tenemos noticias fueron acuñadas en el reino de Lidia en algún momento entre la segunda mitad del siglo VII y la primera del VI a. C. Estas primitivas piezas estarían compuestas por *electrum*, una aleación de oro y plata que puede encontrarse en estado natural (hipotéticamente abundante en la ribera del Halis) o fabricarse en una proporción de una parte de oro por cinco de plata. Fue durante el reinado de Creso cuando a estas monedas —que pasaron a confeccionarse únicamente con oro— se les añadió la figura de un león en el anverso y un sello real en el reverso para garantizar su pureza y su oficialidad. El peso de la moneda de Creso era de 14 gramos de este metal y la unidad se convirtió en la paga que se otorgaba a sus soldados por un mes de servicio militar. La irrupción de la moneda en los intercambios económicos facilitó enormemente las transacciones mercantiles, y, cuando Ciro el Grande conquistó el reino de Lidia en el año 546 a. C., no dudó en adoptar, sin introducir apenas cambios, lo que para los persas representaba una sorprendente novedad.

Siguiendo la estela dejada por Ciro, la llegada al trono de Darío supuso una revolucionaria reforma administrativa. Bajo el gobierno de este dinasta se creó el primer sistema monetario persa mediante la acuñación de una moneda de oro, conocida como «dárico», que contaba con un peso estandarizado de 8,30 gramos. Estas piezas tenían una función esencialmente propagandística, dado que en ellas aparece un rey o un noble guerrero persa (puede que el propio Gran Rey) armado con un arco y dispuesto para la guerra, precisamente la idea que Darío buscaba proyectar y que acabó por provocar que los griegos se refirieran a estas monedas como «arqueros».

Los dáricos eran acuñados exclusivamente en una ceca situada en la ciudad de Sardes, la que fuera capital del reino lidio, para lo que se transformaba una parte de las ingentes cantidades de oro que llegaban de las minas de la región en monedas, pues el tributo que se pagaba al rey persa consistía en lingotes de oro o plata que no se monetizaban. No obstante, no hay indicios de que los dáricos se utilizaran en las operaciones comerciales, tampoco para pagar la soldada o los suministros del ejército del Gran Rey. El rol de la moneda introducida por Darío, pues, se limitaba a presentar sus logros militares y políticos y, evidentemente, a mostrar su efigie por todos los rincones de su imperio. En definitiva, si bien el dárico podía ser utilizado perfectamente en términos económicos (tal y como los entendemos en la actualidad), su propósito, en primer término, fue el de exhibir el poder del monarca y extender su poder en la medida de lo posible, procurando hacer de Darío un nuevo fundador del Imperio persa a ojos de sus súbditos. En cualquier caso, el aqueménida ha pasado a la historia en la crónica de Heródoto con la reputación de rey mercader.[45]

La fama del Gran Rey también ha trascendido a la posteridad gracias a la construcción o a la mejora de una extensa red de caminos y carreteras que comunicaban los extremos del estado asiático. Heródoto nos describe minuciosamente cómo era el camino, conocido con el nombre de Camino Real, que unía Sardes con Susa —dos de las capitales imperiales— con postas situadas a lo largo de la ruta en intervalos de una jornada de distancia y donde los encargados del correo podían descansar y cambiar su agotada montura por una fresca. El uso de estas posadas o lugares de descanso estaba restringido a aquellos que portaran un permiso o un sello real, de manera que el necesario mantenimiento de estos establecimientos quedaba fijado por obligación al sátrapa de la correspondiente provincia. Algunos puntos estratégicos, como los ríos cuyo caudal era tan elevado que necesitaban de la navegación para ser cruzados, estaban vigilados por soldados que controlaban a los peregrinos.[46] La mera existencia de estos caminos, probablemente a partir de otros construidos ya en tiempos del Imperio asirio, representaba la joya de la corona de un extensísimo Estado que requería de tropas procedentes de todos sus confines y que, merced a esta obra de ingeniería, eran capaces de atravesar los dominios de Darío en tres meses, un intervalo de tiempo realmente corto para la Antigüedad.[47] Tal era la calidad e idoneidad de los caminos del Imperio persa, que el muy posterior estado romano se sirvió de sus cimientos cuando conquistó la península de Anatolia cinco siglos después.

Ideología y religión persas en los albores de la Época Clásica

El Rey de Reyes era el punto en común de todos los pueblos que integraban el vasto poder persa y la figura que personificaba el interés colectivo de las provincias o satrapías de sus dominios. Esta imagen del soberano necesitaba ser convenientemente legitimada, más aún tras el ascenso al trono del (quizá) usurpador Darío I, quien, consciente de este menester, dedicó el correspondiente esfuerzo a vincular su reinado con los deseos divinos de Ahura Mazda, la deidad que aparece en las fuentes primarias como verdadera dueña del imperio y que se asocia tradicionalmente con el culto mazdeísta o zoroastriano. El rey Darío aparece relacionado en varias ocasiones con esta divinidad en la monumental Inscripción de Behistún con la que quiso también justificar su acceso a la corona persa:

> Y Darío el rey dice: gracias a Ahura Mazda yo ejercí la realeza; Ahura Mazda me concedió la realeza.[48]

Sabemos también que Ahura Mazda no era el representante de una religión monoteísta, sino que ejercía una presunta superioridad sobre una serie de deidades menores de un panteón poco conocido:

> Y Darío el rey dice: por este motivo Ahura Mazda, el dios de los arios, me prestó ayuda, y también los otros dioses, porque yo no fui infiel, ni fui mentiroso, ni violento, ni yo ni mi estirpe.[49]

De esta manera, el rey de Persia se presentaba como elegido por la divinidad para desempeñar su soberanía sobre los pueblos de su imperio. Formaba parte del plan divino de Ahura Mazda para mantener el equilibrio mundial y, en este sentido, debía ser respetado y venerado.[50]

Parece que Darío no fue el primer monarca persa practicante de una religión que podríamos considerar un arcaico zoroastrianismo, aunque sí pudo ser pionero en cuanto a su utilización como legitimadora de la monarquía que representaba. El credo seguido por sus predecesores es motivo de debate entre la historiografía actual y a tal efecto no faltan quienes apuntan a una hipotética fe zoroastriana de Ciro el Grande, motivados por una aparente propaganda persa que asegura que el ejército de Astiages que causó defección y se unió a la causa del fundador del imperio lo hizo porque así se aseguraba el triunfo de la fe de Zoroastro.[51] Asimismo, la onomástica de buena parte de los miembros de la familia real de Ciro parece aludir a personajes conectados con esta confesión mazdeísta. Por el contrario, las pruebas que desmienten la adhesión de Ciro a estos ritos son también de peso: su conocida magnanimidad hacia la religión de las poblaciones sometidas no parecía ir en consonancia con los designios de Ahura Mazda. El cilindro de Ciro, además, nos muestra al soberano persa reconociendo en Babilonia el apoyo del dios local Marduk, cuyo gran templo contribuyó a restaurar tras la conquista de la ciudad. Otros documentos babilonios describen al Gran Rey atribuyendo sus triunfos al dios de la luna o a los dioses de Uruk, y existen fuentes que incluso afirman el respaldo brindado por Ciro a los sacerdotes de cierto santuario minorasiático de Apolo que habría emitido un oráculo favorable a sus intereses. Tal conducta, como es obvio, no se corresponde con la convicción en Ahura Mazda como dios y creador del mundo. Habría que tener en cuenta, a pesar de todo esto, la lógica incapacidad de Ciro para imponer sus propias creencias sobre los pueblos conquistados, muchos de ellos con una propia y antiquísima religión.[52]

Menos aún es lo que sabemos sobre la fe seguida por su sucesor, Cambises II. El erudito griego del siglo II Flavio Arriano sugiere que este rey instituyó las ofrendas regulares en la tumba de Ciro, costumbre que acabaría arraigando y que se mantendría hasta la época de Alejandro.[53] Semejantes sacrificios no estaban relacionados con el zoroastrismo, ya que, según este autor, incluían el ofrecimiento de ovejas. Por su parte, Heródoto, fiel a su hostilidad hacia el Gran Rey que conquistó Egipto para el imperio, describe cómo Cambises cometió prácticas incestuosas al desposarse con una de sus hermanas carnales para, más tarde, contraer matrimonio con otra. El halicarnasio llega a asegurar que el monarca asesinó a una de sus hermanas,[54] a pesar de que el zoroastrismo, como religión, no contempla la posibilidad de una unión conyugal entre hermanos, ni tan siquiera entre familiares más lejanos.

Por lo tanto, no podemos garantizar que el zoroastrismo se pudiera perfilar como religión oficial del estado persa o de su monarquía hasta la llegada al trono de Darío I, quien podría haber impuesto este culto como respuesta a la necesidad de fundamentar su permanencia en el poder. Pero ¿en qué consistía exactamente esta religión? Aún vigente en zonas de Asia y el subcontinente indio, el zoroastrismo tiene su origen en el segundo milenio a. C. y proclama seguir las enseñanzas del profeta Zoroastro (o Zarathustra), plasmadas en una colección de textos sagrados conocida como Avesta que se apoya en la igualdad de todos los seguidores de la fe, independientemente de su raza o su sexo; en un ecologismo basado en el respeto a los animales; en la importancia del trabajo como medio para alcanzar la virtud y en la lealtad hacia la comunidad. El pueblo persa, de cuya religión, a diferencia de la mostrada por sus gobernantes, sabemos especialmente poco, sí pareció imbuirse progresivamente de los ritos propios del zoroastrismo y fue adoptando unas particulares convenciones en su relación con la religión que Heródoto nos describe:

> Sé de los persas que tienen las costumbres siguientes. Entre ellos no es habitual erigir ni levantar templos, ni altares ni imágenes de dioses, antes bien, reprochan como necedad a los que lo hacen, porque no creen, a mi parecer, que los dioses sean de naturaleza humana, que es

lo que creen los griegos. Acostumbran a escalar los picos de los montes para ofrecer sacrificios a Zeus, pero aplican este apelativo a toda la corte celestial. Ofrecen sacrificios al sol, a la luna, a la tierra, al fuego, al agua y a los vientos. Ya desde tiempo inmemorial ofrecen sacrificios solo a estos, pero también han aprendido a ofrecerlos a Urania, lo cual han asimilado de los asirios y de los árabes. Los asirios llaman Milita a Afrodita, y los árabes la llaman Alilat; la llaman Mitra.[55]

2
ATENAS: EL DIFÍCIL CAMINO HACIA LA DEMOCRACIA

Efectivamente, cuando el pueblo es dueño del voto,
se hace dueño del sistema político.

ARISTÓTELES, *Constitución de los atenienses*, 9.1

Mito y realidad en los orígenes de Atenas. La organización política arcaica

La Atenas anterior a las Guerras Médicas guardaba poco parecido con el clásico centro que pervive en el acervo colectivo occidental de la actualidad como punto de partida de la democracia, lugar de reunión de representantes de la filosofía política y escenario de actuación para líricos, trágicos y cómicos. En realidad, durante la Época Arcaica, el Ática tuvo que hacer frente a problemas similares a los experimentados por los demás estados helénicos.

Los atenienses vincularon el nacimiento de su polis a su héroe fundador y rey (*basileús*) legendario Teseo, cuyo relato fue recogido por Plutarco en su *Vida de Teseo* y quien, de acuerdo con este mito, habría llegado al Ática —donde gobernaba su padre Egeo— tras enfrentarse con éxito al Minotauro de Creta. Al parecer, Egeo habría pedido a su hijo, antes de su periplo, que desplegara a su retorno velas blancas en sus naves para así comprobar, al divisarlas en el horizonte, que su hijo volvía sano y salvo de su travesía a la isla. Sin embargo, Teseo olvidó la solicitud de su padre y los barcos que regresaron al continente continuaron luciendo las mismas velas negras con las que partieron en el viaje de ida. Creyendo Egeo que su hijo había perecido en Creta, se suicidó lanzándose al mar al que, desde entonces, se le dio su nombre.[1] A partir de ese fatídico momento, Teseo se erigió en *basileús* del territorio y llevó a cabo lo que se conoce como «sinecismo» (*synoikismós*, «cohabitación») de la ciudad: la unión de las diferentes poblaciones o comunidades del entorno del Ática, doce según la tradición, en un único estado regido desde Atenas. El historiador de la segunda mitad del siglo v a. C. Tucídides, autor de *Historia de la Guerra del Peloponeso* (fundamental para entender el conflicto que enfrentó a atenienses y espartanos en la misma fecha) se hace eco asimismo de las medidas que Teseo habría implantado para dar forma a la que, con el tiempo, se convertiría en la ciudad-estado en la que surgió el sistema democrático:

> Una vez que Teseo subió al trono, hombre que era, además de inteligente, poderoso, reorganizó el territorio en otros aspectos, disolvió los Consejos y las magistraturas de las demás ciudades y los refundió todos en lo que es la actual ciudad [de Atenas], designó un solo Consejo y Pritaneo y obligó a que, aunque cada uno continuara habitando como antes su territorio, tuvieran todos a esta como única capital; la cual, merced a la contribución de todos, se transformó en una gran ciudad, y así fue entregada por Teseo hasta sus descendientes.[2]

A Teseo también se le atribuyeron disposiciones socioeconómicas que mejoraron la calidad de vida de los atenienses, consistiendo una de ellas en el fomento de la inmigración extranjera a la nueva polis. Así, los metecos (*métoikoi*), poblaciones de origen no ático sin facultades políticas y sin apenas derechos económicos, representaron una valiosa aportación cultural y financiera a la ciudad que influyó en la pujanza de la que disfrutó después de la guerra contra los persas. Para conmemorar estos dos progresos, Teseo instituyó dos festividades con carácter anual, la *Synoikía* y la *Metoikía*, que celebraban respectivamente la unión del Ática bajo el liderazgo ateniense y el asentamiento de comunidades extranjeras apenas aludido. En materia económica, el personaje legendario habría introducido las primeras monedas atenienses, de las que se decía que representaban un buey en su anverso en lugar de la célebre lechuza o mochuelo de las típicas piezas áticas.[3] La propaganda posterior al siglo v a. C. llegó a asignar a Teseo incluso la imposición de cierto régimen protodemocrático. Exceptuando los matices heróicos que rodean a la formación de Atenas como ciudad-estado, hemos de admitir que esta tradición, por la que la unificación del Ática constituyó un proceso pacífico, colectivo y exento de episodios violentos (como ocurrió en la formación de otros muchos estados griegos) no se aleja demasiado de la realidad. El sinecismo de las pequeñas poblaciones áticas para configurar una entidad consolidada en Atenas pudo iniciarse a finales del siglo IX a. C. y completarse, tras un proceso gradual, a mediados del VIII a. C., cuando todas las sociedades se consideraban ya a sí mismas atenienses sin que se produjera ningún intento de independencia por parte de ninguna de ellas.[4]

En origen, la organización política de la Atenas arcaica estaba basada en principios puramente aristocráticos. Su aparición como polis y la integración de las localidades vecinas del Ática tuvo como consecuencia directa, quizá en el mismo siglo VIII a. C., el paso del gobierno monárquico del *basileús* a la aparición de magistraturas civiles que se repartieron el poder. Según la propia tradición posterior ateniense,[5] estas autoridades, que recibían el nombre de «arcontes», se encargaban de las funciones anteriormente regias y tenían un carácter, en principio, vitalicio. Conforme avanzó el tiempo se redujo la temporalidad del cargo, de manera que, para finales del siglo VIII a. C., encontramos arcontados con una duración de diez años y, en el primer tercio del siglo VII a. C., el arcontado se convirtió en una magistratura anual. Atenas contaba con nueve arcontes: el más importante era el arconte epónimo, que daba nombre al año (por ejemplo, si el detentador se llamaba Autóstenes, los atenienses se referían a la fecha en la que ejerció su cargo como «el año del arcontado de Autóstenes», lo que es de gran utilidad para la historiografía moderna a la hora de datar acontecimientos). También intervenía en litigios familiares, especialmente disputas por herencias; supervisaba los asuntos públicos y presidía la asamblea de la ciudad. El arconte *basileús* conservaba nominalmente el viejo título de los reyes de Atenas, aunque con unas funciones muy mermadas y limitadas a la administración de cultos religiosos. La jefatura suprema del ejército ateniense recaía sobre el arconte polemarco, encargado, además, de gestionar los juicios relacionados con las poblaciones metecas y de presidir los funerales en honor de los ciudadanos caídos en combate. A estos tres arcontes se sumaban seis «tesmotetes» (*thesmothétai*, «instauradores de la norma»), celosos guardianes del derecho consuetudinario ateniense. Naturalmente, los nueve arcontes que formaban este órgano eran elegidos de entre las familias más nobles y ricas de la ciudad, los *áristoi* u «hombres de buena cuna», que copaban las más altas esferas del poder por derecho de sangre.

El arcontado gobernaba Atenas en colaboración con el Consejo del Areópago, compuesto por individuos de extracción aristocrática que se reunían en una colina (*págos*) consagrada al dios helénico de la guerra (Ares). Representaba, pues, los intereses de los *áristoi* del Ática y constituía el órgano de poder más importante de la región, con unas funciones mayoritariamente judiciales como más alto tribunal sin posibilidad de apelación en sus sentencias. El Areópago estuvo probablemente integrado por antiguos arcontes desde su origen, pero no conocemos con claridad el número de miembros de este consejo: si bien una parte de la historiografía tiende a creer que su número se limitaba a cincuenta y un integrantes elegidos por cooptación por el propio Areópago, otro sector asegura que su totalidad llegaba a los trescientos, de entre los cuales, cincuenta y uno ostentarían un rango honorífico y serían conocidos como «prítanos de los naucraros»,[6] entre los cuales se englobarían los *áristoi* más ricos y nobles del territorio ático y quienes dispondrían de la prerrogativa de convocar y reunir el órgano a su antojo. Por otra parte, Aristóteles afirma que era la asamblea ciudadana la que elegía a los arcontes, añadiendo un punto de incertidumbre al proceso por el que se establecía el Consejo del Areópago.[7] De lo que sí estamos seguros es de que la alta política ateniense seguía los dictados de esta institución y de que era la aristocracia la que dirigía los designios de la polis en los comienzos de su andadura.[8]

Frente a esta nobleza y a sus organismos políticos se situaba el *dêmos*, el pueblo de Atenas o, literalmente, la «multitud» opuesta a los *áristoi*. La mayoría de este conjunto estaba compuesta por artesanos o campesinos que poseían las tierras menos fértiles del Ática y que estaban sometidos, en muchos casos, a serios procesos de endeudamiento.

Aparte, dentro de las poblaciones no áticas, los metecos no podían poseer propiedades territoriales ni vivienda en territorio ateniense y estaban obligados a pagar un tributo que marcaba su condición de extranjeros. En el nivel inferior aparecen los esclavos, con un reducido papel en la Época Arcaica y cuyo humillante estatus solía proceder de la pérdida de la ciudadanía acarreada por la acumulación de deudas. Los ciudadanos atenienses, como los de cualquier otro estado griego, se agrupaban en unidades sociales más amplias como tribus (*phylai*), fratrías y estirpes. Durante este periodo, Atenas contaba con cuatro fratrías, de forma que atestiguar la pertenencia a una de ellas era la prueba imprescindible para adoptar la ciudadanía. El organismo político en el que el *dêmos* ateniense quedaba representado era la asamblea popular o *ekklesía*, entonces sin apenas importancia y con funciones de simple ratificación de los acuerdos ya tomados por el Consejo del Areópago.

La brecha económica y política entre ricos y pobres, por tanto, se fue agudizando a medida que avanzaba el siglo VII a. C. Los ciudadanos del *dêmos* no solo quedaban sistemáticamente excluidos de la toma de decisiones políticas, concentradas estas de forma exclusiva en manos de la aristocracia que componía el arcontado y el Areópago, sino que también se encontraban sujetos a una cada vez más preocupante pobreza que contrastaba con la opulencia de los *áristoi*. Así pues, los campesinos atenienses se veían frecuentemente obligados a endeudarse para garantizar su supervivencia y, a medida que no eran capaces de satisfacer la cuantía de lo prestado y aumentaban cada vez más los intereses, sus acreedores, evidentemente nobles, terminaban apoderándose de las tierras de los deudores, aumentando más, si cabe, su patrimonio. Aquellos jornaleros sometidos a la precariedad no solo perdían la titularidad de las tierras que trabajaban, además debían entregar una sexta parte de su producción a sus nuevos propietarios. Este bucle creaba unas condiciones bajo las que era imposible saldar la deuda, dando lugar al proceso conocido como «esclavitud por deudas»: los trabajadores de la tierra pasaban a formar parte de la posesión de los ahora dueños. Jurídicamente hablando, lo único que les separaba de los esclavos «auténticos» era el recuerdo de su antigua libertad y la teórica capacidad de recobrarla cuando se saldara la deuda con el acreedor, si tal cosa era posible.

Tenemos, pues, un monopolio aristocrático del poder político y un abusivo control de riquezas en manos de los nobles que terminaron por convertirse en las dos causas principales del estallido de la *stásis* (término con el que se definen las situaciones de inestabilidad sociopolítica o de «guerra civil» que acompañaron a la conformación o a la consolidación de las diversas *póleis*, especialmente durante el Arcaísmo) que experimentó Atenas.

La conjura de Cilón

El primero de los dramáticos acontecimientos que tuvieron lugar en Atenas como consecuencia de la crisis sociopolítica que atravesaba coincidió con la época dorada de las tiranías griegas. A mediados del siglo VII a. C., en una fecha que la historiografía tradicional sitúa en el 632 a. C.,[9] un personaje ateniense de noble cuna llamado Cilón se dispuso a utilizar la notoriedad que había ganado entre su pueblo merced a la victoria que protagonizó en la competición de *díaulos* (una carrera de ida y vuelta del estadio de Olimpia) durante los juegos olímpicos del 640 a. C. El noble, que se habría casado poco después con la hija de Teágenes —a la sazón tirano de Mégara, ciudad situada en el istmo de Corinto—, fue envalentonado por su suegro y por su condición de laureado en el certamen deportivo para aprovechar la agitación social de sus compatriotas con el fin de desempeñar la tiranía de Atenas. Antes de ponerse manos a la obra, quiso consultar al oráculo de Delfos la conveniencia de su iniciativa, tal y como recoge Tucídides:

> En una consulta de Cilón al oráculo de Delfos, el dios le respondió que durante la mayor fiesta de Zeus se apoderara de la Acrópolis de Atenas. Tomó las tropas de Teágenes y convenció a sus amigos, y cuando vinieron las fiestas olímpicas del Peloponeso ocupó la Acrópolis con la intención de instaurar la tiranía.[10]

Pero parece que Cilón se equivocó de festividad. Una vez atrincherado con sus seguidores en la Acrópolis, ciudadanos de toda la urbe acudieron con sus armas hoplíticas para asediar a los conjurados. Con el paso del tiempo, el *dêmos* acabó desistiendo de prolongar el asedio y Cilón y su hermano consiguieron escapar de algún modo, pero sus seguidores permanecieron como suplicantes en el primitivo santuario de Atenea que allí se alzaba, conscientes de la protección que la diosa les brindaba y de la prohibición consuetudinaria griega de derramar sangre en suelo sagrado. Fuera del recinto esperaban pacientes los prítanos de los naucraros (según el testimonio de Heródoto)[11] o los nueve arcontes (de acuerdo con el posterior Tucídides, quien parece corregir intencionadamente al halicarnasio)[12] a que la falta de agua y víveres obligara a los sitiados a salir. Al constatar que los conspiradores estaban ya moribundos junto a la imagen de madera del pequeño templo, las autoridades de Atenas prometieron respetar sus vidas si se entregaban; no obstante, alguno de ellos desconfió de la palabra de los arcontes o prítanos y convenció a sus camaradas para descolgarse de la Acrópolis utilizando una cuerda que, a su vez, estaría atada a la estatua de Atenea, creyendo que así seguirían contando con la protección de la divinidad.[13] Cuando la cuerda se rompió como resultado del peso al que se la sometió, el arconte Megacles dio orden de asesinar al instante a todos los partidarios de Cilón, incluso a aquellos que «se sentaron ante los altares de las venerables diosas, también a ellos les dieron muerte».[14] No es de extrañar que el devoto pueblo ateniense creyera, a raíz de estos sucesos, que Megacles había incurrido en un terrible sacrilegio por dar muerte a suplicantes de la divinidad poliada de su ciudad y que el arconte o prítano se viera oportunamente desterrado, junto con los miembros de su familia y todos sus difuntos, cuyos cadáveres fueron exhumados y lanzados fuera del territorio del Ática.[15] La sentencia popular puede parecer exagerada si la contemplamos desde una perspectiva moderna, pero en el mundo griego existía una prominencia de la responsabilidad colectiva sobre la individual: los dioses estarían sin duda resueltos a castigar a toda Atenas por lo sucedido. La culpabilidad del sacrilegio, pues, recaería sobre toda la familia del instigador de la matanza, los Alcmeónidas (estirpe de grandes políticos como Pericles), quienes, en lo sucesivo, serían conocidos en su polis como «los sacrílegos».

Esto es lo que nos cuentan las fuentes literarias sobre la «conjura de Cilón», sin que ninguna de ellas indague en su programa político. El descalabro del conspirador pudo deberse al hecho de perpetrar su golpe sin contar con el apoyo del *dêmos* ateniense y con el único respaldo de sus fieles partidarios y de las tropas que el tirano de Mégara le proporcionó. A fin de cuentas, Cilón solo debía su fama a su triunfo en las Olimpiadas y nunca había ocupado un cargo militar que legitimara en modo alguno sus ambiciones. Por otra parte, los megarenses pertenecían a la etnia doria, diferente a la jonia, de la que los atenienses decían descender, por lo que la ocupación de la Acrópolis por estas fuerzas pudo ser vista como una inaceptable afrenta por la sociedad del Ática.[16] En cualquier caso, el noble se refugió en la polis de su suegro, no sin antes volver a Delfos para reprochar a su sacerdotisa lo erróneo de su profecía. La pitia, amparándose en la ambigüedad de la que dotaba a sus respuestas, hizo saber a Cilón que la festividad religiosa durante la que debió llevar a cabo su pretensión era la celebrada en honor de Zeus Meliquio, la Diasia, que tenía lugar fuera de la ciudad, factor que habría facilitado notablemente la operación. De esta manera, el primer intento por establecer una tiranía en Atenas resultó ser un estrepitoso fracaso y Teágenes, quien probablemente estaba detrás de la conspiración para crear un estado satélite en el Ática, perdió su oportunidad de conseguir un valioso aliado.

Poca credibilidad debe recibir la posibilidad de que el asunto relacionado con Cilón no fuera más que una mera invención de la sociedad ateniense posterior, hipótesis difícil de defender tras el hallazgo, sucedido en las excavaciones del año 2016 previas a la construcción de un centro cultural en el sur de la actual Atenas, de una fosa común con unos ochenta cadáveres maniatados fechados entre el 650 y el 625 a. C. que podrían pertenecer a los partidarios del aspirante a tirano.[17] Aunque las diferencias existentes en los relatos legados por Heródoto, Tucídides y Plutarco ponen de manifiesto la necesidad de los áticos de justificar ciertos hechos de la época, resulta evidente que a mediados del siglo VII a. C. se produjo un episodio en el que la rica familia de los

Alcmeónidas fue desterrada de la ciudad y considerada sacrílega o maldita, dadas las alusiones a esta difamatoria característica en testimonios posteriores de otros autores. Sabemos, del mismo modo, que esta familia sobornó al oráculo de Delfos para que ejerciera su influencia a favor de una plausible vuelta de sus integrantes a Atenas y que financiaron, a tal efecto, la reconstrucción del templo de Apolo del santuario tras un incendio que lo devastó a mediados del siglo VI a. C.[18] La tradición construida sobre Cilón o las posibles modificaciones realizadas sobre su historia podrían responder también a las intermitentes hostilidades entre Atenas y Mégara en ese momento, razón esta que puede explicar el parentesco del vencedor olímpico con el tirano de la polis enemiga esgrimido por los atenienses. En última instancia, lo único que deja claro este complejo asunto es la gravedad de las luchas intestinas que sufría Atenas en la segunda mitad del siglo VII a. C.[19]

La primera legislación de Atenas: Dracón

Los años entre el 624 y el 621 a. C. fueron testigos de la elaboración de las primeras leyes escritas de las que dispuso Atenas, encomendadas a un personaje, de nombre Dracón, de quien poco más sabemos. De acuerdo con Aristóteles, este Dracón impuso su código «bajo el arcontado de Aristecmo»,[20] lo cual indica la probabilidad de que el legislador no formara parte de las más elevadas instituciones del poder ateniense y de que no fuera más que un individuo a quien se le encargó esta especial tarea. Tampoco faltan quienes plantean que, toda vez que su nombre significa «serpiente» en griego y que los atenienses veneraban a una serpiente sagrada en la Acrópolis, estas leyes fueran el resultado de una codificación procedente de los sacerdotes de los templos allí emplazados y se pusieran en vigor por la autoridad de tal reptil.[21]

Sea como fuere, la instauración de estas leyes escritas significó un gran paso para el progreso de Atenas como ciudad-estado al reducir el poder y la autoridad de las familias en la aplicación del derecho consuetudinario y sustituirlos por un estado ateniense que disfrutaría de cierta capacidad penal. En los casos de homicidio, según la costumbre imperante hasta la aparición de Dracón, los familiares de la víctima tenían la capacidad jurídica de vengar el fallecimiento de su pariente. Existían santuarios donde el responsable del homicidio en cuestión podía refugiarse (recordemos la prohibición de derramamiento de sangre en suelo sagrado) para llegar a algún tipo de acuerdo con los allegados de la víctima que solía traducirse en una indemnización. Dracón decidió retirar a las familias esta capacidad para transferirla al Estado, representado por un tribunal de cincuenta y un jueces. Los parientes podían apelar el resultado de los juicios emitidos, pero la última palabra correspondería, en lo sucesivo, a este órgano colegiado. Lo poco que conocemos sobre la legislación de Dracón está relacionado con los delitos de homicidio y ha llegado hasta nosotros gracias a una inscripción de finales del siglo V a. C. que se ha conservado sorprendentemente bien, si tenemos en cuenta que la estela, hoy salvaguardada en el Museo Epigráfico de la ciudad, fue reutilizada en la construcción de la iglesia catedralicia de Atenas que se levantó en los últimos coletazos de la Antigüedad.[22] El legislador estableció en este decreto un sensible equilibrio entre aquella ley consuetudinaria que permitía a las familias tomar venganza en los crímenes de sangre y el creciente poder y el empeño del Estado ateniense por tomar las riendas de la justicia.[23] Además, Dracón distinguió entre homicidios involuntarios y voluntarios. Para los primeros se impuso la pena de destierro, al tiempo que los homicidios voluntarios y los asesinatos se castigaban con la muerte. Parece que la pena máxima sancionaba la mayor parte de las infracciones de la legislación de Dracón, incluso aquellas que hoy en día serían consideradas simples faltas:

> Para casi todos los delincuentes se había fijado una sola pena, la muerte; y así, hasta los reos por holgazanería eran ejecutados y los que hurtaban verduras o fruta sufrían el mismo castigo que los ladrones de objetos sagrados y los homicidas.[24]

En la misma línea se expresa Aristóteles en su *Política*, donde asegura que de la legislación de Dracón «no hay nada peculiar en ellas digno de mención, excepto su dureza por la magnitud de las penas».[25]

De acuerdo con Plutarco, el propio Dracón habría defendido la aplicación de la pena de muerte en sus leyes porque «consideraba a los pequeños delitos dignos de esta, mientras que para los grandes no tenía otra mayor».[26] Ciertamente, el hecho de que utilicemos el término «draconiano» para referirnos a algo tremendamente severo da fe de que la dureza de este código ha trascendido a través del tiempo. Ya en el siglo IV a. C., el orador Démades hizo célebre su comentario en el que aseguraba que las leyes de Dracón «no habían sido escritas con tinta, sino con sangre».[27] A pesar de los testimonios, parece que las penas de destierro que se imponían a los reos de homicidio involuntario ponen en duda tal tradición. A esto habría que añadir que no conservamos ningún fragmento de ninguna otra ley del código de Dracón y que es probable que el legislador se limitara a poner por escrito las leyes consuetudinarias para evitar el abuso de poder por parte de los magistrados, procedentes, como hemos visto, de las capas nobles de la sociedad. En contra de esta hipótesis —que extrae del código draconiano la respuesta a las cada vez mayores presiones del *dêmos*— hay quien contempla la opción de que las nuevas normas consagraran el derecho aristocrático y la acumulación de poder político en manos del Areópago. Aun con este tímido intento por reformar las instancias judiciales atenienses, la inestabilidad que sufría la ciudad-estado del Ática tenía también profundas motivaciones económicas fundamentadas en la inmensa diferencia entre ricos y pobres, y parece que Dracón no reguló el problema de la esclavitud por deudas, la principal razón de la *stásis* en la que Atenas seguía sumida.

Solón

La figura de Solón

La situación sociopolítica de Atenas en el cambio del siglo VII al VI a. C. era tan delicada que, en el año 594 a. C., los atenienses eligieron a un respetado aristócrata llamado Solón, quien parece que ya habría desempeñado el arcontado durante quince o veinte años,[28] para que, con plenitud de poderes, elaborase un nuevo código legal que evitara un enfrentamiento civil. En este momento, el Ática era un territorio cuya difícil orografía era incapaz de mantener a una población en constante crecimiento mediante las limitadas cosechas de grano que proporcionaba. Por otro lado, era famosa por su aceite de oliva, su cerámica de arcilla y su vino. Atenas, además, había comenzado la explotación de las abundantes minas de plata del Laurión y del mármol del monte Pentélico. En torno al año 600 a. C., los atenienses también se habían lanzado a la conquista de Sigeo, enclave en la entrada del Helesponto que les aseguraba la protección de la ruta del mar Negro que aprovisionaba su polis de grano procedente de Crimea y del actual sur de Rusia. Consecuentemente, a comienzos del nuevo siglo Atenas poseía un enorme potencial ensombrecido por el fantasma de una probable guerra civil.[29]

Solón, uno de los célebres Siete Sabios de la antigua Grecia, desarrolló una labor que conocemos en su mayor parte gracias a sus escritos, de los que, sin embargo, solamente ha llegado hasta nosotros un reducido porcentaje. La obra soloniana no está compuesta de discursos políticos, sino de poemas en los que reflexiona sobre la situación legislativa de Atenas para ofrecer ciertas soluciones. Se trata de una laboriosa evaluación de su ciudad que permite conocer mejor cuáles eran los motivos que llevaron a los atenienses a aquella tesitura. Las leyes establecidas por Solón, por su parte, adolecen del problema que supone su ausencia o desaparición física, ya que no nos ha llegado ningún texto o epígrafe en las que se encuentren, siendo esta legislación conocida por las referencias indirectas de otros autores posteriores en obras en las que no se intenta tanto reproducir estas leyes como comentarlas o analizarlas. Otro inconveniente relacionado con la figura de Solón radica en el carácter semilegendario que se le ha ido concediendo con el paso del tiempo, factor al que ha contribuido en buena medida la inclusión de este personaje en la lista de los Siete Sabios y el silencio que Heródoto o Tucídides, dos de los autores más importantes del siglo V a. C., guardan sobre su vida.[30] A Solón se le dotó además de un prestigio panhelénico, equiparándose la expresión «leyes de Solón» con «leyes de Atenas», lo que implica que se le han adjudicado decretos más tardíos que nada tuvieron que ver con él. Por lo demás, las diferentes facciones políticas de la Atenas posterior al personaje que nos ocupa no dudaron en intentar utilizar su legado para justificar o legitimar sus postulados. Quizá por esta razón haya trascendido tan sólidamente el mito de Solón como «padre de la democracia», totalmente erróneo (falta aproximadamente un siglo para dar con algo parecido), pero que podemos encontrar incluso en obras de historiadores de la actualidad.

Las principales fuentes que nos han permitido conocer mínimamente la vida y obra de Solón son, pues, posteriores: Aristóteles en su *Constitución de los atenienses* y, siglos después, Plutarco con la *Vida de Solón*. Aun así, tenemos escasez de datos biográficos. Asegura el erudito de Queronea que Solón estuvo implicado en el conflicto que Atenas mantenía con Mégara por la posesión de la isla de Salamina (y que está estrechamente relacionado con la conjuración de Cilón, ya comentada). Tras la renuncia ateniense a conquistar la isla, capitulación para la que incluso se habría legislado penalizando cualquier planteamiento político en dirección opuesta, Solón recitó un poema denominado *Salamina* con el que reintrodujo el debate en la ciudadanía ática. No solo eso, también seleccionó una serie de hoplitas voluntarios a los que prometió la entrega de tierras en la isla en caso de éxito en la misión, de manera similar al proceso colonial griego arcaico.[31]

La victoria final de Atenas en su guerra contra la polis vecina granjearía a Solón un considerable prestigio y el inquebrantable apoyo de buena parte de los sectores populares. Plutarco también relaciona al sabio con la expulsión de la familia de los Alcmeónidas, los «sacrílegos» de Atenas. Según su versión, Solón habría convencido a los integrantes de la noble estirpe para que se sometieran al veredicto de un tribunal, esperando la emisión de una sentencia favorable tras el juicio. Pero, como sabemos, los Alcmeónidas acabaron desterrados de su ciudad, lo que, paradójicamente, terminó beneficiando a Solón: los «sacrílegos» constituían una casta avanzada y abierta en relación con la concepción sociopolítica de la nobleza contemporánea. Al encontrarse desamparados tras la expulsión de sus cabezas visibles, los restantes miembros encontraron un nuevo líder en Solón, quien se oponía en sus poemas a la retrógrada aristocracia de su tiempo,[32] responsable directa, para el magistrado, de la *stásis* de Atenas. Por estos motivos, la elección de Solón para el arcontado es extremadamente significativa y pone de relieve una dura inestabilidad que llegó a propiciar concesiones por parte del sector aristocrático de la sociedad.

Legislación de Solón y su reforma timocrática

El código legal soloniano resultó tan práctico y esperanzador para la ciudadanía ateniense que se mantuvo en vigor hasta finales del siglo v a. C., cuando la Guerra del Peloponeso obligó a los áticos a realizar una profunda revisión de su sistema legislativo. No contenía grandes principios dogmáticos, sino que más bien se ocupaba de regular los casos más frecuentes que se daban en la Atenas del momento con la intención de mantener una sociedad mínimamente responsable. Buena parte de las leyes promulgadas entrañaron un auténtico progreso para el fortalecimiento del Estado en la polis. Algunos de estos novedosos preceptos poseían un carácter jurídico o procesal, como la introducción de la posibilidad de que un tercero interpusiera un pleito en nombre de la parte ofendida o la capacidad de apelación ante un tribunal de justicia; medidas estas encaminadas a coartar, de forma moderada, la arbitrariedad de los hasta entonces omnipotentes magistrados. Otras normas, de naturaleza económica, prohibían los préstamos con la garantía de la propia persona, poniendo así una traba prácticamente insalvable a la esclavitud por deudas.

En lo que respecta a las leyes sobre la propiedad, Solón impulsó un importante paso de la sociedad gentilicia a la individual estableciendo que los sujetos sin descendencia pudieran testamentar libremente para que desapareciera la obligación de que sus bienes pasaran a formar parte del patrimonio familiar. Existían supuestos de nulidad para esta prerrogativa: parece que, para que su voluntad fuera revestida de legitimidad, el testador no debía encontrarse bajo los efectos de la embriaguez o de las drogas, ni encadenado, senil o bajo la influencia de una mujer, lo cual parecía tener los mismos efectos legales a ojos del mundo griego y en cuyo caso se despojaba de validez el testamento en cuestión. Reguló también que un adúltero sorprendido en flagrante delito podía ser ajusticiado con la pena capital si en el acto se veía involucrada la mujer, la madre, la hija o la hermana del ofendido y la acción tenía como finalidad la procreación de hijos de condición libre. Además, cuando el pariente más cercano se casaba con una heredera en edad de concebir, algo obligatorio en la sociedad ateniense, debía mantener relaciones sexuales con ella al menos tres veces al mes.[33]

El legislador tuvo a bien, asimismo, estimular el comercio de Atenas. Siendo esta polis deficitaria en recursos como el grano, prohibió la exportación de todos los bienes agrícolas, salvo el aceite, como forma de proteger el patrimonio de los terratenientes que pudieran verse afectados por la pérdida de mano de obra esclava. En el mismo sentido sentó dos leyes más: una por la que se liberaba a los hijos de la obligación de cuidar de un padre anciano o enfermo si este no les había enseñado anteriormente un oficio; y una segunda norma, más revolucionaria, que otorgaba plenos derechos de ciudadanía a los extranjeros desterrados a perpetuidad que conocieran una profesión. Así, por vez primera, el concepto de ciudadanía se desvinculaba de la posesión de tierras.[34] Con todo, una de las reformas más destacadas de Solón fue la *seisáchtheia*, literalmente «liberación de cargas» o «cancelación de deudas», mediante la que se promulgaba la anhelada abolición de la esclavitud por deudas y se exoneraba de forma oficial a los campesinos que hubieran incurrido en esta penosa situación. La medida, como no podía ser de otra manera, levantó ampollas entre los estratos más poderosos de la sociedad ateniense,[35] pero, aunque esta ley alivió notablemente el sufrimiento de los pobres de Atenas, debemos entender el paso desde el punto de vista económico antes que desde el social, puesto que a Solón no parecía importarle demasiado que se esclavizaran poblaciones extranjeras o no áticas.

Aparentemente solucionado uno de los puntos originarios de la *stásis*, Solón instauró una constitución por la que la participación del ciudadano en los asuntos de la polis estaría directamente relacionada con su renta. Con esta reforma timocrática se dividió a la ciudadanía ateniense en función de su producción agrícola, medida en barriles o *médimnoi* de áridos o líquidos. En lo más alto de esta nueva clasificación se alzarían los *pentakosiomédimnoi*, aquellos capaces de producir 500 medimnos de cualquier recurso agrícola, a los que se encargó el abastecimiento del ejército y se dio la posibilidad de acceder a la administración de la tesorería de la ciudad. Por debajo de este selecto grupo encontramos a los *hippeîs*, los «caballeros», cuya producción oscilaba entre los 300 y los 499 medimnos y quienes, como su nombre indica, podían permitirse el lujo de disponer de un caballo y mantenerlo, facilitando así su inclusión en la caballería del ejército ático. Por su parte, en tercer lugar, los *zeugítai* podían aportar entre 200 y 299 medimnos y constituirían la infantería pesada de hoplitas de la ciudad. En el último lugar se situaban los *thetes*, representantes del 50 por ciento de la ciudadanía ateniense, incapaces de proporcionar 200 medimnos e integrados por campesinos y aparceros sin tierras, cuya función en el ejército de Atenas estaría reducida a servir en la infantería ligera o como remeros de la flota de la ciudad. En cuanto a los derechos políticos, solo las dos primeras clases podían acceder al arcontado y a las altas magistraturas. Los *zeugítai* podrían competir con ellos en el desempeño de cargos menos importantes, mientras que los *thetes* únicamente tenían el derecho a participar en la asamblea del *dêmos*, la *ekklesía*, ostentando un poder político casi nulo.

Lo más importante de la reforma timocrática de Solón reside en el cambio que representó frente a la situación ateniense anterior: la nobleza de cuna propia de los *áristoi* fue desplazada en favor de criterios económicos, favoreciendo el dinamismo de una sociedad en la que sus individuos podrían ascender en el escalafón político a medida que incrementaran su patrimonio. El linaje y la sangre, por lo tanto, dejaron de ser requisitos fundamentales para formar parte de la alta política ateniense. A esto se une la novedad que supuso que todos los jornaleros y campesinos perjudicados por la esclavitud por deudas fueran incluidos en un grupo sociopolítico tras la liberación que les proporcionó la *seisáchtheia*. Aun así, los «otros» esclavos, los metecos y las mujeres (estas últimas representaban una tercera parte de la población ateniense) fueron sistemáticamente excluidos del sistema soloniano.

Solón quiso también acometer una modificación de los órganos políticos más importantes de Atenas y, para ello, determinó que el

Consejo del Areópago estuviera formado únicamente por exarcontes. Tanto Aristóteles[36] como Plutarco[37] coinciden en atribuir al legislador la creación de la *Boulé*, nombre con el que era conocido anteriormente el Areópago, pero que Solón convirtió en un órgano formado por cuatrocientos integrantes, cien de cada tribu o *phylai* ateniense, y al que asignó funciones relacionadas con la presentación de propuestas a la asamblea. Aparte de este cometido, se desconocen las tareas confiadas al nuevo consejo de gobierno y los requisitos necesarios para acceder a su desempeño. Respecto a la legislación de Dracón, Solón respetó las penas por homicidio y redujo las que se imponían a crímenes o delitos más leves. Del mismo modo permitió la vuelta a Atenas de aquellos que hubieran sido desterrados, excepto los que hubieran recibido tal castigo por asesinato o por intentar imponer una tiranía. Probablemente este habría sido el momento aprovechado por la familia de los Alcmeónidas para volver a la polis y reinsertarse en su juego político.

Una vez cumplida su labor como legislador de Atenas y suavizada la *stásis* de su sociedad, Solón entregó sus funciones al Areópago y se retiró de la vida política, dedicándose desde entonces a viajar por la ecúmene mediterránea hasta su vuelta a Atenas, donde fallecería en torno al año 560 a. C. El sabio sentó las bases de una ciudadanía ateniense desligada de la nobleza de sangre y de su participación, si bien no igualitaria, en la política de la ciudad. Consolidó un sistema normativo y judicial que supuso un punto de inflexión en el fortalecimiento del Estado ateniense frente al derecho familiar consuetudinario y estimuló enormemente las actividades artesanales y comerciales de una ciudad afectada por un imparable crecimiento demográfico que su campiña soportaba a duras penas. No obstante, y a pesar de la drástica transformación derivada de las leyes que elaboró, sus reformas no resultaron en absoluto satisfactorias para la mayor parte de una aristocracia preocupada por la vertiginosa pérdida de privilegios, al tiempo que los grupos más proclives a las clases populares consideraban que Solón no había emprendido suficientes medidas y demandaban cambios más radicales. Estos factores, unidos a la fuerte competitividad de los ciudadanos por hacerse con los cargos políticos más importantes, acabaron por provocar el regreso de la inestabilidad sociopolítica. Parecía que Atenas estaba destinada a ser gobernada por un régimen tiránico.

Pisístrato y la tiranía de Atenas

Intentos de Pisístrato por acceder al poder

A la muerte de Solón, la sociedad del Ática se hallaba dividida en tres facciones o grupos que los propios autores de la Antigüedad trataron de adscribir a tres tendencias políticas diferentes. A juzgar por el testimonio de Aristóteles:

> Por entonces, había tres partidos políticos (*staseis*); a saber, la gente que vivía en la costa (*paralios*), cuyo jefe fue Megacles, hijo de Alcmeón, partidario de impulsar una política de moderación; la gente que vivía en la llanura (*periecos*), que propugnaban la oligarquía y que tenían como jefe a Licurgo; y en tercer lugar la gente que vivía en la montaña (*diacrios*), a cuyo frente estaba Pisístrato.[38]

El estagirita nos cuenta en el mismo párrafo que a los seguidores de Megacles se les vinculó con los sectores artesanales y comerciantes, a los procedentes de las llanuras con la aristocracia terrateniente y a Pisístrato y sus partidarios con las capas desfavorecidas y los labradores descontentos del Ática. Las rencillas entre estos grupos eran el obvio resultado de la legislación soloniana, al pretender con su código poner fin al amplio dominio de los *áristoi* para buscar un equilibrio entre los niveles sociales atenienses y tratar de acotar la presión del campesinado más pobre, demandante de un poder político y jurídico tradicionalmente negado. Ahora bien, Pisístrato procedía de linaje aristocrático (era pariente lejano de Solón y se decía que descendía del mítico rey Crono) y había cobrado cierto renombre entre el *dêmos* ateniense tras participar exitosamente en la toma de Salamina y en la conquista del puerto de Nisea durante la guerra que Atenas libró contra Mégara.

Heródoto, cuyo relato vuelve a ocuparse del devenir ateniense tras su peculiar silencio en torno a la figura de Solón, cuenta que, en el marco de las luchas en las que estas tres facciones ya se medían, Pisístrato «se hirió a sí mismo» y se presentó ante el pueblo en el ágora de la ciudad «como si hubiera escapado a unos supuestos enemigos que hubiesen intentado darle muerte» para pedir a las autoridades de Atenas «disponer de una guardia personal».[39] Cegada por la fama de Pisístrato, la *ekklesía* le concedió una escolta (*korynephóroi*) de cincuenta hombres armados con mazas que el audaz político utilizó para perpetrar un golpe de Estado y apoderarse al instante de la Acrópolis. De este modo tan taimado irrumpió la tiranía en Atenas en el año 560 a. C.

Pero esta primera experiencia tiránica de Pisístrato fue realmente efímera: Megacles y Licurgo, líderes de los otros partidos del territorio ático, decidieron asociarse para derrocar el nuevo gobierno y expulsar al tirano mediante el destierro. Pese a esta victoria del sector más favorable a la nobleza, ambos jefes volvieron a sus habituales trifulcas y Megacles propuso una alianza al expulsado Pisístrato ofreciéndole a su propia hija en matrimonio. El líder de la facción de los campesinos aceptó y volvió entonces a Atenas, añadiendo, en esta ocasión, un montaje por el que la diosa Atenea consagraba la vuelta de la tiranía:

> En el demo de Peania había una mujer, cuyo nombre era Fía, de cuatro codos menos tres dedos de estatura y, además, agraciada. Ataviaron a la mujer en cuestión con una armadura completa de hoplita, la hicieron subir a un carro, le indicaron la actitud que debía adoptar para aparentar mayor majestuosidad y la condujeron a la ciudad, enviando por delante heraldos que, al llegar a Atenas, proclamaron lo que les había sido ordenado, diciendo así: «Atenienses, acoged con propicia disposición a Pisístrato, a quien la propia Atenea, honrándolo más que a hombre alguno, repatria a su Acrópolis». Los heraldos, pues, difundían estas palabras por todas partes y, en seguida, llegó a los *dêmos* el rumor de que Atenea repatriaba a Pisístrato; y los de la ciudad, convencidos de que la mujer era la diosa en persona, adoraron a aquella mortal y aceptaron a Pisístrato.[40]

El segundo gobierno tiránico de Pisístrato comenzó en el 559 a. C. y tuvo una duración de cinco años, cuando se rompió su alianza con Megacles. Se daba el caso de que el tirano no tenía ninguna intención de yacer con la hija de su socio, pues ya contaba con dos hijos adultos, de un matrimonio anterior, cuyo derecho a la sucesión no quería poner en peligro. Megacles, enfurecido por la humillación que suponía el repudio de su hija, volvió a unirse con Licurgo y, juntos, derrocaron por segunda vez el poder de Pisístrato y le obligaron a abandonar la polis durante unos diez años. Se estableció entonces en Eretria para preparar su regreso, enriqueciéndose con el oro y la plata que obtenía de la explotación de las minas que poseía en el monte Pangeo, al norte de Grecia. Al mismo tiempo, estableció relaciones diplomáticas con otros estados helénicos como Tesalia, Tebas, Argos y Samnos y reclutó un potente ejército mercenario con el que, en el año 546 a. C., desembarcó en las playas de Maratón. Acto seguido derrotó al ejército conjunto de Megacles y Licurgo que le salió al paso en la batalla de Pelene. Con este triunfo mediante, Pisístrato reinstauró la tiranía en Atenas y la ejerció hasta su muerte, en el año 527 a. C.

La política de Pisístrato

Si bien, generalmente, algunos líderes de las ciudades que en el siglo VII a. C. se regían por gobiernos tiránicos han pasado a la posteridad como déspotas despreciables, Pisístrato ha gozado del beneplácito de la literatura de la Antigüedad y de una propaganda relativamente favorecedora: el filósofo Aristóteles llega a describirle como «el máximo partidario de la vía democrática».[41] Esta difusión tan halagadora de los autores antiguos, sin embargo, puede explicarse a través de las simpatías que la mayoría de ellos mostraba por los regímenes aristocráticos. Lo cierto es que, en lo que respecta a la actividad política de Pisístrato, volvemos a encontrarnos con el problema de las fuentes. No nos ha llegado ningún tipo de texto contemporáneo que arroje luz sobre lo sucedido en Atenas a comienzos de esta segunda mitad del siglo VII a. C., por lo que no queda más que fiarnos de los escritos de época más tardía, pertenecientes a una tradición en la que se había otorgado un significado peyorativo a las tiranías, pero que, en conjunto, nos presentan al tirano de Atenas como un gobernante benévolo y emprendedor con una impecable hoja de servicios.[42]

Si damos crédito a la *Constitución de los atenienses* de Aristóteles, Pisístrato se habría comportado de una manera especialmente generosa con la población pobre. El tirano impuso el primer cobro de impuestos directos sobre la producción agraria y permitió la concesión de créditos baratos y de fácil reintegro a los campesinos para que pudieran adquirir las semillas correspondientes para sus cultivos y ampliar paulatinamente su rendimiento. De esta forma se evitaron los temidos repartos de tierras y su acumulación en manos de la aristocracia terrateniente, disminuyendo considerablemente la dependencia de los pobres con respecto a los ricos. El campesinado, pues, experimentó una sustancial mejoría y proporcionó al Estado ateniense una repercusión fiscal positiva a través de los impuestos instaurados, un fortalecimiento de las arcas de Atenas que motivó que Aristóteles se refiriese a la tiranía como «la dorada época de Crono».[43] Al mismo tiempo, Pisístrato prefirió mantener en manos aristócratas las tierras que ya dominaba para no incurrir en un descontento de la nobleza que amenazara la frágil paz social que se estaba alcanzando. Al gobierno tiránico también se le ha atribuido la creación de diversos tribunales a lo largo y ancho del Ática que mejoraron la administración de la justicia ateniense al evitar los tediosos desplazamientos de las poblaciones que se dispersaban por su territorio.

El comercio ateniense se desarrolló hasta límites entonces desconocidos. Las exportaciones de cerámica de figuras negras se extendieron por todo el Mediterráneo, llegando a las costas de Chipre y Siria en Oriente, pero también a la península ibérica en Occidente; mientras las minas del Pangeo y las del Laurión hacían de Atenas un pujante y acaudalado estado, foco de atracción de inmigrantes y trabajadores de toda Grecia. Estas relaciones comerciales y económicas fueron asimismo acompañadas de una activa y agresiva política exterior: Atenas reconquistó Sigeo, perdida pocos años antes, y tomó las plazas de Lemnos e Imbros para asegurar el control del Helesponto y de la preciada ruta que, desde las estepas rusas, aprovisionaba de trigo a Atenas. Ante posibles amenazas internas y externas, Pisístrato entabló relaciones diplomáticas con otras tiranías como las de Naxos o Samos para obtener su apoyo y blindar su gobierno.

Bajo el gobierno de la tiranía, Atenas acuñó sus primeras monedas de plata, las famosas «lechuzas», conocidas así por el animal que decoraba su anverso. La lechuza —o el mochuelo— era el animal asociado a Atenea, diosa de la sabiduría y divinidad poliada ateniense cuyo retrato se presentaba también en el reverso de estas piezas. Junto a este motivo, las monedas llevaban inscritas las tres primeras letras de la palabra «Atenas» (*Athēnai*) o de la frase «de los atenienses» (*Athēnaíōn*).

Una de las causas del éxito del que disfrutó la tiranía de Pisístrato en Atenas estribó en el mantenimiento de las leyes de Solón. En materia de infraestructuras, en cambio, el líder emprendió una serie de obras públicas con una doble finalidad: por un lado, proporcionó puestos de trabajo a la población pobre o desempleada de la polis y, además, transformó Atenas en un embellecido y destacado centro cultural. Esto, a su vez, favoreció la ya intensa inmigración a la ciudad y, por tanto, la participación mercantil y económica, aspectos que derivaron análogamente en un incremento de las arcas públicas.

Durante este gobierno también se honró debidamente a las divinidades, en concreto, las fiestas Panateneas se celebraban con una especial suntuosidad cada cuatro años, siendo más austeras en sus organizaciones anuales. Como parte del programa gubernamental dedicado al fomento de las artes, se incluyó en esta festividad la recitación de los poemas homéricos, actos para los que Pisístrato encargó una edición definitiva de la *Ilíada* y la *Odisea*. Atenea fue igualmente alabada mediante la reconstrucción de su templo en la Acrópolis (donde culminaba la procesión de las Panateneas con un rito por el que las doncellas ofrecían un peplo a la diosa) y a través del inicio de la construcción de un nuevo y colosal edificio consagrado a Zeus Olímpico, paralizado a la muerte de Pisístrato y que fue finalizado mucho más tarde, en época del emperador romano Adriano. Se erigió, además, un primitivo Partenón que tuvo una corta duración en la medida en que fue arrasado por el rey persa Jerjes en la Segunda Guerra Médica. Entretanto, el culto al dios Dioniso, como divinidad asociada a la fertilidad y a la agricultura, fue deliberadamente potenciado y ascendido a credo estatal. Pisístrato introdujo nuevos eventos patrios dedicados a este dios, como las grandes y pequeñas Dionisias, en cuyo transcurso un coro de sátiros ataviados con pieles de cabra dialogaba con un líder en lo que se denominó «canto de macho cabrío» (*tragodía*), germen del género trágico que alcanzaría su esplendor en el siglo V a. C. Apareció, con ello, el teatro en la antigua Atenas, al incluirse en las actividades celebradas en honor a Dioniso con la intención de proporcionar una mínima educación al conjunto de la ciudadanía. El fomento de una nueva religión, pese a todo, cumplía un propósito político: mermar la influencia de los cultos privados de los *áristoi* y proporcionar una debida cohesión a esta nueva sociedad ateniense.[44]

Hipias e Hiparco. El fin de la tiranía

Tras el fallecimiento de Pisístrato en el año 527 a. C., el gobierno de Atenas pasó directamente a las manos de sus hijos Hipias e Hiparco, quienes, aunque heredaron una rica y prestigiosa corte repleta de poetas y cómicos, se apartaron del modelo de buena gestión que su padre pareció desarrollar. El ascenso de los dos hermanos coincidió con el debilitamiento de la posición ateniense en el Helesponto, donde el inexorable avance persa sobre la orilla occidental de Anatolia tuvo como consecuencia fundamental una mayor dificultad de Atenas para abastecer de trigo a su población por medio de la ruta del mar Negro. Quizá por estos factores comenzaron a aparecer los primeros intentos documentados de la aristocracia terrateniente para acabar con el régimen tiránico de los pisistrátidas. El ulterior fracaso de estas tímidas tentativas fue debido al inquebrantable respaldo ofrecido por las clases campesinas a los tiranos, en tanto que responsables de las medidas que favorecieron en alto grado la situación económica y política de las clases más bajas. La tiranía también se había traducido en una singular paz social que puso fin a la alarmante *stásis* ática, de modo que, en un primer momento, la nobleza no tuvo más remedio que resignarse a permanecer bajo la gobernanza de los hijos de Pisístrato.

El comienzo del fin para la tiranía de Atenas estuvo determinado, curiosamente, por un asunto de celos. En el año 514 a. C., Hiparco se sentía profundamente atraído por otro joven, Harmodio, al que se habría ofrecido abiertamente. Pese a los halagos, Harmodio no mostraba ningún interés amoroso hacia el tirano, quien, furioso por el rechazo, decidió vengarse humillando a la hermana del pretendido prohibiéndole portar la cesta de las doncellas en el festival de las Panateneas. Harmodio, entonces, urdió un plan con su amante, Aristogitón, para dar muerte a Hipias e Hiparco el día de la procesión a la Acrópolis. Por un malentendido a la hora de poner la estrategia en funcionamiento, Hipias salvó su vida, pero Hiparco fue asesinado por los conjurados. A partir de entonces, el gobierno del hermano superviviente, que anteriormente había continuado con las líneas generales trazadas por su padre, pasó a convertirse en una absoluta dictadura en el sentido actual del término. Así, estableció un régimen opresivo y de terror y no dudó en humillar y desconfiar tanto de campesinos como de aristócratas. Por lo que respecta a los tiranicidas, fueron consagrados como héroes tras la caída del régimen. Se les construyó una emblemática estatua que se colocó en la misma ágora de Atenas, pero que fue sustraída por el ejército persa de Jerjes en el 480 a. C. hasta su recuperación más de un siglo después por Alejandro Magno, quien, en un gesto de buena voluntad, las devolvió a su legítimo dueño, el *dêmos* ateniense.

Mientras tanto, la familia de los Alcmeónidas continuaba en el destierro, si bien políticamente activa, como prueba la participación en la reconstrucción del templo de Apolo en Delfos tras el incendio que lo consumió en el 543 a. C. Desde ese momento, el agradecido colegio sacerdotal délfico puso toda su influencia al servicio de los «sacrílegos» y de su pretensión de volver a Atenas. Para ello, la pitia se ocupó de entregar el mismo oráculo a todo espartano que viajara a Delfos a realizar una consulta. Dado que los ciudadanos de Esparta mostraban, como veremos, una particular devoción por el Apolo délfico, no serían pocas las ocasiones en las que la sacerdotisa profetizó las palabras «liberad antes a los atenienses», en clara alusión a propiciar la vuelta de la familia aristocrática y, con ello, el final de la tiranía. Los espartanos, a su vez, eran conocidos tradicionalmente por ser enemigos de las tiranías y, por otra parte, podrían albergar la esperanza de incluir a Atenas en su alianza militar (*symmachía*), la Liga del Peloponeso, por la fuerza.[45] Estos dos motivos bastaron para que, en el 510 a. C., el diarca Cleómenes I se pusiera al frente de un ejército con el que se dirigió al Ática. Hipias se vio súbitamente acorralado por el ejército invasor en la Acrópolis de Atenas y sus propios hijos cayeron prisioneros del espartiata. El tirano hubo de rendirse para que le fueran devueltos, no sin antes prometer emprender el camino del exilio. Levantado el asedio, Hipias y su familia se embarcaron rumbo a Sigeo, mientras en la Acrópolis se construyó una columna en la que se grabó la condena de los pisistrátidas a la pérdida de los derechos de ciudadanía. El pueblo ateniense, antes de atribuir a un acérrimo enemigo como Esparta la caída de la tiranía de Hipias, prefirió alimentar el mito de Harmodio y Aristogitón, los tiranicidas, dotando una vez más de un halo de leyenda la historia de Atenas.

El nacimiento de la democracia: Clístenes y sus reformas

Derrocada finalmente la tiranía, las luchas entre las facciones aristocráticas resurgieron en Atenas: Iságoras, representante de la aristocracia más conservadora, fue elegido arconte en el año 508 a. C., con la anulación de los derechos de ciudadanía de aquellos atenienses cuyos antepasados los hubieran conseguido en época soloniana o pisistrátida como buque insignia de su programa político. A este Iságoras se le opuso Clístenes, uno de los retornados Alcmeónidas, valedor de los intereses de la masa campesina ateniense que obtuvo el apoyo de la capa social más desfavorecida y de la mayor parte del *dêmos*. Pero Iságoras contaba con el respaldo espartano y Cleómenes, temeroso del poder que podría alcanzar una Atenas con unos planteamientos políticos diametralmente opuestos a los de la propia Esparta, tardó poco en intervenir, tal y como nos transmite Heródoto:

> Cuando los lacedemonios [...] observaron la pujanza continua de los atenienses y que en modo alguno estarían dispuestos a sometérseles,

> comprendieron que el linaje ático, si gozaba de libertad, les igualaría en poder, mientras que, si lo dominaba una tiranía, sería débil y se prestaría a dejarse mandar. Advirtieron, pues, esto e invitaron a acudir a ellos desde Sigeo, en el Helesponto, a Hipias, el hijo de Pisístrato.[46]

En esta ocasión, en la que los espartanos, paradójicamente, trataron de reponer a Hipias en el poder, Cleómenes contribuyó al destierro de setecientas familias atenienses sistemáticamente indicadas por Iságoras e intentó establecer un régimen oligárquico en Atenas más acorde con los principios de la polis espartana. La desmedida conducta del diarca provocó un levantamiento en armas del *dêmos* ateniense que sitió a Cleómenes e Iságoras en la Acrópolis tal como ellos asediaron a Hipias dos años antes. El episodio finalizó con la rendición de Iságoras y la vuelta del huido Clístenes (junto con las familias desterradas) al gobierno de la ciudad. Cleómenes y su ejército dieron entonces marcha atrás y volvieron a Esparta. El Alcmeónida, con ello, obtuvo vía libre para emprender sus medidas.[47]

Con la intención de mermar significativamente el poder de las familias aristocráticas, cuyas constantes luchas ponían en peligro la supervivencia misma del Estado ateniense, Clístenes decidió abolir el antiguo sistema tribal de Atenas mediante el que la población de la polis quedaba dividida en cuatro tribus o *phylai*, esquema este propio de las poblaciones de ascendencia jonia. En su lugar, creó diez nuevas agrupaciones tribales basadas en un novedoso método, con un carácter territorial. Para ello, dividió el territorio ático en tres áreas geográficas no relacionadas con el entorno natural: la urbana (*Asty*), la zona costera (*Paralia*) y el interior (*Mesogea*). Estas tres zonas fueron a su vez subdivididas en diez *trittyes* o tercios, integradas por un número variable de *demoi* o circunscripciones territoriales. Con un tercio de cada una de estas tres áreas geográficas, Clístenes formó una tribu, es decir, cada una de las diez nuevas tribus estaba formada por tres *trittyes*, una de cada área. De esta manera, el Alcmeónida consiguió mezclar la población del Ática y evitar las alianzas de carácter regional que podrían suscitar las diferentes facciones aristocráticas. A cada nueva tribu se le otorgaría un nuevo nombre, elegido, según la tradición ateniense recogida en la obra de Aristóteles, por la sacerdotisa de Delfos, confiriendo así a la medida un carácter sacral que la sostuviera ideológicamente.[48]

A partir de esta reforma, además, los atenienses deberían identificarse por el nombre de su *dêmos* o circunscripción, en lugar del acostumbrado patronímico o nombre del padre. Por tanto, el término *dêmos* cambió de significado durante el gobierno de Clístenes para designar ahora a las antiguas aldeas áticas o a los distintos barrios de la ciudad: todos los ciudadanos atenienses, al cumplir los dieciocho años, deberían inscribirse en su *dêmos*. Se buscaba con esto una menor dependencia de los vínculos gentilicios y aumentar la conciencia política de los ciudadanos. Cada tribu formaría, además, un grupo destinado a competir en los certámenes atléticos atenienses, competiciones que contribuían a la cohesión de los lazos de solidaridad entre sus miembros. Por último, la reforma tribal también traería consecuencias en el plano militar: las diez tribus aportarían el mismo contingente de tropas y, de cada una de ellas, se extraería un general supremo o *strategós*. Los diez *strategoí*, a partir del 501 a. C., se convertirían en las máximas autoridades castrenses de Atenas suplantando a la arcaica figura del arconte polemarco.

Dentro del organigrama institucional ateniense, Clístenes procedió a la creación del Consejo o *Boulé* de los Quinientos mediante la abolición en tal sentido del anterior Consejo de los Cuatrocientos. Con la nueva reforma, el organismo estaría compuesto por cincuenta miembros de cada una de las diez recientes tribus instituidas por el político. Sería un Consejo, en consecuencia, abierto a la participación de todos los ciudadanos de Atenas, con total independencia de su origen, su linaje o su riqueza; en el que sus miembros se elegirían por sorteo bajo la prohibición de ser escogidos más de dos veces en la vida. Este hecho, que suponía la base para la auténtica participación política del pueblo, fue uno de los componentes democráticos más importantes instaurados por Clístenes y, desde entonces, el número de ciudadanos que participó en la política ateniense aumentó drásticamente. La *Boulé* constituyó, junto a la *ekklesía*, uno de los instrumentos fundamentales para el funcionamiento del nuevo régimen, y no deja de resultar interesante que, dado que Clístenes no gozó de los poderes supremos de los que disfrutó Solón, sus reformas hubieron de ser aprobadas por la asamblea ateniense antes de ser puestas en práctica. La democracia, pues, nació a través de un procedimiento democrático.[49]

Otra de las reformas implantadas por Clístenes fue la célebre «ley del ostracismo», si bien existe parte de la historiografía moderna que, advirtiendo que no hay pruebas de que se haya aplicado con anterioridad al año 487 a. C., dudan de la autoría clisténica de este precepto. En cualquier caso, el ostracismo se convertirá en una poderosa arma para el pueblo de Atenas y en un mecanismo que apuntalará el establecimiento de la democracia. Consistía en la imposición de un exilio temporal de diez años para todo aquel ateniense sobre el que cayera la sospecha de intentar implantar una tiranía y derrocar el régimen democrático, siempre antes de llevar a cabo su pretensión. La importancia de esta ley radicaba en el sujeto que dictaba sentencia, pues era la *ekklesía* o asamblea de la polis la que, con el requisito de un *quorum* de seis mil votos a favor, podía aplicar la expulsión del condenado. Buena parte de los políticos atenienses más renombrados de la posteridad se vieron sometidos a este juicio, aunque no todos llegaron a ser desterrados. En caso de pertenecer al desdichado grupo de los sentenciados, al culpable se le otorgaban diez días para abandonar el territorio ático y se le permitía conservar los derechos de ciudadanía y sus propiedades en Atenas.

Resumiendo, los últimos años del siglo VI a. C. presenciaron la aparición en Atenas de un cuerpo cívico de ciudadanos con los mismos derechos políticos, independientemente de la riqueza de su haber. Clístenes impuso los principios de *isonomía* («igualdad ante la ley») e *isegoría* («igualdad de voz») sobre los que se desarrollaría esta nueva forma de organización social indocumentada hasta la fecha. Desde entonces, la polis ateniense se asentó sobre una teórica equidad de poder de todos sus ciudadanos en igualdad de condiciones. La radicalidad de las reformas clisténicas, como era de suponer, levantó el recelo y la desconfianza de las ciudades-estado vecinas, en lo sucesivo decididas y coaligadas para obstaculizar el progreso democrático. Sin embargo, la amenaza que se cernía desde Oriente sobre toda Grecia a comienzos del siglo V a. C. hizo que la oposición a las reformas de Clístenes perdiera totalmente su importancia: los griegos estaban condenados al entendimiento o a su desaparición.

3
ESPARTA

Esparta es un pueblo cruel y de carácter pérfido,
los demás son pequeños y débiles.

Eurípides, *Los suplicantes*, 185-190

Surgimiento y consolidación del Estado espartano

El «retorno de los Heraclidas»

Esparta, o Lacedemonia, verdadero nombre con el que se conocía en la Antigüedad a la entidad política controlada por el núcleo urbano al que sí corresponde el primer término, se situaba en el extremo sureste de la península del Peloponeso, protegida por el monte Taigeto al oeste, el Parnón al este y las colinas rocosas de la Escirítide al norte. Este aislamiento geográfico resultó esencial para la identidad y el carácter de sus habitantes, un pueblo aparentemente tosco, en constante preparación para la guerra, particularmente devoto y con una excepcional tendencia a relacionarse con la leyenda. En efecto, el Estado espartano poseía una explicación mítica para sus orígenes que difícilmente podrá ser demostrada a través del registro arqueológico. Su versión etnogenética nos retrotrae a los homéricos tiempos de la guerra de Troya, en los que el rey micénico Menelao, esposo de Helena y hermano de Agamenón, gobernaba el territorio peloponesio. Siguiendo el relato de la *Ilíada*, Menelao, a diferencia del resto de *basileís* que lucharon en la contienda desatada tras el rapto de Helena por Paris, consiguió sobrevivir y regresar sano y salvo a Esparta, donde reinaría cómodamente hasta su muerte. Sus dominios pasaron entonces a su yerno y sobrino Orestes, quien, a su vez, se los legó a Tisámeno, nieto de Menelao.[1]

Durante el reinado de este Tisámeno habría sobrevenido la tragedia. Los dorios, una tribu moradora del norte de Grecia, atravesaron el golfo de Corinto y asolaron los centros más importantes del Peloponeso.[2] Tales invasores habrían sido hipotéticamente acaudillados por la estirpe descendiente de Heracles, razón esta por la que tanto la historiografía antigua como la moderna han coincidido en denominar a esta migración «el retorno de los Heraclidas», habida cuenta de que, de acuerdo con su propio mito, el héroe e hijo de Zeus habría controlado la región en algún momento. Los dorios terminaron dividiéndose el territorio conquistado, quedando Lacedemonia bajo el liderazgo de dos hermanos, Eurístenes y Procles, teóricos fundadores del reino de Esparta. Esta fue la leyenda esgrimida desde el siglo VIII a. C. por los espartanos con el propósito de legitimar su recientemente conseguido dominio sobre el sur del Peloponeso, presentándose, por una parte, como descendientes del Menelao homérico y, por otra, como el pueblo de los sucesores del mismo Heracles.[3] Lo cierto, no obstante, es que la invasión violenta de la que habla este relato no ha sido completamente atestiguada por la investigación, por lo que el carácter de la emigración de los dorios y su conexión con la aparición de Esparta como entidad política es aún objeto de enconado debate historiográfico.

Los datos arqueológicos, por su parte, indican la presencia, en el siglo XIII a. C., de cuatro poblados de cierta importancia (Terapne, Amiclas, Faris y Briseas) en la llanura donde después, alejada de lo que habrían sido núcleos micénicos, se habría situado Esparta. Se ha comprobado asimismo una destrucción de dichos lugares en torno a 1200 a. C., pero estas excavaciones, en las que destaca la total ausencia de huellas o evidencias de conquista, no parecen arrojar luz sobre el asunto de la veracidad de las invasiones dorias sobre el Peloponeso. Algunos estudios modernos, derivados de aquel sector proclive a aceptar el modelo violento de migración, apuntan a una segunda oleada de penetraciones alrededor del siglo X a. C., realizadas por unas tribus bien conocidas, los panfilios, hileos y dimanes, documentadas ya en la obra del lírico arcaico Tirteo[4] y que podrían haber sido responsables del origen de la cultura lacedemonia y de su peculiar sistema político, que veremos más adelante.[5] El intervalo de tiempo que transcurrió entre la devastación que siguió al colapso del poder micénico y la aparición de estos grupos parece haber estado caracterizado por un hermetismo que permitió el surgimiento de cuatro modestos asentamientos, aldeas u *obai* —Pitana, Mesoa, Cinosura y Limnas— que, a finales del siglo IX o principios del VIII a. C., y motivados por ciertas necesidades económicas y políticas, llevaron a cabo su propio proceso de sinecismo para unirse en torno a la Acrópolis del territorio y configurar el germen del Estado espartano.[6] Así, es probable que los primeros reyes realmente históricos de una Esparta unificada fueran Arquelao y Carilo, artífices del primer proceso expansionista del espacio lacedemonio al acometer la conquista de la Escirítide, en la frontera con la vecina Arcadia. A mediados del siglo VIII a. C., bajo el reinado de Teleclo, Esparta consiguió dominar los enclaves de Amiclas, Faris y Gerontras, obteniendo, junto a la posterior toma de Helos, el acceso al mar desde el sur.

La conquista de Mesenia

En la segunda mitad del siglo VIII a. C. se produjo la anexión del solar mesenio, colindante por el oeste al lacedemonio, en un conflicto del que las fuentes antiguas no proporcionan apenas información. La unificación —no tanto urbanística como política— de Esparta había llevado aparejada una explosión demográfica que las poco fértiles tierras de Laconia, la región geopolítica espartana, no podían sostener. Solo quedarían disponibles algunos terruños apenas aptos para su cultivo, y la salida del excedente de población hacia territorios inexplorados de ultramar, solución aplicada por otras *póleis* que experimentaban el mismo problema, era difícil para un estado con unos, por el momento, limitados conocimientos navales. Del mismo modo, el aislamiento geográfico espartano, si bien proporcionaba una fácil defensa natural para la joven polis,[7] también hacía poco factible la importación de alimentos a través del comercio con otras poblaciones, siendo esta, además, una actividad que los ciudadanos espartanos veían con recelo y que remitían a clases sociales inferiores.[8]

Esparta necesitaba, pues, nuevas tierras. Es probable que, tal y como nos comenta el geógrafo Estrabón, ya el rey Teleclo intentara sin demasiado éxito establecer colonos en las llanuras de Mesenia antes de su muerte.[9] Otro geógrafo, el viajero Pausanias, matiza en su *Descripción de Grecia* el *casus belli* por el que los espartanos se lanzaron a la conquista de Mesenia, relacionándolo con el asesinato de Teleclo en una festividad religiosa:

> En las fronteras de Mesenia hay un santuario de Ártemis llamada Limnátide, y en él toman parte de los dorios solamente los mesenios y los lacedemonios. Los lacedemonios dicen que unos mesenios violaron a unas muchachas suyas que fueron a la fiesta y mataron a su rey que intentó impedirlo, a Teleclo, hijo de Arquelao [...], y dicen, además de esto, que las muchachas violadas se suicidaron por vergüenza.[10]

Desde luego, como suele ocurrir en los conflictos diplomáticos, más aún en la Antigüedad, los mesenios tenían su propia versión de los hechos, recogida por el mismo Pausanias a renglón seguido:

> Los mesenios, por su parte, dicen que Teleclo tramó una conspiración contra los de mayor categoría en Mesene, [...] y que para su conspiración eligió a cuantos espartanos aún no tenían barba, y que ataviando a estos con vestidos y adornos de muchachas los introdujo entre los mesenios que descansaban, habiéndoles dado puñales; y los mesenios al defenderse dieron muerte a los jóvenes imberbes y al propio Teleclo.[11]

Sin entrar en la veracidad del relato de Pausanias, sospechosamente imbuido de elementos legendarios pertenecientes a la fundación de cultos religiosos (suicidios, travestismo y engaño),[12] aparentemente Esparta comenzó las hostilidades y, pese a que los mesenios habrían mostrado una resistencia encomiable, la mayor parte de su territorio pasó a formar parte de Lacedemonia. La guerra fue difícil, costosa y larga para los espartanos: Tirteo asegura que la rendición mesenia llegó tras dos décadas de conflicto en unos versos que apoyan, además, la teoría de la escasez de tierras en Esparta: «Mesenia, tierra buena para arar, buena para hacer plantaciones; por ella combatieron sin interrupción durante diecinueve años, con fuerte corazón, los padres de nuestros padres, armados de lanzas; y al vigésimo los mesenios abandonaron sus fértiles campos y huyeron de las grandes montañas del Ítome».[13]

Tras esta Primera Guerra Mesenia, que podríamos datar aproximadamente entre el 730 y el 710 a. C., la tierra conquistada se parceló en lotes y se repartió entre aquellos espartanos que participaron en el conflicto, aliviando, al menos temporalmente, el problema de la escasez de tierras. Aunque, como viene siendo habitual, existe parte de la historiografía que duda de una cronología tan lejana, dos factores parecen respaldar la hipótesis que sitúa el conflicto en el último tercio del siglo VIII a. C. Por un lado, la participación de mesenios en la fundación de la colonia de Regio en el 720 a. C., en el extremo meridional de la actual Italia, probablemente huyendo de las calamidades de la guerra; y, en segundo lugar, el descubrimiento arqueológico de los restos de un asentamiento espartano que se ha datado en el siglo VIII a. C. y que podría relacionarse con el proceso de expansión en el que Esparta estaba inmersa.[14]

Los mesenios que no pudieron escapar de la dominación espartana fueron en su mayoría esclavizados y obligados a entregar a sus nuevos señores la mitad de los frutos de sus cosechas.[15] Además, si hemos de creer el testimonio de Pausanias al respecto, los vencidos debieron «jurar que no se sublevarían jamás contra ellos ni harían otro acto revolucionario» y se les impuso «que al entierro de los reyes y otros magistrados vinieran hombres de Mesenia» a rendir el correspondiente homenaje.[16] La conquista de Mesenia a finales del siglo VIII a. C. hizo de Esparta el estado griego con el mayor territorio (*chōra*) adscrito de la Hélade y consolidó a los lacedemonios, quienes disfrutarían en lo sucesivo de las riquezas derivadas de la apropiación de la región vecina, como uno de los poderes militares más sólidos del momento, sentando las bases para una futura hegemonía espartana sobre el Peloponeso.

La organización política de Esparta: la Gran *Retra*

Licurgo, legislador legendario

Una de las señas de identidad del *kósmos* lacedemonio fue su peculiar ordenamiento político, la *politeía* o «constitución» (término que más se acerca al verdadero e intraducible significado de este concepto griego) de la que Esparta se dotó durante el Arcaísmo y que, a diferencia de aquellos que regían otras *póleis*, resistió el paso de los siglos permaneciendo prácticamente inmutable. De esta ley fundamental, conocida como Gran *Retra* y que aúna una serie de medidas políticas, sociales y económicas, solo conservamos el testimonio de unos pocos autores antiguos, sobresaliendo de entre ellos Jenofonte, erudito y militar nacido en el Ática que, sin embargo, profesó un profundo afecto por la ciudad-estado del Peloponeso y describió las costumbres, prácticas e instituciones de los espartanos en su tratado *La república de los lacedemonios*.

Las disposiciones de la Gran *Retra* fueron atribuidas por los propios espartanos a Licurgo, personaje semilegendario al que la tradición ha convertido en arquitecto de la armonía sociopolítica de la polis y de los fundamentos que configuraron la personalidad lacedemonia, cuya historicidad ha sido razonablemente puesta en entredicho por la historiografía actual.[17] El testimonio de Jenofonte no es el único del que disponemos para acercarnos a la figura de este legislador espartano, dado que el biógrafo Plutarco le dedicó uno de sus libros en su colección *Vidas paralelas*, fundamental para el conocimiento de la tradición transmitida por los espartanos durante generaciones. Pero no todas las fuentes coinciden en conceder a Licurgo la autoría de la Gran *Retra*. Uno de los poemas de Tirteo que han llegado hasta nosotros, el más antiguo testimonio en el que podemos documentar ya la existencia de este ordenamiento político en Esparta, omite toda referencia a este personaje.[18] De este fragmento del vate, preservado en fuentes tardías, podemos, pues, extraer un *terminus ante quem* (la datación más cercana a nuestro tiempo) para la instauración en la polis de la Gran *Retra* que coincidiría con el momento en el que floreció la obra de Tirteo, en torno al año 650 a. C. Más aún, otra de las conclusiones a las que nos lleva el autor arcaico indica que el mito sobre el legislador Licurgo habría surgido con posterioridad al establecimiento del cuerpo jurídico que se le imputa.

De acuerdo con la narración recogida, primero por Tirteo, después por Heródoto, más tarde por Jenofonte y Plutarco en sus respectivas obras, antes de su irrupción en suelo lacedemonio, Licurgo habría acudido al oráculo de Delfos (con el que los espartanos buscaron vincularse estrechamente durante toda su historia), y, pese a que hay ciertas notas disonantes en los relatos de los autores antiguos, todos parecen coincidir en que la sacerdotisa délfica se congració con el legislador. Así, Heródoto describe cómo la pitia trató a Licurgo de igual a igual:

> Vienes, oh Licurgo, a mi templo opulento, llegaste muy caro a Zeus y al resto de dioses dueños de olímpicas sedes. Me pregunto si debo llamarte dios o bien hombre; creo más que yo debo llamarte dios, oh Licurgo.[19]

De acuerdo con la narración herodotea, tanto Licurgo como la Gran *Retra* que habría llevado al santuario para su aprobación obtuvieron la bendición del Apolo délfico, quedando ambos revestidos de una suprema autoridad divina. El relato de Plutarco, en cambio, nos informa de que «Licurgo [...] trajo de Delfos un oráculo al que llaman *Retra*».[20] Es decir, el mítico personaje habría recibido las leyes de manos del propio oráculo de Delfos. Al margen de la procedencia del ordenamiento espartano y del debate en torno a la historicidad de Licurgo, es preciso hacer hincapié en el hecho de que la sociedad de Esparta quiso dejar claro que sus instituciones sociopolíticas fueron aprobadas y consagradas por Apolo, lo cual afianzaba a la Gran *Retra* como un conjunto de preceptos con nulo o escaso margen de modificación.

La *politeía* espartana no se ocupaba únicamente del entramado político del Estado, también regulaba prácticamente todos los ámbitos de la vida de los ciudadanos espartanos. Licurgo habría emprendido una primitiva distribución de la tierra para paliar la desigualdad imperante en Esparta hasta su llegada, dividiendo el terreno en nueve mil parcelas que se entregarían a los ciudadanos de pleno derecho y añadiendo otras treinta mil para los periecos, grupo social inferior.[21] Entre muchos otros decretos, el legislador también estableció los cimientos de la educación espartana o *agogé*,[22] de la que nos ocuparemos posteriormente; prohibió taxativamente la acumulación de riquezas[23] y formuló la organización del ejército espartano.[24] Tras instaurar su constitución en Esparta, Licurgo habría decidido volver al santuario de Delfos, no sin antes obligar a los propios espartanos a prometer que no alterarían los preceptos asignados por Apolo hasta un regreso a Lacedemonia que nunca tuvo lugar, pues, según la leyenda, le sobrevino la muerte antes de disfrutar de la oportunidad de volver a la polis. Licurgo sería ulteriormente heroizado, como demuestra el templo que los espartanos le erigieron en la ciudad.[25] Un ensalzamiento totalmente justificado, pues la Gran *Retra*, dicen los autores de la Antigüedad, permitió a Esparta «sobresalir en Grecia en gobierno y gloria durante quinientos años».[26]

La diarquía

El más prominente de los pilares del entramado político espartano es la diarquía, la realeza descendiente de los *basileís* homéricos que, a diferencia de lo ocurrido en otros estados griegos, no desapareció en Esparta tras el desmoronamiento del mundo micénico. Esta suerte de monarquía dual, excepcional en la antigua Grecia, fundamentaba una institución en la que dos familias reales, la Agíada y la Euripóntida, ostentaban el poder con facultades similares. Heródoto sugiere que esta entidad nació como resultado de la descendencia del rey dorio Aristodemo, descendiente de Heracles, y de su esposa Argia, quien con el alumbramiento de los mellizos Eurístenes y Procles introdujo un inevitable debate en torno a la problemática sucesión. Una vez más, de acuerdo con la tradición, el oráculo de Delfos se convirtió en actor fundamental para la resolución de este inconveniente:

> Los lacedemonios decidieron nombrar rey, según la costumbre, al mayor de los hijos. Pero no sabían a cuál de los dos debían elegir, pues los dos eran exactamente iguales. [...] Naturalmente, ahora los lacedemonios quedaron perplejos, y en su apuro enviaron un mensajero a Delfos a consultar cómo debían comportarse ante aquel caso. [...] La respuesta de la pitia fue que debían considerar reyes a los dos.[27]

Por tanto, la diarquía, como tal, no aparece en los documentos relativos al establecimiento de la Gran *Retra*, sino que su implantación y preservación responde a su sanción por parte del Apolo délfico. No obstante, y siguiendo el relato herodoteo, el oráculo también declaró que se debía otorgar una especial consideración al primogénito, tarea difícil de acometer al ser ambos hermanos prácticamente idénticos. Luego de observar el trato de la madre con sus dos vástagos, los espartanos advirtieron que siempre atendía en primer lugar a uno de ellos, Eurístenes, y por esta razón su casa real, la Agíada, siempre gozó de un prestigio mayor que la Euripóntida, personificada por Procles.

La función principal de los diarcas residía en el mando de los ejércitos lacedemonios,[28] papel que desempeñaron conjuntamente hasta la expedición espartana del año 506 a. C. contra la Atenas clisténica (véase cap. 2), en cuyo transcurso una serie de discordias entre Cleómenes I y su colega Demarato (*dichostasía*) motivaron la promulgación de una ley que estableció que, en lo sucesivo, solo uno de los diarcas encabezaría al ejército, dejando al otro ocupándose personalmente de los asuntos internos de Esparta.

En campaña, los diarcas tenían derecho de vida y muerte sobre los soldados que dirigían y disfrutaban de la protección de una escolta integrada por cien hoplitas escogidos directamente de su guardia personal, los trescientos denominados *hippeîs*, con los que luchaban en primera fila en el flanco derecho del ejército desplegado.[29] Este cuerpo de élite, cuyo nombre no es más que una alusión a los remotos tiempos homéricos, estaría formado por aquellos varones con edades comprendidas entre los veinte y los treinta años que se hubieran destacado en su entrenamiento militar. Además, dentro de este selecto cuerpo, los cinco hoplitas más antiguos constituían el cuerpo de *agathoergoí* («bienhechores»), a los que se encomendaban misiones especiales en el extranjero.

En lo que toca a las facultades regias en torno a la religión, además de «presidir todos los sacrificios públicos en nombre de la ciudad, en virtud de su ascendencia divina» y «el derecho de recibir una parte de las víctimas de los sacrificios»,[30] los diarcas espartanos cultivaron las relaciones con el oráculo de Delfos en la medida de lo posible, conscientes de la observancia que la sociedad de Esparta practicaba hacia sus profecías y del excelente apoyo que la sanción del santuario brindaba a la permanencia de las casas reales lacedemonias. Las relaciones entre la polis y el templo llegaron a ser tan fluidas que se hizo necesaria la designación de unas figuras encargadas de realizar las pertinentes consultas a la sacerdotisa. Estos individuos recibían el nombre de «pitios» o *pythioi* y convirtieron a Esparta en la única ciudad-estado que contó con unos personajes responsables de las relaciones con el oráculo, custodios, junto a los propios diarcas, de los vaticinios proporcionados por la pitia.

Cuando pasaban a mejor vida, los diarcas recibían solemnes honores de Estado. Se despachaban jinetes a proclamar la noticia por todo el territorio lacedemonio mientras en la polis las mujeres paseaban por las calles golpeando calderos en señal de duelo. Los funerales eran ceremoniosos y en ellos la multitud asistente se llevaba las manos a la cabeza llorando la pérdida de un descendiente de los dioses. Se decretaba también un luto de diez días durante los que se prohibían las actividades políticas y comerciales. En caso de que el diarca pereciese en combate (lo que no se dio hasta el estallido de las Guerras Médicas), su cuerpo se embalsamaba y era rápidamente trasladado a Esparta para honrarlo debidamente. Si el cadáver no se podía recuperar, tal como sucedió a la muerte de Leónidas I en la batalla de las Termópilas, tras sacrificarse frente al Imperio persa, se confeccionaba una efigie que se colocaba en un féretro en el lugar del difunto dinasta. El primer hijo varón nacido tras el ascenso del padre al trono, lo heredaría, pasando al varón más próximo en caso de morir el diarca sin descendencia.[31]

La Gerousía

Procedente también de época presuntamente homérica, la *Gerousía* o Consejo de Ancianos sí aparecía, a diferencia de la diarquía, codificada en la Gran *Retra* licurguea. La institución consistía en un órgano formado por veintiocho miembros varones mayores de sesenta años (*gérontes*, «ancianos»), quienes, junto a los dos diarcas que lo integraban de forma honorífica, ostentaban el cargo de manera vitalicia.

Los candidatos a la membresía de este selecto Consejo, a tenor de lo que se infiere del testimonio de Jenofonte, eran pertenecientes a las mejores familias de ciudadanos de Esparta, esto es, aquellas con un poder económico y social superior, por lo que se consideraba la pertenencia a la *Gerousía* como la culminación de una vida consagrada al cultivo de la virtud o *areté*.[32] El específico sistema por el que los *gérontes* eran elegidos para desempeñar su función es descrito por Plutarco en la *Vida de Licurgo*: reunida la Asamblea de ciudadanos, los aspirantes cruzaban el recinto en silencio y en solitario al tiempo que los asistentes iban aclamándolos con vítores y griterío. Los jueces electores, mientras tanto, se encontrarían encerrados en alguna estructura anexa sin ningún tipo de contacto visual con quienes se perfilaban para formar parte del órgano, anotando qué candidatos recibían los elogios más ruidosos y con mayor duración para proclamarlos miembros de nueva adscripción.[33] Una vez elegidos, los nuevos integrantes de la *Gerousía* iniciaban un paseo ritual por los templos de la ciudad como gesto de gratitud, acompañados por jóvenes que ensalzaban su capacidad y por doncellas que entonaban cánticos, para terminar su recorrido en un banquete comunitario (el *syssítion*) donde se les hacía entrega de una segunda ración que debían guardar para cedérsela a la mujer de su familia que estimaran pertinente.[34]

Sobre las funciones y atribuciones de la *Gerousía*, sabemos que tenían un carácter proboléutico, esto es, de preparación de las propuestas que con posterioridad se debatirían en la Asamblea de ciudadanos; sin capacidad de realizar contrapropuestas, pero, según Plutarco, con cierto derecho de veto aplicable solo «si el pueblo elige torcidamente»,[35] circunstancia esta bajo la que se le otorgaban facultades para disolver la Asamblea. Nos dice Plutarco también que esta capacidad de desarticulación del órgano asambleario del pueblo fue introducida en la Gran *Retra* por los reyes Teopompo y Polidoro, míticos diarcas que habrían gobernado en torno a los comienzos del siglo VIII a. C. y cuyas incorporaciones legislativas, de ser ciertas, dejarían de manifiesto que la *politeía* espartana se aplicaba ya durante su reinado. Con todo, los preceptos de los que nos habla el biógrafo de Queronea pudieron ser añadidos en algún momento en el que la Asamblea de ciudadanos espartanos estuviera acaparando el poder de forma peligrosa para el resto de instituciones y habrían sido posteriormente atribuidos a estos dos soberanos legendarios para legitimar el poder de veto de la *Gerousía*. El Consejo de Ancianos, de esta manera, se aseguraría de que el cuerpo cívico espartano se mostrase siempre a favor de las propuestas lanzadas.[36]

Siguiendo el relato de Jenofonte, entre los cometidos de la *Gerousía* se encontraba asimismo su funcionamiento como la más alta instancia judicial lacedemonia, capaz de procesar e imponer penas de muerte o de pérdida de los derechos de ciudadanía sobre cualquier espartano que disfrutara de ellos, diarcas incluidos.[37] Semejantes atribuciones, que otorgaban a los *gérontes* plenas competencias para ejercer una gran influencia sobre la diarquía y la Asamblea, hicieron del Consejo de Ancianos una de las instituciones más poderosas de Esparta durante el Arcaísmo.

La Apélla

En el ordenamiento político del que se dotó Esparta también aparece reflejado el tercer elemento del tejido institucional lacedemonio, la Asamblea o *Apélla*, formada por los ciudadanos de pleno derecho y sobre la que Jenofonte guarda un sospechoso silencio en su *Constitución de los lacedemonios*, que puede relacionarse con la aversión que este autor sentía hacia cualquier planteamiento político vinculado a incrementar el poder del pueblo. La denominación de este órgano, procedente del dialecto de los dorios, de los que los espartanos decían descender, ha sido vista por algunos autores como una alusión a las *Apéllai*, fiestas en honor al dios Apolo que se celebrarían anualmente, reforzando, de nuevo, los vínculos de Esparta con la divinidad délfica en lo que al establecimiento de su Asamblea se refiere.[38] La Asamblea de los lacedemonios tendría como función principal, como acabamos de comprobar, la aprobación de las propuestas presentadas por la *Gerousía*, convirtiendo así al pueblo espartano en teórico titular de la soberanía del Estado. La realidad, sin embargo, era que el Consejo de los *gérontes* derivaba a la *Apélla* solo aquellas cuestiones cuya aprobación o resolución necesitaba hacer públicas, de manera que el órgano en el que la ciudadanía espartana se veía representada cumplía un rol meramente consultor (sobre la posibilidad de que existieran debates en torno a las medidas que el órgano debía aprobar o rechazar, la historiografía no se ha puesto de acuerdo).[39] La Asamblea sí tenía competencias, en cambio, para la elección de los *gérontes*, siguiendo el sistema de elección por aclamación anteriormente explicado.

La eforía

La más alta magistratura (por detrás de la diarquía) emanada del Estado espartano era la eforía,[40] institución que Jenofonte vincula al establecimiento de la Gran *Retra*, pero que otros autores como Aristóteles y Platón imputan también al legendario Teopompo:

> [Teopompo], al ver que la autoridad era todavía insolente y violenta, le puso como freno el poder de los éforos, aproximándola así al gobierno elegido por sorteo. Y, además, según este argumento, como la monarquía entre vosotros se mezcló de los elementos que era necesario y mantuvo la medida, se salvó a sí misma y se convirtió en causa de salvación para el resto.[41]

A los éforos, que eran cinco y se elegían anualmente sin posibilidad de reelección, se les consideraba los garantes de la constitución espartana y tenían, entre sus funciones, la de vigilar el buen gobierno de los diarcas. Parece que los magistrados, al igual que sus homólogos de la *Gerousía*, eran elegidos por la Asamblea por aclamación y, según el relato de Aristóteles, procedían de extracción popular (algo que no parece agradar al filósofo, que asegura que «lo malo que tiene la magistratura de los éforos es que cualquiera puede llegar a ella»),[42] lo que les diferenciaría de los *gérontes*, vinculados a las familias más ricas y poderosas de Esparta. La historiografía discute si la aparición de la eforía se debe relacionar con las leyes de Licurgo o si, por el contrario, se trata de una organización creada en los primeros compases de la polis espartana. Algunos estudiosos partidarios de esta última teoría consideran que lo que terminó configurando el eforado fue, en principio, un pequeño colegio sacerdotal procedente de la oscura época de las invasiones dorias que, con el tiempo, fue acaparando ciertos poderes civiles. Para apoyar esta idea aluden a una curiosa prebenda que se concedía a los éforos con la intención de disminuir el poder de los diarcas: cada ocho años, estos personajes debían observar los cielos en torno a la constelación de Sirius, en busca de una estrella fugaz. Si aparecía, se interpretaba que los dioses se sentían ofendidos por la labor de uno o ambos diarcas, en cuyo caso quedaba a expensas del juicio del oráculo de Delfos su deposición. El único testimonio de la aplicación de esta insólita medida aparece en la obra de Plutarco y habría tenido lugar en una época tardía, en la segunda mitad del siglo III a. C., cuando el rey Leónidas II fue apartado del trono después de ciertas desavenencias con su colega en el mismo.[43]

Como ocurría en el caso de los arcontes de la Atenas arcaica, uno de los éforos, el de mayor edad, era considerado epónimo, con lo que su aparición en las fuentes es de gran valor para datar los hechos que ocurrieran durante el desempeño de su cargo. En cuanto a sus competencias, eran los representantes de lo que en la actualidad podríamos llamar «poder ejecutivo». Los éforos debían presidir la Asamblea ciudadana, se ocupaban de la política exterior, reunían al ejército lacedemonio en caso de guerra y supervisaban la educación de los jóvenes, la célebre *agogé*, que enseguida veremos. La capacidad de juicio sobre los ciudadanos era prácticamente absoluta, incluso sobre los diarcas, a los que podían someter a procesos que desembocaran en penas capitales. Por otra parte, los propios éforos podían ser juzgados por otros éforos, siempre que su magistratura hubiera expirado.

La sociedad lacedemonia

Los hómoioi

En la cúspide de la jerarquizada sociedad de Esparta se situaban los ciudadanos de pleno derecho, los *hómoioi* («iguales» o «semejantes», aludiendo a la teórica igualdad económica y política de la que disfrutaban). A los ciudadanos se les ha conocido también con el nombre de «espartiatas», si bien es precisa una ligera matización: esta última condición acompañaba al ciudadano desde su nacimiento, mientras que la posición de *hómoioi*, esto es, el ejercicio de la plenitud de derechos de ciudadanía, solo se adquiría una vez superada la *agogé* o educación estatal, en la que ingresaban a la tierna edad —vista desde los ojos del presente— de siete años y que superaban, de acuerdo con Plutarco, con treinta años.[44] Era entonces cuando al ciudadano espartano se le hacía entrega de un lote de tierras o *klâros* y cuando podía asistir a los banquetes comunales (*syssítia*) que se celebraban en la polis. Las parcelas cultivables que adquirían eran acompañadas a su vez por un indeterminado número de hilotas, individuos reducidos a la esclavitud de los que nos ocuparemos más abajo. El *hómoios*, además, pasaba ineludible y honrosamente a formar parte del ejército espartano. El privilegio que representaba la ciudadanía en Esparta era revocable, siendo varias las causas constituyentes de este castigo, como la comisión de ciertos delitos, no contribuir con una parte de su cosecha a los banquetes comunales o mostrar cobardía en combate (en cuyo caso engrosaría las filas de los llamados «temblones»). Perdida la condición de ciudadano, aun conservando la de espartiata, el sujeto pasaba al estrato social de «inferior» o *hypomeíon*, un carácter que se transmitía a través de las generaciones.

Parece que el número de *hómoioi* en Esparta fue en progresivo descenso desde la configuración misma de la polis. En la *Vida de Licur-*

go, Plutarco hace referencia al reparto de tierras acometido por el legendario Licurgo para su concesión a nueve mil espartiatas. Dentro del contexto de las Guerras Médicas, según el relato de Heródoto, Esparta podía colocar sobre el campo de batalla a ocho mil ciudadanos, si hemos de creer a las cifras que el exdiarca Demarato ofreció a Jerjes cuando fue consultado:

> Jerjes convocó a Demarato e inicialmente le formuló esta pregunta: «Demarato, tú eres un hombre honrado. [...] Aclárame, pues, cuántos lacedemonios quedan y cuántos de ellos son tan arrojados en la lucha. ¿No será que lo son todos?». Demarato respondió: «Rey, los lacedemonios son muchos en número y muchas son sus ciudades. Pero vas a saber lo que deseas. En Lacedemonia está la ciudad de Esparta, que cuenta, más o menos, con ocho mil hombres».[45]

Como parte del servicio que un buen espartiata prestaba a su polis existía la obligación de contraer nupcias. El contrato matrimonial se establecía mediante el acto simbólico del rapto de la pretendida, y la unión tenía como único y exclusivo fin la procreación de más espartiatas que nutrieran el ejército estatal. Fuera de este aspecto, puesto que los varones convivían mayoritariamente con sus compañeros de armas, la vida marital era prácticamente inexistente. En caso de esterilidad o extrema vejez por parte del marido, se contemplaba la opción de que dos hermanos compartieran esposa o de que, simplemente, el varón con imposibilidad de concebir cediera su esposa a cualquier otro espartiata. Estos supuestos quedaban libres de ser considerados adulterio dentro del complejo mundo espartano.

La supuesta igualdad de los *hómoioi* había de ser también mostrada. Fieles al carácter austero de la ciudad, los ciudadanos debían vestir con la mayor sobriedad posible y sin alhajas o adornos con los que pudieran hacer gala de su distinción social. Los varones acostumbraban a llevar el pelo largo y en melena, lo que contrastaba con el cortísimo cabello con el que se diferenciaban las mujeres y aquellos que no hubieran superado la *agogé*. Característico del espartano era, igualmente, lucir barba y afeitarse el bigote. En tiempos de guerra, el ciudadano-hoplita espartano vestiría una visible capa rojiza o púrpura y, como acto ceremonial antes de la batalla, se perfumaban con aceites y se peinaban las cabelleras, tal y como Heródoto afirma que hicieron antes de la batalla de las Termópilas.[46] El individualismo, por tanto, fue sistemáticamente eliminado de la sociedad espartiata, como muestra el hecho de que los únicos ciudadanos cuyos nombres podían quedar inscritos para la posteridad en sus tumbas o lápidas eran aquellos que daban su vida en la batalla, en el caso de los hombres, o aquellas fallecidas en el momento de dar a luz, en el de las mujeres.[47]

Los periecos

Por debajo, social y jurídicamente, de los ciudadanos de pleno derecho se encontraban los *períoikoi*, los periecos, cuyo apelativo significa literalmente «aquellos que viven alrededor». Es probable que estas comunidades poblaran el suroeste peloponesio antes de la irrupción de las migraciones dorias, de forma que, entre los siglos IX y VIII a. C., se sometieran voluntariamente al control del Estado espartano. Otra rama de la investigación se decanta por opinar que los periecos son el resultado de fundaciones de asentamientos en los alrededores de su territorio por parte de los espartanos, en los que habrían instalado poblaciones sometidas o que, con el tiempo, aceptaron un régimen de inferioridad. Resulta complicado inclinar la balanza en favor de una de estas dos suposiciones. Lo único claro al respecto es que, en el momento en el que estallan las Guerras Médicas, periecos y ciudadanos de pleno derecho eran iguales en lengua, etnia y cultura.

Las localidades periecas disfrutaban de organización e instituciones propias ajenas al Estado espartano, mas dependían de la polis en términos políticos y militares. También poseían cierta capacidad de gobierno y las diferencias sociales internas comunes en cualquier ciudad-estado, propiciadas en la mayoría de las ocasiones por el abuso de las aristocracias. Se desconoce la naturaleza de los tratados mantenidos entre estas comunidades y el Estado lacedemonio, pero quizá podría existir algún tipo de pacto tácito por el que ambos se consideraban aliados desiguales. Pese al autogobierno que se les permitía, los periecos no tenían capacidad jurídica de representación en el exterior de Lacedemonia, y tenían además prohibido el acceso a las instituciones políticas espartanas; así, no podían acudir a la *Apélla* ni participar en las votaciones de las cuestiones que a ese órgano se delegaban. Del mismo modo, los periecos quedaban fuera de los banquetes comunales y de la educación espartana. En definitiva, este escalafón social disfrutaba de ciertos derechos civiles, pero sus atribuciones políticas permanecían ostensiblemente mermadas.

Estos grupos, a pesar de su disminuida condición, fueron introduciéndose progresivamente en las milicias. Aunque en la mayoría de los estados helénicos el ejército estaba preferentemente integrado por los ciudadanos, aquellos capaces de correr con los gastos de mantenimiento de la panoplia hoplítica, existían situaciones que requerían la inclusión de otros sectores sociales en la tropa. La militarista Esparta no fue una excepción: sabemos, por Heródoto,[48] que contingentes de periecos fueron incorporados al ejército lacedemonio en las Guerras Médicas, ascendiendo su número a cinco mil en la batalla de Platea del 479 a. C., en uno de los acontecimientos que supusieron el principio del fin de la invasión del rey Jerjes.

Los hilotas

Reducidos a una degradante situación de esclavitud, los hilotas representan una figura social rodeada de incógnitas. Su mismo origen nos es totalmente desconocido, aunque ya algunos eruditos de la Antigüedad lanzaron la poco factible hipótesis que relaciona la etimología de este grupo con la ciudad de Helos, situada al sur de Esparta y que fue conquistada durante la génesis de la polis lacedemonia. A tal efecto, el geógrafo Pausanias participa de esta teoría en su descripción de esta localidad:

> La fundó Helio, el más joven de los hijos de Perseo, y los dorios la sometieron por asedio, y sus habitantes se convirtieron en los primeros

> esclavos del estado de los lacedemonios y los primeros que se llamaron hilotas, pues precisamente eran de Helos. Los esclavos adquiridos después, aunque eran dorios de Mesenia, llegaron también a ser llamados hilotas [...].[49]

Más verosímil resulta la corriente que vincula la aparición de esta institución con la conquista espartana de Mesenia a mediados del siglo VII a. C. Para esta tesis encontramos el respaldo de autores como Tucídides, quien asegura que «la mayor parte de los hilotas la constituían los descendientes de los antiguos mesenios antaño reducidos a la esclavitud»[50] o del posterior Antíoco de Siracusa, para quien «durante la guerra de Mesenia, los lacedemonios que no habían tomado parte en la campaña fueron convertidos por ley en esclavos y recibieron el nombre de "hilotas"».[51] La cuestión, como tantas otras, continúa siendo objeto de debate.

Los hilotas no eran sujetos susceptibles de compraventa, sino que, más bien, pertenecían al Estado espartano para su cesión a los *hómoioi* en régimen de usufructo. Esta masa esclava parecía estar indisolublemente ligada al trabajo y cultivo de la parcela de tierra de su señor espartiata y, en el caso de algunas mujeres hilotas, al servicio doméstico y personal en todas sus dimensiones.[52] Al contrario de lo que experimentó la ciudadanía espartana, esta clase social vio incrementado su número con el paso de los años, lo que favoreció la aparición de unas fricciones entre ambos grupos que acompañarían a la historia de Esparta hasta la pérdida de su independencia. En este sentido, Jenofonte se ocupó de plasmar en las *Helénicas* que el odio de los hilotas hacia los *hómoioi* era tan profundo que «los comerían con gusto incluso crudos»[53] y, de hecho, las sublevaciones y levantamientos de hilotas se repitieron con tanta frecuencia en Lacedemonia que se convirtieron en el principal temor de las autoridades de la polis. Este miedo casi patológico explica, a su vez, la medida de carácter desmoralizador adoptada por los propios espartanos para atemorizar a sus esclavos y dejar patente la superioridad jurídica y social de la que gozaban los espartiatas, la conocida como *krypteía*, que Plutarco, tras imputar su origen a Licurgo, describe como sigue:

> Los jefes de los jóvenes, a aquellos que a primera vista eran inteligentes, los sacaban durante cierto tiempo al campo en cada ocasión de una forma distinta, con puñales y la comida indispensable, pero sin nada más. Ellos, durante el día, esparcidos por encubiertos lugares, se escondían y descansaban; y, por la noche, bajando a los caminos, mataban a cuantos hilotas sorprendían. A menudo metiéndose incluso en sus campos, daban muerte a los más recios y fuertes de aquellos.[54]

El procedimiento, que formaría parte de la *agogé*, es tildado de cruel y despiadado por el propio biógrafo, pero no es el único despropósito recogido de los espartanos hacia los hilotas. A juzgar por su testimonio, eran los propios éforos quienes, al iniciar su magistratura, declaraban la guerra a los esclavos del territorio para que la *krypteía* pudiera desarrollarse sin que los muchachos que la superaban incurrieran en un delito de asesinato. Plutarco cuenta también cómo los espartiatas obligaban a algunos hilotas en los *syssítia* a beber vino puro (y no mezclado con agua, tal como era la costumbre griega) de manera abundante para mostrar a los jóvenes lacedemonios lo humillante que puede resultar una intoxicación etílica. Por estos motivos, el erudito plantea que en Esparta «el libre era absolutamente libre y el esclavo absolutamente esclavo».[55]

Los hilotas también acabarían sirviendo en el ejército espartano, con la batalla de Platea como su bautismo de fuego. En lo sucesivo, integrarían con cada vez más frecuencia las filas lacedemonias, aquejadas de una lenta pérdida de ciudadanos espartiatas que mantuviera un buen número de hoplitas. Algunos de estos esclavos, en virtud de sus contribuciones en lo marcial, obtuvieron la ansiada libertad pasando a formar parte del grupo de *neodamodes*, si bien no documentamos esta nueva categoría antes del año 420 a. C.

La agogé

El duro sistema educativo lacedemonio puede entenderse como la razón de la disciplina y la habilidad militar por la que los hoplitas espartanos han trascendido a través de los siglos. Cuando nacía un espartiata, su padre debía presentarlo a los ancianos de su tribu para introducirlo en la comunidad de ciudadanos. Estos, entonces, procedían a examinar físicamente al pequeño, proceso durante el que se le sumergía en vino. Si el pequeño mostraba algún tipo de malformación o convulsionaba en contacto con el licor, era arrojado por un precipicio y abandonado a su suerte con una altísima probabilidad de morir. En caso de superar la prueba a la que era sometido, el niño cumpliría la primera parte de su niñez bajo los cuidados de su madre y a los siete años se rompería todo vínculo familiar y su formación pasaría a ser competencia del Estado espartano. Comenzaba así el periodo de su vida conocido tradicionalmente como *agogé*, que todos los infantes espartiatas, a excepción de los herederos de las dos casas reales, debían afrontar.

En los primeros años de este proceso educativo se fomentaba el endurecimiento físico y mental de los jóvenes espartanos mediante juegos o actividades de carácter más o menos lúdico que debían realizar, eso sí, desprovistos de ropa y calzado. Se les instruía, además, en lectura, escritura, aritmética y música, enfocada esta última habilidad al desempeño de futuras funciones cultuales y religiosas. Era responsabilidad de los éforos comprobar cada diez días el correcto progreso de los muchachos y el fortalecimiento de su cuerpo.

A los doce años tenía lugar el comienzo de una segunda fase en la que se introducía a los espartanos a la vida en comunidad y se les permitía, por ejemplo, la asistencia a los *syssítia* en calidad de observadores. El entrenamiento se endurecía, incluyéndose en este estadio castigos físicos como latigazos a aquellos que no respondieran adecuadamente a las exigencias de los ejercicios. Los jóvenes quedaban, en este periodo, agrupados en cuadrillas supervisadas por un *paidonómos*, un instructor escogido de entre los ciudadanos adultos más respetados. Los aspirantes vestían un único manto tejido con materiales ásperos que debía servirles para todo un año y se les proporcionaba una dieta desequilibrada con el fin de impulsar el robo de comida, una actividad que, se suponía, agudizaba el ingenio, pero que era duramente castigada si se sorprendía al infractor. Los muchachos también eran instruidos en el arte de la caza como medio de atajar sus necesidades alimenticias. Con este complicado entrenamiento, los ciudadanos adquirían espíritu de compañerismo, disciplina y seguridad en sí mismos. Entre los veinte y los treinta años tenía lugar la etapa en la que se completaba el entrenamiento militar; este representaba el momento en el que los espartiatas accedían a la *krypteía*, requisito imprescindible para superar finalmente la *agogé*.

Durante la educación espartana se establecían comúnmente vínculos homoeróticos, frecuentes y normalizados en la cultura de la antigua Grecia. En el caso de Esparta, las propias autoridades favorecían estas relaciones como forma de incrementar o consolidar los lazos entre compañeros. La pederastia, entendiendo con este término aquellas relaciones que incluían un amante joven (*erómenos*) y otro adulto (*erastés*), fue también uno de los aspectos fundamentales ligados a la educación espartana y pudo surgir como consecuencia de la separación entre sexos impuesta por la polis en el periodo de mayor actividad sexual de sus ciudadanos o, sencillamente, como forma de estrechar amistades o nexos que podrían reportar beneficios en un futuro. De hecho, prácticamente puede hablarse de una «política de pederastia», un proceso mediante el que los jóvenes lacedemonios alcanzaban una virilidad total al convivir buena parte del año con un amante adulto que, para los primeros, supondría un modelo a imitar. Así, las relaciones pederásticas dadas entre espartanos en el periodo de la *agogé* trascendían el mero encuentro sexual para ejercer un papel de reafirmación de valores.

Evolución geopolítica espartana: del siglo VIII a. C. a las Guerras Médicas

La Segunda Guerra Mesenia

Hipotéticamente asentada la Gran *Retra* licurguea, o quizá paralelamente a su establecimiento como *politeía*, Esparta hubo de hacer frente a una sublevación en Mesenia, donde la población aprovechó la derrota de las armas lacedemonias en la batalla de Hisias contra el estado de Argos y el consecuente descontento de la ciudadanía espartiata para desencadenar la rebelión. Datada a grandes rasgos en la segunda mitad del siglo VII a. C., este segundo conflicto contra los mesenios tiene como principal informante al geógrafo Pausanias y estaría estrechamente conectado con el desarrollo de la obra lírica de Tirteo. El poeta pudo, incluso, interrumpir una emergente *stásis* en la polis lacedemonia merced a sus constantes esfuerzos por incrementar el ánimo de los espartiatas, tan necesario después de que la mencionada derrota frente a los argivos y los continuos saqueos de los insurgentes dejaran sin cultivar las tierras de Mesenia y motivaran la consiguiente inestabilidad que habría provocado la pérdida de las cosechas:

> Como consecuencia de esto hubo escasez de víveres en Esparta y al mismo tiempo revolución; pues los que tenían posesiones allí no soportaban que quedaran estériles, y Tirteo intentaba acabar con las diferencias entre estos.[56]

Cabe la posibilidad, además, de que Tirteo, cuyo origen no está firmemente aclarado, desempeñara el cargo de estratego en este conflicto y compusiera al mismo tiempo su elegía *Eunomía*, de acusada influencia homérica, con el fin de envalentonar a sus compatriotas. En cualquier caso, sabemos que la guerra fue prolongada y que tuvo una dureza similar a la primera, acontecida, de acuerdo con el vate, dos generaciones antes.

Los mesenios estaban dirigidos por miembros de la familia real Epítida, genealogía propia de Mesenia, lo que confirmaría que la primera guerra contra los espartanos no acabó totalmente con las instituciones políticas de esta región y que podría conservar cierta independencia. Dice Pausanias que Esparta tuvo que recurrir al soborno de uno de los aliados del ejército mesenio, Aristócrates de Trapezunte, para asegurarse la victoria en una trascendental batalla en lo que el geógrafo denomina la «Gran Fosa». Los restos del maltrecho ejército mesenio se trasladaron después al monte Hira, en el noroeste de Mesenia, actual Tetrazi, donde sufrieron un interminable asedio lacedemonio de once años. Finalmente, la última posición mesenia terminó por caer y Esparta se aseguró en las décadas siguientes el dominio efectivo del territorio.[57] Sin embargo, el problema que emana del testimonio de Pausanias radica en que su versión de la resistencia final mesenia es sospechosamente idéntica al relato en torno a la última y prolongada oposición que mostró el mismo pueblo en la primera conflagración, lo cual ha servido a algunos autores modernos para desestimar la historicidad misma de este conflicto, apoyándose también en los detalles legendarios proporcionados por la Mesenia independiente del siglo IV a. C. Verídica o no, la victoria en la Segunda Guerra Mesenia suspendió de un plumazo cualquier atisbo de conflicto sociopolítico en el interior de Esparta y consolidó la naciente *politeía* que la polis había desarrollado. Una vez disipada la inestabilidad, los lacedemonios pudieron embarcarse en la búsqueda de la hegemonía política en la península del Peloponeso.

La formación de la Liga del Peloponeso

En el umbral del siglo VI a. C., Esparta ya era considerada la ciudad-estado más poderosa del Peloponeso y, en consecuencia, se preparó para establecer una supremacía sobre sus vecinos que la acompañaría en buena parte de su historia. Su punto de mira se fijó al norte, en la vecina Arcadia, dando lugar a un paradójico episodio impregnado de visos legendarios como fue la conquista de Tegea, bien descrita por el halicarnasio Heródoto. Según su testimonio, antes de emprender una nueva guerra, los pitios consultaron al oráculo délfico la conveniencia de la empresa. La respuesta serviría como ejemplo de las señas de identidad de la profetisa, la ambigüedad y la dificultad de su interpretación:

> ¿Me pides la Arcadia? Mucho me pides; me niego. Hay en ella un montón de gente que come bellotas. Te detendrán. No me niego en redondo: te cedo Tegea, que bailen en ella tus pies; tú medirás, por tu parte, esta bella llanura sirviéndote de una maroma.[58]

Cuando los espartanos se hicieron eco del vaticinio, desistieron de llevar a cabo una ambiciosa campaña sobre todo el territorio arcadio y, en lugar de ello, se centraron en Tegea, una de las principales *póleis* de la región, deduciendo que Apolo se mostraba de acuerdo con su conquista. En el mismo fragmento, Heródoto nos cuenta cómo los hoplitas marcharon hacia esa localidad portando los grilletes con los que apresarían a sus ciudadanos para reducirlos al hilotismo tras una escaramuza teóricamente fácil. Pese a su entusiasmo, los lacedemonios resultaron vergonzosamente derrotados y fueron encadenados, irónicamente, con las mismas ataduras que habían llevado a Arcadia, convertidas en símbolo de la victoria tegeata frente al incipiente imperialismo espartano. El acontecimiento fue ratificado por Pausanias siete centurias después, cuando confirmó haber visto en el templo de Atenea Alea de Tegea «las cadenas con las que los prisioneros lacedemonios midieron el suelo».[59]

La guerra de Esparta contra Tegea, encuadrada en los primeros años del siglo VI a. C. y que puso en jaque al ejército espartano, mostró la imposibilidad de vencer a una polis supuestamente inferior como la arcadia mediante el mero uso de la fuerza en el campo de batalla, método este que sí había demostrado su eficacia en las dos guerras contra los mesenios de los siglos VIII y VII a. C. Dado que Esparta no pudo valerse de su teórica superioridad militar para justificar el dominio sobre Arcadia, llave para la conquista política del Peloponeso, necesitó de nuevas fórmulas que legitimasen la hegemonía peninsular a la que aspiraba. Así pues, las autoridades lacedemonias decidieron hacer uso del ya rutinario recurso a la religión y al oráculo apolíneo de Delfos para construir un nuevo relato legendario que enmascarase el desastre en el que se estaba convirtiendo su campaña. El mito, también recogido por Heródoto, indicaba que los hastiados espartanos acudieron al santuario en busca de consejos que pusieran fin al conflicto de forma satisfactoria, a lo que la sacerdotisa profetizó que «saldrían vencedores si llevaban consigo los huesos de Orestes, hijo de Agamenón».[60] La recuperación de los restos mortales de Orestes, personaje homérico del que los espartanos decían descender, justificaría la ansiada superioridad de Esparta a través del Peloponeso, dado que, de acuerdo con la leyenda, el territorio habría pertenecido a la dinastía del primero.

Pero los espartanos eran incapaces de dar con el cadáver de Orestes y volvieron a Delfos para pedir indicaciones. La pitia, una vez más, insistió en encontrar el cuerpo:

> En el ancho país de Arcadia existe Tegea, donde soplan dos vientos; los fuerza el hado, y golpean a contragolpe, dolor sobre dolor; allí yace el hijo de Agamenón: la tierra nutricia le tiene. Si le llevas contigo, serás vencedor de Tegea.[61]

Un miembro de la guardia de *hippeîs* espartanos —a la sazón *agathoergós*—, de nombre Licas, dio con los restos de Orestes de forma casual bajo una herrería y los transportó sigilosamente a Esparta. De acuerdo con el mito esgrimido por los lacedemonios, el conflicto terminó así de forma favorable: las dos *póleis* beligerantes firmaron un tratado de alianza o *symmachía*, mediante el cual Tegea reconocía la hegemonía de Esparta y se comprometía, entre otras cosas, a seguir a los lacedemonios a la guerra, si se diera la circunstancia. Acuerdos de similar naturaleza fueron firmados con otras ciudades-estado arcadias como Mantinea u Orcómeno, estableciendo los primeros pasos para el dominio espartano del territorio al sur del istmo de Corinto. Este fue el procedimiento por el que se configuró el preámbulo de lo que hoy conocemos como «Liga del Peloponeso», una alianza originariamente de carácter defensivo que acabaría convirtiendo a Esparta en la polis con más peso político de la Hélade.

Que sepamos, la Liga del Peloponeso entró en acción por primera vez en el año 504 a. C., en el marco de las fracasadas campañas que el diarca Cleómenes I emprendió contra la Atenas de Clístenes para menoscabar el poderío de su naciente democracia y reponer en el poder al otrora tirano Hipias, en una sesión asamblearia que negó la expedición conjunta. A pesar del relativo éxito espartano en lo que a su hegemonía en la península se refiere, la historia de esta polis en los albores del siglo v a. C. estuvo protagonizada por unas intrigas políticas de su clase dirigente que originaron el destierro del Euripóntida Demarato a la corte persa y, según el relato herodoteo, el suicidio del Agíada Cleómenes después de una larga enfermedad mental. La incertidumbre, por tanto, marcaba la agenda de Esparta en el momento de la irrupción del ejército persa en el año 492 a. C. Cuatro años después, en el trono agíada, Cleómenes fue sucedido por su hermanastro, quien asumiría la diarquía con el nombre de Leónidas I.

4
LA SUBLEVACIÓN DE JONIA

No hay duda de que nuestro destino se halla sobre el filo de una navaja: nos jugamos ser libres o esclavos.

Dionisio de Focea (Heródoto, 6.11.2)

Antecedentes de la revuelta

Las difíciles relaciones entre persas y jonios antes del siglo V a. C.

Como ya ocurriera con la formación y evolución del Imperio persa, el historiador Heródoto de Halicarnaso es la principal fuente literaria a la que debemos acudir para un primer acercamiento al contexto diplomático entre el ya temible estado aqueménida y las ciudades jonias de Asia Menor que salpicaban el extremo occidental de la península de Anatolia y las islas adyacentes. Quizá la pertenencia de su polis natal a este conglomerado de estados sometidos a la voluntad del Gran Rey propiciara que el erudito dedicase una notable proporción de su obra —el quinto libro de las *Historias* y parte del sexto, de acuerdo con la posterior división alejandrina— a los sucesos que supondrían el pistoletazo de salida del gran conflicto entre persas y griegos. Según el considerado por Cicerón como «padre de la Historia», los jonios (quienes compartirían orígenes étnicos con el pueblo ateniense) habrían formado con anterioridad y para defender sus intereses una suerte de confederación de doce ciudades, a saber: Mileto, Miunte, Priene, Éfeso, Colofón, Lébedos, Teos, Clazómenas, Focea, Samos, Quíos y Eritras.[1] Esta agrupación es vista por el propio Heródoto como «una solemne estupidez»,[2] habida cuenta de la totalidad de *póleis* griegas levantadas en la costa anatolia con independencia de su origen y de que muchas de ellas acabaron por participar en el levantamiento.

En los últimos años del siglo VI a. C., Darío continuaba ocupado con la ambiciosa expansión territorial de su imperio (véase cap. 1) y, entre los años 513 y 512 a. C., decidió aplicar mediante la vía militar un sometimiento total sobre los ya avasallados escitas, aquellas poblaciones moradoras de las inmediaciones del norte del mar Negro que se encontraban dispersas entre el mar de Aral y la península de Crimea. Las intenciones del Gran Rey pasaban por cruzar el estrecho del Bósforo, que separa Europa de Asia, y atacar a los nómadas desde su flanco occidental. Para ello hizo acopio de tropas y naves de guerra y ordenó la construcción de un puente sobre el estrecho, construido por el hábil ingeniero Mandrocles de Samos y a través del cual Darío fue capaz de pisar el continente europeo con un ejército que Heródoto cifra en setecientos mil efectivos, cantidad sin duda desmesurada y deliberadamente exagerada por el halicarnasio para revestir la invasión persa de Tracia de cierta importancia: semejante contingente habría necesitado de un abastecimiento e intendencia que ningún poder de la Antigüedad podía proporcionar. Por otro lado, resulta algo turbio el hecho de que el político y orador ateniense Isócrates ofrezca el mismo número al ejército con el que el sucesor de Darío, Jerjes, irrumpió en el 480 a. C.[3]

Los estados jonios fueron obligados a poner sus respectivas flotas al servicio del rey persa. Sus órdenes dictaban que la escuadra griega minorasiática debía cruzar el Helesponto y llegar hasta la desembocadura del Danubio (conocido en la Antigüedad y en la obra herodotea como «Istro»), para después remontarlo durante dos días y construir otro puente con el que Darío y su innumerable fuerza pudieran vadearlo. Antes de cruzar el formidable obstáculo natural que representaba este río, el Gran Rey se aseguró de someter a los pueblos tracios y getas de la zona, conquistando así la región comprendida entre los Balcanes y el Bósforo e integrándola en sus vastos dominios.

Una vez que el ejército atravesó el Danubio, Darío encomendó una interesante directriz a los tiranos de las ciudades jonias que le acompañaban en su expedición. El aqueménida tomó una correa e hizo sobre ella sesenta nudos. Acto seguido, convocó a los griegos y les expuso:

> Jonios, [...] tomad esta correa y haced lo que os voy a indicar: en cuanto me hayáis visto marchar contra los escitas, a partir —repito— de ese instante, deshaced un nudo cada día. Y si, en ese intervalo, no comparezco de regreso, sino que os encontráis con que han transcurrido los días correspondientes a los nudos, haceos a la mar rumbo a vuestra patria. Pero hasta ese momento [...], vigilad el puente de barcas y poned en su conservación y custodia todo vuestro celo.[4]

Darío y su general Megabazo comenzaron entonces la invasión del territorio escita. Conscientes de la imposibilidad de vencer en campo abierto a un ejército tan preparado y poderoso como el persa, los nómadas decidieron evitar un enfrentamiento directo y en su lugar utilizaron una política de tierra quemada mientras se retiraban hacia el este,[5] arrasando todo lo que pudiera resultar de utilidad al intruso. De este modo, los escitas bloquearon sus pozos, destruyeron todos sus pastos y hostigaron con continuas escaramuzas al ejército aqueménida que, confiado, cayó en la trampa y penetró en las estepas ucranianas, donde no había asentamientos que conquistar ni fuentes de alimento con las que se pudieran aprovisionar. La difícil situación en la que se vieron los persas terminó por causar la frustración de Darío y su voluntad de resolver el conflicto de un golpe: el Rey de Reyes envió una misiva al rey de los escitas, Idantirso, en la que se le conminaba a pelear en términos honorables o a rendirse. Con prudencia, el mandatario enemigo respondió que solo lucharía frente a frente cuando los persas violaran las tumbas de sus antepasados, expresión con la que retaba además a Darío a intentar adentrarse aún más en territorio desconocido hacia el este.[6] Toda vez que su ejército comenzaba a sufrir las consecuencias de la fatiga y de la falta de provisiones, el gobernante aqueménida se limitó a construir algunas fortalezas en la zona y emprendió la retirada. A pesar de los inconvenientes causados por la táctica empleada por los escitas, no puede decirse que la campaña de Darío en las estepas redundara en un estrepitoso fracaso, en vista de que consiguió minar la renombrada reputación guerrera de los nómadas y la defección de sus hasta entonces numerosos aliados. Sin embargo, estos fueron sus únicos éxitos. Por lo demás, la expedición contra los escitas no significó más que una pérdida de tiempo y dinero, y, en lo sucesivo, este pueblo continuó representando para los persas una constante preocupación.[7]

Cuenta Heródoto que el grueso del ejército de Darío, formado por soldados de infantería procedentes de levas de todos los rincones del imperio, no conocía el camino de regreso al Danubio debido a la destrucción de los campos que sus enemigos habían ocasionado. Los escitas, por el contrario, poseían un ejército integrado en su mayor parte por regimientos de caballería, que conocía el territorio como la palma de su mano. Al encontrarse desorientados los primeros, el plazo de dos meses dado por Darío a los jonios para iniciar la huida venció, y los escitas se adelantaron para llegar a la posición griega y proponer a los vigilantes la destrucción del puente, todo ello con el propósito de acorralar a las tropas persas y masacrarlas. Así, los jonios podrían comenzar una sublevación en la que serían apoyados por los pueblos escitas, mientras que los aqueménidas no dispondrían de fuerzas con las que sofocar un levantamiento en Anatolia. Ante tal sugerencia, los tiranos jonios allí congregados se reunieron para debatir una respuesta. La opinión de Milcíades de Atenas, tirano del Quersoneso tracio, pasaba por proceder a la inminente liberación de las *póleis* jonias con la ayuda de los nómadas. En su contra se posicionó Histieo, a la sazón tirano de Mileto, quien alegó que cada uno de los presentes era líder de un estado por gracia del Gran Rey y que, si comenzaban una rebelión en sus respectivos territorios, los regímenes democráticos se acabarían imponiendo sobre los sistemas tiránicos que personificaban. Este argumento fue suficiente —de acuerdo con el testimonio de Heródoto— para que el resto de gobernantes jonios desistieran de apoyar a Milcíades y prestaran su respaldo al enfoque de Histieo.[8] Finalmente, el ejército persa consiguió escapar y, tras la retirada, el milesio fue retribuido por Darío con tierras en la recién conquistada Tracia. Antes de volver a Asia, el rey persa determinó que su general Megabazo permaneciera en Europa para que el reino de Macedonia le entregara, en el año 512 o 511 a. C., «la tierra y el agua», expresión con la que los persas entendían la sumisión al Rey de Reyes en calidad de vasallo (aunque Heródoto asegura que los emisarios aqueménidas enviados a la corte macedonia fueron asesinados por tratar de sobrepasarse con unas mujeres).[9] Darío, pues, contó desde entonces con un valioso súbdito a las puertas del territorio griego.

Entre Megabazo e Histieo surgió pronto una rivalidad política a consecuencia de la cercanía de este último al rey de Persia. El donativo con el que se recompensó al tirano de Mileto no fue del agrado del general, quien, cuando regresó a Sardes tras el sometimiento de las poblaciones de Perinto y la Peonía (en Tracia y al norte de Macedonia, respectivamente), fue testigo de la fortificación que Histieo había levantado en su nueva ciudad, Mircino. Airado, Megabazo se presentó ante su soberano y le alarmó del peligro que suponía el establecimiento de tan célebre y hábil individuo de procedencia helena en un territorio cercano a las *póleis* más poderosas al otro lado del Egeo. La alternativa que ofrecía el comandante era simple: hacerle comparecer en la corte persa y evitar que volviera al mundo griego en Europa. Tras la advertencia de Megabazo a Darío subyace, en primer lugar, el temor del comandante a un posible alineamiento con el bando helénico en caso de producirse un conflicto que comenzaba a parecer inevitable y, por otro lado, la prudencia necesaria ante una plausible rebelión de la Tracia dominada por Histieo que desembocara en la independencia de un territorio esencial para el paso de un continente a otro. Sea como fuere, este episodio pone de manifiesto una cierta intención, por parte del Imperio persa, de atacar al mundo griego en cuanto la diplomacia lo permitiera.

Cuando Histieo acudió a la llamada del Gran Rey, este se apresuró a apartarlo de la tiranía de Mileto y de su nueva ciudad en Tracia, pero, considerando que había prestado los servicios propios de un hombre leal, no le desposeyó de los territorios que le había concedido. En su lugar, lo nombró «compañero de mesa real», cargo de elevadísimo honor que no obstante obligaba al tirano a permanecer constantemente cerca de su monarca como consejero.[10] Histieo aceptó el puesto, naturalmente, pero no renunció en ningún momento a sus ambiciones políticas, como tendremos ocasión de comprobar. Darío nombró a su hermano Artafernes nuevo sátrapa de Lidia, al tiempo que Mileto quedaría bajo el gobierno del sobrino y yerno de Histieo, Aristágoras, quien ostentaba la tiranía en funciones (*epítropos*) luego de que su predecesor se instaló en Tracia.[11]

Aristágoras y la campaña de Naxos del 501 a. C.

Desde que se estableciera el régimen democrático en Atenas con la llegada de Clístenes al poder, las tentativas de levantamientos y golpes políticos corrieron como la pólvora por buena parte de las *póleis* de la Hélade. En el año 502 a. C., tomando el ejemplo de los áticos, se instauró la democracia en Naxos, la más extensa de las islas Cícladas y la que manifestaba una clara hegemonía política. Este cambio gubernamental tuvo como consecuencia inmediata la salida o la expulsión del estado naxio de la mayor parte de la aristocracia y la oligarquía, grupos que, quizá por los lazos de hospitalidad que mantenían con el «apartado» Histieo, se dirigieron a Mileto para implorar a Aristágoras toda la ayuda posible en aras de una vuelta a Naxos y una posterior reconquista del poder. En concreto, los exiliados pedían «un contingente armado»[12] a la que sin duda se alzaba como ciudad más próspera y poderosa de la costa jonia.

Aristágoras no tardó en encontrar, en la inestabilidad política que vivían los naxios, una valiosa oportunidad para hacerse con el control de la isla. No obstante, era consciente de que los isleños contaban con ocho mil hoplitas que defenderían su estado, por lo que transmitió a los oligarcas refugiados su intención de contactar antes con el sátrapa Artafernes para involucrarlo en la futura expedición, un aval que, por otra parte, era necesario para emprender cualquier acción geopolítica. Heródoto parece transmitir que el plan del milesio consistía en derrotar militarmente a las fuerzas naxias y colocar el estado insular bajo la autoridad del Gran Rey, con la esperanza de que el dinasta le otorgara la tiranía de Naxos en agradecimiento por tamaña ampliación de las fronteras del imperio. Ahora bien, tal suposición resulta del todo improbable, dado que Aristágoras era un pariente cercano de Histieo, individuo cuya lealtad a Darío había quedado en entredicho tras las acusaciones de Megabazo y que, por consiguiente, había sido hábilmente relegado de sus funciones por el soberano. Esta cuestión debía de ser sobradamente comprendida por Aristágoras, cuyo verdadero objetivo, según apuntan las investigaciones modernas, consistiría en utilizar únicamente a la flota jonia para iniciar la sublevación contra el Imperio persa, contando también con el factor sorpresa.[13]

Sea como fuere, Heródoto continúa su narración exponiendo el discurso con el que el pseudotirano de Mileto se ganó a Artafernes. Aristágoras hizo hincapié en la medida en que la conquista de la isla de Naxos acarrearía inmediatamente el control de otras islas como Paros y Andros, primero, y el resto de las Cícladas, después. Con una base establecida en el archipiélago, Artafernes podría atacar después la cercana isla de Eubea, colindante a la Grecia continental y de abundantes recursos.[14] El sátrapa fue convencido por estos persuasivos argumentos y por la idea de ganarse el favor del Gran Rey en detrimento de otros gobernantes y generales cercanos a Darío, entre los que las intrigas palaciegas y las rivalidades eran prácticamente continuas, y decidió proporcionar a Aristágoras doscientas naves de guerra en lugar de las cien que el milesio había solicitado. Artafernes partió, pues, hacia Susa para exponer el planteamiento a su rey, y este, entusiasmado, dispuso rápidamente los doscientos trirremes y los equipó con una dotación de «un contingente muy numeroso de tropas, integrado por persas y distintos aliados». Uno de los primos de Darío, Megabates, fue nombrado comandante al frente de la fuerza expedicionaria de infantería. Una vez reunidos en Mileto, Aristágoras, Megabates y los exiliados naxios embarcaron y pusieron rumbo al norte hasta fondear en la isla de Quíos, desde donde se lanzarían sobre Naxos cuando los vientos fueran propicios.

Con los trirremes anclados, tuvo lugar un interesante suceso que dio al traste con la iniciativa marítima: según nos confía Heródoto, el aqueménida Megabates se hallaba una noche inspeccionando las guardias que los marineros de cada buque debían montar, cuando reparó en una nave perteneciente a la ciudad de Mindo (situada cerca de

Halicarnaso y, por tanto, jonia) en la que nadie realizaba las correspondientes tareas de vigilancia. Contrariado por semejante falta de rigor militar, el comandante ordenó a su escolta personal dar caza al capitán del trirreme, un hombre llamado Escílax, a quien se castigó haciéndole sacar la cabeza por una de las troneras del barco, aquellas estrechas aberturas que brindaban protección a los soldados que, a través de ellas, disparaban. Esta represalia debía de ser habitual en el mundo naval de la Antigüedad y entrañaría una enorme ignominia para el sancionado, por ello, cuando Aristágoras se enteró de lo que estaba ocurriendo, se dispuso a desatar él mismo a su compatriota y a interceder a su favor ante Megabates, dando lugar a una discusión entre ambos:

> Al enterarse, Megabates se indignó muchísimo y se encaró vehementemente con Aristágoras; pero este le replicó: «¿Qué tienes que ver tú con este asunto? ¿No te ha enviado Artafernes para obedecerme y para dirigir la flota donde yo mande? ¿Por qué te inmiscuyes en todo?». Esto fue lo que le contestó Aristágoras. Entonces Megabates, irritado por lo ocurrido, al caer la noche envió a Naxos, a bordo de un navío, a unas cuantas personas para que informasen a los naxios de todo lo que se estaba gestando contra ellos.[15]

Aparentemente, la lucha entre los egos de Aristágoras y Megabates hizo fracasar la campaña de Naxos: los habitantes de la isla prepararon una férrea defensa, de modo que, cuando las fuerzas persas y jónicas arribaron a su destino y sitiaron la plaza, se toparon con unos enemigos perfectamente equipados. Después de cuatro infructuosos meses de asedio y de cuantiosas pérdidas económicas para Aristágoras, los atacantes se vieron obligados a levantar el sitio y regresar a sus hogares. Pero, de nuevo, esta historia de traición y disputas políticas entre Aristágoras y Megabates parece ser fruto de la creatividad, bien de Heródoto, bien de un Aristágoras decepcionado por el fiasco en el que se había convertido su esfuerzo. Una conducta como la que el halicarnasio describe, por parte de un aqueménida de sangre real, habría sido drásticamente castigada por Darío, en tanto que autoridad suprema encargada de consentir la expedición a las Cícladas. Las rencillas entre el comandante y el tirano milesio, pues, no constituirían motivo suficiente para que uno de ellos frustrara una empresa de tal magnitud. Asimismo, el testimonio posterior del historiador Tucídides muestra que Megabates habría gobernado la satrapía de Dascilio hasta el reinado de Jerjes, sucesor de Darío, poniendo en evidencia que, independientemente de lo ocurrido en la campaña de Naxos, el militar persa no solo no fue castigado, sino que fue ascendido y premiado con una de las provincias del imperio.[16] A su vez, Aristágoras volvió a Mileto sumido en una profunda y lógica preocupación. Los elevados gastos de la expedición habían provocado su endeudamiento, se había enfrentado abiertamente con el primo del mismísimo Rey de Reyes y había fracasado en su empeño por tomar la isla de Naxos a través de la conquista. Por consiguiente, se veía entonces desposeído de su cargo de *epítropos*, toda vez que el respaldo de las autoridades persas representaba un requisito fundamental para ostentar tal responsabilidad.

Ante la tesitura que se le presentaba, y siempre siguiendo el relato herodoteo, Aristágoras tomó la decisión de rebelarse contra sus señores persas, quizá para recuperar por medio de botines lo que había perdido en la campaña contra Naxos. Casualmente, Histieo, quien fuera tirano milesio, agraciado y posteriormente desplazado a Susa por el rey Darío, planeaba también un golpe de efecto que le permitiera abandonar la corte y volver a sus dominios para continuar dando forma a sus ambiciones. El nombrado consejero real albergaba esperanzas de que, si Mileto se alzaba en armas contra el imperio, podría volver a Jonia, y, para materializar la rebelión, ideó una curiosa forma de hacerle llegar un mensaje a Aristágoras:

> Solo encontró un medio para transmitirle el encargo con garantías de éxito: afeitarle totalmente la cabeza al más leal de sus esclavos, tatuarle un mensaje, y esperar a que le creciera nuevamente el pelo; y, en cuanto le creció lo suficiente, lo envió a Mileto, dándole como única orden que, una vez llegado a Mileto, indicase a Aristágoras que le afeitara el cabello y le echase una ojeada a la cabeza.[17]

Según el macedonio Polieno, el tatuaje sobre la cabeza del esclavo rezaba «Histieo a Aristágoras: subleva Jonia».[18] El *epítropos* se declaró entonces en abierta rebeldía ante Darío. En el año 499 a. C. Aristágoras abolió la tiranía en Mileto y estableció en su lugar un régimen democrático,[19] pautas que igualmente siguieron otras ciudades jonias: los ciudadanos de Mitilene, en la isla de Lesbos, capturaron a su tirano Coes y lo lapidaron; mientras que el pueblo de Cime desterró a sus gobernantes. En algunos estados griegos de la costa anatolia, los tiranos fueron reconvertidos en estrategos de un potencial ejército jonio. Otros, no obstante, prefirieron mantenerse al margen, posicionamiento que indica que la sublevación jonia no respondió a motivos étnicos o culturales, sino a la relación de algunos de los estados helénicos de Asia Menor con el Imperio persa y, más específicamente, con los desorbitados impuestos con los que los aqueménidas ahogaban a estas *póleis*.[20] Sin vuelta atrás, el ya extirano de Mileto se apresuró a partir hacia Miunte, localidad en la que se encontraba fondeada la flota que participó en la expedición a Naxos, con el ánimo de prender a sus capitanes y controlar los valiosos trirremes.

Mileto, punta de lanza de la rebelión

Preparativos milesios y apoyos desde Grecia

Mileto se había convertido, a instancias de Aristágoras, en cabeza visible de la rebelión de las ciudades jonias. Aun así, el poder combinado de los estados en armas no podía compararse con el ejército que podía reclutar el rey Darío. Aristágoras necesitaba apoyos extranjeros y, para obtenerlos, hubo de embarcarse hacia la Grecia continental, donde iniciaría un periplo por las principales ciudades-estado en calidad de representante de la «liga jonia». Durante el invierno del año 499 a. C., el ambicioso político viajó a Lacedemonia, el estado más poderoso de la Hélade a finales del siglo VI a. C., donde se presentó ante la corte del diarca Cleómenes para dar lugar a un episodio que Heródoto impregna con tintes novelescos. Sirviéndose de un mapa de bronce (algo que para los espartanos debía de constituir una absoluta novedad), Aristágoras mostró a Cleómenes dónde se situaban los pueblos títeres del Imperio persa y en qué lugares se encontraban las innumerables fortunas de las que los lacedemonios podrían beneficiarse si finalmente optaban por prestar su respaldo a la causa jonia. De la misma manera le enseñó la ubicación de Susa, de la que le aseguró que «si la tomaba, en adelante podrían rivalizar tranquilamente con Zeus en lo que a riquezas se refiere».[21] Probablemente impresionado por el discurso del milesio, el Agíada le conminó a esperar dos días antes de recibir una réplica a la petición de ayuda militar. Llegado el momento, Cleómenes preguntó a qué distancia se encontraba Susa del mar Egeo. Aristágoras, inocentemente, respondió con sinceridad que la travesía se demoraría por tres meses, un lapso que el diarca no estaba dispuesto a aceptar: solicitó al *epítropos* que abandonara inmediatamente Lacedemonia y emprendió tranquilamente el camino a su casa.

Empero, Aristágoras no se dio por vencido tan fácilmente. Tomó una rama de olivo envuelta en lana, símbolo de aquellos que deseaban mostrarse como suplicantes bajo la protección de los dioses y que, en tal calidad, disfrutaban del derecho a irrumpir en domicilios particulares para ser escuchados sin incurrir en allanamiento alguno. Cuando entró en la casa del rey de Esparta, Aristágoras pidió de nuevo audiencia. Junto al diarca se encontraba su pequeña hija Gorgo, quien, de acuerdo con el historiador halicarnasio, presumía ya de una gran inteligencia. De hecho, en el momento en el que el milesio comenzó a ofrecer cantidades exorbitantes de plata a cambio de la intervención de sus hoplitas, fue la descendiente de Cleómenes quien interrumpió advirtiendo «padre, si no te alejas de aquí, el extranjero acabará por sobornarte». Cleómenes, entonces, se retiró a otra habitación (pues no podía expulsar a un suplicante) y Aristágoras se marchó de Lacedemonia sin conseguir su ansiada alianza con Esparta.[22]

La realidad, de cualquier modo, tenía un cariz geopolítico. Esparta se encontraba inmersa en la consolidación de los territorios conquistados, especialmente los mesenios, que tantos quebraderos de cabeza habían ocasionado a las autoridades del estado laconio. A esto debemos sumar los problemas derivados de la configuración de la Liga del Peloponeso, la *symmachía* encabezada por Esparta cuyo liderazgo sobre los estados de la península homónima se encontraba todavía en entredicho. Con estos inconvenientes, el rey lacedemonio no podía permitirse embarcarse en una aventura tan lejana como la conquista de Asia Menor.

Rechazado por Cleómenes, Aristágoras volvió la vista a Atenas, el otro estado que manifestaba la doble hegemonía política y militar que, en los comienzos del siglo v a. C., comenzaba a predominar sobre la Hélade. El apoyo de los áticos sería más fácil de recabar para el milesio, puesto que el tirano Hipias, hijo de Pisístrato y hermano del asesinado Hiparco, había llegado a Persia como consecuencia del exilio provocado por la inestabilidad política anterior a la instauración de la democracia. En el año 500 o 499 a. C., cuando el pueblo ateniense envió heraldos a la corte persa con la intención de que no escucharan a Hipias, Artafernes les pidió el regreso del tirano a su patria y les amenazó con graves consecuencias si se negaban. Si hemos de creer a Heródoto, los enviados atenienses no solo no aceptaron tal ultimátum, sino que se declararon en guerra con el Imperio persa.

En el invierno siguiente, Aristágoras llegó a Atenas y compareció ante la *ekklesía* para repetir, *grosso modo*, lo mismo que declaró ante el espartano Cleómenes, esto es, la facilidad de la victoria y las riquezas que aguardaban en Persia. Además, ante el pueblo ateniense, decidió añadir un argumento de peso: aludió al origen de Mileto como colonia de Atenas y a la protección que estos últimos, en tanto que antigua metrópolis, debían ofrecer. Ciertamente, según la tradición, Mileto habría sido fundada por Neleo, hijo del mítico *basileús* ateniense Codro; un relato legendario que habría erigido a los áticos en hipotéticos líderes de las poblaciones jonias.[23] Al margen de la historicidad del origen ateniense de las ciudades jonias, la asamblea votó favorablemente a su participación en la sublevación que habían puesto en marcha, algo que pareció sorprender a Heródoto:

> No hubo promesa que [Aristágoras] no hiciera, hasta que consiguió persuadirlos. Parece, pues, que resulta más fácil engañar a muchas per-

sonas que a un solo individuo, si tenemos en cuenta que Aristágoras no pudo engañar a una sola persona —al lacedemonio Cleómenes— y en cambio logró hacerlo con treinta mil atenienses.[24]

Atenas, así, resolvió apoyar a las ciudades de Jonia mediante el envío de una escuadra de veinte trirremes bajo el mando de un tal Melancio. A esta flotilla se unieron cinco naves más procedentes del estado de Eretria como pago, a juicio del halicarnasio, por el apoyo que los milesios les ofrecieron siglos atrás en la «guerra lelantina», conflicto cuya historicidad está aún por garantizar.[25] Los veinticinco buques representaron todo el apoyo que Aristágoras fue capaz de reunir en la Grecia continental.

¿Un prometedor comienzo? La toma de Sardes y la batalla de Éfeso

El primer movimiento bélico efectuado por el *epítropos* consistió en marchar sobre Sardes, la capital de la satrapía de Lidia y una de las ciudades más importantes del Imperio persa. Tal medida, por valiente y trascendental que pueda resultar, respondía sin embargo a la inexistencia de una estrategia de guerra y de un liderazgo único que aglutinara los intereses conjuntos de las ciudades jonias, como demuestra la cesión del mando sobre las tropas que Aristágoras tuvo a bien traspasar a su hermano Caropino y a otro ciudadano de nombre Hermofanto. El ejército jonio y sus aliados se reunieron en Éfeso y, desde allí, pusieron rumbo a la sede de Artafernes en el año 498 a. C.

Sardes cayó sin ofrecer apenas resistencia, gracias al efecto del factor sorpresa y a que el grueso del ejército persa, probablemente, se encontraba camino de Mileto para poner sitio a la ciudad instigadora de la revuelta. Quizá por un descuido, como quiere hacer ver Heródoto, o a causa de la euforia desatada entre las filas jonias, la ciudad fue incendiada y reducida a cenizas con la excepción de su Acrópolis, una inexpugnable fortaleza natural en la que se enclavaba el palacio de Artafernes y donde el sátrapa se habría refugiado junto a un «nutrido destacamento de soldados».[26] El historiador halicarnasio pone especial énfasis en relatar cómo el templo de Cibeles de la ciudad fue pasto de las llamas, argumento que, de acuerdo con su narración, utilizó el persa Jerjes años después para justificar la destrucción de la Acrópolis de Atenas; una anécdota imaginativa, pero con mucha probabilidad carente de veracidad si tenemos en cuenta que esta diosa de la fertilidad pertenecía al panteón lidio, no al persa, y que su templo permanecería en pie a raíz de la tolerancia religiosa practicada por los gobernantes aqueménidas. Por tanto, el pueblo persa y sus autoridades no debieron de sentirse particularmente ofendidos por la desaparición de este templo de Sardes, luego la despiadada actitud de Jerjes hacia los atenienses no obedeció a motivaciones de venganza.

Con la ciudad ardiendo, continúa un Heródoto cuyo relato debe tomarse con cautela, los pobladores lidios de la urbe hicieron acopio de valor y, aprovechando el descontento, se enfrentaron a los invasores griegos hasta expulsarlos de Sardes. En esta acción, de ser cierta, tendrían que haber tomado parte los soldados persas que acompañaban a Artafernes en su palacio en lo alto de la ciudad, pues un populacho pobremente armado dudosamente habría sido capaz de hacer retroceder a unas tropas mínimamente experimentadas y equipadas como suponemos las jonias y atenienses.[27] Las autoridades persas de la zona, entonces, reunieron rápidamente un ejército con tropas de las satrapías cercanas que acudió a marchas forzadas a la capital lidia para hacer frente a las fuerzas jonias que, entretanto, habían emprendido ya una retirada organizada hacia Éfeso, la ciudad de la que partieron al inicio de la campaña. El contingente persa siguió sus pasos y dio caza a las tropas insurgentes en la misma urbe, obligándolas a presentar combate en campo abierto. En la batalla de Éfeso, los hoplitas griegos que formaban las sólidas y lentas falanges fueron cayendo progresivamente víctimas de un ejército aqueménida tácticamente superior, integrado mayoritariamente por arqueros a caballo y con un margen de maniobrabilidad que decantó la balanza del lado persa.[28] Durante el choque, que Heródoto describe como una absoluta victoria para el imperio, murió además Eválcidas, el comandante enviado por Eretria a Jonia. El desenlace del acontecimiento de Éfeso fue suficiente para que los atenienses destacados en Anatolia perdieran el ímpetu y decidieran embarcarse de vuelta a Atenas. En adelante, pues, toda petición de ayuda de Mileto a la polis ática sería rechazada.

La rebelión se extiende

La toma y posterior incendio de Sardes no maquilló el estrepitoso fracaso que había significado para Atenas la aventura minorasiática en auxilio de las ciudades jonias. No obstante, las noticias y rumores que pregonaban que un valiente ejército sublevado había conseguido arrasar la propia sede de la satrapía lidia se propagaron por los cuatro vientos. Aprovechando la situación, los sublevados despacharon heraldos al Helesponto, donde Bizancio y el resto de ciudades de la región, que albergaban ya fuertes sentimientos contra el Imperio persa, se unieron de buen grado (contrariamente al testimonio herodoteo) a la causa de la libertad de los griegos anatolios. Ulteriormente, la flota jonia navegó hasta Caria, en el suroeste de la península, reuniendo asimismo el apoyo militar de sus estados helénicos. Esta capacidad de la escuadra jonia de moverse con total libertad por los mares podría entrañar un control rebelde del Egeo, como demuestra que el hostil relato de Heródoto fuera corregido siglos después por Plutarco, quien informa de una batalla naval entre jonios y persas transcurrida antes de la toma de Sardes y que se saldó con la victoria de los primeros:

> [Heródoto] minusvalora y desprecia la empresa lo máximo posible; tiene la osadía de decir que las naves que los atenienses habían enviado a los jonios para protegerlos de su defección del monarca fueron el comienzo del desastre, [...] incluso silencia su magnífica y épica hazaña. En efecto, cuando se había producido la revuelta en Jonia y una flota real había emprendido la navegación, se presentaron desde el exterior para vencer, en batalla naval, a los chipriotas en el Mar Panfilio; acto seguido se retiraron y dejaron sus naves en Éfeso para caer sobre Sardes y sitiar a Artafernes [...].[29]

Tal vez como resultado de la derrota sufrida en la naumaquia frente a la flota helénica, la isla de Chipre inició su particular rebelión contra el dominio aqueménida. La ínsula había sido conquistada por el Egipto del faraón Amasis y fue acaparada por el estado persa después de las campañas de Cambises en la segunda mitad del siglo VI a. C., pero la procedencia étnica de sus habitantes era helénica. En el 497 a. C., los partidarios chipriotas del gobierno persa fueron sitiados en la localidad de Amatunte por un tal Onésilo, hermano menor del rey Gorgo de Salamina, colonia griega en la costa oriental de Chipre. La sublevación había alcanzado nuevas cotas de importancia.

Fue entonces, según Heródoto, cuando la noticia de la toma y lo acontecido en Sardes llegó a oídos de Darío. De acuerdo con la crónica del historiador, en la que la atribución de la culpabilidad de las Guerras Médicas a los griegos es evidente, el Gran Rey habría montado en cólera:

> [Darío] pidió acto seguido su arco, lo empuñó y, tras colocar en él una flecha, apuntando al cielo la lanzó hacia lo alto; y, al tiempo que disparaba al aire, Darío exclamó: «¡Zeus, permíteme vengarme de los atenienses!». Y, tras pronunciar estas palabras, ordenó a uno de sus servidores que, cada vez que la comida estuviera servida, le repitiera tres veces: «¡Señor, acuérdate de los atenienses!».[30]

Darío reprochó con dureza a Histieo —que aún se encontraba en su corte— la consecuencia de su elección para el cargo de *epítropos*, mas el extirano supo defenderse de la acusación de rebelión y aseguró a su soberano que la revuelta de Mileto y la destrucción de la capital lidia habían sido auspiciadas exclusivamente por Aristágoras. Es más, hizo saber al rey que, de haberse encontrado él en Mileto, «ni una sola ciudad se hubiera meneado» y le pidió poder regresar a Jonia, a lo que Darío accedió exigiéndole sofocar la rebelión y volver de inmediato a Susa una vez conseguido su objetivo. El plan de Histieo para viajar de vuelta a sus territorios parecía estar dando resultados. Mientras tanto, un resuelto Darío comenzó los preparativos para castigar severamente el conato de rebelión de los estados jonios.

El contraataque aqueménida

Operaciones persas sobre Chipre

El valor geoestratégico de Chipre motivó que la contraofensiva aqueménida se centrara en una inminente recuperación de la isla por parte del imperio y, en este sentido, Darío preparó una flota de naves fenicias que partió desde Cilicia bajo el mando del persa Artibio. Al mismo tiempo, Onésilo, quien había sido advertido de las maniobras enemigas, demandó la ayuda inmediata de la flota jonia y, tras una deliberación, los líderes de la sublevación acordaron acudir en su auxilio. La escuadra griega, con todo, no pudo evitar el desembarco de las tropas persas en el norte chipriota ni su posterior establecimiento en la llanura central de la isla con el objetivo de atacar Salamina, la colonia declarada en rebelión —que nada tiene que ver con el islote del golfo Sarónico—, desde el oeste. Análogamente, la escuadra fenicia al servicio de Persia bloqueó en el este los accesos marítimos salaminios.

Jonios y chipriotas acordaron que los primeros combatirían únicamente por mar y se enfrentarían a los buques de Darío, a pesar de las peticiones de Onésilo para que sus hoplitas desembarcaran y se unieran a la lucha contra el invasor. Aun así, los tiranos de las diferentes ciudades de Chipre desplegaron sus fuerzas para una batalla campal, situando al grueso de su ejército frente al de Artibio y a los soldados destacados salaminios enfrente de los guerreros de etnia persa. Onésilo, nos dice Heródoto en su descripción, se posicionó frente a Artibio, quien montaba un caballo entrenado para el combate cuerpo a cuerpo que «hacía corvetas y que, a coces y mordiscos, acababa con el adversario al que embestía».[31] El general salaminio, consciente de la calidad de la montura de su enemigo persa, concertó con su escudero, armado con una hoz, que, en el momento en el que el caballo de Artibio se alzara sobre los pies, le cercenaría las patas de un guadañazo para que su jinete cayera al suelo y fuera presa fácil.

La batalla terrestre tuvo lugar presuntamente al mismo tiempo que la naval. Por mar, las naves jonias «se comportaron magníficamente [...] y se impusieron a los fenicios».[32] Mientras tanto, comenzado el choque entre los ejércitos, los dos generales se enfrentaron cara a cara y Onésilo llevó a cabo su plan: una vez que el caballo se encabritó, el escudero seccionó sus patas traseras y Artibio cayó ante Onésilo. En el momento en el que la conflagración parecía decantarse a favor de los chipriotas sublevados, el tirano de la ciudad de Curio, un hombre llamado Estesenor, «se pasó al enemigo con el numeroso contingente de soldados que le acompañaba». La misma actitud adoptó parte del ejército salaminio, aquella integrada por los carros de guerra, que causó defección en detrimento de su ciudad. Fue por medio de estas traiciones, continúa el historiador de Halicarnaso, como los persas finalmente se impusieron en la batalla a los chipriotas y provocaron su espantada. En la lucha que siguió al cambio de bando caería el propio Onésilo, cuyo cadáver fue capturado por los habitantes de Amatunte, la ciudad que asedió, y decapitado para colgar su cabeza sobre las puertas de la localidad. Cuando, en alta mar, los victoriosos jonios se enteraron de la derrota de su causa en la batalla terrestre, se desmoralizaron y dirigieron sus naves rumbo a su hogar. Dada la halagüeña perspectiva que planteaba la aniquilación del ejército rebelde, las fuerzas persas procedieron al asedio y posterior captura de todas las ciudades sublevadas, poniendo con ello fin a la rebelión chipriota después de un año de libertad.

La campaña terrestre contra los insurgentes

La caída de Chipre supuso un momento crítico en el devenir de los acontecimientos que marcaron el fracaso de la insurrección jonia. Al tiempo que se dirimía la situación en la isla, Darío encomendó la recuperación de las ciudades sublevadas a tres de sus más cercanos generales, Daurises (yerno del Gran Rey), Himayes y Ótanes. Dado que, tras la derrota en las llanuras de Éfeso, los jonios volvieron a sus respectivas patrias para defenderlas, a los tres comandantes no les quedó sino ir tomando las poblaciones una por una.

Daurises se dirigió al Helesponto, donde recuperó las plazas de Abido, Percota, Lámpsaco y Peso. Desde esta última se dirigió a Caria, luego de tener noticias de un levantamiento contra el imperio. Entre los persas de Daurises y los carios tuvo lugar la batalla de río Marsias en el año 497 a. C., resultando vencedoras las armas aqueménidas y perdiendo los defensores diez mil hombres en el terreno. Tras el descalabro, los supervivientes carios se refugiaron en un santuario de Zeus, cuando un contingente milesio que acudió en su rescate les devolvió las fuerzas. Esperanzados, reanudaron las hostilidades contra las tropas de Daurises, pero volvieron a resultar estrepitosamente derrotados, lo cual no fue escollo para que, al año siguiente, una emboscada nocturna caria acabase de un solo golpe con el ejército persa que asediaba la ciudad y con el mismo Daurises.

Por su parte, el segundo de los comandantes persas, Himayes, marchó sobre la Propóntide para apoderarse de Cío, momento en el que se le notificó el desvío de su homólogo para enfrentarse a los carios. Decidió, por tanto, terminar la labor de Daurises y dirigirse al Helesponto para someter a las poblaciones eolias de la zona de Ilión y a las tribus de Girges. A pesar de los éxitos de estas campañas, la muerte sobrevino repentinamente a Himayes a través de una fulminante enfermedad. El tercero de los generales enviados por el Gran Rey, Ótanes, acometió sus expediciones acompañado por el sátrapa lidio Artafernes, y juntos atacaron el corazón de Jonia para arrebatar Clazómenas y Cime a los insurrectos. La rebelión estaba a punto de ser definitivamente aplastada.

Huida y muerte de Aristágoras

Tras la caída de Clazómenas, Aristágoras dio por fracasada su intentona de insurrección, o, al menos, eso es lo que sobre él relata un Heródoto que no intenta esconder su hostilidad hacia el instigador. En el 497 a. C., nos dice el halicarnasio, el otrora *epítropos* fue consciente de la imposibilidad de vencer al innumerable ejército de Darío y comenzó a pensar en la huida. Junto con sus partidarios, barajó dos posibilidades para un inminente refugio: la lejana isla de Cerdeña, donde podría fundar una colonia; o bien Mircino, la ciudad que fuera entregada a Histieo en el territorio tracio y de cuya fortificación el propio Aristágoras había sido testigo años atrás. Este último enclave fue el elegido para el destierro, pero ¿mostró realmente Aristágoras tamaña debilidad? Obviamente, si el líder jonio pretendía continuar haciendo frente al Imperio persa, el mejor lugar para la apertura de un nuevo frente era, sin duda, Tracia, una tierra poblada por habitantes hostiles al reciente dominio de los aqueménidas y convenientemente cercana a Macedonia, región más afín a los intereses helénicos que a los persas a los que rendía pleitesía.[33]

Dejando Mileto a cargo de un tal Pitágoras, «individuo que gozaba de una gran reputación entre sus ciudadanos»,[34] Aristágoras se retiró, pues, a Mircino, desde donde intentó establecer una colonia en la zona del río Estrimón. Allí, los edones (indígenas tracios de la zona), contrarios al dominio persa pero reticentes también a la presencia de griegos en su territorio, se opusieron violentamente a la incursión de los jonios. En este contexto, mientras Aristágoras y sus fuerzas asediaban una de las ciudades del área, se acordó una tregua con los defensores con el objeto de evacuar la plaza pacíficamente. Estos, al abandonar su posición, atacaron por sorpresa a los descuidados griegos y les dieron muerte en una reyerta en la que incluso cayó muerto el líder de la sublevación jonia. Tucídides corrobora el episodio, acontecido en el mismo 497 a. C., al afirmar que los atenienses fundaron Anfípolis en el mismo lugar, sesenta y un años después de la tentativa de Aristágoras.[35]

Con la muerte de Aristágoras culmina el quinto libro de las *Historias* herodoteas; ahora bien, la sublevación habría de prolongarse aún varios años, plasmados (a su manera) por Heródoto en lo que conocemos como su sexto volumen. La desaparición del *epítropos* dejó un vacío de poder en Mileto que Histieo aprovechó para intentar retomar el gobierno de la ciudad y, con ello, el liderazgo de la rebelión; pero el extirano no fue bien recibido por la población milesia y tuvo que retirarse herido de la ciudad. Su primera parada fue la isla de Quíos, a cuyas autoridades exigió la entrega de algunos buques de guerra con los que emprender ciertas operaciones navales. Como quiera que los quiotas se negaron en rotundo, Histieo se encaminó entonces a Mitilene, localidad de la isla de Lesbos que accedió a proporcionar ocho trirremes bien equipados con los que el antiguo tirano zarpó a Bizancio para ejercer acciones de piratería sobre barcos mercantes y asegurar, de este modo, el suministro de grano para una Jonia cada vez más cercada por las fuerzas aqueménidas.

El fin de la sublevación: la batalla de Lade (494 a. C.)

La campaña persa contra las ciudades periféricas de la región insurrecta, aquella que Darío encomendó a Daurises, Himayes y Ótanes, había resultado todo un éxito. Además, la victoria sobre el Helesponto, la Propóntide y Caria había reportado a los aqueménidas la hegemonía terrestre en el conflicto, una preponderancia que habría de ser utilizada para agrupar los ejércitos asiáticos y dirigirlos contra Mileto, el corazón de la rebelión. Al mismo tiempo, el Rey de Reyes se ocupó de reunir una magnífica flota procedente de las provincias del imperio con mayor tradición naval para bloquear el puerto milesio y ahogar a sus defensores.

Por su parte, los jonios decidieron no preparar sus fuerzas terrestres, sabedores de que una batalla frente al ejército de Darío estaría perdida casi antes de comenzar. Los insurrectos suponían razonadamente que la pervivencia de su sublevación pasaba por el control del Egeo y, en concreto, de la franja marítima que baña el occidente de Anatolia. Mantener el dominio de los mares significaba albergar la capacidad de aprovisionar a los guarecidos defensores de Mileto y posibilitar el desgaste de las tropas persas que asediaban la ciudad. En definitiva, una victoria jonia sobre la escuadra persa impediría el bloqueo del puerto milesio. Los cabecillas de la insurrección jonia escogieron para la naumaquia el islote de Lade, situado frente a la propia ciudad y que protegía el acceso a su puerto. Heródoto aporta una valiosa información sobre las fuerzas que se congregaron junto a la costa jonia y su disposición para la gran batalla que se avecinaba y que sellaría el destino de la sublevación:

> Y por cierto que el orden de combate que adoptaron fue el siguiente: el ala oriental la ocupaban los propios milesios, que aportaban ochen-

> ta naves; a su lado figuraban los de Priene, con doce naves, y los de Miunte con tres naves; al lado de estos últimos figuraban los de Teos con diecisiete naves; al lado de los de Teos figuraban los quiotas con cien naves; junto a estos últimos se alineaban eritreos y foceos, aquellos con una aportación de ocho naves, y estos con tres; al lado de los foceos figuraban los lesbios con setenta naves; finalmente, el ala occidental la ocupaban los samios, que se alineaban con sesenta naves. La suma total de todos esos efectivos ascendía a trescientos cincuenta y tres trirremes.[36]

La cifra aportada por el historiador para la escuadra griega se antoja verosímil; no así la que ofrece para la flota persa que se le opuso y que, a su parecer, «ascendía a seiscientas» naves. El número que utiliza aquí el halicarnasio parece ser un estándar que aplica también para cuantificar las armadas participantes en otras campañas persas como la abordada contra los pueblos escitas o la que se enfrentará a los atenienses en Maratón durante la Primera Guerra Médica. En cualquier caso, la superioridad numérica era aparentemente favorable a la marina persa, pero la primacía moral jugaría en apoyo del bando jonio, imbuido de un espíritu de libertad que levantaba desconfianza entre los mandos aqueménidas.

Por esta última razón los generales persas (muy probablemente afines o de la propia familia real) «temieron seriamente no poder derrotarlos [a los jonios] y, por consiguiente, no lograr apoderarse de Mileto»,[37] lo que les obligó a recurrir a estratagemas fuera del plano militar para no sufrir una posible represalia de Darío. Así, reunieron a los tiranos jonios desterrados de sus respectivas ciudades por Aristágoras al inicio de la sublevación, ahora presentes en la expedición contra los milesios, y les encargaron partir hacia las filas enemigas con el ánimo de persuadir a los líderes de la revuelta para causar defección. En la propuesta persa, según Heródoto, figuraba el perdón real para aquellos que se retiraran de la escuadra griega, pero se amenazaba a los combatientes con las peores calamidades si presentaban batalla y resultaban derrotados. Pese a lo coercitivo de la sugerencia, ningún estado insurgente respondió de manera afirmativa a consumar la traición.

Las naves jonias fueron puestas bajo el mando de Dionisio de Focea, hombre de gran habilidad en los océanos pero que sometió a las tripulaciones a un durísimo entrenamiento que le granjeó algunas enemistades. De hecho, parte de la dotación jonia se insubordinó a los ocho días de sufrir las supuestas penalidades que Dionisio les imponía. Viendo esta actitud, las autoridades de Samos, estado que aportaba la nada desdeñable cantidad de sesenta naves al colectivo jonio, repensaron la propuesta persa y decidieron aceptarla, creyendo con ello salvar su patria y sus santuarios.

La batalla de Lade tuvo lugar en el verano del año 494 a. C. y se prolongó varios días. Al comenzar, las naves samias izaron velas y se retiraron del orden, despojando a la flota conjunta jonia no solo de un considerable número de fuerzas, también de aquellos marineros con fama de ser los más experimentados. Cabe destacar que, de las sesenta naves de Samos, once de ellas rehusaron obedecer las órdenes de abandono y permanecieron junto a sus aliados. Aun así, las contrariedades no habían hecho más que empezar para el bando sublevado, pues los lesbios, que habían acudido a la naumaquia con setenta naves, resolvieron seguir el ejemplo de Samos y traicionaron la causa jonia marchándose a su isla. Como era de esperar después de las defecciones de samios y lesbios, y a pesar del arrojo con el que, según Heródoto, lucharon los guerreros de Quíos, la derrota de la mermada armada jonia fue aplastante. Por lo que respecta al navarco Dionisio, acabada la batalla consiguió huir y establecerse en la Magna Grecia para dedicarse a la piratería.

Mileto, el último bastión de la sublevación jonia, se hallaba ahora cercada por tierra y mar por fuerzas persas. Las impenetrables murallas de la ciudad fueron minadas por la ingeniería aqueménida y derribadas por sus ingeniosos artilugios de artillería para dar paso a una encarnizada lucha en las calles que se saldó con la reducción a cenizas de toda la urbe y la conversión de la población milesia a la esclavitud. En Samos, los capitanes de las naves que traicionaron la causa de la libertad jonia fueron recibidos en la isla con cierta antipatía, pero su tirano fue repuesto en el gobierno, sus habitantes fueron perdonados por Darío y los templos y santuarios samios fueron tratados con respeto, lo que garantizaría el apoyo samio al Imperio persa durante las Guerras Médicas. Con todo, los tripulantes desertores no soportaron la presión a la que fueron sometidos y decidieron abandonar su hogar para asentarse, al igual que Dionisio de Focea, en Magna Grecia.

En cuanto al extirano Histieo, recibió la noticia de la caída de Mileto en Bizancio y puso rumbo a la isla de Quíos, donde, enfrentándose a una pequeña guarnición, consiguió hacerse con el control de la plaza fuerte de Policna. Desde allí se lanzó a la conquista de Tasos, en cuyo asedio se le comunicó la partida de la flota persa de Mileto para acabar con los resquicios de la rebelión en las islas del Egeo. Levantó el asedio y se dirigió entonces a Lesbos, sin embargo, ante la malnutrición de su tropa, quiso desembarcar en el continente para aprovisionar sus naves, con la mala suerte de que puso pie en una zona en la que se encontraba un nutrido ejército aqueménida a las órdenes de Harpago. El persa no se lo pensó y atacó rápidamente al pequeño contingente jonio, que quedó prácticamente destruido, al tiempo que Histieo era capturado y conducido a Sardes. Una vez en manos de Artafernes y Harpago, el milesio contaba con la opción de que el rey Darío le impusiera un castigo ejemplar, pero no le aplicara la pena de muerte. Por desgracia para él, sus captores eran conscientes de esa posibilidad: cegados por el odio (y de acuerdo con Heródoto), para evitar que el jonio volviera a gozar de una posición política privilegiada, acordaron empalar vivo a Histieo y embalsamar su cabeza, que sería enviada a Susa como trofeo para Darío, quien, aun tratándose de un enemigo, otorgó un funeral honroso a su cadáver. El sátrapa Artafernes y Harpago fueron reprendidos por el monarca por su decisión, pero no vieron peligrar su puesto ni su condición.[38]

Finalmente, la flota del Gran Rey zarpó desde Mileto y se dispuso a finalizar la sublevación de los jonios. Las condenas, tal como anunciaron, fueron terribles para los insurgentes:

> Entonces los generales persas no dejaron de cumplir las amenazas que habían dirigido a los jonios cuando estos se hallaban acampados ante ellos: nada más conquistar las ciudades, escogían a los muchachos más apuestos y los castraban, convirtiéndolos en eunucos, con

> la pérdida de su virilidad; por su parte, a las doncellas más agraciadas las deportaban a la corte del rey. Tales fueron, en suma, las medidas que adoptaron; y, además, se dedicaron a incendiar las ciudades con templos y todo.[39]

Corría el año 493 a. C. y Darío había conseguido, no sin esfuerzo, sofocar la sublevación jonia iniciada seis años antes. Durante el año que siguió, el Rey de Reyes se dedicó a encarar los preparativos para llevar a cabo su represalia, una invasión de la Grecia continental que iniciaría lo que conocemos tradicionalmente como «Guerras Médicas».

5
LA PRIMERA GUERRA MÉDICA Y LA BATALLA DE MARATÓN (492-490 A. C.)

Los atenienses, combatiendo en Maratón en defensa de los griegos, abatieron el poderío de los medos, adornados de oro.

Dístico elegíaco de SIMÓNIDES DE CEOS
en la tumba de Maratón (Lycurg., *Leocr.* 109)

Primera expedición: Mardonio (492 a. C.)

La invasión de Darío, ¿un acto de venganza?

Una vez pacificado el litoral jonio de Anatolia, Darío reclutó un significativo ejército con el que penetrar en la Grecia continental y lo asignó a las órdenes del comandante Mardonio, quien, siguiendo la costumbre persa de copar los cargos políticos y militares más importantes del imperio con individuos procedentes del círculo familiar más íntimo, era yerno (casado con una de sus hijas), sobrino (pues su padre, Gobrias, lo concibió con una hermana de Darío) y cuñado del Gran Rey (que habría desposado a la hermana del militar). Heródoto insiste en relacionar la intrusión aqueménida en suelo griego y las guerras que la siguieron con la toma y el incendio de Sardes por parte de jonios, atenienses y eretrios en el marco de la sublevación del 499 a. C. Frente al testimonio del historiador, un análisis más profundo permite comprender que, como en todo conflicto bélico, la invasión de Grecia obedecía a fundamentos no tan relacionados con el hipotético carácter revanchista de Darío como con la situación geopolítica del Mediterráneo oriental y con la propia idiosincrasia de persas y griegos.

Con todo, sí es cierto que el incidente de Sardes habría proporcionado al soberano aqueménida un perfecto *casus belli* para una guerra contra el mundo griego que, antes o después, se iba a desencadenar. Ya hemos comprobado en el capítulo anterior cómo la fortificación de la ciudad de Mircino bajo la administración de Histieo despertó el recelo del que fuera su rival político, Megabates, así como la posterior advertencia de este a su rey en torno al peligro que el establecimiento de un jonio en Tracia comportaría en el supuesto de una conflagración contra los estados griegos europeos. Para el Imperio persa, el sometimiento de la Hélade constituía una medida insalvable y necesaria, pero no necesariamente por motivos políticos o diplomáticos, sino por las aspiraciones universalistas del propio estado aqueménida. Eran la propia divinidad Ahura Mazda y, en menor medida, los principios del zoroastrismo los que impulsaban a los gobernantes persas a extender sus territorios hacia todos los puntos cardinales. En este contexto hemos de entender asimismo la poco exitosa campaña, iniciada por el mismo Darío hacia el norte de su imperio, que le enfrentó a los pueblos escitas en las estepas ucranianas. Los persas, por tanto, creían estar destinados a la dominación de la ecúmene sin importar el método. Prueba de ello es la consolidación de la calma en la franja jonia, objetivo para el que Mardonio «destituyó personalmente a todos los tiranos jonios y estableció en las ciudades gobiernos democráticos».[1] Esta medida, por incongruente que parezca, estaba en verdad revestida de un adecuado pragmatismo, ya que una segunda sublevación de los estados helénicos de Anatolia sería más difícil de consumar si disfrutaban de los regímenes democráticos que tanto anhelaban y que en nada modificarían la política aqueménida, siempre que cumpliesen con las obligaciones que su pertenencia a una satrapía entrañaba. De esta paradójica forma, el imperio se erigió ante los jonios como garantes de su progreso político.[2]

No obstante, desde el prisma oriental, la mera presencia de ciudades-estado independientes de cultura griega al otro lado del Egeo podría representar un estímulo para futuras tentativas de rebelión en aras de la libertad de Jonia. La derrota o la conquista de las *póleis* de la Grecia continental se tornaría entonces imprescindible para la total subyugación de las urbes que protagonizaron la rebelión del 499 a. C. De esta manera, podríamos considerar la invasión persa de Europa como la consecuencia inmediata de la sublevación jonia y de su ulterior aplastamiento. Tal campaña, en caso de resultar exitosa, otorgaría además el control del Egeo y de sus múltiples archipiélagos al poder aqueménida, objetivo que el Gran Rey ya trató de alcanzar cuando dio luz verde a la expedición del 501 a. C. sobre la isla de Naxos, una de las más extensas y poderosas de las Cícladas. La adopción de la supremacía en el Egeo, trámite lógico en el progresivo dominio que los persas estaban desarrollando sobre el extremo oriental del Mediterráneo, también habría acarreado inexorablemente la apertura de las hostilidades contra el mundo griego. Adicionalmente, Darío tenía asuntos pendientes más allá del Helesponto, pues Macedonia, que había aceptado convertirse en vasallo del monarca oriental tras la incursión de Megabazo en el 511 a. C., aprovechó la agitación provocada por la revuelta de Aristágoras para sacudirse el yugo persa y recuperar su libertad. La independencia macedonia tras haber formado parte del sistema tributario aqueménida constituía también un peligro para la estabilidad de Tracia, región de importantísimo valor estratégico como cabeza de puente para una eventual invasión de Europa. El reino de Alejandro I debía ser de nuevo sojuzgado como prólogo a la lucha contra el resto de estados griegos.

En cualquier caso, Darío no tenía la intención de emprender una particular *vendetta* sobre Atenas y Eretria o, al menos, ese no era «solo» su objetivo. Una campaña de castigo contra estas dos *póleis* no habría requerido los preparativos que mantuvieron al Rey de Reyes ocupado durante el año que siguió al final de la revuelta de los jonios y, mucho menos, de las fuerzas militares que puso al servicio de Mardonio. Heródoto nos describe, al respecto, a este general acudiendo a marchas forzadas al estrecho del Bósforo al mando de «un cuantioso número de naves y un nutrido ejército de tierra»,[3] una expresión que, pese a la ausencia de cifras (que probablemente habría exagerado), sí nos da una idea de que el contingente que Darío había creado no estaba dirigido a asolar dos ciudades en concreto, sino a cristalizar una invasión en toda regla del solar griego.[4]

La campaña de Mardonio y el naufragio del monte Athos

Antes de ejecutar el inesperado cambio de regímenes en las urbes jonias, Mardonio ordenó a sus subalternos que condujeran a sus fuerzas hacia el Helesponto, mientras él se dirigía a Cilicia para embarcar y tomar el mando de la flota con la que el ejército persa habría de saltar a Europa. La primera medida del comandante aqueménida en este continente sería el afianzamiento de Tracia como región sometida al imperio; al mismo tiempo, la flota puso rumbo a la isla de Tasos, rica en minas y cuyos habitantes no opusieron resistencia alguna a la imponente armada que asediaba sus puertos. Macedonia volvió a sufrir la irrupción de los persas y, por segunda vez, decidió someterse al Rey de Reyes con ciertos matices respecto al anterior vasallaje: si en el año 511 a. C. el monarca macedonio Amintas I ofreció la tierra y el agua y se declaró subyugado por Darío en términos económicos y políticos, en esta ocasión la dominación persa trascendería lo diplomático para convertirse en una absoluta dominación militar. De hecho, Heródoto afirma que los persas «incorporaron Macedonia a la lista de países que tenían esclavizados».[5]

El comienzo de la campaña de Mardonio no podría haber sido más favorable, pero los problemas comenzaron cuando la escuadra que había conseguido rendir Tasos y convertirla en tributaria sin disparar una sola flecha zarpó desde la isla para apoyar las operaciones terrestres en la costa de Macedonia. La escuadra había conseguido alcanzar la localidad de Acanto —enclavada a orillas del río Estrimón—, cuando se preparó para doblar el monte Athos, un macizo montañoso que configura el saliente septentrional de los tres que dan forma a la península Calcídica. Allí sobrevino una violenta tormenta que hundió parte de la flota y estrelló numerosos buques contra el rocoso acantilado que trataban de superar. Veamos cómo describe Heródoto este fatal suceso:

> Se abatió sobre ellos un violento huracán del norte, imposible de capear, que diezmó terriblemente a la flota, pues lanzó a gran parte de las naves contra el Athos. Según cuentan, los navíos que se fueron a

> pique ascendieron a unos trescientos, mientras que las pérdidas humanas superaron las veinte mil bajas. Pues, como esas aguas del mar que baña el Athos están infestadas de fieras marinas, unos perecieron víctimas de esos animales y otros despedazados contra las rocas. Había algunos que no sabían nadar y ello fue lo que les ocasionó la muerte; otros, finalmente, perecieron de frío.[6]

En verdad, el norte del mar Egeo parece estar poblado por tiburones grises y tiburones de aleta corta, especies ambas que pueden llegar a los cuatro metros de longitud y que se consideran potencialmente peligrosas para el hombre. Del testimonio del halicarnasio también podemos extraer dos detalles: por un lado, el hecho de que una tempestad tan potente se formara sobre los barcos persas denota que la expedición sobre Grecia se habría realizado durante el otoño de ese año, el 492 a. C. Teniendo en cuenta que las prácticas de la guerra en la Antigüedad exigían que las hostilidades se llevaran a cabo durante los meses de primavera y verano para no sufrir contratiempos meteorológicos como el que nos relata Heródoto, sin duda existió algún tipo de circunstancia en esta campaña que la retrasó inesperadamente. En segundo lugar, si, como dice el historiador, algunos integrantes del ejército murieron ahogados tan cerca de la costa, probablemente se tratase de efectivos procedentes de los rincones del interior y del extremo oriental del Imperio persa, sin ningún contacto con el mar y que, por tanto, no debían de poseer destreza de nado alguna.[7] La catástrofe junto al monte Athos permanecería en el imaginario persa posterior, toda vez que, en la Segunda Guerra Médica, Jerjes se encargaría de construir un canal que cruzara el istmo para evitar volver a rodear el peñón.

Los contratiempos no habían acabado para Mardonio. Estando su ejército acampado en Macedonia poco después de su sometimiento total, un contingente de la tribu tracia de los brigos cayó sobre su posición durante una noche, «matando a muchos soldados e hiriendo al propio Mardonio».[8] A pesar de la emboscada, Heródoto asegura que el comandante no abandonó la región hasta haberse impuesto por completo y que solo entonces permitió una retirada ordenada de sus huestes hacia Asia para lamerse las heridas, en lo que, para el erudito, significó el punto final de «una desgraciada campaña». Sin embargo, los reveses sufridos por el Imperio persa parecen haber sido exagerados por el autor de las *Historias*. El prestigio de Darío apenas sufrió alteraciones y, de hacerlo, fueron positivas: la rendición de Tasos (un estado que se había preocupado por aumentar los barcos de su armada y por fortificar sus posiciones terrestres tras la sublevación jonia) nada más atisbar las velas persas fue, sin duda, una noticia que debió de correr a lo largo de toda Grecia. Mardonio, además, consiguió ocupar y apoderarse de manera efectiva de la costa norte del Egeo, estableciendo la frontera del estado aqueménida en las inmediaciones de Tesalia. Asimismo, el Gran Rey había tenido a bien supervisar la construcción de nuevos trirremes en el transcurso de la campaña del 492 a. C.,[9] un signo inequívoco de que las ambiciones persas no terminaban ahí.

Tensiones políticas en el año 491 a. C.

«Tierra y agua». Alineamiento de las póleis griegas con respecto al Imperio persa

En efecto, Darío no pretendía detener su avance hacia el oeste, y la Grecia continental, un conglomerado de ciudades-estado independientes entre sí y casi permanentemente en guerra unas contra otras, ya había sido claramente señalada como el próximo destino. Así, luego del repliegue del ejército de Mardonio y de mostrar al mundo helénico sus intenciones, el Gran Rey desplegó sus habilidades diplomáticas y envió heraldos a las distintas *póleis* con el ánimo de realizar la ya habitual petición de tierra y agua, esto es, concretar la dominación nominal del Imperio persa sobre los centros griegos. El sometimiento de Macedonia y Tracia y la rendición de Tasos en la campaña del año anterior ocasionaron que, en primera instancia, todos los estados insulares del Egeo sin excepción aceptaran la propuesta y juraran prestar tributo. La mayor parte de las ciudades continentales siguieron el ejemplo y consintieron acogerse al arbitrio de Darío. Otras, una limitada minoría, rehusaron la sugerencia de los embajadores orientales; entre ellas se encontraban los dos estados ejes de la hegemonía dual helénica del siglo v a. C.: Atenas y Esparta.

En la polis democrática las opiniones estaban profundamente divididas. Parte de la sociedad ateniense, aquella para la que el mundo griego de ultramar significaba algo, se sentía impotente ante la llegada de noticias cada vez peores procedentes de Jonia y consideraba que (bien por honor, bien por intereses económicos) los griegos, en general, y Atenas en particular, debían haber aportado toda la ayuda posible para conseguir la libertad de sus compatriotas afincados en Oriente. Otro sector, quizá más pragmático y menos dado a las pasiones, abogaba por permitir el liderazgo persa como forma de lidiar con lo que consideraban un destino inevitable. En el talante de algunos áticos podría haber influido la obra del poeta trágico Frínico *La toma de Mileto*, drama histórico insólito en una ciudad en la que hasta entonces se cultivaban otras temáticas como las mitológicas y que causó un enorme estupor entre los asistentes al evento, como demuestra la multa de mil dracmas que las autoridades atenienses impusieron al autor por recordar la pérdida de la ciudad que lideró la sublevación jonia. La tragedia, presentada en las fiestas Dionisias que se celebraron en la primavera del 492 a. C., no se ha conservado hasta nuestros días.

En el año anterior había sido elegido arconte epónimo y cabeza del gobierno ateniense Temístocles, un joven de apenas treinta años perteneciente a la antigua familia sacerdotal de los Licómidas del que las fuentes hostiles refieren la impureza de su sangre y la procedencia de una madre esclava.[10] Quizá la condición del político como representante de los intereses de las capas menos favorecidas de la sociedad incidiera en la decisión que tomó Atenas cuando fue compelida a aceptar la autoridad del Imperio persa sobre el Ática: «Cuando Darío envió allí heraldos», nos dice Heródoto acerca de la delegación persa en Atenas, «[los atenienses] precipitaron a estos heraldos al báratro»,[11] un barranco escondido tras la Acrópolis y reservado para los cadáveres de los delincuentes ejecutados. Temístocles se dispuso entonces a emprender las obras de construcción del nuevo puerto de El Pireo, convirtiéndose con ello en catalizador del espectacular poderío marítimo del que disfrutarían en lo sucesivo los atenienses durante el siglo V a. C.

Esparta, haciendo gala de su naturaleza reservada, también se mantuvo firme en su decisión de mantener su autonomía e incurrir en la ira del rey Darío. Si los atenienses habían arrojado a los mandatarios persas a un precipicio, los lacedemonios hicieron lo propio y lanzaron a un pozo a los embajadores que se presentaron en la polis del Peloponeso para preguntarles, con el habitual y desafiante tono lacónico que caracterizaba a los espartiatas, si allí encontraban suficiente tierra y agua; una anécdota de dudosa veracidad a tener de la protección que la normativa consuetudinaria helénica ofrecía a los representantes extranjeros. Aunque ninguna fuente antigua se manifiesta en tal sentido, la amenaza de Darío podría haber reunido los requisitos suficientes para hacer realidad un hipotético e inédito tratado —quizá defensivo— entre atenienses y espartanos, los dos entes políticos más pujantes de la Grecia continental. El potencial eje, finalmente, no vio la luz debido a los problemas internos por los que atravesaba el poder lacedemonio al final de la primera década del siglo V a. C.

El asunto de Egina

Entre los estados insulares que se habían declarado sujetos al imperio de Darío se encontraba la isla de Egina, cuya rivalidad con Atenas era añeja y que ya en el año 501 a. C. quedó bajo la protección del monarca aqueménida.[12] El peligro que representaba Darío para los estados que se le opusieron y el consecuente temor a que los persas utilizasen como base naval un enclave tan cercano al Ática como el egineta animó a los atenienses a pedir ayuda militar a Esparta, con el objeto de que los lacedemonios castigasen mediante las armas lo que los primeros entendían como una traición a Grecia por parte de una polis medizante (entendiendo por «medismo» la simpatía por el Imperio aqueménida). El trono agíada de Esparta estaba aún ocupado por Cleómenes, quien se apresuró a acudir a la isla para «prender a los eginetas más implicados en el asunto»[13] en un movimiento más dirigido a atraer a Atenas a la joven Liga del Peloponeso que a imponer un verdadero castigo sobre la enemiga de los áticos.

Nos cuenta Heródoto que, cuando el rey lacedemonio acudió solo —sin su colega en el trono Demarato— a la llamada de Atenas, los eginetas rehusaron atender a las exigencias espartanas, aduciendo que ambos diarcas tendrían que estar presentes para llevar a cabo las correspondientes represalias. Tal respuesta solo podía significar que las rivalidades entre Agíadas y Euripóntidas habían alcanzado cotas tan altas que Demarato había instruido a los habitantes de Egina sobre las leyes espartanas, concretamente en lo relativo a aquellas que revestían de oficialidad únicamente a las iniciativas encabezadas por ambos reyes, de manera que los habitantes insulares pudieron defenderse de las acusaciones de Cleómenes, quien, humillado, guardó desde entonces un profundo rencor a su homólogo.

La enemistad entre ambos reyes no era ninguna novedad, habida cuenta de la espantada protagonizada por Demarato durante la invasión espartana al Ática del 506 a. C., que forzó a establecer preceptos que regularan la permanencia de uno de los diarcas en la ciudad durante la guerra (véase cap. 3). Lo cierto es que Cleómenes tardó poco tiempo en alcanzar su revancha. Curiosamente, la subida al trono de Demarato no estuvo exenta de polémica, pues los ciudadanos espartanos dudaban de la veracidad de su linaje real y sospechaban que no descendía realmente del anterior monarca euripóntida, Aristón. Esta coyuntura fue aprovechada por Cleómenes para invitar a Leotíquidas, primo de Demarato, a colaborar en un golpe político que desembocase en el derrocamiento del supuesto diarca ilegítimo. Con este fin, se sirvió de las influencias de las que el Agíada, como rey de Esparta, gozaba en el oráculo de Delfos:

> Los espartiatas decidieron preguntar al oráculo de Delfos si Demarato era hijo de Aristón. El caso se expuso a la pitia a propuesta de Cleómenes, quien, con tal motivo, se granjeó el apoyo de Cobón, hijo de Aristofanto, un sujeto que en Delfos poseía una destacadísima influencia, y este persuadió a la pitia Perialo para que pronunciara la respuesta que deseaba Cleómenes. Así que, cuando a los consultores les for-

> mularon la pregunta, la pitia dictaminó que Demarato no era hijo de Aristón.[14]

En el mismo fragmento, el halicarnasio revela que, aunque la conjura fue descubierta, Demarato hubo de poner tierra de por medio en el 491 a. C. para refugiarse en la corte persa de Darío, quedando el trono euripóntida en manos de su primo Leotíquidas, quien reinaría con el nombre de Leotíquidas II. Ambos diarcas visitaron entonces Egina, donde sus habitantes, jurídicamente desarmados, no tuvieron más remedio que entregar a las autoridades espartanas a diez de sus ciudadanos más prominentes y acaudalados para que fueran puestos a disposición del pueblo ateniense como gesto de buena voluntad de parte de Cleómenes.

Pero, en el año 490 a. C., las noticias de la falsedad del oráculo délfico y de la destitución de la sacerdotisa que lo emitió llegaron a Esparta, y Cleómenes huyó de Lacedemonia ante el temor de una represalia de los *hómoioi* y de un juicio de los éforos que le podría acarrear la muerte; los espartiatas, alarmados por la idea de tener en el exilio a un individuo de la talla y habilidad política de Cleómenes, decidieron perdonarle y permitir su regreso a Esparta. Sin embargo, al parecer de Heródoto, el Agíada era entonces víctima de una grave enfermedad mental y fue recluido en una prisión para su propia seguridad. Allí, siendo preso, consiguió que el hilota que lo vigilaba le dejara un cuchillo con el que se quitaría la vida. Sobre la muerte de Cleómenes ha corrido mucha tinta académica, a raíz de la desconfianza que suscita el relato herodoteo:

> Cleómenes, una vez en posesión del acero, empezó a lastimarse empezando por las piernas: desgarrándose a jirones las carnes, fue subiendo de las piernas a los muslos, y de los muslos a las caderas y las ijadas, hasta que llegó al vientre y se lo hizo trizas, hallando así la muerte.[15]

Es conveniente contemplar la narración del historiador con suma prudencia: cabe la posibilidad de que, una vez descubierta la corruptela del diarca, la sociedad espartana construyera una versión de los hechos que le asignase un destino poco propio de un descendiente de Heracles, como podría ser un terrible suicidio derivado de una demencia, y que tal tradición llegara después a oídos de Heródoto. No faltan los estudios modernos que atribuyen la desaparición de Cleómenes a la propia ciudadanía de Esparta o incluso a un complot encabezado por Leónidas, su sucesor.[16] Sirva esta alusión a la incertidumbre que rodea la desaparición del soberano espartiata para concluir el excurso sobre la inestabilidad política agíada de principios de siglo v a. C., tan necesario para comprender la poca o nula presencia de los lacedemonios en la primera guerra contra los persas. Es más, el desorden y la confusión que reinaban en Esparta fueron aprovechados por Darío para lanzar una nueva gran ofensiva sobre la Grecia continental, consciente del aislamiento de Atenas en lo que a potencias aliadas se refiere.

Segunda expedición: Datis y Artafernes (490 a. C.)

Aunque la campaña persa del 492 a. C. se había convertido en un éxito, el desastre de la flota junto al monte Athos y la necesidad del comandante Mardonio de recuperarse de las heridas sufridas en la batalla contra las tribus brigias pesaron en la decisión del rey persa de realizar un relevo en el mando de la siguiente invasión. El liderazgo recaería en esta ocasión sobre Datis «el medo», personaje cuyo sobrenombre pone de manifiesto que el estatus político de Media, una vez derrotada e integrada en el Imperio persa durante sus orígenes, era prácticamente equiparable al de los propios conquistadores. Junto con este nuevo general se envió a Artafernes, sobrino del rey Darío e hijo del sátrapa homónimo de Lidia que sufrió la rebelión de las ciudades jonias años atrás. Los dos caudillos partieron hacia Cilicia, en el sur de la península de Anatolia, «al frente de un ejército de tierra numeroso y perfectamente pertrechado».[17] En la costa embarcaron al contingente en «seiscientos trirremes», exagerada cifra que Heródoto —como hemos comprobado— proporciona para la mayoría de las escuadras persas que aparecen en su obra (véase cap. 4), y zarparon hacia Grecia por un camino diferente al de la primera campaña. El acontecimiento ocurrido en el Athos había repercutido tanto en la corte persa que Darío rehusó volver a intentar superar el accidente geológico, y, en lugar de navegar junto a la costa anatolia en dirección al Helesponto para llegar a Tracia, la armada recibió órdenes de atravesar directamente el Egeo a través de las Cícladas.

Así pues, la armada persa se dirigió en primer lugar hacia Naxos, escenario del prólogo de la sublevación jonia. Tal vez por el recuerdo que conservaban del amargo final de la revuelta o por la merma de sus defensas después del asedio infructuoso que su hogar sufrió en el año 499 a. C., los defensores optaron por no ofrecer resistencia. En su lugar, se replegaron hacia el interior de la isla, obligando a los tripulantes a desembarcar para dar caza a los fugitivos. Tomado el territorio con relativa facilidad, sus habitantes fueron convenientemente reducidos a la esclavitud y, de acuerdo con Heródoto, la ciudad y los templos que albergaba fueron incendiados y arrasados. Luego de este comienzo, Datis puso sus proas rumbo a la isla de Delos, ante cuya visión los lugareños siguieron el ejemplo de los naxios y también se escondieron de los atacantes. Sin embargo, en esta ocasión el comandante persa decidió respetar la integridad de la isla. La estrategia de Datis estuvo bien fundamentada, no solo por el teórico respeto que el imperio decía mostrar (no así en Naxos) hacia las religiones extranjeras: Delos era, según la mitología griega, el lugar de nacimiento de Apolo y Artemisa, y tanto el territorio como sus moradores eran considerados por la cultura helénica como sagrados e inviolables. Además, el ejército de Darío estaba en cierta medida integrado por soldados de origen griego que no habrían visto con buenos ojos un ataque sobre tan sacro recinto y que podrían haber causado problemas de haberse consumado la ofensiva. El general, en consecuencia, se limitó a ofrecer una gran cantidad de incienso en los templos délicos antes de continuar su travesía.

Las Cícladas fueron cayendo una a una ante la llegada de los barcos persas, al tiempo que Datis obtenía de ellas rehenes y tropas con las que engrosar su ya temible ejército. Desde el archipiélago, Datis puso dirección a la gran isla de Eubea, de la que Heródoto informa que una de sus ciudades-estado, Caristo, se negó a proporcionar rehenes y que sufrió, consiguientemente, el asedio enemigo antes de ser tomada y destruida. El siguiente objetivo de la campaña persa era Eretria, la polis que, junto a la ateniense, apoyó a las ciudades jonias sublevadas con cinco buques de guerra y que, si hemos de creer el testimonio del historiador, habría de sufrir la cólera vengativa de Darío. Tan pronto como fueron conscientes de que la totalidad de la escuadra persa se dirigía hacia su patria, los temerosos eretrieos despacharon hacia Atenas emisarios para suplicar ayuda militar en el combate que se avecinaba. Los áticos, nos dice Heródoto, no se negaron y pusieron a disposición de los defensores cuatro mil clerucos que habrían establecido anteriormente en Calcis, enclave localizado en la misma Eubea. Pese a la ayuda prestada, la sociedad eretriea se hallaba dividida en lo que a la respuesta frente al ataque persa se refiere: un sector de la ciudadanía recomendaba abandonar el asentamiento y escapar hacia las escarpadas colinas del centro de la isla; un segundo grupo, probablemente afín a la derrocada tiranía de Hipias (quien, por cierto, se encontraba presente en la expedición persa), preconizaba los beneficios de una rendición de la plaza que preservase la integridad de sus edificios religiosos; y, por último, no faltaban quienes estaban dispuestos a presentar batalla al poderoso invasor. Siguiendo con el halicarnasio, «uno de los principales personajes de Eretria»[18] advirtió a los clerucos atenienses presentados de las disensiones entre la preocupada ciudadanía y les recomendó dar marcha atrás y regresar a su polis para no perecer en un combate aparentemente imposible de vencer. Dado que Calcis estaba a punto de sufrir la misma suerte que Eretria, los cuatro mil expedicionarios clerucos volvieron sobre sus pasos y se establecieron en Atenas, aprovechando que disfrutaban de la ciudadanía ateniense.

Finalmente, primó la decisión de hacer frente al intruso, mas no se produciría un enfrentamiento abierto que diera ventaja a la caballería persa, sino que los eretrieos mantendrían sus posiciones al abrigo de las murallas de su ciudad. De este modo, cuando las naves orientales fondearon en la costa, Datis ordenó inmediatamente el desembarco de infantería y caballería y su preparación para el ataque. Lo que se produjo después fue un encarnizado asalto contra las defensas de la isla en el que atacantes y defensores sufrieron numerosas bajas. La ofensiva se prolongó durante seis días sin que ninguno de los bandos se presentara como claro triunfador. Por desgracia para la causa griega, en el transcurso de la séptima jornada de conflagración, dos ciudadanos eretrieos, Euforbo y Filagro, traicionaron la postura adoptada por sus compatriotas y abrieron las puertas de las murallas para que el ejército de Datis penetrara libremente en la ciudad. A tenor de los comentarios de Heródoto, ambos individuos eran «destacados ciudadanos» y procedían de familias nobles o poderosas que encontrarían beneficios políticos en el sometimiento de Eretria y en su conversión en una tiranía al servicio de Darío. De esta manera, para el halicarnasio, la primera parte de la represalia del Gran Rey ya se habría efectuado:

> [Euforbo y Filagro] entregaron la plaza a los persas, quienes, al entrar en la ciudad, lo primero que hicieron fue saquear e incendiar los templos como represalia por los santuarios que en Sardes habían sido pasto de las llamas; y, acto seguido, esclavizaron a la población de conformidad con las órdenes de Darío.[19]

La otrora pujante polis eubea no volvería a recuperar su esplendor tras su destrucción en el año 490 a. C. Mientras tanto, un eufórico ejército persa se preparó para embarcar de nuevo en las naves, esta vez con rumbo, finalmente, a la vieja Grecia continental. Tras unos días de espera, en los que Datis envió a Atenas heraldos con propuestas de rendición que fueron firmemente rechazadas por la asamblea, las fuerzas aqueménidas pusieron pie, merced al consejo de Hipias (su padre desembarcó en el mismo lugar en su tercer intento por hacerse con el poder ateniense), en la bahía de Maratón.

La batalla de Maratón (490 a. C.)

Preparativos

En las últimas décadas del Arcaísmo griego, Atenas era aún una polis relativamente poco desarrollada y con una influencia exterior que solo había comenzado a crecer a expensas de la tiranía de Pisístrato y de la posterior llegada de la democracia pocos años atrás. Es difícil imaginar el sentimiento que recorrió la ciudad cuando llegó la noticia del desembarco del ejército persa —invicto en campo abierto— en una playa a tan solo cuarenta kilómetros del centro de poder ático. Se trataba, sin duda, del contingente más numeroso que había pisado suelo heleno hasta la fecha. Los estratos más nobles de la sociedad ateniense, lejos de contribuir de algún modo a la defensa de la ciudad, confiaban en una inminente vuelta al poder del anciano Hipias tras una fácil escaramuza que daría la victoria a los invasores. Otros ciudadanos continuaban recomendando una súbita rendición de la plaza ática que evitara las temidas represalias de Darío. Pero, aun cuando todo pronóstico dictaba la caída de la «cuna de la democracia» en manos de las huestes que dirigía Artafernes, la *ekklesía*, el órgano que se había convertido en el buque insignia del innovador régimen político, decidió ofrecer resistencia al ejército persa en un enfrentamiento de cuyo resultado dependería la propia supervivencia de la cultura griega tal y como la conocemos en la actualidad. Habría resultado imposible preparar una adecuada defensa, a tenor de la gran habilidad de los aqueménidas en poliorcética (convenientemente demostrada en la toma de Mileto del 493 a. C.) y de que, si bien no conocemos con fiabilidad su entramado, las murallas atenienses probablemente no se encontraban en condiciones de soportar un asedio prolongado. Atenas, pues, envió a sus hoplitas a la llanura contigua a la costa de Maratón.[20]

Si se iba a producir una batalla campal, los atenienses debían hacer uso de todas sus opciones diplomáticas para procurarse toda la ayuda posible. En ese contexto, las autoridades áticas optaron por apelar al apoyo de Esparta (recordemos que entre ambas *póleis* podría existir en ese momento un pacto defensivo), un estado que podría proporcionar algunos valiosos miles de hoplitas bien entrenados con los que hacer frente a un ejército que, con todo, continuaría siendo abrumadoramente superior en cuanto a efectivos. Con este propósito, los estrategos acordaron despachar a Filípides (Fidípides en algunas fuentes) para que recorriera a pie la distancia que separa Atenas de Lacedemonia en el menor espacio de tiempo y pidiera la correspondiente ayuda a los magistrados espartanos. El correo, informa Heródoto, consiguió llegar a Esparta en un solo día, toda una gesta si tenemos en cuenta los más de doscientos kilómetros que habría recorrido. Allí, ante los éforos y los diarcas, Filípides entregó el mensaje que se le había confiado:

> Lacedemonios, los atenienses os ruegan que les prestéis ayuda y que no permitáis que una de las ciudades más antiguas de Grecia caiga bajo el yugo de unos bárbaros. Pues, en la actualidad, Eretria se halla esclavizada y, en consecuencia, Grecia se encuentra sensiblemente debilitada por la pérdida de una destacada ciudad.[21]

La respuesta espartana resultó un jarro de agua fría para las expectativas atenienses. Siguiendo el relato del historiador, los lacedemonios tenían la intención de socorrer a los defensores, «pero les resultaba imposible hacerlo de inmediato, ya que no querían infringir la ley». Efectivamente, Esparta se encontraba inmersa en la celebración de las Carneas, festividad religiosa en honor al dios Apolo durante las que ningún espartano podía abandonar la ciudad ni hacer la guerra y en la que tomaban parte activa todos sus varones. La explicación de los espartanos no parecía ser un mero pretexto para eludir el socorro, dado que la fecha de la celebración de esta ceremonia —entre julio y agosto— parece coincidir con los preparativos de la batalla de Maratón.[22] Atenas tendría que demorar la lucha si quería contar con la ayuda del devoto ejército peloponesio.

Con este panorama, el batallón ateniense se dirigió a la llanura de Maratón a sabiendas de que no contaba con apoyo externo. Los hoplitas rodearon el monte Pentélico y tomaron posiciones en un espacio consagrado a Heracles, al sur de la planicie donde tendría lugar el combate. Allí acudió también, de forma inesperada, un regimiento de mil hoplitas procedente de la pequeña localidad de Platea, ubicada en el extremo meridional de la región de Beocia y que haría honor a un pacto de alianza firmado con Atenas décadas atrás. Este contingente plateense representó toda la ayuda que recibió Atenas en su confrontación contra el enemigo persa.

El ejército ateniense fue puesto a las órdenes de Milcíades «el joven», quien desempeñó el gobierno de la región del Quersoneso tracio en la época de la tiranía pisistrátida y que tiempo después habría servido en la campaña escita de Darío.[23] El ahora estratego ático fue uno de los tiranos encargados de custodiar el puente sobre el Danubio y aquel que mostró con mayor vehemencia su disposición a aceptar la sugerencia de los nómadas referida a iniciar una sublevación contra el poder de Darío (véase cap. 4). Como consecuencia del contacto con el estado aqueménida, Milcíades se había convertido en el líder militar con mayor experiencia en el modo oriental de hacer la guerra. Por ello, consciente del uso que los persas hacían de su eficaz caballería, supo ordenar sus tropas aprovechando los accidentes naturales, según se desprende del relato de Cornelio Nepote a tal efecto:

> Formado el ejército en línea en la falda de un monte, desde un lugar excesivamente abierto (pues los árboles por muchos lugares eran escasos) entablaron el combate con el propósito de verse protegidos por la altura de la montaña y de que la caballería enemiga se vería obstaculizada por los árboles y de este modo no se sentirían agobiados por la multitud de los enemigos.[24]

No tenemos noticias de que los atenienses utilizasen caballería. Por su parte, los comandantes persas confiaron en su superioridad aritmética y dispusieron sus filas sin atender al terreno, deseando únicamente dar comienzo a la batalla cuanto antes, pues, de prolongarse la espera, los lacedemonios harían aparición. No obstante, ambos ejércitos permanecieron frente a frente durante cinco días, que se mostraron, de todas formas, insuficientes para que los espartanos concluyeran sus festejos.

Fuerzas en combate

Desafortunadamente, Heródoto no proporciona cifras relativas a los contingentes que se enfrentaron en Maratón y se limita a dejar constancia de lo numeroso del ejército persa. Sí sabemos, por el testimonio del viajero Pausanias, que los atenienses hicieron todo lo posible por aumentar los efectivos de su ejército, incluso liberar a esclavos para que participaran en la batalla.[25] El mismo autor otorga la cantidad aproximada de «no más de nueve mil atenienses», de entre los que cuenta a «los de edad inútil [mayores de cincuenta años poco aptos para la guerra] y los esclavos».[26] Es probable que, ante la tesitura de combatir a la soldadesca aqueménida, Milcíades convenciera a la *ekklesía* de la necesidad de movilizar a los ancianos (tengamos en cuenta la esperanza de vida de la Atenas de hace veinticinco siglos) y de acometer una emancipación a gran escala de esclavos que podrían haber luchado como unidad independiente en uno de los flancos atenienses o integrados en los regimientos de hoplitas previamente establecidos.[27] La misma cifra ofrecen Cornelio Nepote, que asegura que, gracias a los mil hoplitas procedentes de Platea, «se alcanzó el número de diez mil combatientes»;[28] y Plutarco, para quien «los atenienses menospreciaron a la multitud bárbara y enviaron nueve mil hombres».[29] Estas cantidades parecen ajustarse, si bien con pequeñas variaciones, al esquema militar ateniense de la época, por el que cada una de las diez tribus atenienses impuestas por Clístenes en sus reformas debía aportar mil soldados al ejército. Respecto al envío plateense, los mil soldados de los que nos hablan las fuentes representan una cantidad razonable y, de acuerdo con Heródoto, la totalidad de la fuerza militar de la modesta polis.

Tampoco arroja luz el de Halicarnaso sobre la totalidad del ejército persa que se encontraba en Maratón, y, ante la ausencia de datos, los autores antiguos posteriores se ocuparon de exagerar indiscriminadamente el número de efectivos procedentes del imperio oriental como si de una competición se tratase. Por ejemplo, el célebre poeta contemporáneo Simónides de Ceos, en el epigrama encargado por las autoridades atenienses para conmemorar la batalla, estableció la cifra de noventa mil soldados a las órdenes de Artafernes. De acuerdo con Cornelio Nepote, Darío puso a disposición de sus generales «doscientos mil infantes y diez mil jinetes».[30] El escritor romano del cambio de era Valerio Máximo asegura en sus *Hechos y dichos memorables* que Milcíades «venció a trescientos mil persas en Maratón»,[31] una cantidad que podría haber extraído del testimonio sobre la batalla de Pausanias («trescientos mil medos fueron aniquilados por unos hombres que no llegaban a diez mil»).[32] Para Platón, Darío tuvo a bien enviar a Grecia a «quinientos mil hombres en barcos de transporte de guerra y trescientas naves al mando de Datis».[33] Como colofón, Justino ofrece la monstruosa cantidad de «seiscientos mil enemigos»,[34] asumiendo que, si Heródoto dice la verdad y los persas embarcaron en seiscientas naves, cada buque debió de albergar a unos mil soldados, lo cual es obviamente imposible.

Sabemos, por otra parte, que los trirremes del siglo v a. C. podían transportar una dotación aproximada de doscientas personas, entre remeros y tripulación, por lo que la cuantía total del ejército trasladado a Europa por Darío (tomando como verídicos los seiscientos barcos de los que nos habla Heródoto) no alcanzaría los ciento veinte mil efectivos. Una campaña de invasión como la emprendida por el Gran Rey habría necesitado de trirremes especiales de transporte de caballos, artillería y suministros, elementos que requieren un espacio extra a bordo que solo podría brindarse minimizando el número de remeros y, por consiguiente, de soldados de infantería. De este modo, las fuerzas que desembarcaron en Maratón podrían ser aún menores. El propio historiador reconoce en un punto posterior de su obra que, durante la intrusión de Jerjes en la Segunda Guerra Médica, cada trirreme persa llevaba consigo treinta soldados. De la misma forma, en su crónica de la batalla de Lade, el autor afirma que los barcos de Quíos no transportaban más de cuarenta guerreros. Así pues, la lógica y la aritmética aportan una cifra muy inferior a la que encontramos en las fuentes antiguas, entre dieciocho mil y veinticuatro mil soldados persas en la bahía de Maratón, lo que, pese a todo, no restaría importancia a la gesta que los atenienses estaban a punto de conseguir. Tampoco hay consenso entre los historiadores modernos, que aportan números que se mueven entre los veinte mil y los cien mil soldados. En cualquier caso, Atenas había enviado a la llanura a la totalidad de su ejército —dejando desguarnecida la ciudad—, solo para reunir un contingente que era superado por, al menos, el doble de fuerzas. Una derrota en Maratón supondría el aniquilamiento total de la polis democrática.

Desarrollo de la batalla

A raíz de las reformas clisténicas, el ejército ateniense contaba con un estratego designado por cada una de las tribus de la ciudad, medida que dejaba como resultado diez generales al mando de las fuerzas griegas en Maratón. Si la narración herodotea se ajusta a la realidad, durante el periodo en el que ambos contingentes se encontraban frente a frente se produjo un debate en el seno del estado mayor de Atenas para dirimir la estrategia a seguir: mientras, a la vista de la diferencia numérica que les separaba de los persas, parte de los generales prefería mantener una actitud defensiva, Milcíades optaba por pasar a la acción, fundamentándose, por un lado, en la superioridad del armamento y de las tácticas hoplíticas ante la presunta debilidad de la numerosa tropa oriental, y, además, en la necesidad de lanzarse al ataque cuanto antes para evitar una maniobra envolvente enemiga. Fue este último parecer el que se impuso después de que Milcíades convenciera a Calímaco de Afidna, a la sazón polemarco del ejército defensor y, por lo tanto, magistrado supremo de los regimientos atenienses. El relato de Heródoto, sin embargo, presenta ciertas lagunas, puesto que podría parecer absurda una iniciativa de ataque sin esperar a la concurrencia de los diestros hoplitas espartanos. Es probable que los generales aqueménidas eligieran astutamente para el enfrentamiento la llanura de Maratón con la intención de provocar la salida de la totalidad del ejército ateniense de su ciudad, estrategia a la que seguiría un rápido reembarco de la caballería persa para su posterior despliegue en la retaguardia enemiga o en la propia Atenas, donde podrían apoyar un golpe de Estado que concluyera con la toma del poder por los partidarios de Hipias mientras, lejos de la ciudad, la infantería persa contenía las embestidas atenienses. A esta táctica podría haber respondido una repentina desaparición de buena parte de las fuerzas del Gran Rey que, a su vez, habría impulsado la orden de ataque de los áticos, considerando este el momento oportuno para entablar un combate más igualado sin la preocupación que supondría una caballería que flanqueara sus formaciones.[35] Asimismo, el ejército persa contaba con batallones de arqueros que diezmarían con facilidad unas tropas atenienses estáticas. Teniendo en cuenta estas consideraciones, un ataque ordenado constituiría el movimiento más acertado para los griegos. Antes de acometer la ofensiva, Milcíades decidió alargar su frente e igualarlo con el de su enemigo; para ello optó por reducir las filas de los dos regimientos centrales (comandados por el estratego Arístides y por él mismo) y permitir que ambas formaciones ganaran en longitud en detrimento de la profundidad.

Adoptada la formación y resultando favorables los sacrificios pertinentes, el ejército helénico se dispuso a cargar. Nos dice Heródoto que «los atenienses, nada más recibir la orden de avanzar, se lanzaron a la carrera sobre los bárbaros»;[36] aun así, la distancia que separaba ambos contendientes rondaba el kilómetro y medio, un intervalo que la pesada panoplia hoplítica no permitía recorrer a máxima velocidad sin que los soldados llegaran exhaustos a las filas enemigas. Las tácticas de los ejércitos griegos de la época determinaban que la mayor parte del recorrido se cubriera a una velocidad media que permitiera también mantener las formaciones compactas. La infantería ateniense y plateense avanzaría de esta forma hasta tener al enemigo a un margen aproximado de doscientos metros, a tiro de los arqueros enemigos, instante en el que se ordenaría la carga cerrada para evitar que la infantería persa armada con arcos causara estragos.[37] Semejante actitud por parte de los griegos dejó desconcertados a los persas y al propio Heródoto:

> Los persas, cuando vieron que el enemigo cargaba a la carrera, se aprestaron para afrontar la embestida; si bien, al comprobar que los atenienses disponían de pocos efectivos y que, además, se abalanzaban a la carrera sin contar con caballería ni con arqueros, consideraban que se habían vuelto locos y que iban a sufrir un completo desastre. [...] Sin embargo, los atenienses, tras arremeter contra sus adversarios en compacta formación, pelearon con un valor digno de encomio.[38]

Ciertamente, después de sofocar la sublevación jonia, los persas se habían acostumbrado a infundir temor entre los soldados griegos. En esta ocasión, empero, el empuje de las acorazadas falanges griegas se mostró superior a las filas persas. El ejército de Datis y Artafernes estaba casi plenamente integrado por infantería ligera reclutada por la fuerza por todo el Imperio persa, que no solo arrastraba la fatiga bélica derivada de las primeras acciones militares de la guerra; también podía carecer de la instrucción necesaria para hacer frente de manera plena y eficaz a las adiestradas tropas pesadas atenienses que, a su vez, luchaban por la pervivencia de la autonomía de su ciudad

La batalla se prolongó durante toda la mañana del 12 de agosto del 490 a. C. Heródoto testifica que, después de la aventurada arremetida griega, el centro de su formación se vino abajo ante la innumerable multitud que se le enfrentaba, probablemente como consecuencia de la decisión de Milcíades de disminuir la profundidad de sus regimientos. No obstante, ambos flancos consiguieron prevalecer sobre las alas adversarias y romper sus líneas, lo que les permitió efectuar un movimiento de pinza hacia el centro y acorralar a los persas que atormentaban los escuadrones centrales. Los atenienses salieron finalmente victoriosos del duro combate y los batallones aqueménidas emprendieron la huida hacia la costa con la esperanza de poder embarcar en las naves de las que habían salido días antes. Los griegos, entonces, les persiguieron hasta arrinconar a los desdichados persas contra el mar, siendo allí donde pereció la mayor parte de la tropa asiática, unos debido al acoso ateniense, otros procurando darse a la fuga por mar y ahogándose en el intento. Antes de que los restos del diezmado ejército de Darío pudieran escapar en sus trirremes, los soldados áticos capturaron siete de sus naves. El hecho de que se capturaran solo siete de los cientos de naves que deberían estar ancladas en la costa supone un argumento a favor de la teoría que describe al mando persa embarcando una parte de sus fuerzas previamente a la batalla para enviarlas a la ciudad.

En el choque, de acuerdo con Heródoto, murieron el polemarco Calímaco y Estesilao, uno de los diez estrategos del ejército helénico. Los griegos perdieron a ciento noventa y dos de sus hoplitas, mientras que los persas dejaron sobre el campo de batalla «unos seis mil cuatrocientos»[39] cadáveres, y aunque la disparidad de bajas que ofrece el historiador puede parecer demasiado desproporcionada, la diferencia en el armamento y la panoplia de ambos ejércitos podían aventar cantidades semejantes en las batallas entre griegos y persas. La historiografía actual, por otra parte, tiende a aceptar con discrepancias menores los datos que proporcionan las fuentes antiguas.[40]

Lejos de retirarse hacia un puerto seguro, y siempre siguiendo la crónica del episodio recogida en lo que ahora es el libro sexto de las *Historias*, los barcos persas pusieron rumbo a Atenas con el propósito de llegar antes que los propios soldados atenienses. Gracias a los exploradores que, con seguridad, habría desplegado en las inmediaciones de la llanura, el ejército griego comprendió las intenciones de Datis y se dirigió a la ciudad a marchas forzadas, dejando en el lugar de la conflagración a los regimientos de Milcíades y Arístides, aquellos que más habían sufrido las acometidas persas en el transcurso de la batalla. Por lo que se infiere del relato herodoteo, es probable que el sector filopersa de la sociedad ateniense estuviera esperando la llegada de los restos del ejército aqueménida para abrirles las puertas de la ciudad y propiciar un cambio de régimen; de hecho, el halicarnasio menciona a la denostada familia de los Alcmeónidas como instigadora de este acto de traición. Sea como fuere, las fatigadas fuerzas de infantería helénicas consiguieron llegar a la polis antes que la escuadra persa, dado que el recorrido desde la bahía de Maratón hasta el puerto ateniense de Falero se hace más largo por mar que por tierra. Cuando los persas llegaron a su destino, en vista de que el grueso del ejército griego se aprestaba ya a la defensa, rehusaron desembarcar y decidieron emprender el camino de vuelta a Asia.

Según Platón,[41] al día siguiente de la batalla se presentaron los refuerzos espartanos, dos mil hoplitas que habían partido de Lacedemonia tan pronto como habían finalizado las Carneas, pero que no pudieron hacer más que felicitar a los vencedores y examinar con detalle los cadáveres persas que aún yacían sobre el lugar. Quizá fuera la presencia de soldados espartanos en las cercanías de Atenas la razón última por la que Datis evitó el desembarco en Falero.

Repercusión de la batalla

El triunfo griego sobre los campos áticos en el año 490 a. C. es considerado tradicionalmente como la coronación de la Primera Guerra Médica. Los propios atenienses debían de ser conscientes de la proeza que habían alcanzado en aquella pradera: el Imperio persa había dejado de ser invencible y Maratón pasó a la posteridad como un punto de inflexión en las relaciones greco-persas.

Nada más concluir la refriega, la ciudadanía de Atenas levantó un templo dedicado a Ártemis Euclea, «la gloriosa», construido con los despojos de los persas vencidos y que pudo ser visto por Pausanias en su recorrido por el Ática.[42] También dieron comienzo las obras de lo que habría de ser el precursor del famoso Partenón erigido en época de Pericles, un complejo escultórico y religioso que sufriría la peor de las suertes en el transcurso de la segunda guerra contra el «bárbaro». Cinco años después de la expulsión de los persas, las autoridades de Atenas consagraron un templo en Delfos, conocido como «tesoro de los atenienses», cuyos conservados restos aún pueden visitarse en el lugar arqueológico del santuario. En lo que al homenaje a los caídos se refiere,[43] los atenienses les concedieron el honor de ser inhumados en el mismo lugar de la batalla, tal y como informa Pausanias:

> Hay una tumba de atenienses en la llanura [de Maratón], y sobre ella estelas con los nombres de los que murieron por tribus, y otra tumba para los beocios de Platea y para los esclavos; pues por primera vez lucharon entonces esclavos.[44]

La tumba de Maratón recordaba en sus formas las sepulturas aristocráticas que habían pasado de moda en la centuria anterior. Para heroizar a los «maratonómacos», nombre con el que se comenzó a conocer en Atenas a los ciudadanos que habían luchado en tan insigne batalla, la recién nacida democracia ateniense «colectivizó» el tipo de enterramiento que en tiempos remotos se brindaba de manera individual a los guerreros procedentes de la más alta nobleza.[45] Los esclavos y los caídos de Platea, por su parte, fueron enterrados en un montículo separado de los cadáveres atenienses. Este trato dispensado a los cuerpos griegos distaba mucho del proporcionado a los fallecidos persas, dejados a la intemperie para su examen por parte de los hoplitas espartanos para ser después despojados de todo objeto de valor y arrojados a una fosa común.

Maratón supuso el pistoletazo de salida del poder ateniense en la Hélade. No solo consolidó el régimen democrático, surgido dos décadas antes y amenazado por los partidarios de la tiranía; sino que el éxito de Atenas configuró una perfecta legitimación para la aparición del imperio talasocrático que los áticos formarían y liderarían en la tercera década de este siglo V a. C. Aun así, los entonces idolatrados «maratonómacos» se convirtieron paulatinamente en la personificación de los intereses de la vieja oligarquía y de la aristocracia de la ciudad, hasta llegar a ser prácticamente ridiculizados en las obras de cómicos como Aristófanes, quien, en *Los acarnienses*, llega a tildarlos de «vejetes recios, tercos como alcornoques, inflexibles, [...] duros como leños de arce».[46] A pesar del grosero tratamiento que la tragicomedia ateniense concedió a los excombatientes de la batalla en la segunda mitad de la centuria, la leyenda de Maratón se fue acrecentando a lo largo de los siglos hasta engrosar la lista de grandes batallas de la historia.[47] Para el Imperio persa, sin embargo, la derrota junto a la bahía no significó más que un leve revés en el marco de una campaña que, a grandes rasgos, había cumplido los objetivos de convertir el Egeo en el particular *internum mare* aqueménida.

6
EVOLUCIÓN Y POLÍTICA GRECO-PERSA EN EL PERIODO DE ENTREGUERRAS (490-481 A. C.)

[A los atenienses] les hubiera valido más
sacrificar aún muchas veces a siete rapaces,
antes de pasar de ser firmes hoplitas a ser marinos.

PLATÓN, *Leyes*, 706C

Atenas tras la batalla de Maratón: la apuesta por el mar

La campaña de Milcíades en el Egeo

En tanto que flamante vencedor de los persas, el estratego Milcíades quedó rápidamente revestido de tal prestigio que, en lo sucesivo, sería conocido entre sus compatriotas como «el maratonómaco». El agradecido pueblo ateniense recompensó al general retratándole en la *Stoa Poikilè*, un pórtico situado en el mismo ágora de Atenas donde ya se habían representado episodios de la mitología helénica como la Amazonomaquia o la toma de Troya; y es que, después de la expulsión del ejército persa, la batalla de Maratón se hizo un hueco entre estas distinguidas gestas, de acuerdo con lo que nos transmite la literatura antigua:

> En efecto, a este famoso Milcíades, por haber liberado a Atenas y a toda la Grecia entera, se le concedió por todo honor el siguiente: cuando en el pórtico llamado Pecile se representó la batalla de Maratón, se pintó su imagen la primera en el grupo de los diez generales, en actitud de arengar a sus soldados y de comenzar la batalla.[1]

Aprovechando esta fama, el comandante quiso encabezar un contraataque contra los estados del Egeo, ya fuera como represalia por haber tomado parte en la Primera Guerra Médica del lado de las fuerzas de Darío o con la finalidad de establecer valiosas bases navales en algunas de las numerosas islas que salpican la masa de agua que separa Grecia de Anatolia. Solicitó a la *ekklesía* la totalidad de la armada ática —que Heródoto cifra en setenta trirremes—, junto con tropas y el dinero adecuado para llevar a cabo una iniciativa que, por extraño que parezca, no quiso revelar a los miembros de la asamblea: «Simplemente les aseguró que, si secundaban sus planes, los haría ricos, ya que pensaba conducirlos contra un país tan sumamente opulento que, del mismo, podrían llevarse con toda facilidad abundantes sumas de oro».[2]

Los persuasivos argumentos de Milcíades acabaron por convencer al pueblo de Atenas. El verdadero objetivo del «maratonómaco» no era otro que la isla de Paros, ubicada al oeste inmediato de Naxos y célebre por la pureza del mármol que de sus minas se extraía. El estado insular habría de pagar por el apoyo a la invasión del Gran Rey plasmado en la escasa contribución de un trirreme, pero que, al parecer de Milcíades, habría representado a la primera de las *póleis* de las Cícladas en iniciar las hostilidades contra la Hélade. No obstante, Heródoto no da crédito a esta hipotética versión del estratego y asegura que su campaña contra Paros estuvo fundamentada en rencillas personales con un individuo oriundo de la isla.[3] El hostil testimonio herodoteo es puesto en tela de juicio por el posterior de Nepote, para quien Milcíades «obligó a la mayor parte [de las islas] a volver a la obediencia, mientras que al resto las conquistó por la fuerza»[4] antes de dirigirse a Paros. De hecho, es este último relato el que más parece ajustarse a la realidad, dado que las islas del Egeo se habían posicionado del lado helénico cuando tuvo lugar la invasión de Jerjes en el 480 a. C.

En lo que sí coinciden ambos autores es en el fracaso en el que derivó el empeño por sojuzgar a la polis cicládica. Milcíades habría desembarcado en la isla, según Heródoto, para someter a asedio sus murallas y exigir a las autoridades parias la entrega de cien talentos de plata (el equivalente a aproximadamente dos mil seiscientos kilos, una cantidad abusiva y prácticamente imposible de satisfacer) antes de proceder al asalto y destrucción de la ciudad. Las exageradas demandas del comandante ateniense han llevado a la historiografía moderna a barajar la posibilidad de que su verdadero propósito al atacar la isla no radicara tanto en su sumisión y su incorporación a la «causa» griega como en una planificada conquista que desembocara en la toma del poder pario. Cabría destacar que Milcíades pertenecía a una vieja estirpe de *áristoi* y, como buena parte de la aristocracia ateniense, se mostraba claramente en contra de los principios democráticos. A esto debemos añadir la pérdida de las posesiones que Darío le asignó en el Quersoneso tracio y que le valieron una inestimable experiencia acerca de las tácticas de guerra persas. No resultaría descabellado, por tanto, que el estratego buscara un nuevo y potencialmente próspero territorio del que apoderarse, motivo este que habría propiciado el silencio de sus intenciones ante la *ekklesía*, un órgano que, naturalmente, habría puesto todas las trabas posibles a la implantación de una tiranía en las inmediaciones del Ática.[5]

Dejando de lado la verdadera finalidad de la campaña de Milcíades, los habitantes de Paros se negaron a atender sus exigencias y se aprestaron a preparar la defensa ante un eventual asedio. A tal fin se valieron de la oscuridad de la noche para doblar la altura de las murallas de su ciudad en aquellos sectores donde parecía más franqueable. A partir de este punto, los testimonios de Heródoto y Cornelio Nepote difieren de nuevo, pues el halicarnasio dota al fracaso de la campaña de un matiz místico: con el ánimo de resquebrajar la moral de los defensores y acelerar la rendición de la plaza, Milcíades habría tratado de expoliar o profanar el santuario de Deméter y Perséfone, situado extramuros de la ciudad, cuando repentinamente «un escalofrío de terror le sacudió el cuerpo».[6] Aterrorizado, el estratego se apresuró a salir del recinto sagrado, pero tropezó al saltar un muro y se lesionó gravemente al golpearse la rodilla. Debido a su mal estado de salud derivado del impacto, las tropas de Milcíades embarcaron de regreso a Atenas tras veintiséis días de asedio estéril, sin conseguir ni las riquezas que el «maratonómaco» prometió a la asamblea ciudadana ni apoderarse de la isla para gobernarla de manera tiránica, fuera cual fuese el objetivo.

Basándonos en la versión de Nepote, en el momento en el que los parios estaban a punto de darse por vencidos y entregar la ciudad a Milcíades se produjo un incendio en «un bosque que se divisaba desde la isla». Los de Paros creyeron que se trataba de una flota persa que había acudido en su auxilio y redoblaron los esfuerzos defensivos. La misma idea caló entre las fuerzas atacantes del líder ateniense, quien, «temeroso de que de un momento a otro apareciera la flota real, hizo quemar las obras del cerco que había construido, y con el mismo número de naves con las que había partido regresó a Atenas».[7] La historiografía moderna discute aún cuál fue la intención original de Milcíades a la hora de proceder a su expedición: un mero ajuste de cuentas contra las ciudades filopersas (aunque hubieran actuado forzosamente) sin obtener con ello provecho alguno para Atenas sería difícilmente comprensible. En cambio, el mutismo del estratego en su intervención ante la *ekklesía*, así como el alineamiento que las islas del Egeo practicaron con la defensa de la libertad de la Hélade cuando comenzó la segunda conflagración contra el Imperio persa, parecen abonar la teoría que dibuja al vencedor de Maratón buscando un beneficio, ya fuera militar o político, para sí mismo o por la gloria de Atenas. Si bien esta hipótesis parece decantar la balanza de la duda, es reseñable que, durante la invasión de Jerjes, las Cícladas y el resto de estados insulares apenas sufrieron las calamidades de la guerra; un matiz que levanta las sospechas de algunos investigadores.[8]

Tanto el historiador halicarnasio como el latino convergen en lo que aconteció tras el fiasco que supuso la campaña de Paros. De vuelta en Atenas, Milcíades fue llamado y sometido a un juicio en cuya acusación se destacó Jantipo, padre de Pericles y perteneciente a la familia de los Alcmeónidas, enemistada, a la sazón, con el linaje al que pertenecía el comandante, para quien pedía la pena capital. Dice Heródoto que sobre Milcíades pesaba la imputación de «haber engañado a los atenienses»,[9] al tiempo que Nepote asegura que «fue acusado de traición, ya que, pudiendo haberse hecho con la isla de Paros, había abandonado, sin terminarla, la empresa por soborno del rey [de Persia]».[10] Aparentemente, si bien el militar acudió a su juicio, la herida de su rodilla —de la que nos habla el halicarnasio— habría provocado una gangrena en su muslo que no le permitió defenderse personalmente. Aquellos partidarios que intercedieron a su favor hicieron constantes alusiones a su comportamiento en Maratón y a su posterior expedición a través del Egeo, alegatos que sirvieron para que el tribunal no sentenciara a muerte a Milcíades y se ciñera a imponerle una multa de cincuenta talentos que debieron ser abonados por su hijo Cimón debido al fallecimiento del reo. Su muerte es otra de las cuestiones sobre las que los autores de la Antigüedad no se ponen de acuerdo, pues, si Heródoto la atribuye a la infección resultante de la gangrena, eruditos posteriores como Diodoro de Sicilia y Plutarco esgrimen una versión diferente, según la cual Milcíades habría pasado los últimos días de su vida en prisión a causa del impago de la pena pecuniaria y que su vástago, como heredero, fue también encarcelado antes de asumir la deuda y de poder dar sepultura al cadáver de su padre.[11]

Independientemente del relato en torno a su muerte, tras la condena y posterior desaparición del vencedor de los persas subyace el temor del pueblo ateniense a sus propios líderes. La democracia era aún un régimen joven y amenazado, y un hombre con una fama desmedida podía despertar los fantasmas de las tiranías pretéritas. Por ello, el tribunal no pretendió asesinar al militar y político al que Atenas debía su libertad y prefirió dictar una abusiva sanción para cercenar su poder económico. En adelante, los áticos tendrían que poner cortapisas a la notoriedad de sus políticos y militares para salvaguardar su sistema de gobierno.

El ostracismo. Rivalidad entre Temístocles y Arístides

Precisamente con la finalidad de asegurar que ningún individuo prominente se apoderaría de los resortes del poder se instituyó, bajo el gobierno de Clístenes, una curiosa e insólita fórmula que podía terminar de un plumazo con el riesgo de un golpe de Estado o con la instauración pacífica de una tiranía. El ostracismo (*ostrakismós*), como hemos tenido ocasión de comprender en el capítulo dedicado al estado ateniense (véase cap. 2), era un sistema por el que el pueblo de Atenas, reunido en asamblea de manera anual, contaba con la posibilidad de votar el destierro de uno de sus compatriotas y forzarle a un exilio de diez años. Los primeros testimonios referentes a una condena al ostracismo datan del 487 a. C., poco después de la Primera Guerra Médica, cuando un individuo de nombre Hiparco que pertenecía a la familia Pisistrátida (una sorprendente coincidencia) fue expulsado de la polis. En la década posterior a Maratón, los veredictos se sucedieron: Megacles, líder de los «sacrílegos» Alcmeónidas, hubo de poner tierra de por medio en el año 486 a. C. El mismo destino sufrió dos años después Jantipo, de la misma estirpe, quien intentó eliminar a Milcíades tras el ya comentado fracaso de Paros. Pero, quizá, la deliberación más trascendental que el pueblo de Atenas tuvo que encarar fue la que enfrentó a Temístocles, que había desempeñado el arcontado en el 493 a. C., con Arístides, otro de los héroes de la batalla de Maratón al coordinar, junto a Milcíades, el centro de la formación griega.

Aunque afirma Plutarco que la rivalidad entre estos dos prohombres atenienses surgió cuando, en su adolescencia, «ambos estaban enamorados del joven Estesíleo, procedente de Ceos»,[12] lo cierto es que el recíproco sentimiento que se profesaban alcanzó su cénit poco después de la muerte de Milcíades. En el año 483 a. C.,[13] en las minas de plata del Laurión, situadas en el extremo norte del Ática y explotadas desde época pisistrátida, salió a la luz una abundante veta que permitió, solo en ese año, la extracción de más de dos toneladas del preciado metal.[14] Los atenienses hubieron de discutir el uso que darían a una riqueza tan ingente: mientras Arístides abogaba por su reparto entre los ciudadanos de la polis, Temístocles presentó un ambicioso plan para hacer de Atenas una potencia marítima utilizando la plata en la construcción de una armada que, unida a los barcos con los que ya contaba, alcanzase los doscientos trirremes. Su propuesta le había granjeado súbitamente el apoyo de las clases menos favorecidas de la ciudad, los *thetes*, cuyo servicio en la nueva flota se volvería necesario como remeros de los buques de guerra. Arístides, lógicamente, se convirtió en aglutinador del sentimiento del sector conservador y de las clases nobiliarias atenienses que le otorgaron el sobrenombre de «el justo». Como era de esperar, las tensiones entre ambos personajes se recrudecieron y desencadenaron, en el año 482 a. C., una sesión de la Asamblea en la que los ciudadanos debieron elegir a cuál de los dos rivales desterrar y, en consecuencia, decidir el rumbo político y militar que tomaría Atenas en los años venideros. Temístocles articuló un férreo discurso ante la *ekklesía*, haciendo hincapié en la necesidad de protegerse de Egina, la sempiterna rival con la que Atenas había reanudado las hostilidades pocos años después de la batalla de Maratón:

> Solo él [Temístocles] se atrevió a presentarse ante el pueblo para decir que debían renunciar al reparto y construir con ese dinero trirremes para la guerra contra los eginetas. Pues esta descollaba (entonces) en Grecia y los isleños, con su gran flota, eran dueños del mar. Así Temístocles los convenció con más facilidad, ya que no esgrimía el nombre de Darío o los persas [...], sino que para preparar la flota aprovechaba oportunamente el odio y la rivalidad de los ciudadanos contra los eginetas.[15]

Ciertamente, el político evitó hablar del Imperio aqueménida —al que Atenas había vencido pocos años antes— por no suponer una amenaza suficientemente intimidante; sin embargo, la mención a la escuadra egineta resultó todo un acierto, dado el ataque encabezado por estos últimos contra el Ática que devastó parte del nuevo puerto de El Pireo. Tal y como describe Plutarco, el proyecto de la gran flota fue aprobado y Arístides no tuvo más remedio que marchar al exilio. El mismo autor nos cuenta una interesante anécdota relativa a la votación, en la que destaca el escaso interés del pueblo ateniense en lo que a estas luchas nobiliarias se refiere:

> En el momento en el que se estaban escribiendo los *óstraka* se cuenta que un analfabeto y totalmente rústico, tras entregar su *óstrakon* a Arístides, que era uno de los que estaban por allí, le pidió que escribiera el nombre de Arístides. Al asombrarse este y preguntar si Arístides le había causado algún daño: «En absoluto», respondió, «ni conozco a ese hombre, pero me molesta oírle llamar por todas partes el Justo». Y que habiendo oído esto Arístides nada respondió, sino que

> escribió su nombre en el *óstrakon* y se lo devolvió. Al abandonar la ciudad, elevó las manos al cielo e hizo un ruego, según parece, contrario al de Aquiles, que ninguna situación les sobreviniera a los atenienses que obligara al pueblo a acordarse de Arístides.[16]

Está claro que este episodio no es más que una fábula que Plutarco quiso incluir en su relato para mostrar las diferencias sociales de la polis democrática y, acaso, lo ridículo que podía llegar a ser un sistema en el que el voluble pueblo podría no ser consciente de lo que votaba. Es más, las investigaciones más recientes parecen apuntar a un posible intento de fraude por parte de la facción partidaria de Arístides: en una excavación sobre el antiguo barrio ceramista de la ciudad se ha encontrado un lote de óstracas con el nombre de Temístocles escrito por unas pocas manos, lo que indicaría su fabricación para ser distribuidos entre los votantes.[17] Por qué finalmente no se utilizaron es una incógnita de la Historia. En cualquier caso, Temístocles se convirtió en el artífice del poderío naval ateniense y en uno de los políticos más importantes de la Atenas del siglo v a. C. Sus medidas, encaminadas a reforzar la armada en detrimento de la fuerza del ejército, no se pusieron en práctica durante la guerra que la ciudad-estado ática mantenía con Egina, mas resultarían cruciales en el transcurso de la invasión de Jerjes, como tendremos ocasión de analizar.

Últimos años de Darío I y ascenso al trono de Jerjes

Darío después de Maratón

Puede que la derrota del ejército persa en Maratón no supusiera más que un leve contratiempo sin importancia en el contexto de una campaña, por lo general, satisfactoria, pero consiguió herir el orgullo del rey Darío. Nada más conocer el desenlace de la batalla junto a la orilla ática y el reembarque de sus fuerzas de vuelta a casa, el soberano se preparó para lanzar una nueva invasión del territorio griego, en la que, en esta ocasión, sus huestes serían dirigidas por él mismo. Con este objetivo transcurrieron los tres años posteriores al final de la primera guerra greco-persa, durante los que el aqueménida reclutó nuevas levas procedentes de todas sus satrapías y elevó los impuestos de sus estados vasallos. El séptimo libro (de acuerdo con la división actual) de las *Historias* comienza con Heródoto haciéndose eco de los preliminares de una nueva conflagración:

> Sin pérdida de tiempo, pues, [Darío] despachó emisarios por las distintas ciudades, con la orden de que preparasen tropas —exigiendo a cada pueblo contingentes muy superiores a los que proporcionaban tiempo atrás—, así como naves de combate, caballos, víveres y navíos de transporte. Ante estas medidas de carácter general, Asia se vio convulsionada por espacio de tres años.[18]

El Rey de Reyes había escogido un buen momento para llevar a cabo su próxima expedición, pues conocía las hostilidades en las que se encontraban inmersas las *póleis* más importantes de la Hélade. No solo Atenas había reanudado su conflicto con la isla vecina de Egina, como acabamos de ver: los espartanos se resentían aún de un acusado hastío bélico resultante de la guerra que habían librado en la década anterior contra la vecina Argos, con la que mantenía una arraigada rivalidad en el Peloponeso desde la primera mitad del siglo VII a. C. Lacedemonios y argivos se habían medido en la batalla de Sepea del 494 a. C., en la que resultó vencedor el ejército de Cleómenes después de que los segundos dejaran sobre el terreno seis mil hoplitas.[19] Pese al triunfo de Esparta, la tensión entre sus autoridades y su sociedad ante un potencial ataque desde la Argólide debía de ser aún latente, máxime en un periodo en el que el liderazgo de la Liga del Peloponeso necesitaba ser consolidado. Así pues, los dos estados más poderosos de la Grecia continental atravesaban problemas externos que podían redundar en beneficio del Imperio persa en caso de conflicto. Darío guardaba, además, un as en la manga. Las dificultades en el seno de la clase gobernante espartiata durante el asunto de Egina habían provocado la deposición de Demarato, el compañero en el trono de Cleómenes (véase cap. 5). El Euripóntida fue consolado con una magistratura, pero, tras un incidente en el que el nuevo diarca Leotíquidas le humilló públicamente, abandonó Esparta y se refugió en la corte persa, donde el Gran Rey le recibió con los brazos abiertos antes de recompensarle con la entrega de ciertos territorios. Demarato se convertiría, en lo sucesivo, en uno de los más valiosos asesores del rey aqueménida y, de hecho, acompañó a Jerjes en los comienzos de la Segunda Guerra Médica.

No eran los únicos apuros que atravesaba la polis lacedemonia. El testimonio de Platón alude a un levantamiento de los hilotas de Mesenia que solo encontramos en su obra y que habría constituido la verdadera razón por la que los lacedemonios no se presentaron en la llanura de Maratón para hacer frente al ejército de Artafernes junto a las fuerzas atenienses y plateenses.[20] De ser cierto el relato del filósofo, en el caso de que en el año 490 a. C. Esparta se encontrara envuelta en el aplastamiento de una sublevación de esclavos, es muy probable que esta no se hubiera sofocado hasta pasados varios años, y, si añadimos a este inconveniente la recuperación de soldadesca y el miedo a un ataque de Argos tras el conflicto apenas aludido, el resultado es una Lacedemonia con varios frentes abiertos que invitaba a ser atacada.

Rebelión en Egipto. Muerte de Darío

Los primeros planes de invasión del territorio helénico no debieron de gozar de una gran importancia para Darío, dado que, a diferencia de la campaña contra los pueblos escitas de la primera década del siglo, no asumió el mando de su ejército. La permanencia en la corte permitió al rey ocuparse de los asuntos internos de su dominio. Pese al hipotético buen gobierno de los monarcas persas hacia sus vasallos y satrapías, el imperio adoleció de diversas rebeliones en la década que separó las dos guerras médicas. La más importante, quizá, fue la acontecida en Egipto en el 486 a. C., para la que la historiografía otorga dos causas fundamentales: el aumento de los impuestos sobre las provincias imperiales de cara a una cercana invasión de Grecia y los preparativos de Darío para dicha campaña, que habrían sido aprovechados por los insurgentes para alzarse en armas. Cabe la posibilidad, a decir verdad, de que las propias autoridades puestas a cargo de la satrapía egipcia se encontraran detrás del conato de rebelión.[21] De cualquier modo, Egipto acaparó repentinamente la atención de Darío, quien hubo de partir de inmediato al frente de un ejército para sofocar la revuelta. A tenor de las exigencias de las leyes persas, el monarca tuvo que designar un heredero válido para el trono. Su hijo mayor Artobázanes reclamó para sí la futura corona, en tanto que primer hijo de la primera esposa del monarca y «porque era una costumbre admitida por todo el mundo que el primogénito llegara a ejercer el poder».[22] Por su parte, Jerjes argumentaba «ser hijo de Atosa, la hija de Ciro, y que este último era quien había conseguido hacer libres a los persas». Sobre esta disputa, refiere Heródoto que Demarato, el exdiarca euripóntida, ejerció su influencia para propiciar el ascenso al trono de Jerjes:

> [Demarato] se fue a ver a Jerjes y le recomendó que, además de las razones que esgrimía, alegara que él había nacido cuando Darío ya ocupaba el trono y ejercía en Persia la máxima autoridad, en tanto que Artobázanes había venido al mundo cuando Darío todavía era un simple ciudadano; por tanto, no era ni lógico ni justo que otra persona, que no fuera él, ejerciera la dignidad suprema, puesto que, en la propia Esparta, [...] esa era, al menos, la norma vigente: si el monarca tiene hijos habidos antes de su ascensión al trono y, una vez entronizado, tiene un nuevo hijo, recae en este último la sucesión al trono.[23]

Antes de liderar a sus fuerzas contra los rebeldes, Darío cayó muerto como consecuencia de una enfermedad y el trono aqueménida volvió, así, a ser ocupado por la estirpe de Ciro el Grande. Jerjes accedió al gobierno persa en octubre del año 486 a. C., cuando contaba con treinta y seis años de edad. Ningún miembro de la familia aqueménida de Darío y su primera esposa objetó la elección del nuevo Rey de Reyes, tal era el prestigio que le proporcionaba la pertenencia al linaje del fundador del imperio.

Jerjes probó su aptitud para la guerra muy pronto. Tras la muerte de su padre, recibió el liderazgo de las huestes preparadas para penetrar en Egipto y sometió la rebelión en el plazo de dos años, aplicando después una durísima represión para asegurarse la lealtad de la satrapía africana. Escogió para el cargo de sátrapa a su hermano Aquemenes, un hecho que da credibilidad a aquellos estudiosos que atribuyen al anterior gobernador el estallido de la sublevación. En el mismo año, el 484 a. C., abolió el reino de Babilonia como entidad política y sustrajo a sus ciudadanos de la estatua del dios Marduk, cuyas manos los reyes debían tocar el primer día de cada año como parte de un ritual religioso. Jerjes asesinó en el proceso a los sacerdotes que intentaron impedir el sacrilegio, lo cual desató desórdenes que, nuevamente, fueron aplacados por el inflexible monarca. En consecuencia, el título de «rey de Babilonia» desapareció de la denominación real durante su mandato. Los babilonios volverían a levantarse en armas en el 482 a. C. para ser de nuevo derrotados.

Jerjes en el trono. Preparativos para una nueva invasión

Las expediciones a Egipto y Babilonia agotaron a las tropas que Darío había preparado durante tres años para invadir Grecia. Reemplazar las bajas causadas y preparar un nuevo y numeroso contingente para la campaña contra Grecia llevaría a Jerjes cuatro años más. En el año 481 a. C., antes de poner en marcha a su ejército, el Rey de Reyes afrontó dos colosales obras de ingeniería que facilitarían su penetración en territorio griego. Por una parte, excavó un canal en el istmo que unía el monte Athos con el resto de la península Calcídica, con el objeto de no repetir la tragedia que se abatió sobre las naves de Darío cuando intentaron circunnavegar el peñón. Heródoto atribuye la construcción al carácter megalómano de Jerjes (que se convertirá, con el tiempo, en un *tópos* de la historiografía antigua) argumentando que «los persas podían haber arrastrado sus naves a través del istmo sin ningún esfuerzo»,[24] pero lo cierto es que emprender una operación como la que el halicarnasio sugiere habría retrasado enormemente los planes de guerra, habida cuenta de los numerosos efectivos con que contaba el rey para esta empresa. Cuando el conducto estuvo terminado, las fuerzas de Jerjes se reunieron en la ciudad de Sardes, para, unidas, esperar el momento preciso para ponerse en dirección a Europa.

El segundo gran proyecto de Jerjes consistió en la construcción de dos puentes sobre el Helesponto, a través de los cuales su teóricamente incontable ejército cruzaría de un continente a otro. De acuerdo con el relato herodoteo, «los fenicios tendieron uno con cables de esparto, y los egipcios el otro con cables de papiro».[25] Pero, como ya ocurriera con la flota de Darío en el promontorio del Athos, una tormenta cayó sobre el montaje justo antes de que las tropas se dispusieran a cruzarlo y destruyó los buques que servían de anclaje a las pasarelas. Acerca de la reacción de Jerjes al conocer la noticia, Heródoto nos ofrece un peculiar y desconcertante episodio de indignación real:

> Jerjes montó en cólera y mandó que propinasen al Helesponto trescientos latigazos y que arrojaran al agua un par de grilletes. Y también he oído decir que, de paso, envió, asimismo, a unos verdugos para que estigmatizaran al Helesponto. Sea como fuere, lo cierto es que ordenó a sus hombres que, al azotarlo, profiriesen estas bárbaras e insensatas palabras: «¡Maldita corriente! Nuestro amo te inflige este castigo porque, pese a no haber sufrido agravio alguno por su parte, lo has agraviado. A fe que, tanto si quieres como si no, el rey Jerjes pasará sobre ti. Con toda razón ningún hombre ofrece sacrificios en tu honor, pues eres simplemente un río turbio y salado».[26]

La anécdota, como muchas otras, no parece histórica y obedece al deseo de Heródoto de presentar a Jerjes como un soberano absurdamente endiosado y falso detentador de poder sobre los elementos. También como un gobernante despiadado, pues describe cómo, después del desastre de los puentes, dispuso la decapitación de los responsables de su edificación. El Gran Rey no se dio por vencido y ordenó reintentar la construcción de una pasarela que uniese los dos continentes: según la crónica expuesta en las *Historias*, se dispuso una doble línea de trirremes y pentecónteros (barcos ligeros de cincuenta remos) a lo largo del estrecho y, en esta ocasión, fueron sujetos con anclajes de gran tamaño para evitar una nueva catástrofe. Luego de asegurar la fijación de los navíos, se tendieron cables entre las dos hileras sobre las que, por último, se colocó el pasillo de madera y pequeños muros a cada lado para que los animales de carga y los caballos no se asustaran al ver el mar mientras lo cruzaban.

Cuando las obras finalizaron, el ejército que se encontraba acantonado en Sardes recibió la orden de marchar hacia Abido, ciudad de la parte asiática del Helesponto desde la que, supuestamente, cruzarían el paso marítimo. Parece ser que en el curso de la marcha se produjo un eclipse total de sol que preocupó al monarca persa; no tanto a sus magos, quienes atribuyeron al fenómeno el significado de que «el dios predecía el eclipse de las ciudades griegas, aduciendo que el sol era un símbolo profético para los griegos, mientras que para los persas lo era la luna».[27] Como si de la legendaria guerra de Troya se tratase, Heródoto intenta aquí involucrar a las divinidades propias de los beligerantes: Apolo, como dios relacionado con las profecías y los oráculos; y Mah, personificación de la luna adoptada por el Imperio persa a través de su conquista de Babilonia. La datación del suceso, no obstante, puede ser errónea, puesto que la astronomía moderna no ha determinado ningún eclipse solar visible desde la península de Anatolia en esa época exacta. Es probable que el incidente tuviera lugar el 17 de febrero del 478 a. C., fecha a la que sí se asocia un eclipse visible desde Sardes, y que la población persa lo relacionara con el paso de las tropas hacia Grecia, dando lugar a una tradición que llegó a oídos de Heródoto décadas después.[28]

Después de arengar a sus tropas y de ofrecer las pertinentes libaciones (Heródoto deja abierta la posibilidad de que ofreciera una plegaria al Helesponto como forma de resarcir el castigo que se le infligió cuando destruyó los puentes), Jerjes se dispuso a cruzar el estrecho, para lo cual necesitó «siete días y siete noches, sin un solo instante de respiro».[29] Según el historiador, diez mil «inmortales» persas, la infantería de élite del ejército aqueménida, «con coronas en la cabeza»,[30] encabezaron la marcha hacia Europa, seguidos de una marabunta de soldados procedentes de todas las naciones del imperio. Fue necesario todo un día solo para el paso de estos dos cuerpos. A la jornada siguiente le llegó el turno a un millar de jinetes y a otro de lanceros persas. Aunque, a partir de este punto, no conocemos el tiempo que tomó el paso del resto de efectivos persas, conocemos el orden de su tránsito a través del puente gracias a los escritos de Heródoto: luego de los jinetes y los lanceros habrían cruzado mil caballos sagrados y un carro dedicado a Ahura Mazda que habría precedido al propio Rey de Reyes. Tras Jerjes, mil jinetes y mil lanceros más, dejando a una segunda mezcolanza de soldados reclutados en todos los estados avasallados el cierre de este multitudinario desfile.

Una vez que el ejército de Jerjes puso pie en el Quersoneso tracio, cruzó el istmo que lo separa del continente europeo y llegó a la localidad de Dorisco, en la desembocadura del río Hebro; un territorio que, en tanto que tracio, pertenecía a los dominios del soberano aqueménida. Mientras la flota persa acudía a la playa más cercana para reunirse con ellos, «Jerjes ordenó que se procediera al recuento de sus fuerzas».[31]

Tamaño del ejército de Jerjes

Llegados a este momento, no sorprendería que Heródoto proporcionase unas cifras intencionadamente desmesuradas, fiel a la costumbre de la historiografía antigua de exagerar el peligro que representaba el invasor persa para la soberanía de las *póleis* griegas. Para esta ocasión, en la que la «causa» griega se jugaba la independencia de su cultura, el autor trató de ensalzar el carácter heroico de los hoplitas que finalmente expulsaron al persa, por lo que los números ofrecidos son completamente inverosímiles.

Siguiendo su relato, la infantería estaría integrada por batallones de cuarenta y siete grupos étnicos originarios de los confines del imperio: desde la Tracia europea al oeste a las tierras más allá del Indo en el este y desde los pueblos escitas de las praderas ucranianas hasta los pobladores etíopes y árabes. Heródoto, además, realiza una minuciosa e interesante descripción de los guerreros de cada uno de estos pueblos, a los que habría que sumar los diez mil «inmortales», las tropas selectas de entre los innumerables regimientos de Jerjes: «Si uno de ellos causaba baja por muerte o por enfermedad y hacía menguar su número, era elegido un sustituto, con lo que la cifra de diez mil nunca se veía rebasada o disminuida».[32] En total, las fuerzas de infantería alcanzarían la gigantesca cifra de un millón setecientos mil soldados. Además, Jerjes reclutaría en Europa otros trescientos mil soldados procedentes de los Balcanes. Para hacernos una idea de lo que el historiador intenta transmitir, cabría poner de relieve que la totalidad del ejército de una polis como Esparta o Atenas oscilaba, en ese momento, entre los ocho mil y los once mil hoplitas. En cuanto a la caballería, habría sido suministrada por nómadas sagartios y poblaciones de medos, indios, bactrios, libios, caspios y paricanios, sumando en conjunto ochenta mil jinetes. Las fuerzas a caballo fueron complementadas con veinte mil efectivos integrados en regimientos de camellería árabe y carros de guerra libios.

Los efectivos de la flota tampoco eran desdeñables. Comenta el halicarnasio que «el número de los trirremes ascendía a mil doscientos siete», facilitados por fenicios y sirios de Palestina, egipcios, chipriotas, cilicios, panfilios, licios, «dorios de Asia», carios, jonios, griegos de las islas del Egeo (aquellos conquistados tras la sublevación de Aristágoras), eolios y helespontios. Heródoto calcula que sobre cada nave al servicio del Gran Rey se daba cobijo a doscientos tripulantes oriundos del país de construcción de la embarcación en cuestión, dando como resultado doscientos cuarenta y un mil cuatrocientos marineros. A estos se sumarían «treinta guerreros persas, medos o sacas»[33] a bordo, añadiendo al cómputo total treinta y seis mil doscientos diez hombres más. La escuadra persa contaría asimismo con tres mil embarcaciones ligeras y pentecónteros, naves a las que el erudito atribuye una dotación «de unos ochenta hombres por navío», esto es, un cálculo de doscientos cuarenta mil marineros más que podrían desplegarse sobre un campo de batalla. Los pueblos de Tracia y aquellos griegos subyugados por el poder aqueménida aportarían, a su vez, «ciento veinte naves, por lo que las dotaciones de dichas naves suponían veinticuatro mil hombres». En definitiva, el ejército con el que Jerjes habría invadido el territorio griego estaría compuesto por dos millones seiscientos cuarenta y un mil seiscientos diez soldados, un número capaz de aterrorizar a cualquiera que osara hacerle frente. No satisfecho, Heródoto añade «la servidumbre que los acompañaba, las dotaciones de los cargueros destinados al transporte de víveres, así como de las demás embarcaciones que servían de apoyo naval al ejército», para los que ofrece una cantidad exactamente igual a la del ejército; aunque omite contar «el número exacto de mujeres encargadas de preparar la comida, de concubinas y de eunucos [...], el número de acémilas o de otras bestias de carga, así como el de perros indios que acompañaban al ejército».[34]

Naturalmente, un mero análisis logístico permite concluir que los datos aportados por Heródoto son del todo inaceptables. Toda la historiografía actual está de acuerdo en esta evaluación: el ejército de Jerjes no secaba los ríos a su paso, como pretende hacer creer el autor. Es más, movilizar semejante muchedumbre exigiría una capacidad de recursos, suministros y labores de intendencia rotundamente inasumibles para cualquier estado de la época; costaría creer, incluso, que los estados modernos fueran capaces de trasladar con tal facilidad cinco millones de personas. Sin embargo, las investigaciones que han intentado cuantificar el ejército persa en la Segunda Guerra Médica se han basado mayoritariamente en suposiciones y comparaciones, lo que ha desembocado en estimaciones que difieren considerablemente en función del estudio. En el enconado debate en que ha redundado el interés por definir la extensión de las fuerzas armadas persas, se ha establecido un cierto consenso que determina cifras que basculan entre los ochenta mil[35] y los trescientos mil combatientes,[36] una horquilla aún amplia. Quizá, teniendo en cuenta que los números más reducidos proceden del sector asiático de los estudios modernos, que algunas de las indagaciones más recientes apuntan al medio millón de guerreros, y que, en cualquier caso, Jerjes habría movido los hilos políticos correspondientes para asegurarse una abrumadora mayoría aritmética tanto por tierra como por mar, lo más prudente sería imaginar un ejército aqueménida integrado por entre doscientos mil y trescientos mil hombres armados, sin que ello suponga, en ningún caso, la respuesta a una de las grandes deliberaciones de la historiografía.[37]

Lo mismo ocurre con el informe que Heródoto presenta para la flota persa: la cifra de mil doscientos siete navíos orientales pertenece a la tradición pseudomítica recogida por Esquilo en su tragedia *Los persas*, escrita en torno al año 472 a. C., y que resulta obvio que el halicarnasio tuvo en consideración en el momento de compilar datos para su obra, si bien el primero se centra aquí en la batalla de Salamina:

> Jerjes —también lo sé— disponía de naves, hasta un millar, que tenía a su mando directo y, además, doscientas siete naves ligeras. Esta es la proporción. ¿Te parece a ti que en eso estábamos en condiciones de inferioridad para el combate? [...][38]

Ahora bien, el propio fragmento del autor trágico está rodeado de incertidumbre en lo que a su traducción se refiere, pues no está claro si quiere cuantificar la flota persa en mil naves, siendo doscientas siete de ellas galeras ligeras; o en mil naves a las que habría que añadir las doscientas siete de menor calado. La historiografía, por su parte, muestra una mayor unanimidad a la hora de cifrar el número de barcos que configuraban la escuadra aqueménida: teniendo en consideración las pérdidas que sufrirá en la batalla del cabo Artemisio y que la flota griega en Salamina no debió de ser demasiado inferior a la enemiga, podemos estimar unas seiscientas o setecientas naves persas, aproximadamente la mitad de lo que afirman los autores antiguos.

Los estados medizantes

Al tiempo que dirigía su ejército hacia el interior de la Macedonia sometida, Jerjes recibió la noticia de aquellos regímenes griegos que habían aceptado proporcionar el agua y la tierra y, por tanto, ponerse del lado del aqueménida en el conflicto que estaba a punto de comenzar. Son los estados «medizantes», aquellos que imitaban las costumbres orientales, simpatizaban con el régimen imperial del Gran Rey o colaboraban de cualquier forma al éxito de sus campañas. Después de la Primera Guerra Médica, las actitudes medizantes fueron consideradas delito en varias de las *póleis* continentales griegas, y muchos de los prohombres de las ciudades-estado más significativas de la Hélade sufrieron las consecuencias de hipotéticas traiciones a sus patrias por su cercanía a las autoridades asiáticas.[39]

Bajo el medismo en el que podían incurrir los estados helénicos podían ocultarse varias razones. Algunos griegos simplemente contemplaban el dominio persa como una situación beneficiosa para sus intereses propios, al formar parte de una entidad política superior y con más recursos de los que podría controlar una pequeña polis. Otros gobiernos, como el macedonio, se vieron obligados a aceptar el liderazgo extranjero: recordemos cómo, en el contexto de la sublevación jonia, Macedonia consiguió liberarse del control de Darío, emancipación que derivó en la invasión del reino y en su conquista total. Más interesantes son los estados que decidieron alinearse con el intruso no por motivos de política interna, sino por geoestrategia exterior; partiendo de esta premisa, la enemistad existente entre algunas *póleis* griegas antes de la invasión de Jerjes motivó que una parte importante de la Hélade pasara a engrosar la lista de estados medizantes o se mantuviera en una estricta neutralidad. Así, el no alineamiento de algunas regiones de Grecia estuvo fundamentado en el perjuicio que podrían causar a sus estados enemigos.

Beocia

Beocia, situada al suroeste de la isla de Eubea y al noroeste del Ática, es una región de ineludible paso para el acceso a la península del Peloponeso desde el norte. Su posicionamiento resultaría crucial para la defensa del istmo de Corinto, pero, con la excepción de un par de *póleis* —Platea y Tespias—, Beocia decidió medizar. Aunque las razones no están del todo claras, sí es posible que estén vinculadas con una cierta animadversión de los beocios hacia el estado ateniense que se habría concretado en la tercera invasión del diarca Cleómenes al Ática, en la que contingentes beocios intervinieron a favor de los lacedemonios en la frontera meridional. El medismo beocio es un asunto de difícil estudio: Plutarco asegura que regimientos de la ciudad de Tebas participaron en las operaciones del bando favorable a la «causa» helénica:

> En realidad, [los tebanos] enviaron a Tempe quinientos hombres con Mnamía en calidad de estratego, y a las Termópilas cuantos solicitó Leónidas [...]. Y cuando el bárbaro se hizo con el control de los pasos, ocupó sus límites [...], los tebanos, en esas circunstancias, aceptaron las condiciones de paz apremiados por una necesidad inexorable. Dado que no disponían de mar y naves como los atenienses, ni residían como los espartiatas en la zona más recóndita de Grecia, [...], sucumbieron en su combate contra el monarca persa [...].[40]

A juzgar por el testimonio de Plutarco, Beocia no solo no medizó, sino que se alineó sin pensarlo en contra del ejército de Jerjes; y, de acuerdo con la investigación actual, parece que la actitud de las autoridades beocias con respecto al conflicto fue de vacilación, cuando no de equidistancia o, más bien, de cercanía al «bárbaro». Su respuesta ante la invasión se plasmó en malabares políticos que encubrieran su delicada posición estratégica y política. Tal vez estas maniobras constituyeran la razón por la que Plutarco —un beocio— nos informa de un grupo de quinientos hoplitas: una ciudad como Tebas podía desplegar fácilmente un bien pertrechado ejército de diez mil efectivos. La pequeña ayuda enviada a Tempe, si puede considerarse como tal, podría responder, pues, a ardides para salvar las apariencias, o lo que parece más plausible, estaría formada por individuos concienciados con la defensa de la autonomía de las ciudades griegas.

En el relato de Heródoto, aun así, se muestra claramente un medismo por parte de las ciudades de Beocia. A este respecto nos describe el banquete que uno de los oligarcas tebanos más claramente favorables a la victoria aqueménida, Atanagino de Tebas, ofreció a Mardonio, a la sazón comandante en jefe de las fuerzas persas que ya se hallaban en su territorio:

> Atanagino de Tebas, hijo de Frinón, realizó suntuosos preparativos e invitó a un banquete de hospitalidad al mismísimo Mardonio y a los cincuenta persas más importantes, que aceptaron la invitación (el festín tuvo lugar en Tebas).[41]

Claramente, en la sociedad de Beocia existían elementos filopersas ligados a los estratos nobiliarios que controlaban la ciudad de Tebas. Eso explicaría que las tropas a favor de la libertad de las ciudades-estado asediaran la misma localidad después de la batalla de Platea, en el 479 a. C., exigiendo la entrega de los individuos que facilitaron la penetración extranjera en suelo griego.

Tesalia

Al norte de Beocia se extiende Tesalia, una región de la que Heródoto comenta que «era antiguamente un lago; de hecho, es que está totalmente rodeada por montañas muy elevadas».[42] Los tesalios del siglo v a. C. estaban gobernados por la aristocrática familia de los Alévadas, procedente de la localidad de Larisa y que alegaba lazos dinásticos con el legendario Alevas, rey mítico de la misma región. No puede decirse que Tesalia constituyera un reino, pues los dinastas que la lideraban se intitulaban con la denominación de *tagos*, una suerte de magistratura suprema que imprimía poderes especialmente militares. El historiador halicarnasio hace alusión en su obra a un presunto medismo tesalio antes de la invasión de Jerjes:

> De Tesalia habían llegado unos emisarios, enviados por los Alévadas, que, poniendo en juego todo su empeño, apelaban al monarca [del Imperio persa] para que interviniese en Grecia (los citados Alévadas eran reyes de Tesalia).[43]

A pesar del testimonio herodoteo, en el que se designa a los gobernantes tesalios con el apelativo de «reyes», Tesalia no se regía de manera monárquica. De hecho, la familia dirigente tuvo que hacer frente a diversas facciones interesadas en la instauración de un modelo democrático en su patria. Fueron estos problemas políticos los que, aparentemente, llevaron a los Alévadas a ejecutar una jugada diplomática por la que, para asegurarse la perpetuidad de su dominio en la región, solicitaron la ayuda militar de Jerjes bajo el pretexto de que toda la ciudadanía tesalia se mostraría a favor de una injerencia extranjera. La realidad, sin embargo, es que el Gran Rey se vio obligado a apoderarse por la fuerza del territorio, toda vez que la mayoría de su población se mostró en contra de la concordancia con el persa. Heródoto vuelve a poner de manifiesto el carácter megalomaníaco y, quizá, algo sórdido del soberano persa en un nuevo alarde imaginativo:

> Los tesalios —cuentan que replicó Jerjes— son gente inteligente. [...] Es indudable que ocupan un país cuya conquista resulta fácil, cuestión de días: bastaría tan solo con lanzar el río contra su territorio, obligándolo mediante un dique a que abandonara el desfiladero —con lo que se vería desviado del cauce por el que en la actualidad discurre—, para que toda Tesalia, a excepción de sus montañas, quedara inundada.[44]

Fueran cuales fuesen las intenciones de Jerjes, los preocupados tesalios suplicaron el auxilio de las ciudades «libres» una vez que tomaron conciencia de que las tropas aqueménidas se encontraban ya en el horizonte de su territorio. Como veremos, un ejército griego fue enviado a las proximidades de Tempe para enfrentarse a las fuerzas invasoras, pero hubo de retirarse y Tesalia se convirtió en una de las primeras regiones que sucumbieron ante la maquinaria militar persa y que, por lo tanto, se vio obligada a medizar.

Argos

En la península del Peloponeso, la inveterada enemiga de Esparta, Argos, había sufrido, como hemos visto, una inaudita humillación en la batalla de Sepea del 494 a. C. La derrota alcanzó tales dimensiones (pues cayeron seis mil ciudadanos argivos) que la ciudad quedó prácticamente incapacitada durante una generación. De acuerdo con Heródoto, esta coyuntura fue aprovechada por los esclavos para proceder a un golpe de Estado:

> Argos quedó tan mermada de ciudadanos que sus esclavos se adueñaron por completo del gobierno, ejerciendo las magistraturas y ocu-

> pándose de la dirección de la ciudad, hasta que los hijos de los caídos se hicieron unos hombres. Estos, entonces, volvieron a recobrar el control de Argos y echaron de la ciudad a los esclavos [...].[45]

Las autoridades argivas utilizaron los problemas derivados de este *interregnum* como argumento para mantenerse en una estricta neutralidad durante la Segunda Guerra Médica, una actitud que, en verdad, encubría el evidente medismo de Argos: la ciudad fue capaz de prestar ayuda con mil hoplitas a la isla de Egina en la guerra que libró contra Atenas poco después de la Segunda Guerra Médica.[46] Resulta asimismo sospechoso que la urbe pudiera mantener su independencia durante el periodo en el que se prolongó este hipotético gobierno dirigido por esclavos, teniendo en cuenta que Esparta podría haber utilizado la situación para añadir un miembro más a la Liga del Peloponeso. En cualquier caso, el varapalo infligido por Cleómenes a la polis más importante de la Argólide sirvió para que otras poblaciones menores y sometidas por Argos pudieran adherirse a la «causa» griega. Así lo hicieron Micenas y Tirinto, dos modestas localidades de la misma región que aportaron pequeños grupos de guerreros en las batallas de las Termópilas y de Platea.

Otros estados medizantes. La expiación espartana

Beocia, Tesalia y Argos fueron probablemente las tres ausencias más destacadas en la lucha de los griegos contra el poder aqueménida, pero no fueron en absoluto las únicas. Otras *póleis* de menor calado también rehusaron participar en la defensa de la autonomía helénica, y, en muchos casos, lo hicieron a resultas de las rencillas que mantenían con otras ciudades. El mejor ejemplo es Egina, la pequeña isla adyacente al Ática que, debido al largo conflicto que arrastraba con Atenas, no dudó en entregar la tierra y el agua a las embajadas persas de Darío. Es preciso traer a colación que el medismo egineta sirvió a Atenas para solicitar auxilio militar a la Esparta de Cleómenes en la década precedente a la Primera Guerra Médica, produciéndose después el episodio de discrepancias entre los dos diarcas lacedemonios que la historiografía ha venido a denominar como *dichostasía*. Pese a su alineamiento inicial, la isla se atrevió a participar tímidamente del lado helénico en la conflagración que se iniciaría en el año 480 a. C., aportando tres trirremes a la escuadra griega durante la batalla de Salamina.

Entre otros estados, como los cicládicos, también adoptaron posiciones medizantes los miembros de la anfictionía délfica, una suerte de asociación de carácter religioso y político procedente de la Grecia central y que controlaba la administración del oráculo de Delfos:

> Entre quienes le habían entregado [a Jerjes] estos presentes [la tierra y el agua] figuraban los siguientes pueblos: los tesalios, los dólopes, los emanes, los perrebos, los locros, los magnesios, los melieos, los aqueos de Ftiótide, los tebanos, y el resto de los beocios, a excepción de los tespieos y los plateos.[47]

Curiosamente, Jerjes no se molestó en intentar pedir vasallaje a atenienses y espartanos, presumiblemente por el trato que ambas ciudades dispensaron a los embajadores enviados por Darío antes del estallido de la Primera Guerra Médica. Como quiera que el asesinato de heraldos extranjeros constituía una práctica contraria a loa usos y costumbres helénicos, los espartanos observaron un escaso favor de las divinidades en los sacrificios que realizaban en su vida sociopolítica. Por esta razón, la *Apélla* deliberó en torno a esta cuestión y determinó que el pecado cometido por Esparta debía ser expiado con la máxima celeridad. Se precisó, para ello, que la vida de los dignatarios persas que cayeron al pozo había de ser reparada con sendas vidas lacedemonias, por lo que dos ciudadanos «de noble familia y preeminente posición económica», Espertias y Bulis, se ofrecieron para presentarse en la corte de Jerjes y saldar la deuda ante los dioses. La polis los despachó hacia Asia, donde fueron recibidos por Hidarnes, noble persa que llegaría a asumir el mando de los diez mil «inmortales» en el marco de la invasión que aún no había tenido lugar. Después de negarse a arrodillarse ante el Rey de Reyes, los espartiatas expusieron los motivos de su visita a Susa: «Rey de los medos, los lacedemonios nos han enviado en lugar de los heraldos asesinados en Esparta, para expiar su muerte». Jerjes, entonces, optó por mostrarse piadaso con los enviados extranjeros:

> Jerjes, dando muestras de magnanimidad, les dijo que no iba a imitar a los lacedemonios; pues, si ellos habían conculcado las normas vigentes entre todos los humanos al acabar con unos heraldos, él no incurriría en el crimen que les imputaba, y no pensaba eximir a los lacedemonios de su delito haciendo que, en represalia, los mataran a ellos.[48]

Si consideramos veraz este relato, el comportamiento del monarca aqueménida contrastaría con la imagen que Heródoto le atribuye en otras anécdotas que recoge, como el fustigamiento del Helesponto o la sugerencia de anegar Tesalia. Con todo, en vista de que Esparta continuaría siendo supuestamente objeto del desacuerdo de los dioses, el autor limita el carácter misericordioso de Jerjes al perdón de la vida de los dos lacedemonios, dado que no permitió la redención de su ciudad. De cualquier forma, continúa el historiador, los malos presagios se desvanecieron de Esparta, si bien es cierto que se reavivarían décadas después, en el transcurso de la Guerra del Peloponeso, durante la segunda mitad del siglo. Espartanos y atenienses se erigirían, pues, en baluartes de la defensa de la Grecia «libre» ante la irrupción de Jerjes, una tarea que, de acuerdo con las fuentes, se mostraba prácticamente imposible de llevar a buen puerto por las abrumadoras diferencias numéricas entre los ejércitos que ambos contendientes podían poner sobre el tablero geoestratégico. Los griegos no medizantes debían coordinarse.

Preparativos griegos: la configuración de la «Liga Helénica» y su búsqueda de apoyos

Contrapuestas a los estados medizantes o que brindaban cualquier tipo de respaldo a los planes de Jerjes, las ciudades griegas dispuestas a defender su independencia ante un ataque extranjero tenían motivos para la preocupación: para poder enfrentarse a la amenaza representada por el numeroso ejército persa era necesaria la colaboración entre estas *póleis*. En el otoño del 481 a. C., probablemente por petición del ateniense Temístocles,[49] se convocó a «los griegos que abrigaban los mejores deseos para la Hélade»[50] a asistir a un congreso que tendría lugar en el templo de Posidón del istmo de Corinto (el geógrafo Pausanias, por algún motivo, traslada la celebración de este encuentro a Esparta).[51] Uno de los aspectos más significativos allí tratados fue el acuerdo de todos los estados participantes para aparcar sus diferencias y finalizar (o aplazar) todos los enfrentamientos que pudieran existir entre ellos, jurando permanecer en estricta asociación, al menos, hasta solucionar el problema que encarnaba el Imperio aqueménida. De este modo, ciudades como Atenas y Egina, rivales durante décadas, pasaron a ser inquebrantables aliadas en aras de la resistencia contra el invasor. Esparta, en razón de su poder y destreza militares, fue seleccionada cabeza de lo que la historiografía moderna ha denominado «Liga Helénica», esto es, líder de las fuerzas terrestres y navales que habrían de plantar cara al ejército persa, a pesar del ya renombrado poderío marítimo ateniense.[52] Además, siguiendo la crónica herodotea, la alianza griega no se dirigiría solamente contra los persas, sino también contra aquellos estados medizantes, a los que se trataría de imponer un escarmiento para mayor gloria de los dioses:

> Se juramentaron los griegos que entraron en guerra con el bárbaro, siendo los términos del juramento los siguientes: todos los pueblos griegos que, sin verse forzados a ello, se habían rendido al persa, deberían ofrecer al dios de Delfos, cuando la situación se hubiese restablecido favorablemente para los intereses de la Hélade, la décima parte de sus bienes. Estos eran, insisto, los términos del juramento que prestaron los griegos.[53]

Aclarados sus objetivos, el primer paso de la asociación radicó en enviar espías a Sardes, donde el ejército persa se había reunido antes de ponerse en marcha hacia Europa, para calibrar su tamaño. Pero la Liga Helénica comenzó su andadura con mal pie. Los infiltrados fueron descubiertos y sentenciados a muerte por las autoridades persas pertinentes; aun así, por fortuna para ellos, Jerjes intercedió en su favor. No fue este otro extraño episodio de magnanimidad del Gran Rey, más bien, intentó jugar la baza que se le presentaba: «Ordenó a sus guardias que girasen con ellos una visita, para que les mostrasen la totalidad de sus fuerzas terrestres, incluida la caballería, y que, cuando se sintiesen satisfechos de inspeccionar dichos efectivos, los dejasen marchar sanos y salvos al país que quisieran».[54] La reacción de Jerjes tenía como objetivo que los estados griegos, una vez tomaran conciencia de la formidable fuerza a la que planeaban enfrentarse, valoraran la posibilidad de someterse al imperio en lugar de ver sus contingentes aniquilados y sus ciudades destruidas.

Regresados los espías, la Liga Helénica, al tanto de la envergadura de las huestes persas, acordó despachar embajadas a algunas de las *póleis* griegas que mantenían la neutralidad o que habían medizado para procurarse un apoyo que resultaba a todas luces necesario. El primer destino de estos heraldos fue Argos, que, como sabemos, ya había esgrimido los problemas políticos que atravesaba tras su guerra contra Esparta para negarse a participar en una eventual defensa de la Hélade. Cuando los enviados de la coalición comparecieron ante su asamblea, los argivos exigieron asumir el mando de la mitad de las tropas de la alianza —puesto que Argos se consideraba heredera del legado mítico-legendario del rey Agamenón en tiempos de la guerra de Troya—, así como la firma de una tregua de treinta años con el estado espartano a fin de recuperarse de las secuelas de Sepea. Los diplomáticos lacedemonios que se encontraban en la misión respondieron de manera inteligente:

> Les contestaron diciendo que, en lo que a la tregua se refería, trasladarían la propuesta a sus conciudadanos, pero que, sobre el tema del mando, podían responder ateniéndose a las instrucciones que habían recibido. Y, en ese sentido, tenían que manifestar que ellos poseían dos monarcas, mientras que los argivos solo tenían uno; por consiguiente, no era posible privar del mando a ninguno de los dos reyes de Esparta; sin embargo, nada impedía que el monarca argivo tuviese la misma capacidad de decisión que sus dos reyes.[55]

En base a que, después de la *dichostasía* protagonizada por Cleómenes y Demarato, solo uno de los diarcas lacedemonios encabezaba el ejército mientras el otro permanecía en Esparta, la réplica de los dignatarios puede valorarse como un ejercicio de astucia que permitió a su polis concentrar el liderazgo de la Liga Helénica. Por supuesto, las autoridades argivas manifestaron su indignación y concluyeron que no permitirían tal arrogancia, «por lo que conminaron a los embajadores a que abandonasen el territorio argivo antes de la puesta de sol, ya que, en caso contrario, serían tratados como enemigos».

Una segunda embajada fue enviada a la polis de Siracusa, en el este de la isla de Sicilia. La ciudad estaba regida por en un régimen tiránico personificado en el poderoso Gelón, bajo cuyo mandato, de acuerdo con Heródoto, habría experimentado un vertiginoso progreso político y militar. Cuando los heraldos expusieron sus argumentos al tirano siracusano, este formuló una contraoferta. Ofrecería una enorme aportación a la «causa» griega, formada por «doscientos trirremes, veinte mil hoplitas, dos mil jinetes, dos mil arqueros, dos mil honderos y un contingente de caballería ligera de dos mil hombres; además [...] de suministrar trigo a todos los efectivos griegos hasta que haya concluido la guerra»;[56] todo un ejército, a condición de se revistiese al gobernante con el mando de todas las fuerzas helénicas.

Los espartanos, una vez más, se negaron en rotundo a ceder un ápice del liderazgo militar de la alianza. Gelón no desistió y ofreció a los embajadores lacedemonios una solución bipartita, según la cual ambos estados se repartirían la jefatura: si Esparta dirigía las tropas terrestres, Siracusa ostentaría el mando naval. Si, por el contrario, la armada griega era controlada por uno de los diarcas, sería Gelón quien desempeñara el generalato de las fuerzas de tierra. Fue entonces cuando le interrumpió otro de los emisarios, en este caso, el ateniense:

> Soberano de Siracusa, Grecia nos ha enviado a entrevistarnos contigo no porque necesite un general; lo que precisa son tropas. En cambio, tú insistes en que no vas a enviar soldados, si no capitaneas a la Hélade, ya que tu máximo deseo es ser general en jefe. Pues bien, mientras

> exigías estar al frente de todos los efectivos griegos, nosotros, los atenienses, nos limitamos a guardar silencio, pues sabíamos que el representante laconio iba a ser perfectamente capaz de defender a la vez los derechos de nuestros dos estados. Pero, dado que, al tener que renunciar al mando supremo, exiges el de la flota, tu pretensión plantea el siguiente problema: aunque el laconio te permita estar al frente de la misma, seremos nosotros quienes no lo toleraremos, pues has de saber que el mando de la flota nos corresponde a nosotros, si es que los lacedemonios no quieren ejercerlo personalmente. [...].[57]

Ante la negativa ateniense, Gelón despidió a la embajada reprochando la oportunidad que Grecia había perdido para su salvación, y el segundo intento de la Liga Helénica por conseguir aliados para la guerra contra Jerjes también resultó un fracaso. El tirano de la polis italiota, con todo, se encontraba preparándose para defender su territorio de un más que posible ataque cartaginés, potencia que había alcanzado una cierta hegemonía en el Mediterráneo occidental y que había fijado su punto de mira en la *Magna Graecia*. Esta pudo ser la razón que se escondía tras las elevadas exigencias planteadas durante su reunión con los embajadores de la coalición, una excusa perfecta para no dispersar unas tropas que debían permanecer en Sicilia.

Córcira, la actual Corfú, es una isla de considerable tamaño ubicada al oeste del subcontinente helénico, en el extremo meridional del mar Adriático, que, a su vez, separa el territorio griego de la península Itálica. Allí se dirigió la tercera embajada de la Liga Helénica, ya que el estado insular contaba con una flota digna de mención y que podría inclinar la balanza si se posicionaba junto a las *póleis* que defendían la «causa» de la libertad. En el 480 a. C., los corcireos se comprometieron a aportar sesenta naves de guerra a la escuadra conjunta griega, lo cual, con el permiso de Atenas, habría supuesto la flota más extensa de toda la coalición. Pero la armada que partió de la isla nunca llegó a reunirse con la de las *póleis* «libres». Dice Heródoto que los barcos corcireos hicieron escala en los cabos de Pilos y Ténaro, ambos en el territorio de los lacedemonios, con el fin de aguardar el tiempo suficiente para saber de qué lado se decidía el conflicto y actuar en consecuencia; y que cuando los griegos les pidieron explicaciones, los isleños se ampararon en la excusa del mal tiempo en el Egeo. La no comparecencia de los buques de Córcira permanece sin resolver: es probable que el argumento con el que se defendieron constituyera algo más que una simple justificación. Además, en función de las fuentes antiguas que utilicemos, es posible encontrar motivos para la adhesión o el rechazo al contingente griego. Por un lado, podemos atribuir unas hipotéticas buenas relaciones entre Córcira y Atenas a raíz del papel mediador que asumió Temístocles en un pleito que la isla mantenía con Corinto por razones desconocidas:

> [Temístocles] contaba con un favor que le había hecho a la ciudad. En efecto, una vez actuó como juez en una disputa de estos con los corintios y resolvió el litigio dictaminando que los corintios pagaran veinte talentos y que administraran juntos Léucade, colonia de ambos.[58]

Empero, Cornelio Nepote arroja luz sobre un supuesto conflicto armado que enfrentó a corcireos y atenienses a instancias, precisamente, de Temístocles:

> Su primer paso en la carrera política fue con motivo de la guerra de Córcira: el pueblo le eligió general y le puso al frente de la misma. Y no solo durante esta guerra, sino en el tiempo posterior hizo de Atenas una ciudad más belicosa.[59]

La versión proporcionada por el erudito latino es inconsistente y en ella parece apreciarse el error del autor al confundir Córcira con Egina, dos islas, por lo demás, bastante lejanas. A esta reflexión contribuye asimismo el relato de Tucídides, en el que describe a Temístocles siendo condenado al ostracismo después de la Segunda Guerra Médica y huyendo, precisamente, a Córcira, «de la que tenía el título de benefactor».[60] Así pues, no parecen existir motivos que indiquen hostilidades hacia Atenas por parte del estado insular. No podemos tampoco aventurar una solución al dilema, pero el debate en torno a la pasividad de los trirremes corcireos e incluso a un hipotético medismo de sus autoridades necesita, al menos, que se otorgue el beneficio de la duda a aquellos a los que Heródoto tilda de oportunistas.

La última embajada helénica de la que nos habla el halicarnasio viajó hasta Creta, la gran isla en mitad del Mediterráneo oriental. En este caso, la negativa de las autoridades cretenses estuvo fundamentada en un oráculo délfico que desaconsejaba la participación de los soldados de la isla en el conflicto contra el persa. La liga no contaría con más socios, y solo los estados que asistieron al congreso en el istmo de Corinto, unas setenta ciudades-estado cuyo poder palidecía en comparación con el de Jerjes, encararían la invasión persa.

7

LA SEGUNDA GUERRA MÉDICA (I) GRECIA EN LLAMAS: LA OFENSIVA PERSA

¡Ven y cógelas!

Respuesta de Leónidas a la petición
de entregar las armas en las Termópilas.
PLUTARCO, *Moralia* 225C

Comienzo de las hostilidades. Fallida expedición de auxilio a Tesalia

En la primavera del año 480 a. C., representantes de la Liga Helénica se reunieron por segunda vez en el istmo de Corinto para deliberar en torno a las tácticas con las que se combatiría al ejército persa. El congreso, sin embargo, se vio pronto alterado por la aparición de una delegación despachada desde Tesalia, muy probablemente por orden de aquellos colectivos enemistados con la política de los Alévadas o por la facción democrática del estado. De acuerdo con Heródoto, los tesalios que se presentaron en el cónclave decían representar a aquella ciudadanía que no se sentía en absoluto a favor de la política medizante de sus líderes. Fueron estos dignatarios los que marcaron la estrategia a seguir para evitar la penetración de Jerjes en la Grecia central:

> Griegos, para que Tesalia, y la Hélade entera, esté a cubierto de la guerra, hay que custodiar el desfiladero del Olimpo. A este respecto, nosotros estamos dispuestos a hacerlo con vuestra ayuda, pero es menester que, por vuestra parte, enviéis un poderoso ejército.[1]

Los griegos, pues, debían avanzar hacia el norte para cortar el paso al ejército invasor. El lugar elegido fue el angosto valle del Tempe, que conectaba Macedonia con el norte de Grecia y por el que las tropas persas debían transitar obligatoriamente para acceder a Beocia. Así, diez mil hoplitas bajo el mando del polemarco lacedemonio Evéneto y del ateniense Temístocles fueron enviados al desfiladero a través de una ruta marítima. Aunque en las *Historias* solo se menciona la partida de contingentes espartanos y atenienses, es probable que estas no fueran las únicas *póleis* involucradas en esta expedición, pues Plutarco hace referencia a un pequeño regimiento tebano de quinientos infantes dirigido por un tal Mnamía (véase cap. 6).[2] Pese a su relato, cabe reseñar que el biógrafo utiliza como fuente al cronista Aristófanes de Beocia, erudito cuya obra fue elaborada al menos siglo y medio más tarde de la Segunda Guerra Médica (después de la hegemonía tebana sobre Grecia en el siglo IV a. C.), y que podría haber viciado el testimonio del de Queronea. La realidad, como podemos comprobar, ha sido distorsionada tanto por el relato herodoteo —que en ocasiones da muestras de cierta hostilidad hacia Tebas— como por el sesgado testimonio probeocio de este Aristófanes y de Plutarco.

Cuando las fuerzas de la coalición alcanzaron Tempe se unió a ellas un cuerpo de la célebre caballería de Tesalia, tal como prometieron sus delegados en el congreso. No obstante, el ejército conjunto debió abandonar su posición y reembarcar en sus naves de vuelta a Corinto pocos días después, luego de que el rey de Macedonia, Alejandro I, hijo de Amintas, enviara emisarios para advertir a los estrategos del colosal tamaño de las tropas persas y aconsejara a los defensores la retirada inmediata. Pero, para Heródoto, lo que realmente desanimó a los aliados helénicos fue la existencia de «otra vía más de acceso a Tesalia, [...] vía que fue, precisamente, la que utilizó el ejército de Jerjes».[3] Lo que este episodio pone de manifiesto, en verdad, es el modo ingenuo con el que los griegos afrontaron un conflicto que en nada se parecía a toda guerra que hubieran librado con anterioridad. El halicarnasio no hace alusión alguna a batallones de infantería desplegados por Tesalia, y todo apunta a que las fuerzas de la coalición habrían asumido que un ejército formado por dieciséis mil hombres sería suficiente para detener el avance aqueménida. Tales fuerzas podrían haber parecido descomunales para lo que un estratego griego estaba acostumbrado a dirigir, pero el estado mayor de la alianza debería haber tenido en cuenta que las fuerzas persas les superarían, como mínimo, en una ratio de cuatro a uno. Además, si bien el terreno parecía apto para la defensa, nada especificaba que los hombres de Jerjes fueran a lanzarse a un ataque frontal ni que la caballería persa rehusara utilizar las poco escarpadas montañas que rodeaban el valle del Tempe para flanquear las formaciones hoplíticas griegas y asegurar una verdadera masacre. Lo más conveniente, pues, consistía en una retirada ordenada de las fuerzas griegas y en un replanteamiento de la situación, dado que el balance entre ambos contendientes exigía adoptar enfoques en los que la superioridad numérica persa quedara lo más invalidada posible.[4]

En favor de la estrategia griega podemos concluir que, en este momento inicial de la guerra, la Liga Helénica parecía estar militarmente preparada para enfrentarse al Imperio persa. A fin de cuentas, pese a que el contingente desplegado en el valle del Tempe no representó más que un pequeño porcentaje de la totalidad de hombres armados que la coalición podía movilizar, es remarcable que la expedición al norte de Tesalia se emprendió con unos preparativos mínimos y en un espacio de tiempo realmente breve, en comparación con otras campañas militares griegas. La iniciativa probó asimismo la voluntad de los estados integrantes de la liga para desplazarse lejos de sus hogares: no es normal encontrar efectivos espartanos en la frontera norte de la lejana Tesalia, ni tan siquiera fuera del Peloponeso, al menos durante las primeras décadas del siglo V a. C. Por otra parte, este infructuoso primer movimiento contra el persa demostró una considerable capacidad naval de la alianza helénica. Transportar por mar diez mil hombres con sus respectivos bártulos requería de una respetable flota compuesta por, como mínimo, doscientos cincuenta trirremes con los que los griegos ya parecían contar. Mayor relevancia adquiere una reflexión sobre la decisión adoptada por el generalato coaligado en torno al tránsito por mar, en lugar de una travesía por tierra que habría resultado más cómoda desde el punto de vista logístico. ¿Qué fundamento se escondía tras la determinación de hacer uso de la armada? Desgraciadamente para los griegos confederados, la circunstancia parecía confirmar una presunta actitud medizante de Beocia, ya que su territorio, ubicado al norte del Ática, resulta de paso forzoso para el acceso desde el sur hacia Grecia central. Si el ejército formado por la coalición helénica se vio obligado a desplazarse por mar, el motivo podría residir en que las autoridades beocias no practicaron una posición de neutralidad o equidistante, sino de alianza con los persas; y en que habrían considerado enemigo al grupo espartano-ateniense que pretendía atravesar la región.

En el lado contrario, es poco lo que sabemos sobre el paso del ejército de Jerjes a través de Tesalia. Una vez que los griegos favorables a la «causa» abandonaron Tempe, dejaron escasas alternativas a los habitantes de la región, y, como señalaron en el segundo congreso del istmo de Corinto, los tesalios, bajo la familia Alévada, se sometieron al Gran Rey hasta el final del conflicto. De esta manera, la intrusión persa hasta Grecia central aparentó más un desfile militar que una verdadera invasión, sin batallas en su contra y con más problemas logísticos que marciales. La moral aqueménida debió de aumentar considerablemente después de constatar, por los habitantes de la zona, que un nutrido ejército helénico se había retirado de su posición sin atreverse a presentar batalla. A su vez, los líderes griegos de la alianza volvieron al istmo para celebrar una nueva reunión.

Una nueva estrategia

El camino a seguir: Termópilas y Artemisio

En el tercer congreso de la Liga Helénica del que tenemos noticias a través del testimonio de Heródoto se discutió de nuevo cómo lidiar con una invasión como la persa. En la decisión tomada pesaron las informaciones del rey macedonio Alejandro (que debía de actuar como una suerte de agente doble en este conflicto) y «los parajes idóneos» para entablar un combate más o menos seguro:

> Y la tesis que prevaleció fue la de custodiar el desfiladero de las Termópilas, pues, evidentemente, era más angosto que el que permite acceder a Tesalia, era, además, la única vía de penetración existente y se hallaba más cerca de sus bases. [...] Así pues, decidieron custodiar el citado desfiladero, para evitar que el bárbaro pudiera penetrar en Grecia, y que la flota pusiera proa al Artemisio, en territorio de Histiea, pues ambos parajes se encuentran próximos entre sí, hasta el extremo de que en cada uno puede conocerse lo que ocurre en el otro.[5]

La expresión herodotea con la que comienza el citado párrafo parece indicar que se propusieron otras alternativas en el transcurso de la reunión. Es posible, y razonable, que los aliados peloponesios hubiesen preferido preparar la defensa en el istmo de Corinto, vía de acceso a la península del sur de Grecia; si bien esto habría significado abandonar a su suerte el centro de Grecia (que ya contemplaba pocas esperanzas de mantener su independencia), Megáride y Ática, pérdida esta última que supondría un serio revés para los intereses helénicos. Adicionalmente, de cumplirse las peticiones peloponesias, los persas alcanzarían el territorio de Beocia —cuyas dudas en torno a su medismo se habían disipado por completo— y podrían aislar completamente los restos de la coalición griega para cercarlos por mar y por tierra.

Las posiciones de las Termópilas y el cabo Artemisio fueron claramente escogidas porque representaban la mejor oportunidad para orquestar una defensa suficientemente adecuada ante un enemigo cuyas proporciones, merced a los informes de Alejandro de Macedonia, comenzaban a ser conocidas. Ambas ubicaciones parecían estar estrechamente conectadas, de manera que, de ocurrir un desastre en uno de los dos frentes, un barco podría llevar la noticia al otro, siempre que los combates tuvieran lugar simultáneamente. A decir verdad, al igual que en el valle del Tempe, el cañón de las Termópilas (literalmente «puertas calientes», dada la existencia en el paraje de fuentes de sulfuro ardiente) podía ser rodeado por la caballería persa, pero los invasores no conocían, en principio, un camino para llevar a cabo tales maniobras, y las posibilidades griegas de defender el desfiladero eran superiores que las ofrecidas por los campos tesalios. La cercanía entre ambos puntos permitiría, pues, una acción conjunta entre el ejército y la flota, quedando el primero presumiblemente supeditado a la suerte corrida por la segunda: si el limitado contingente de tierra sufría una derrota, la armada podría continuar presentando batalla; si, por el contrario, era la flota la que resultaba vencida, la expedición a las Termópilas estaría condenada por quedar expuesta a ataques desde el norte, por tierra, y desde el este, por mar. Aun así, una derrota de las fuerzas terrestres pondría a la flota en un difícil compromiso, puesto que los persas tendrían el camino libre hacia el istmo de Corinto y, consecuentemente, hacia la península del Peloponeso.

Pese a la aparente prominencia marítima, hay motivos para pensar que la supremacía de las fuerzas helénicas recaía sobre el ejército de tierra y no sobre la armada: fueron los cuadros terrestres los que se pusieron bajo las órdenes de un rey espartano, y, según Heródoto, se decidió enviar a la flota a ocupar sus respectivas posiciones únicamente después de conocer que los hoplitas se habían situado en el desfiladero. En todo caso, la estrategia estaba definida. Un ejército partiría hacia el paso de las Termópilas, teórica ruta exclusiva desde Tesalia hacia el Peloponeso, al mismo tiempo que la escuadra helénica se mantendría en las inmediaciones de Artemisio para hacer frente a las naves persas y prevenir un eventual desembarco de tropas. En virtud de lo establecido en el primer congreso del istmo de Corinto, en el que se decidió el liderazgo espartano de las fuerzas armadas, el ejército quedaría a las órdenes del Agíada Leónidas I. La flota, entretanto, quedaría bajo la autoridad del navarco lacedemonio Euribíades.

La evacuación de Atenas

Las perspectivas no eran en absoluto halagüeñas para los estados griegos no medizantes. Una oleada de terror debió de atravesar la Hélade cuando se tuvo noticia del tamaño de las fuerzas persas que se aproximaban para esclavizar a los pueblos que consideraban insumisos y reducir sus ciudades a cenizas. Por ello, no sorprendió que muchas de las *póleis* que, en su día, se conjuraron contra el invasor se arrepintieran más tarde de la elección tomada y desearan haber ofrecido la tierra y el agua al Gran Rey, creyendo, especialmente tras el episodio de Tempe, que con ello podrían haber salvado sus hogares.

Aunque Heródoto traslada el acontecimiento a una fecha posterior a las batallas de las Termópilas y del cabo Artemisio, lo más factible es que fuera en este momento cuando se llevó a cabo la evacuación de la población de Atenas. Artemisio se encuentra a seis o siete días de navegación de la polis democrática, y una iniciativa del calibre de la propuesta por las autoridades áticas sería irrealizable en tan corto espacio de tiempo, dado que las naves aqueménidas habrían alcanzado la ciudad y reducido a la esclavitud, cuando no pasado a cuchillo, a sus habitantes. La guerra habría acabado para los atenienses.[6] Por lo tanto, es más adecuado adscribir a este instante la proclamación según la cual «cada ateniense debía poner a salvo a sus hijos y a sus familiares donde pudiera».[7] La *ekklesía* elaboró a tal efecto una resolución cuyo contenido conocemos gracias a una posible copia realizada en el siglo III a. C. y descubierta en Trecén en 1959, en lo que la historiografía posterior ha venido a denominar *Decreto de Trecén*:

> ¡Dioses!
>
> El consejo y el pueblo decidieron.
>
> Temístocles, hijo de Neocles, del demo de Freario, hizo la propuesta de confiar la ciudad a Atenea, señora de Atenas, y a todos los demás dioses, para que la guarden y la protejan de los bárbaros por el bien del país. Los atenienses y los extranjeros que viven en Atenas enviarán a Trecén a sus hijos y a sus mujeres para su seguridad, siendo su protector Piteo, héroe fundador del país. Los ancianos y sus bienes muebles serán enviados a Salamina para su seguridad. Los tesoreros y las sacerdotisas se quedarán en la Acrópolis para salvaguardar los bienes de los dioses.
>
> Todos los demás atenienses y extranjeros en edad militar embarcarán en las doscientas naves que están preparadas a tal efecto y combatirán contra los bárbaros por su libertad y por la de todos los griegos junto con los lacedemonios, los corintios, los eginetas, y todos los que están dispuestos a afrontar el peligro [...]. Cuando las naves estén

> definitivamente equipadas, hay que llevar, con cien de ellas, socorros a Artemisio, en Eubea, y las cien restantes deben permanecer ancladas en las inmediaciones de Salamina y vigilar el país [...].[8]

Pese a lo valioso del hallazgo, el documento epigráfico presenta ciertos problemas que hacen dudar a la historiografía sobre la autenticidad del decreto, ya que contradice los testimonios de los autores de la Antigüedad en torno a las tácticas empleadas por Atenas en su conflicto contra el persa. En el decreto se muestra aparentemente la orden de enviar cien naves a Artemisio, como si de una maniobra de distracción se tratara, para facilitar la evacuación. Además, contiene expresiones propias de periodos posteriores y anacronismos que no pertenecen a las primeras décadas del siglo V a. C., y, atendiendo a un sector de la historiografía, no habría motivo para negar la veracidad del relato de Heródoto sobre las batallas de Artemisio y Salamina. Por ende, la solución proporcionada por los escépticos estriba en considerar el *Decreto de Trecén* parte de una ambiciosa campaña propagandística ateniense de mediados del siglo IV a. C., en la que se evocaba la grandeza de su pasado, y en contemplar el relato herodoteo como fiel a los hechos acontecidos.[9] También cabe la posibilidad de que la pieza encontrada en 1959 reúna varias resoluciones promulgadas a lo largo de la historia clásica de Atenas. El debate, uno más de los que presenta el periodo de las guerras médicas, continúa activo, dado que, si la evacuación tuvo lugar realmente de manera simultánea a la vuelta de las naves desde Tempe, habría sido, quizá, pronto: Jerjes ni siquiera había cruzado aún el Helesponto.

Primeros enfrentamientos

Como prólogo a las grandes batallas de la Segunda Guerra Médica se produjeron algunas escaramuzas marítimas en las que estuvo involucrado un reducido número de efectivos. Mientras los zapadores persas preparaban el terreno para atravesar Tesalia, la flota de Jerjes descansaba en la localidad de Terme y, cuando las tropas se pusieron en marcha, la escuadra hizo lo propio y se echó a la mar. El primer encontronazo del que nos informa Heródoto tuvo lugar entre diez galeras persas y tres navíos de exploración de la Liga Helénica pertenecientes a los territorios de Trecén, Egina y Ática. Evidentemente, los desarmados buques griegos se dieron a la fuga en cuanto divisaron las velas enemigas, pero «los bárbaros se lanzaron en persecución del navío de Trecén [...] y no tardaron en atraparlo». Los persas, entonces, apresaron a su tripulación y eligieron de entre sus integrantes a aquel más apuesto para darle muerte, «considerando un feliz augurio que el primer griego que habían capturado fuese muy apuesto».[10]

La nave egineta, por su parte, ofreció cierta resistencia. Nos cuenta Heródoto que en la defensa se destacó un marinero de nombre «Píteas, hijo de Isquénoo», quien, aun quedando su nave en manos de los atacantes persas, intentó luchar incluso desde el agua. Ante tal acto de valentía, continúa el historiador, los aqueménidas «pusieron el máximo interés en salvarle la vida» y le curaron las heridas con bálsamos antisépticos, lo cual señalaría que el ejército de Jerjes contaba con un órgano sanitario o unas dotaciones médicas de las que la coalición helénica, hasta donde sabemos, carecía. El bravo soldado obtuvo un buen trato por parte de sus enemigos, pero el resto de la tripulación egineta fue esclavizado. Por lo que al barco ateniense respecta, logró escapar de la caza persa, pero encalló y fue finalmente capturado. Su tripulación, no obstante, consiguió escapar y volver sana y salva a Atenas.[11]

Finalizada esta pequeña reyerta, la flota de Jerjes continuó su periplo hasta fondear en la playa de Magnesia, en una bahía localizada en la Grecia continental, al norte de la gran isla de Eubea. Siendo la playa de insuficiente longitud, los trirremes asiáticos hubieron de anclar en filas de a ocho, de manera que la mayoría de las estructuras no quedaron en contacto con tierra firme. En este marco, quiso la caprichosa meteorología del Egeo que se abatiera, nuevamente, una furiosa tempestad sobre la costa. Los persas consiguieron salvar la mayoría de las embarcaciones llevándolas tierra adentro, pero aquellas naves que se encontraban en las últimas filas fueron arrastradas por el mar o sencillamente destruidas. Heródoto, para remarcar la magnitud de la flota aqueménida, vuelve a exagerar las pérdidas sufridas por los invasores:

> Según cuentan, en ese desastre resultaron destruidas, como mínimo, no menos de cuatrocientas naves, las bajas humanas fueron incalculables y se perdió una ingente cantidad de riquezas, hasta el extremo de que a un natural de Magnesia que poseía tierras en los aledaños del cabo Sepíade, a Aminocles, hijo de Cretines, ese naufragio le resultó sumamente provechoso, pues, cierto tiempo después, se hizo con una gran cantidad de copas, tanto de oro como de plata, que el oleaje arrastró hasta la costa.[12]

Según el halicarnasio, la tormenta se prolongó por espacio de tres días y alentó a la Liga Helénica para aprestarse a la batalla en Artemisio, creyendo que la flota enemiga había quedado seriamente mermada. Mientras tanto, Jerjes, al frente del ejército, atravesó la región de Tesalia y llegó hasta Málide, la zona en la que se situaba la garganta de las Termópilas. Allí ordenó que sus tropas acamparan en Traquis, al norte del desfiladero. Las tropas griegas, a su vez, cruzaron el istmo de Corinto y se establecieron en el mismo cañón.

La batalla de las Termópilas (480 a. C.)

La Segunda Guerra Médica nos ha legado uno de los acontecimientos más conocidos e importantes de la historia militar universal: la batalla de las Termópilas, sucedida en los primeros días de agosto del 480 a. C. y célebre en virtud de que, en ella, un reducido grupo de hoplitas griegos bajo el mando del diarca Leónidas I resistió corajudamente las sucesivas acometidas enemigas durante tres valiosos días.

Fuerzas en combate

Por lo general, las fuentes antiguas presentan datos exagerados para numerar el ejército de Jerjes con la intención de revestir a las fuerzas griegas de un mayor heroísmo. Precisamente por el mismo motivo, nos enfrentamos ahora a un problema doble: si los autores inmediatamente posteriores inflaron deliberadamente las cifras de los efectivos persas, también se preocuparon por minimizar todo lo posible la cantidad de hoplitas que les encararon.

Siguiendo a Heródoto, el ejército persa contaría con todos los efectivos que cruzaron el Helesponto unos meses antes, esto es, los dos millones seiscientos cuarenta y un mil seiscientos diez hombres descritos en el capítulo anterior, a los que habría que restar, como mucho, las limitadas bajas que pudiera haber acarreado la escaramuza naval contra los tres buques griegos. El verdadero número de guerreros aqueménidas desplegado en las Termópilas es prácticamente imposible de determinar, pero, al igual que ocurre con los estudios en torno a la batalla de Maratón, las investigaciones historiográficas coinciden en tildar las cifras herodoteas de impensables y acotan el ejército de Jerjes entre los ciento cincuenta mil y los doscientos cincuenta mil combatientes, una cantidad, aun así, desmesurada para la época.[13]

También hay disparidad de opiniones en lo que respecta al contingente helénico. Según el historiador de Halicarnaso, a la garganta acudieron, para empezar, trescientos hoplitas escogidos por Leónidas entre aquellos espartiatas que contaban con progenie masculina (con el objetivo de que su estirpe no se extinguiera). No debemos confundir este pequeño regimiento con los trescientos guardias reales o *hippeîs*, dado que este cuerpo estaba formado por individuos que participaban de los últimos estadios de la *agogé*, en tanto que los hoplitas seleccionados por el diarca para esta ocasión, al haber engendrado descendencia y en vista de las circunstancias, debían de exhibir ya cierta madurez.[14] A este exiguo pelotón se le sumarían desde Arcadia quinientos tegeatas, otros quinientos mantineos, ciento veinte soldados procedentes de Orcómeno y mil soldados más de otras localidades que el autor de las *Historias* no especifica. También se unieron cuatrocientos corintios, doscientos de Fliunte y ochenta desde Micenas. Así pues, se habrían dado cita en la batalla tres mil cien hoplitas peloponesios. Desde el resto de Grecia llegaron setecientos tespieos y cuatrocientos tebanos, así como «todos los efectivos» de los locrios opuntios (habitantes de la Lócride occidental) y mil focenses, generando un total de cinco mil doscientos hombres armados, sin contar los efectivos locrios.[15] El propio Heródoto traiciona su recuento posteriormente, al hacer alusión a un epitafio atribuido al poeta Simónides de Ceos en el que se honra la memoria de cuatro mil peloponesios. Probablemente, el historiador no otorgó importancia a los periecos e hilotas que viajaban con sus amos o que habían sido liberados, pero que, de cualquier modo, pudieron servir en la batalla como combatientes más que como escuderos.

La tradición literaria posterior modifica ligeramente las cifras ofrecidas por el historiador jonio sin plantearse la veracidad de la asistencia de los trescientos espartanos selectos de Leónidas. En el mismo siglo v a. C., el orador ateniense Isócrates asegura que a Jerjes «salieron a enfrentarse, después de repartirse el peligro, los lacedemonios hacia las Termópilas con mil soldados escogidos».[16] De la misma forma, Diodoro de Sicilia hace referencia a un grupo de «mil lacedemonios, y con ellos iban trescientos espartiatas».[17] El erudito hace hincapié en separar los trescientos espartiatas, esto es, los ciudadanos de pleno derecho escogidos por el diarca, de los mil «lacedemonios», quienes, por descarte, constituirían el cuerpo de periecos e hilotas que marchó a las Termópilas. Para el siciliota, el ejército helénico se completaría con otros «tres mil soldados del resto de los griegos», con lo que la cantidad que Simónides inscribió en el monumento conmemorativo quedaría más o menos justificada al participar en la refriega cuatro mil trescientos peloponesios. Debemos considerar que, cuando Diodoro habla de «el resto de los griegos», quiere referirse a los cuadros de aliados de la Liga del Peloponeso que acudieron con Leónidas al cañón:

> Entonces los locros, que habitaban en las proximidades de los pasos y habían dado la tierra y el agua a los persas con la promesa de ser los primeros en ocupar el desfiladero, al saber que Leónidas llegaba a las Termópilas, cambiaron de parecer y se pasaron a los griegos. Se presentaron de este modo en las Termópilas no solo mil locros, sino también un número igual de melieos, y algo menos de mil focenses, e igualmente unos cuatrocientos tebanos del partido favorable a la causa griega; los habitantes de Tebas, en efecto, estaban en desacuerdo entre ellos respecto a la alianza con los persas.[18]

Según el Sículo, pues, a los cuatro mil o cuatro mil trescientos peloponesios tendríamos que añadir mil locros (la totalidad de su ejército, si Heródoto dice la verdad), mil melieos, aproximadamente otros mil focenses y los cuatrocientos tebanos comprometidos con la autonomía de la Hélade. Dado que este autor no hace referencia alguna a combatientes tespieos, las fuerzas de la coalición sumarían en torno a siete mil setecientos hoplitas.

Dos siglos más tarde, el geógrafo Pausanias relató su versión de los hechos y proporcionó unas cifras muy parecidas a las ya brindadas por Heródoto, hasta el punto de que es seguro que el halicarnasio sirviera de fuente al primero. No obstante, si bien Heródoto no da el número de locrios que participaron en el enfrentamiento, Pausanias sí se atreve a hacerlo:

> De los locrios que están al pie del monte Cnemis no da Heródoto el número, pero dice que vinieron de todas las ciudades. Es posible, sin embargo, hacer una estimación con gran aproximación a la verdad [...]. Por tanto, los combatientes de los locrios que fueron a las Termópilas no pasarían de los seis mil. Si se cuenta de esta manera, todo el ejército [helénico] sería de once mil doscientos.[19]

Tenemos, entonces, un intervalo de entre cinco mil doscientos y once mil doscientos efectivos para las fuerzas de la coalición, de acuerdo con unas dispares fuentes de la Antigüedad. Los historiadores modernos parecen haber acordado la cifra de aproximadamente ocho mil hoplitas a las órdenes de Leónidas, un ejército claramente minúsculo para hacer frente a las huestes orientales.[20] Si el testimonio de Heródoto es veraz y el exiliado Demarato hizo saber a Jerjes que en Esparta había «unos ocho mil hombres aproximadamente»,[21] ¿por qué la polis lacedemonia, aquella con una preparación militar más dura, aportó únicamente trescientos espartiatas? La limitada presencia espartana puede explicarse si tenemos en cuenta las pobres perspectivas de victoria que albergarían sus ciudadanos. A este respecto nos cuenta Plutarco que, cuando alguien reprochó a Leónidas el modesto batallón hoplítico con el que se dirigió a las Termópilas, este contestó: «En realidad, me llevo a muchos, siendo así que van a morir».[22] El erudito de Queronea también informa de que los combatientes seleccionados «concurrieron a su propio concurso funerario antes de partir», en el que «comparecieron sus padres y sus madres».[23] Los trescientos hoplitas espartanos habrían partido deliberadamente hacia una muerte segura, por lo que la coyuntura exigía reservar a los espartiatas, puede que para una decisiva batalla posterior en la que la propia existencia de Esparta estuviera en juego.[24] Pese al testimonio brindado por Plutarco, para Heródoto el grupúsculo de trescientos infantes no constituía sino el anticipo del grueso del ejército, que «acudiría desde Esparta a marchas forzadas a prestar apoyo»[25] tras la celebración de las fiestas Carneas, en las que, una vez más, la polis se hallaba inmersa. Ya hemos comprobado cómo esta festividad, durante la que ningún espartano podía abandonar la ciudad ni ejercer acciones de guerra, sirvió como justificación para la ausencia de efectivos lacedemonios en la batalla de Maratón diez años atrás.

Algunos estudios modernos, con todo, atribuyen otro fundamento a la insuficiencia de guerreros espartanos en la batalla. Los espartiatas, muy probablemente, se opondrían a luchar en una ubicación tan alejada de su patria como era el desfiladero de las Termópilas —encuadrado en la lejana Lócride—, ya que una amenaza mucho más seria se cernía sobre Esparta: el presunto fortalecimiento de Argos, ciudad que, a la sazón, había rehusado integrar la Liga Helénica tras negarse a las propuestas de las embajadas enviadas desde el istmo de Corinto. Por otro lado, la salida del ejército al completo habría dejado Lacedemonia a merced de una potencial revuelta de los hilotas. Existía, además, un desalentador oráculo délfico, según el cual «o bien Lacedemonia resultaría destruida, o bien su rey moriría».[26] Posiblemente la ocasión de las Termópilas resultase perfecta para llevar a cabo el correspondiente sacrificio y salvar Esparta de la ira persa.

Preliminares

Cuando los griegos que se presentaron en la angostura comprobaron las dimensiones del ejército al que iban a enfrentarse, el pánico se apoderó de gran parte de ellos. Tanto fue así que, de acuerdo con Heródoto, algunos de los presentes contemplaron la posibilidad de abandonar el emplazamiento en lugar de permanecer en una posición que, a la larga, parecía a todas luces indefendible. Quizá por la irresponsabilidad que suponía desplegar las fuerzas aliadas en un desfiladero para cuya retaguardia existía un sendero (el camino de Anopea, de cuya existencia Jerjes no era, aún, para nada consciente), parte de los helénicos congregados sugirió retrasar la posición al istmo de Corinto y ejercer desde allí una férrea defensa del Peloponeso, estrategia por la que habría que pagar el precio de abandonar Grecia central a su suerte. Ante la propuesta, lógicamente, se alzaron los combatientes procedentes de Fócide y Lócride, dado que adoptar esa decisión representaría la devastación de sus hogares. En esta tesitura, Leónidas, como comandante en jefe del ejército griego, optó por permanecer en las Termópilas, despachando, eso sí, emisarios a todas las ciudades griegas posibles comprometidas con la «libertad» para suplicar por una ayuda que nunca llegaría. Como medida preventiva, el diarca también envió al grupo focense a proteger el sendero que daba a la retaguardia del paso, al tiempo que el grueso de las fuerzas helénicas se posicionaba delante del llamado «muro focense», una estructura defensiva levantada por los habitantes de Fócide tiempo atrás.

En el ínterin, los persas enviaron exploradores para observar la evolución táctica de sus enemigos. Lo que vieron les dejó con una mezcla de sorpresa e indiferencia: junto al campamento, los hoplitas espartiatas realizaban «ejercicios atléticos, mientras que los demás se peinaban la cabellera».[27] Jerjes se echó a reír cuando fue informado de las nimiedades en las que los afamados guerreros lacedemonios parecían perder el tiempo. No obstante, el también espartiata Demarato le interrumpió y le advirtió

> Préstame especial atención en este momento. Esos individuos están ahí para enfrentarse a nosotros por el control del paso, y se están preparando con ese propósito; pues, entre ellos, rige la siguiente norma: siempre que van a poner en peligro su vida es cuando se arreglan la cabeza. [...] En estos instantes vas a luchar con el reino más glorioso y los más valerosos guerreros de Grecia.[28]

En efecto, para los ciudadanos espartanos, llevar el pelo largo acreditaba su virilidad y reflejaba la épica homérica por la cual los aqueos gustaban de lucir melena en su lucha contra los troyanos. Por ello, cuidar su cabello antes de la batalla tenía como significado la obediencia a las leyes licurgueas y la preparación para recibir una honrosa muerte; un ritual que podría compararse con aquel en el que los *kamikazes* japoneses de la Segunda Guerra Mundial tomaban sake antes de despegar.[29]

Los dos ejércitos permanecieron impasibles durante las primeras jornadas. Jerjes, informa Heródoto, «dejó pasar tres días» con el anhelo de que los griegos coaligados se desmoralizasen ante la visión de sus fuerzas y decidieran finalmente retirarse, tal como aconteció en el valle de Tempe. La paciencia del Gran Rey, sin embargo, podría relacionarse con la tormenta que se abatió sobre la flota persa en Magnesia y que habría obligado a retrasar la estrategia del aqueménida que, al igual que la helénica, pasaba por un ataque combinado por tierra y por mar; pero no podemos obviar el elemento psicológico. Durante este periodo de calma tensa —si se permite el oxímoron— se habrían producido indudablemente contactos diplomáticos entre emisarios de ambos ejércitos en los que los comandantes persas podrían haber intentado provocar la huida griega. Uno de esos presuntos diálogos ha pasado a la tradición posterior como muestra de la resolución espartana: cuando los asiáticos amenazaron cubrir el sol con las flechas de sus infinitos arqueros, uno de los hoplitas lacedemonios, al que Heródoto da el nombre de Diéneces, contestó con el habitual tono lacónico que «sería, ciertamente, agradable, si luchamos a la sombra contra ellos».[30]

Comienzo de la batalla

Como quiera que los hoplitas helénicos, para enojo de Jerjes, no optaron por la retirada, el Gran Rey dispuso el avance sobre el paso de un primer batallón formado por medos, «con la orden de que los capturaran vivos y los condujesen a su presencia».[31] En el choque que se produjo se puso de relieve el contraste entre la distinguida organización que demostraban las formaciones hoplíticas y la menor instrucción militar de los combatientes del Imperio persa. Así, durante una lucha que se prolongó durante toda la jornada, los orientales sufrieron cuantiosas bajas merced al superior armamento manejado por los defensores (Heródoto hace hincapié en sus largas lanzas, a diferencia de Diodoro de Sicilia, quien alude a sus grandes escudos). A pesar de lo elevado de su número, el regimiento medo se vio obligado a retirarse después de una encarnizada refriega:

> [...] Tuvo lugar un combate asombroso. La pelea se desarrolló cuerpo a cuerpo, los golpes se intercambiaron de cerca entre una apiñada masa de combatientes y así el resultado de la batalla fue incierto durante mucho tiempo. Pero al ser los griegos superiores gracias al valor y a sus grandes escudos, los medos fueron cediendo poco a poco; muchos de ellos cayeron y el número de heridos tampoco fue pequeño.[32]

La desbandada meda fue seguida del envío de otro numeroso grupo, esta vez de cisios —procedentes de lo que otrora fue el reino de Elam—, tropas frescas con la misma instrucción y armamento que sus anteriores compañeros, pero que, ahora, lucharían contra unos griegos ya fatigados. O eso debía de pensar Jerjes: los cisios, refiere Diodoro, «lograron resistir durante un tiempo, pero después los soldados de Leónidas les causaron muchas bajas y les forzaron a retirarse». El enfoque de los griegos parecía estar dando resultado y la superioridad aritmética aqueménida no estaba representando, en aquel momento, ninguna desventaja para sus tropas. Por su parte, Jerjes no debía de estar acostumbrado a presenciar un rechazo a sus ataques como aquel, al contrario, confiaba en que las cargas de un par de sus pelotones bastasen para romper las filas enemigas. Visiblemente disgustado, el soberano decidió presentar un reto a los atrincherados griegos y lanzó sobre su posición a la élite de sus fuerzas, los «inmortales» persas, a las órdenes del comandante Hidarnes. No obstante, pese a que este privilegiado grupo de soldados habría contado con un considerable entrenamiento marcial y, tal vez, con material más adecuado para hacer frente a una falange, las formaciones griegas no se resquebrajaron. Heródoto describe una interesante táctica seguida por los griegos: los hoplitas daban la espalda a sus atacantes y simulaban una retirada ordenada. Sin estar al corriente del engaño, acaso por falta de experiencia en combate, los hombres de Jerjes se lanzaban sobre su enemigo, adentrándose en un desfiladero cada vez más angosto. Una vez que se encontraban al alcance de las lanzas, los griegos, siempre en formación, se volvían para atravesar a placer a los desafortunados guerreros que les seguían. De esta forma, los célebres «inmortales» sufrieron un destino semejante al de los cuadros medos y cisios que los precedieron, consiguiendo tan solo causar unas muy limitadas bajas al ejército de la Liga Helénica.

Con estos resultados tan favorables para las fuerzas defensoras sobrevino la noche en el paso de las Termópilas. Habida cuenta de que las diferencias en el balance de bajas fueron ingentes, podemos imaginar la explosión de júbilo que recorrió las filas griegas. Leónidas había encontrado la forma de frenar el imparable avance del ejército persa y llevado la ilusión a la «causa» de la libertad de la Hélade. En el bando contrario, el sentimiento era, por supuesto, muy diferente; y el Gran Rey, quien había presenciado la conflagración sentado en un trono sobre una posición elevada, llegó a «saltar tres veces de su trono, temeroso por la suerte de sus tropas».[33] De continuar en este sentido el transcurso de la batalla, nada podría negar a la Liga Helénica la posibilidad de una victoria.

Segundo día de batalla: la traición de Efialtes

Los primeros encontronazos habían supuesto un duro varapalo para las fuerzas persas, pero al Gran Rey aún le quedaban cuantiosas tropas que enviar. Después del desastre protagonizado por los temidos «inmortales», Jerjes quiso abrir la lucha de la siguiente jornada enviando contra el estrecho pasillo a los más hábiles guerreros de su ejército, bajo la supuesta promesa de una generosa recompensa en el caso de que consiguieran atravesar las filas de Leónidas. Pero los griegos, con renovadas fuerzas y sin apenas pérdidas que lamentar, se beneficiaban de una moral más que intensificada, como quiere hacer ver Diodoro:

> Los soldados de Leónidas cerraron las filas y, disponiéndose en una formación semejante a un muro, combatieron con ardor. A tal punto llegaron en su celo que a aquellos que habitualmente eran su relevo no les consintieron que les sustituyeran en la batalla e, imponiéndose gracias a su capacidad de resistencia, dieron muerte a muchos bárbaros de aquel contingente escogido. Siguieron combatiendo todo el día rivalizando unos con otros en heroicas empresas: los soldados de más edad se esforzaban en superar el floreciente vigor de los jóvenes, mientras que los más jóvenes trataban de competir con la experiencia y fama de los veteranos.[34]

De nada sirvieron las garantías de su monarca. Los hombres escogidos por Jerjes tardaron poco en vacilar frente a la destreza de sus oponentes y, poco a poco, se fueron replegando; sin embargo, su monarca había dispuesto que la segunda fila de soldados impidiera la retirada con látigos y les obligara a continuar la lucha hasta dar la vida.

Llegada la batalla a este punto, el Rey de Reyes no sabía qué hacer, y no era para menos: ante él se extendía una inmensa alfombra de cadáveres orientales como antesala de unos hoplitas en perfecta formación y sin un ápice de desánimo. Tanto Heródoto como Diodoro recogen en su obra la preocupación de Jerjes por el devenir del enfrentamiento, en vista de que los innumerables regimientos que enviaba a la lucha caían inevitablemente bajo las lanzas griegas.

Cuando los acontecimientos parecían apuntar a una humillante derrota del ejército persa, un nativo de la zona se había presentado ante Jerjes. Dice el historiador de Halicarnaso que, esperando obtener algún tipo de contraprestación, el individuo, Efialtes, reveló al monarca «la existencia del sendero que, a través de las montañas, conduce a las Termópilas»[35] para que sus tropas pudieran «sorprender por detrás a los hombres de Leónidas».[36] Naturalmente, Jerjes quedó encantado con la divulgación y, tras la correspondiente remuneración para el traidor griego, ordenó a Hidarnes que tomara esa ruta con veinte mil hombres. El nuevo contingente de este general, que durante el día anterior guio a diez mil «inmortales» hacia una calamidad, habría quedado integrado por los restos de esta élite y por otros soldados que el soberano aqueménida habría añadido al efecto de flanquear la posición griega.

Repentinamente, las fuerzas de la coalición habían pasado de soñar con la victoria a quedar sentenciadas: la maniobra envolvente que Hidarnes estaba a punto de ejecutar echaría por tierra la estrategia de Leónidas. Los hoplitas no tardaron en estar al tanto de lo ocurrido, circunstancia para la que las tradiciones literarias muestran cierta divergencia. Según Heródoto, el adivino Megistias —que acompañaba los hombres de Leónidas gracias a su fama como clarividente—[37] observó, en las entrañas de animales sacrificados durante el alba de este segundo día de batalla, que los lacedemonios se encaminaban hacia la muerte. Además, dice el autor, unos desertores del ejército persa, probablemente de procedencia jonia o del norte de Grecia, se acercaron al campamento de la coalición para avisar de las intenciones de Hidarnes. Por último, los propios exploradores al servicio de Leónidas se ocuparon de dar la voz de alarma a su vuelta. De acuerdo con el modificado relato de Diodoro, habría sido un tal «Tirrastíadas, originario de Cime, un hombre de honor y de carácter noble» quien, a pesar de formar parte de las fuerzas del Gran Rey, escapó de su campamento de noche para desvelar la trama a los griegos; una anécdota que da claras muestras de tradición originada *post eventum*.

Tercer día de batalla

Al despuntar el alba, los veinte mil guerreros de Hidarnes casi sorprendieron a los focenses que habían sido destacados por Leónidas en el sendero de Anopea, y lo habrían conseguido de no haber sido por el ruido de sus pisadas sobre la hojarasca que cubría la vereda. Alertado, aunque no preparado, el grupo griego se aprestó a defender su posición, pero, cuando una lluvia de flechas cayó sobre el puñado de hombres sin apenas entrenamiento militar que lo configuraba, prefirió escalar la montaña y esperar allí las acometidas persas para vender cara su piel. Lejos de su propósito, Hidarnes y los suyos se olvidaron del enemigo y continuaron su travesía hacia la retaguardia del grueso de Leónidas.

Mientras tanto, en el campamento helénico tuvo lugar una reunión del estado mayor del ejército defensor en la que debía decidirse la actitud a mostrar, luego de saberse que la información sobre la ruta del Anopea era ya de dominio persa. Las propias fuentes dudan sobre lo que allí se deliberó, pero coinciden en que, bien por iniciativa propia, bien por orden de Leónidas, la mayor parte del ejército griego se retiró de su posición. Solo quedaron sobre el terreno los trescientos ciudadanos espartanos del diarca, el grupo de setecientos tespieos —que se negó rotundamente a abandonar el paso— y los cuatrocientos tebanos; estos últimos, según el relato hostil a Beocia del halicarnasio, en calidad de rehenes. Si su testimonio es cierto, el cuadro tebano habría sido obligado a luchar para retrasar la defección de Tebas y no estaría compuesto, como pretende Diodoro, por ciudadanos hostiles al dominio persa. Todos los efectivos peloponesios, casi tres mil hombres, partieron desde las Termópilas hacia sus respectivas tierras con el deseo de ofrecer una mayor resistencia en un eventual enfrentamiento posterior que decidiera el futuro de Grecia. Leónidas, a su vez, autorizó a dos de sus hombres, Éurito y Aristodemo, ambos aquejados de una grave dolencia ocular, a regresar a Esparta. De acuerdo con Heródoto, Éurito ordenó a su hilota que le colocara en el frente de batalla para pelear, y Aristodemo acogió con agrado la propuesta de su diarca y volvió a su polis. Otro lacedemonio, un tal Pantitas, recibió de Leónidas la orden de llevar a Tesalia un mensaje sobre el que el halicarnasio no da detalles. Dándose por concluida la batalla mientras este espartiata se encontraba de camino, no tuvo ocasión de luchar ni de morir. Aristodemo y Pantitas fueron los únicos de los trescientos espartanos que sobrevivieron al choque de las Termópilas.

A los pocos griegos coaligados que quedaron en el desfiladero solo les quedaba pelear sin descanso hasta caer. Según las fuentes, mientras recuperaban sus fuerzas, Leónidas «anunció a sus soldados que desayunaran como si fueran a cenar en el Hades».[38] Siguiendo la crónica del Sículo, los griegos habrían abandonado su estrategia y se habrían lanzado contra las filas persas poseídos por una furia homicida:

> Siguiendo, pues, las órdenes de Leónidas, los soldados, prietas las filas de día y de noche, se lanzaron contra el campamento de los persas con Leónidas a la cabeza; los bárbaros, ante el hecho inesperado y sin tener idea de lo que pasaba, salieron corriendo de sus tiendas con gran alboroto y en desorden y, pensando que los hombres que habían marchado con el traquinio [Efialtes] habían muerto y que estaban allí todas las fuerzas de los griegos, fueron presa del pánico. Por esta razón muchos fueron muertos por los hombres de Leónidas, pero fueron muchos más los que perecieron a manos de sus propios camaradas, que por error los tomaron como enemigos.[39]

De esta misma tradición parece beber también Plutarco, quien, además, describe un trágico final de los acontecimientos:

> [Los griegos] movieron sus líneas hacia el campamento enemigo y hasta las inmediaciones de la tienda del monarca para matar al famoso mandatario [Jerjes] y, después, morir a cambio. En consecuencia, llegaron hasta la tienda asesinando a todo el que les hacía frente y obligando a replegarse a los demás; pero, al no hallar a Jerjes, comenzaron a buscarlo entre el campamento, de enorme extensión, y se extraviaron, hasta ser exterminados a manos de los bárbaros que caían sobre ellos por todas partes.[40]

Tanto la versión ofrecida por Diodoro como su variante en la obra de Plutarco son históricamente inconsistentes, no solo porque el escrupuloso relato de Heródoto no dice una sola palabra sobre este hipotético ataque griego, también por lo absurdo de tal iniciativa en términos tácticos. Leónidas disponía, como mucho, de mil quinientos hoplitas con los que procuraría retrasar todo lo posible al ejército persa valiéndose, precisamente, de la protección brindada por el estrecho barranco de las Termópilas y de la formación en falange de sus hombres, pese al claro inconveniente que suponía un eventual ataque por la retaguardia. Lanzarse a la carga de manera desordenada habría implicado abandonar el pasillo y dejar al descubierto los flancos de sus regimientos, que se habrían convertido en presa fácil para la rápida caballería persa o para los innumerables hombres con los que Jerjes contaba aún. La hoplítica, además, era una táctica que necesitaba una plena cohesión y el movimiento casi simultáneo de sus integrantes, suponiendo por ello una formación lenta y poco apta para ataques como los descritos por Diodoro y Plutarco. Por el contrario, tales operaciones de incursión requerirían romper las filas e «individualizar» las acciones, con lo que las fuerzas griegas habrían perdido la que probablemente fuera la única ventaja con la que contaban en esta batalla.

En cambio, Heródoto indica que en este último día de combate los griegos restantes se comportaron con gran valentía. Los hombres de Leónidas, «como sabían que iban a morir, [...] desplegaron contra los bárbaros todas las energías que les quedaban con un furor temerario»;[41] incluso se atrevieron a abandonar la zona más estrecha del paso para luchar casi a campo abierto, hasta que sus lanzas quebraron y hubieron de desenvainar las espadas (las *xiphoi* griegas). En el fragor del combate cayó muerto Leónidas «tras un heroico comportamiento», así como Abrócomas e Hiperantes, dos de los hijos de Darío que servían en el ejército persa. Los pocos griegos que aún se mantenían en pie pelearon por el cadáver de su comandante hasta hacerse con él y, posteriormente, cuando Efialtes y los veinte mil soldados de Hidarnes aparecieron por la retaguardia, retrocedieron con el regio cuerpo hasta ocupar una colina que se levantaba tras el muro focense (momento que Heródoto aprovecha para situar una presunta rendición de los cuatrocientos tebanos). Jerjes ordenó derribar el muro y acorralar a los defensores que quedaban en el cerro. Rodeados, y siempre de acuerdo con el halicarnasio, todos los hoplitas de la Liga Helénica que quedaban vivos cayeron bajo una lluvia de flechas y jabalinas.

Jerjes, victorioso

Pese a que la costumbre persa sugería tratar con respeto los cadáveres de aquellos contrincantes que hubieran mostrado valentía, Jerjes no perdonó el cuerpo sin vida de Leónidas, al que decapitó y empaló nada más dar con él. En otro orden de cosas, Aristodemo y Pantitas no fueron precisamente bien recibidos en Esparta, polis que acosaba con el término «temblones» a aquellos que no regresaban de la batalla «con su escudo o sobre él». Del primero nos comenta Heródoto que, cuando volvió a su patria, «ningún espartiata le daba fuego [esto es, ningún ciudadano le permitía compartir una hoguera] ni le dirigía la palabra».[42] Aristodemo se vio obligado a limpiar su expediente al año siguiente, en la batalla de Platea; en lo que respecta a Pantitas, sufrió humillaciones semejantes por parte del resto de *hómoioi*, pero, al considerar excesiva la deshonra, optó por quitarse la vida en una horca.

Efialtes, el hipotético traidor que dio a conocer a los persas la ruta hacia la retaguardia helénica, se convirtió en enemigo público de la «causa» helénica. Tal vez para finalizar su historia con una suerte de justicia poética, Heródoto narra cómo puso tierra de por medio y se refugió en Tesalia poco antes de que la Anfictionía délfica decretara una recompensa por su captura. Pese a haberse convertido en un proscrito, Efialtes recibió una muerte normal, en un intento del autor por arrebatar a este personaje todo atisbo de gloria posible: en una visita a la ciudad de Anticira, «fue asesinado por Aténadas, un natural de Traquis».[43] El erudito también revela que el motivo del asesinato no tuvo que ver con la traición de Efialtes a sus compatriotas y se compromete a explicarlo en algún párrafo posterior, cosa que, finalmente, no ocurre.

Leónidas y sus hoplitas irrumpieron en el imaginario colectivo griego como ejemplo de coraje y sacrificio en aras de la libertad de la Hélade contra la teórica tiranía personificada por Jerjes. Prueba de ello son los epitafios dedicados por la Liga Helénica a sus combatientes, caídos y enterrados honrosamente en las mismas Termópilas. Heródoto se hizo eco del contenido de algunas de estas inscripciones; así, a expensas de la Anfictionía délfica y contando con el poeta Simónides de Ceos —quien gozaba ya de reconocido prestigio entre los griegos—[44], los lacedemonios que murieron allí recibieron el siguiente homenaje:

> Huésped, ve y diles a los lacedemonios que yacemos muertos aquí por obedecer órdenes suyas sin más.[45]

Sobre las bajas que cada uno de los bandos sufrió, el halicarnasio atribuye a la coalición helénica la pérdida de cuatro mil hombres, incluyendo entre ellos a los hoplitas espartiatas y a los setecientos tespieos. Jerjes habría perdido, de acuerdo con su testimonio, unos veinte mil hombres. Según la historiografía moderna, para la que este asunto parece estar claro, Heródoto da equivocadamente por segura la muerte de los mil focenses que se toparon con la maniobra de Hidarnes, por lo que el cómputo de fallecidos debe ascender a un número entre dos mil setecientos y tres mil, mientras que, para el Imperio persa, la cifra podría ascender hasta las veinticinco mil pérdidas.[46]

Consideraciones sobre la batalla de las Termópilas

El relato que nos brinda Heródoto, si bien permite un acercamiento al desarrollo de la batalla y a su trascendencia para el mundo griego, se presenta atestado de elementos añadidos —bien a través de la tradición inmediatamente posterior al suceso, bien por la pluma del propio historiador— que permiten al lector establecer unas claras diferencias entre atacantes y defensores. El que sería posteriormente considerado «padre de la Historia» era griego y, como tal, se esforzó por distinguir entre «buenos» y «malos» no solo en el transcurso del choque de las Termópilas, también en la totalidad del conflicto entre persas y griegos. Por esta razón, como hemos venido analizando, nuestro autor procuró inflar en su obra el tamaño de las huestes persas, costumbre más tarde acogida y ampliada por los autores clásicos que le siguieron.

Algunas de las afirmaciones a las que nos remite el halicarnasio son prácticamente imposibles de corroborar. ¿Marchó realmente Leónidas al encuentro de Jerjes con intenciones de inmolarse para retrasar al enemigo? Probablemente, pero, entonces, ¿por qué comandó un ejército de, como mínimo, cinco mil griegos, pudiendo realizar la misma táctica con un cuerpo de hoplitas menor? No podemos descartar por completo que las fuentes literarias transmitan la tradición fabricada *ad hoc* y que el diarca lacedemonio, contrariamente a la ciudadanía de su polis, albergara realmente una mínima esperanza de resistir hasta que el enemigo perdiera su espíritu combativo, incluso de vencer a la numerosa fuerza enemiga; y que, al comprobar la desigualdad de los efectivos de ambos contendientes y para intentar equilibrar la balanza, llevara a cabo el despacho de emisarios a diferentes *póleis* del que Heródoto nos habla. Los espartanos, como sabemos, no estaban acostumbrados a enviar hombres más allá del Peloponeso, algo para lo que su recelosa y aislada sociedad se mostraba reticente. Tras el escaso número de tropas espartiatas puede esconderse, por tanto, este escepticismo y el poco entusiasmo que podrían haber mostrado los lacedemonios ante la idea de defender una posición extremadamente difícil y situada tan lejos de sus fronteras habituales. También por ello, habrían colocado al frente de las huestes helénicas a Leónidas, un rey ya anciano con ninguna victoria en batalla en su haber.

Otras anécdotas parecen simplemente elaboraciones decorativas herodoteas, como aquella en la que se describe a los trescientos guardias espartanos peinando sus cabellos y untándose con ungüentos aromáticos para recibir debidamente a la muerte. Aunque es cierto que este pasaje podría haberse producido perfectamente conociendo la idiosincrasia espartana y su afecto por la consecución de una «bella muerte»,[47] nada nos confirma una situación que implicaría que los trescientos hoplitas escogidos por el rey, así como el resto del ejército griego, lucharían a sabiendas de la futilidad de su resistencia. Cierto o no, Heródoto quiso presentar la batalla como uno de los acontecimientos más importantes de la historia de la Hélade, y debía para ello mostrar a los espartiatas actuando en consecuencia y preparándose para el hito que se acercaba.

Sobre la autenticidad de la traición de Efialtes hay poco que decir. Perderse fuera de los núcleos urbanos de la antigua Grecia debía de ser particularmente fácil para un extranjero, pero un ejército como el de Jerjes, que contaría sin duda con un buen equipo de exploradores, habría encontrado con relativa facilidad el sendero del Anopea que permitía el acceso a la retaguardia helénica. Tenía también el apoyo, acaso forzoso, del pueblo tesalio e incluso de los habitantes de las inmediaciones del campamento en el que se asentaron los persas antes del choque. A Jerjes le habría bastado con preguntar a un lugareño. No obstante, mediante la introducción de esta figura, Heródoto expone los valores contrarios a los de la coalición griega; así pues, frente a los disciplinados hoplitas que defienden sus respectivas patrias —e incluso una mínima noción de helenismo— poniendo sus vidas en riesgo, Efialtes es un individuo ignominioso, dispuesto a venderse a sí mismo y a sus semejantes por una recompensa. En esta lucha entre el bien y el mal, o entre una ética apropiada y la que conduce a la «tiranía bárbara», acaba venciendo ineludiblemente la primera: la Anfictionía puso precio a la cabeza del traidor, pero, siendo incluso indigno de un final en el que se involucraba a las más altas instancias religiosas de Grecia, Efialtes terminó sus días de una manera muy poco relevante, reminiscencia esta del legado homérico por el que los hombres valiosos y nobles son recordados como tales y aquellos despreciables acaban en el olvido.

Cuando llegaron a sus oídos las noticias de la maniobra de Hidarnes, Leónidas decidió mantener la posición y enviar de regreso a la mayoría de sus hombres. Solo permanecieron con él tespieos y tebanos, en tanto que la totalidad del contingente peloponésico puso rumbo a sus hogares. Lo más lógico es que el frustrado diarca pensara ya en una eventual defensa de su península y en reservar a todos los guerreros posibles a tal efecto, evitándoles así una muerte absurda en el desfiladero. Aun con esta perspectiva, según Heródoto, el Agíada y los suyos permanecieron firmes y recibieron de manera póstuma la gloria que proporcionaría el suceso. Parece que nunca sabremos si, tal y como refiere el epitafio encargado a Simónides mencionado más arriba, los espartiatas continuaron la resistencia motivados por la legislación que regía en Esparta al respecto de la lucha o por un sacrificio útil que brindara a Grecia la oportunidad de prepararse para lo peor. El mismo Heródoto alude al tratamiento que en la polis lacedemonia se dispensó a los pocos supervivientes espartiatas de la batalla. Quizá Leónidas, custodio de los preceptos licurgueos en calidad de rey de Esparta, prefiriera la muerte a la absoluta deshonra que le habría supuesto la huida, con todo lo que ello podría entrañar: desprecio social, juicio por parte de los éforos, exilio e incluso la pena capital. Para el comandante de las fuerzas que defendían la independencia de las ciudades griegas, la posibilidad de pasar a la historia como «el rey temblón» podría haber sido suficiente para decidir su permanencia en las Termópilas esperando el final.

De acuerdo con otro de los mitos originados tras este enfrentamiento, la batalla se habría saldado con una victoria prácticamente pírrica para los persas; por su parte, los griegos se habrían alzado con una victoria moral que les permitió continuar la resistencia. Nada más lejos de esta afirmación: al igual que su homólogo lacedemonio, Jerjes no había conseguido aún victorias en tierra. Las Termópilas constituyeron el primero de sus triunfos y, en ese tablero, sus tropas habían vencido a un enemigo mucho mejor armado y equipado que se había situado en una posición casi inexpugnable, matando además al mismísimo rey de Esparta. La moral de las huestes persas debió de elevarse como la espuma tras la conflagración, lo que contrastaría con las consecuencias que sufrirían los griegos, materializadas en la invasión, saqueo y pillaje de Beocia y Fócide, la reducción a la esclavitud de sus poblaciones y la puesta en entredicho de la validez del liderazgo espartano para una empresa tan complicada. La sociedad lacedemonia, ante tal contradicción, solo pudo poner en marcha su propaganda para difundir la idea de que su rey había caído noblemente en defensa de la «causa» griega.

8
LA SEGUNDA GUERRA MÉDICA (II). TRAS LA ESTELA DE LEÓNIDAS

¡Adelante, hijos de los griegos, libertad a la patria!
¡Libertad a vuestros hijos, a vuestras mujeres,
los templos de los dioses de vuestra estirpe
y las tumbas de vuestros abuelos!
¡Ahora es el combate por todo eso!

ESQUILO, *Los persas*, 400-410

La batalla del cabo Artemisio (480 a. C.)

Paralelamente a los acontecimientos del desfiladero de las Termópilas se desarrolló la batalla naval de Artemisio, a la que, tal y como acabamos de comprobar en el capítulo anterior, la flota persa llegó seriamente diezmada a raíz de los fenómenos meteorológicos que se desencadenaron sobre la costa de Magnesia, concretadas en una tormenta que se prolongó por espacio de tres días y que elevó la moral griega antes de entrar en combate.

Fuerzas en combate

El potencial marítimo desplegado por Jerjes en el Egeo debía de ser descomunal, si las cifras que Heródoto desglosa (véase el capítulo 6) se ajustan a la realidad. Por su renombrada disciplina y tradición navales, el contingente más temible y numeroso fue el proporcionado por los fenicios, pueblo que puso a disposición del Gran Rey un total de trescientas naves. Le seguía una escuadra procedente de Egipto, con doscientos buques repletos de soldados bien entrenados y equipados; y otros ciento cincuenta trirremes desde Chipre, isla cuya sumisión había alcanzado su punto álgido y que aportaba además una nutrida tripulación pertrechada y adiestrada a la manera griega. Cilicia, región al sur de Anatolia, presentó cien galeras que cumplirían las funciones atribuidas a las naves ligeras. El resto de la armada fue suministrado por las regiones griegas avasalladas por el soberano persa, a saber: ciento cincuenta naves jonias, treinta dorias, sesenta eolias, cien de la zona del estrecho del Bósforo y diecisiete llegadas desde las innumerables islas Cícladas. En total, el Rey de Reyes contaría con la nada desdeñable cantidad de mil doscientos siete barcos de guerra dotados y preparados para la batalla. Es probable que el recuento del historiador incluya también los buques utilizados en la construcción del puente utilizado por las tropas persas para cruzar el Helesponto, con lo que, teniendo en cuenta que el mismo autor afirma que fueron seiscientas setenta y cuatro las embarcaciones empleadas para tal fin, la flota que acudió a Artemisio a defender los intereses aqueménidas pudo rondar en verdad las seiscientas naves.[1] A esta variopinta fuerza habría que sumar los ciento veinte trirremes que los persas se ocuparon de reclutar en la Tracia ocupada.

Incluso siendo el balance recogido en las *Historias* intencionadamente desproporcionado y difícil de creer, existe entre la historiografía antigua un interesante consenso para conceder la misma cantidad de recursos a la flota persa. Platón matiza en sus *Leyes* que los persas atacaron a los griegos «con más de mil naves».[2] Isócrates concuerda con Heródoto y corrobora que la flota de Jerjes estaba compuesta por mil doscientos siete barcos,[3] mientras que, para Diodoro de Sicilia, «el total de la flota de Jerjes era de más de mil doscientos navíos».[4] Pero no por ello debemos considerar que la cifra que nos facilitan estas fuentes se ajusta a la realidad, más bien, el testimonio de los eruditos parece beber de la tradición establecida por Esquilo,[5] quizá el primer autor en otorgar este número para una escuadra enemiga cuya magnitud interesaba acrecentar. El patrón, como ya hemos constatado, ha servido a las fuentes —y, en especial, a Heródoto— para cuantificar los efectivos navales del Imperio aqueménida en otras expediciones como la escita, la batalla de Lade e incluso la batalla de Maratón. Si la crónica herodotea es veraz y la armada oriental sufrió pérdidas que ascendían a los cuatrocientos navíos después de que la tormenta de Magnesia se abatiera sobre el conjunto, el Gran Rey habría sido capaz de poner sobre el tablero unos ochocientos trirremes y galeras con los que hacer frente a la fuerza griega coaligada. Desgraciadamente, delimitar la totalidad de buques integrantes de esta gran armada es una tarea prácticamente imposible, pero, por otro fragmento del halicarnasio, podemos inferir que la flota debía de acercarse al millar. Se trata de aquel en el que Aquemenes, suponiendo que las fuerzas navales griegas se acercaban a los trescientos trirremes, advierte a Jerjes: «Si, tras los recientes contratiempos [la tempestad sobre los buques], que han supuesto el naufragio de cuatrocientas naves, privas a la flota de otras trescientas, nuestros enemigos van a estar en condiciones de hacerle frente».[6] Debemos suponer, pues, que la cuantía total de los barcos persas oscilaba entre los mil y los mil doscientos, y que, después de la calamidad de Magnesia, se encontraban en condiciones de librar una batalla unos ochocientos.

En lo que respecta a la escuadra de la coalición helénica, Heródoto pasa revista al comienzo de su octavo volumen. Fueron los atenienses los que aportaron un mayor número de embarcaciones, ciento veintisiete trirremes con una dotación en la que se incluyó a plateenses, en virtud de la amistad surgida entre los dos pueblos tras combatir hombro con hombro al mismo enemigo en la batalla de Maratón, diez años atrás.[7] La ateniense ya se había convertido en la flota más poderosa de la Hélade, sobre todo después del triunfo de las políticas de Temístocles en relación con el enfoque de su polis en la construcción de una poderosa armada, utilizando, para ello, la plata procedente de las minas del Laurión (véase cap. 6). Corinto, otra de las *póleis* más punteras de la Grecia opuesta al dominio persa, contribuyó al esfuerzo con cuarenta naves, mientras que megarenses y calcideos aportaron respectivamente veinte trirremes. La participación del resto de ciudades beligerantes da prueba del escaso poderío naval del que disfrutaban: Egina, otrora al mismo nivel que Atenas en lo que a marinería se refiere, aportó dieciocho naves; Sición, doce; Esparta, diez (lo que demuestra que en la estrategia de guerra lacedemonia primaba un planteamiento terrestre); Epidauro, ocho; Eretria, siete; Trecén, cinco; Estiria, dos; Ceos, «dos trirremes y dos pentecónteros»; y, por último, los locros opuntios cerraban este conglomerado de flotas con el envío de siete pentecónteros.[8] La suma arroja doscientas setenta y una naves pesadas, sin contar los navíos ligeros; una cantidad aceptada por la historiografía moderna y que palidecía en comparación con la, supuestamente, imponente escuadra aqueménida. Aun siendo los atenienses los más versados en doctrina de guerra naval, o, en todo caso, los que más efectivos proporcionaron a la armada conjunta, los griegos siguieron las directrices establecidas en el congreso de Corinto y el almirantazgo de la expedición recayó sobre Esparta, cuyas autoridades designaron jefe de la arriesgada empresa al espartiata Euribíades, titular de la magistratura anual de la navarquía (es decir, el liderazgo de la flota patria) en Lacedemonia. Los espartanos, apunta Heródoto, no estaban dispuestos a tolerar la dirección de quienes comenzaban a perfilarse como verdaderos enemigos de su *kósmos*.

Comienzo de las hostilidades

Cuando los trirremes griegos arribaron al norte de la isla de Eubea y divisaron en el horizonte la extensión de la flota persa a la que debían combatir, el desánimo se apoderó aparentemente de los tripulantes, y la idea de una desbandada generalizada tierra adentro, hacia Grecia central, empezó a cundir en sus talantes. Incluso el navarco lacedemonio Euribíades estuvo dispuesto a abandonar la batalla antes de comenzarla y poner tierra (o mar) de por medio, un comportamiento que habría transgredido flagrantemente los preceptos constitucionales de la Gran *Retra* espartana y que, sin duda, le habría acarreado repercusiones negativas en caso de volver a pisar su polis. A su vez, los eubeos, conscientes de que la retirada de la flota pondría su ínsula a merced del saqueo y el pillaje persa —además de la esclavitud de todos sus ciudadanos—, suplicaron a Euribíades que reconsiderase su opinión y que permaneciese firme, al menos, hasta que pudieran evacuar el territorio de la isla. Como quiera que el espartano no parecía dar su brazo a torcer, los eubeos se entrevistaron entonces con Temístocles (quien, como jefe de la escuadra ateniense, se encontraba presente en la expedición de la coalición helénica) y, previo pago de la ingente cantidad de treinta talentos de plata, le convencieron para que hiciera todo lo que estuviera en su poder a fin de que el enfrentamiento tuviera lugar. Haciendo gala de su astucia, el político y militar ático sobornó con éxito a Euribíades prometiéndole cinco de los treinta talentos entregados por los isleños. A otro de los líderes navales, el procedente de Corinto, un hombre llamado Adimanto, le proporcionó otros tres talentos de plata y la promesa de «más presentes de los que le podría enviar el rey de los medos si abandonara a los aliados». Parece que el corintio quedó rápidamente seducido por el metal y accedió a continuar con el plan de batalla; Temístocles, entonces, guardó para sí mismo el resto de la plata.[9] La anécdota, de dudosa veracidad pero presente en varias fuentes antiguas, pretende poner de manifiesto dos aspectos: la hipotética corruptibilidad de los líderes espartanos, que habría llegado a oídos de Heródoto a través de fuentes hostiles como la ateniense de mediados del siglo V a. C.; y el desprecio del soberano aqueménida por los griegos, pues, de haber medizado Adimanto, Jerjes probablemente no habría llegado a congraciarse con él pagándole tres talentos de plata.

Fuera cierta o no la vacilación de la escuadra griega, lo cierto es que la batalla estaba destinada a librarse. Euribíades dirigió sus fuerzas hacia el estrecho que separa Eubea de Tesalia, mientras Megabazo, almirante de la flota del Rey de Reyes, hizo lo propio desde el norte. Sabedor de la superioridad de su marina (pues, recordemos, los persas apresaron dos barcos griegos en el Egeo), el aqueménida quiso asestar un golpe de efecto para destruir al enemigo y capturar el mayor número de naves posible y, para ello, ideó una estrategia que podría resultar fatal para los defensores griegos:

> Del total de la flota escogieron doscientas naves y, a fin de que no pudiesen ser avistadas por el enemigo mientras costeaban Cafareo y doblaban Geresto, circunnavegando Eubea, las enviaron a rodear Es-

> cíatos por el norte, rumbo al Euripo, al objeto de cercar a los griegos: los navíos llegados por esa ruta les cortarían la retirada, en tanto que ellos se lanzarían en su persecución, hostigándolos de frente.[10]

Es decir, Megabazo ordenó a parte de su flota que rodease Eubea para sorprender por la retaguardia a la armada griega en una clásica estrategia de tenaza. No obstante, y pese a lo ingenioso de la maniobra, el extracto presenta ciertos problemas de historicidad. Si realmente la tormenta que cayó sobre Magnesia dejó cuatrocientas naves inservibles, la superioridad aritmética de la que disfrutarían los persas no habría sido tan aguda como para que su líder pudiera permitirse deshacerse de doscientos trirremes que, por otra parte, tardarían demasiado tiempo en circunnavegar la alargada isla. La flota griega podría haber izado velas hacia el enemigo en cuanto hubiera tenido noticia de la partida de su división, o, por el contrario, podría haber desistido de ofrecer resistencia ante un movimiento de pinza y haber abandonado la posición. Además, si se producía un repentino choque entre la escuadra griega y el grueso de la persa, aunque Megabazo teóricamente continuaría ostentando una marcada ventaja numérica, el resultado de las operaciones podría haber cambiado drásticamente; un riesgo en el que el aqueménida, por simple economía en lo que a mano de obra y soldadesca respecta, no podía incurrir, teniendo en cuenta que la estrategia lógica de los helénicos consistía en mantener una actitud plenamente defensiva. Ciertamente, el bando griego había desplegado exploradores en la pequeña isla de Escíatos, a unos 35 kilómetros de Eubea, que habrían informado inmediatamente de los movimientos persas, si bien es posible también que la lejanía del puesto de vigilancia diera lugar a confusiones en la recepción de las señales. De cualquier modo, la retirada era inviable, no solo por el honor lacedemonio de Euribíades, sino porque, a poca distancia y en tierra, su diarca estaba a punto de soportar las sucesivas arremetidas del ejército de Jerjes y, al fin y al cabo, la tarea de su flota se limitaba a proteger el flanco oriental de las Termópilas para evitar un desembarco. En definitiva, fuera cual fuese el motivo, las naves griegas continuaron ancladas.[11]

Pero consideremos correcta la información que nos proporciona Heródoto y que repite Diodoro.[12] Siendo así, si los griegos realmente habían destacado informadores en Escíatos, no sirvieron de nada. Euribíades no supo o no pudo conocer la táctica que los persas estaban empleando hasta la aparición en escena de un tal «Escilias de Escíone, a la sazón el mejor buzo del mundo»,[13] personaje procedente de la península Calcídica y, consecuentemente, bajo mandato persa tras la ocupación de Macedonia por el Imperio persa. Pese a ello, su lealtad permaneció firme a la «causa» helénica y, nos dice el historiador, tenía la intención de cambiar de bando en cuanto le fuera posible. Así, «se zambulló en el mar en Áfetas [en el golfo de Magnesia] y no emergió hasta que llegó al Artemisio, tras haber recorrido bajo el agua los ochenta estadios, poco más o menos, que hay de distancia». No hace falta matizar que tal gesta, digna del mismísimo Posidón, adolece de insuficiencia de rigor; aspecto que el propio autor pone de relieve a renglón seguido, arguyendo, a su juicio, que «llegó en una barca». Ahora bien, lo significativo de su llegada al campamento griego reside en que su testimonio puso al estado mayor griego al corriente de que la operación por la que doscientas naves persas estaban rodeando Eubea se había puesto ya en marcha.

En este punto, el relato de Heródoto se vuelve sin duda inconsistente: la flota helénica se decantó por esperar a que cayera la noche para levar anclas y lanzarse por sorpresa sobre el destacamento aqueménida que rodeaba Eubea hacia su retaguardia; una audaz táctica que habría frustrado la estrategia pactada durante la invasión y por la que la escuadra de Euribíades debía proteger a toda costa el flanco este de Leónidas mientras este retrasaba el avance persa. Suponiendo que el movimiento de tenaza orquestado por Megabazo fuera verídico, es muy probable que el almirantazgo griego lo hubiera previsto y hubiera destacado parte de la flota de la coalición al sur del mar que separa Eubea de la Grecia continental.[14] En cualquier caso, parece, según nuestra fuente principal, que no lograron encontrar a la pequeña expedición persa; pero los griegos estaban dispuestos a pasar a la acción y decidieron atacar al grueso de la armada de Jerjes, a sabiendas de que se le había amputado un importante número de naves y de que había sufrido los efectos de la tormenta en el golfo de Magnesia. Fue Temístocles, de acuerdo con Diodoro, quien convenció al resto de líderes de la escuadra defensora para realizar la ofensiva, dando con ello lugar al primer día de combate en Artemisio:

> Los griegos pusieron proa contra los enemigos con toda la flota. Y dado que los bárbaros se hacían a la mar desde diversos puertos, en un primer tiempo, los de Temístocles, al trabar combate con los persas todavía dispersos, lograron hundir muchas naves, y también obligaron a un buen número a emprender la huida persiguiéndolas hasta tierra; pero a continuación, cuando la flota persa se reunió, se produjo una violenta batalla naval: unos y otros alcanzaron ventaja con una parte de las naves, pero ni los unos ni los otros obtuvieron una victoria completa y, al hacerse de noche, cesó el combate.[15]

El relato de Heródoto al respecto, escrito cuatro siglos antes, es bastante más épico. En el fragmento que dedica al primer día de batalla describe a los comandantes persas anonadados ante el arrojo con el que los griegos se lanzaron hacia sus posiciones (una reacción exactamente igual a la que mostraron en la batalla de Maratón tras comprobar el inicio de la carga ateniense). Dado que su número era incontestablemente inferior, Megabazo habría ordenado entonces rodear a la flota griega —utilizando la táctica conocida como *diekplous*—, pero los griegos adoptaron una formación en círculo, con las proas hacia el enemigo y las popas unidas, para evitar ser flanqueados; una maniobra que no solo resultaría francamente difícil con más de doscientas naves, sino que, por lo que sabemos, no se puso en práctica de manera general hasta la guerra del Peloponeso, casi cinco décadas después.[16] Además, el *diekplous* era una argucia propia de los combates griegos y a duras penas podrían conocerla los comandantes persas, quienes, a pesar de contar con una muy superior cantidad de buques, mostraban un conocimiento de las guerras navales inferior al que podían demostrar los almirantes griegos y, en concreto, los atenienses.[17]

Segundo día de batalla

Ambas escuadras se retiraron a sus ubicaciones iniciales después de una reyerta sin un vencedor claro, pero en la que los griegos obtuvieron un resultado esperanzador tras conseguir aprisionar una treintena de barcos enemigos y con la defección hacia su bando de Antidoro de Lemnos, único capitán griego al servicio del Gran Rey que reconsideró su lealtad en un acto por el que sería posteriormente recompensado con propiedades terrenales en la isla de Salamina.

Siguiendo con Heródoto y Diodoro,[18] la meteorología volvió a jugar un papel determinante en el resultado de los acontecimientos que marcaron la batalla del cabo Artemisio. En la noche que siguió al primer enfrentamiento, una tormenta eléctrica cayó sobre la escuadra persa que se encontraba anclada junto a la localidad de Áfetas, fenómeno que, unido a las bajas sufridas durante la batalla contra los griegos y a que la reparación de las naves dañadas por la tempestad de Magnesia aún no había sido completada, influyó negativamente en la moral de los tripulantes orientales. Por otra parte, como si del efecto de la voluntad de los dioses para equilibrar las fuerzas se tratara (y así se esfuerzan por presentarlo ambos autores), una segunda lluvia torrencial descendió, en el suroeste de Eubea, sobre el destacamento naval enviado por Megabazo para rodear la isla, dando como resultado el naufragio de la totalidad de la expedición. Los persas, a tenor de lo sucedido, decidieron permanecer inmóviles durante el segundo día de la batalla, procurando recuperar sus barcos y su ánimo.

En el bando griego, sin embargo, la situación era diferente. Las tormentas se habían desencadenado lejos de sus posiciones, por lo que su espíritu después de recibir las noticias de las pérdidas enemigas debió de elevarse considerablemente; un panorama que mejoró aún más con la llegada de cincuenta y tres trirremes áticos para ponerse a las órdenes de Euribíades (o de Temístocles, quien, de acuerdo con las fuentes, era el verdadero artífice en las sombras de las operaciones navales de la coalición). No podemos esclarecer con exactitud la procedencia de esta flotilla de refresco: quizá fuera enviada por Atenas junto con el grueso de la escuadra y se retrasara en el camino a Artemisio, o puede que fuera desplegada al sur del cabo para defender la retaguardia de Euribíades en caso de que el almirantazgo aqueménida decidiera emprender una maniobra de envolvimiento, como finalmente afirman los eruditos antiguos que sucedió. En todo caso, la reforzada la armada griega tomó de nuevo la iniciativa y esperó al atardecer para atacar, según Heródoto, a un pequeño conjunto de naves cilicias de las que no obtenemos mayor información, pero que probablemente procedieran de los supervivientes de los efectivos enviados por Megabazo para rodear Eubea. Después de aniquilar a sus enemigos sin demasiados problemas, los barcos griegos volvieron al cabo Artemisio. Mientras tanto, las noticias que llegaban desde las Termópilas, donde Leónidas aún resistía con su ejército sin retroceder, alentaban el impulso de los combatientes helénicos y hacían flaquear el de los marineros persas.

Tercera jornada

Así se llegó al tercer día de batalla en Artemisio, que coincidió con el ataque persa definitivo en el enfrentamiento de las Termópilas. La armada asiática había aprovechado la inactividad de la tarde anterior para reparar sus naves, de manera que debían de encontrarse en plenitud de capacidades antes del combate final. Adicionalmente, es muy probable que el propio Jerjes hubiera dado instrucciones a sus almirantes para acabar de una vez por todas con la flota griega que se interponía en su camino hacia el Peloponeso, como muestra la alusión al temor del estado mayor aqueménida a la reacción del Gran Rey en caso de fracasar.[19] Estimulados y amedrentados a partes iguales por su soberano, los líderes navales persas ordenaron adoptar actitud de combate y zarparon a alta mar para desplegarse en formación de media luna con el objeto de flanquear las posiciones griegas, que, entretanto, habían protegido ya su ala occidental estableciéndose junto a la costa. Puesto que el flanco derecho se encontraba expuesto, la escuadra helénica no tuvo más remedio que salir al encuentro de Megabazo. La batalla, que, al decir de Diodoro, «tuvo un desarrollo semejante al del encuentro en las Termópilas»,[20] terminó con un resultado indeciso. Refiere Heródoto que «ambos bandos lucharon con pareja fortuna», ya que la flota persa era tan numerosa que sus barcos se estorbaban entre sí y muchos chocaban, pero no retrocedían, al considerar una afrenta la potencial derrota ante tan exiguo enemigo.

Griegos y persas sufrieron cuantiosas pérdidas que les obligaron a volver a sus respectivas bases, aunque la agrupación helénica, por su menor tamaño, sufrió más severamente los daños: alrededor de la mitad de la escuadra ateniense enviada al efecto de contener al enemigo medo fue destruida o incapacitada después de este tercer día de combate, en lo que fue, quizá, la más grande naumaquia vista hasta entonces en el Mediterráneo.[21] Pese a que los griegos no consiguieron su difícil objetivo, las fuentes antiguas procuraron resaltar una teórica victoria estratégica de la alianza helénica; en particular, el lírico Píndaro, contemporáneo del conflicto contra el persa, escribiría «allí [en Artemisio] los hijos de los atenienses echaron el brillante cimiento de la libertad».[22] En efecto, parece que los áticos tuvieron el honor de distinguirse especialmente en el enfrentamiento, cuestión en la que armonizan los testimonios de Heródoto y Diodoro. En la costa frente al cabo Artemisio, situado en la localidad de Olizón, se hallaba un santuario dedicado a Ártemis Proseoa, «la que mira al este», que daba nombre al cabo donde se desarrolló la batalla y con el que Temístocles parecía guardar una estrecha relación.[23] Sobre su fachada, el poeta Simónides, quien también recibió el encargo de honrar a los caídos en las Termópilas, grabó un epitafio en conmemoración de la flota ateniense y de su tripulación:

> A los pueblos de toda clase de hombres que vinieron de la tierra de Asia un día los hijos de los atenienses en este mar vencieron en combate naval y, tras ser destruido el ejército de los medos, estos túmulos colocaron en honor de la virgen Ártemis.[24]

Si los atenienses habían sobresalido por su valor en mar, los lacedemonios ya lo habían hecho en tierra. Después de la batalla, tan pronto como la flota aliada volvió a su base, Temístocles, de acuerdo con las fuentes, ordenó una suerte de política de tierra quemada en Eubea para que los invasores no pudieran disfrutar de los rebaños. Mientras el alto mando naval debatía el movimiento a seguir a continuación, irrumpió en el campamento un tal Abrónico, ateniense destacado en tierra y encargado de informar al almirantazgo helénico del funesto destino sufrido por Leónidas y sus hombres y de la pérdida definitiva de la posición en las Termópilas. Derrotado por completo el ejército hoplítico, la escuadra que protegía su flanco no tenía ya propósito para quedarse en el cabo Artemisio, por lo que emprendió la retirada final, habiendo ocasionado, ya fuera mediante acciones militares o por las inclemencias meteorológicas, la incapacitación de unos cuatrocientos barcos persas.

Grecia central a merced de Jerjes

Irrupción persa en Fócide y Beocia

Los persas apenas dieron crédito a las nuevas que, según Heródoto, llevó «un natural de Histiea» a su campamento —por las que se les notificaba el abandono del cabo Artemisio por parte de la flota aliada— hasta que los propios capitanes dieron orden de corroborar lo que decía el lugareño. Cuando los exploradores confirmaron la ausencia de buques enemigos en la franja marítima que separa Eubea de la Grecia continental, el desembarco de las tropas orientales fue inminente. El ejército aqueménida estaba a punto de comenzar la devastación de la zona central griega, pero antes dio cuenta, precisamente, de la propia localidad de Histiea, ubicada en el extremo norte de Eubea; así, los atacantes tomaron la ciudad por la fuerza y «efectuaron correrías por todas las aldeas costeras»[25] de la mitad septentrional de la isla.

Luego de sus victorias sobre los griegos en las Termópilas y el cabo Artemisio, Jerjes trasladó el teatro de operaciones bélicas a Fócide, sirviéndose, para ello, de la empedernida y tradicional enemistad que los habitantes de esta región mantenían con Tesalia (teóricamente medizantes, en virtud de la actitud mostrada por los Alévadas) y de la que da fe el testimonio herodoteo al respecto: «Si los tesalios se hubiesen aliado con los griegos, los focidios habrían abrazado la causa de los medos».[26] Antes de permitir que el ejército persa arrasara su territorio, los tesalios enviaron un heraldo con la conminante proposición de utilizar su influencia ante el Rey de Reyes y salvar Fócide a cambio de una donación de cincuenta talentos de plata. Insultadas, las autoridades focidias respondieron que, si hubieran querido dinero, ya habrían medizado. Naturalmente, los tesalios no recibieron con agrado la respuesta y cumplieron su amenaza guiando a las huestes persas hacia el interior del subcontinente griego. Desde Traquis, la zona donde tuvo lugar el combate contra Leónidas, la fuerza militar aqueménida puso pie en Dóride, región medizante que, por su sumisión al soberano persa, no sufrió pillaje (o no nos han llegado noticias en tal sentido).

Siguiendo el beocio río Céfiso, los contingentes marcharon ulteriormente hacia el oeste hasta llegar a Fócide, el único territorio del centro de Grecia que no había proporcionado «el agua y la tierra» a Jerjes y que, consiguientemente, se había puesto del lado de la «causa» helénica. Pero no entablaron batalla alguna, pues los hombres en edad de portar armas se habían replegado a las zonas más altas del monte Parnaso, a cuyas laderas se erigía el santuario de Delfos y donde, según Plutarco, debía de existir un «acuartelamiento enclavado en un escarpado barranco»;[27] al tiempo que las mujeres, los niños y los ancianos habían sido previamente evacuados a la localidad de Anfisa, perteneciente a los locros ozolas u occidentales y a unos doce kilómetros de Delfos. Fócide, por tanto, quedó a disposición de los guerreros persas, que no mostraron la misma piedad de la que hicieron gala en Dóride. Alentados por los tesalios, los aqueménidos «realizaron correrías por toda la Fócide, [...] y todas las zonas que fueron ocupando las incendiaron y las talaron, haciendo que tanto las ciudades como los santuarios fuesen pasto de las llamas. [...] Asimismo, persiguieron a algunos focidios, capturándolos cerca de las montañas, y causaron la muerte de algunas mujeres al violarlas en masa».[28]

El siguiente punto en el plan de guerra de Jerjes pasaba por la conquista efectiva de Beocia, que no sufrió la destrucción soportada por el solar focidio gracias, de acuerdo con Heródoto, a soldados enviados por el rey de Macedonia con el objeto de recordar al soberano aqueménida la sumisión de sus ciudadanos; y, al decir de Plutarco, al consejo del exdiarca Demarato.[29] Pero no todo el territorio se libró de incurrir en la ira del Rey de Reyes. Al menos dos *póleis*, Tespias y Platea, fueron incendiadas y asoladas por el persa en su paso por el centro de Grecia. Semejante furia estaría convenientemente motivada: por un lado, el regimiento de setecientos tespieos fue uno de los pocos cuadros helénicos que decidió permanecer hasta el final junto a Leónidas y su escolta lacedemonia en las Termópilas, mientras que la aversión por los plateenses procedería incuestionablemente tanto de su apoyo al ejército ateniense en Maratón como de su participación en las naves de Temístocles en el transcurso de la batalla de Artemisio. Los habitantes de ambas ciudades se vieron obligados a abandonar sus hogares y refugiarse más allá del istmo de Corinto, en la península peloponesia.

Atenas, pasto de las llamas

Solo tres meses después de atravesar el Helesponto, con la mitad de Grecia sometida o conquistada, un triunfante e invicto Jerjes penetró en el Ática. A consecuencia de la evacuación plasmada en el *Decreto de Trecén* —que, para el historiador de Halicarnaso, se produjo inmediatamente después de la retirada de Artemisio (véase cap. 7)—, los persas encontraron un páramo desierto, a excepción de unos pocos religiosos y algunos individuos de pobre condición que no habrían dispuesto de los medios necesarios para abandonar Atenas. La evacuación de la ciudad se convirtió en uno de los episodios más tristemente celebrados por la tradición posterior, al punto de calar en autores más tardíos que, como Plutarco, describen desgarradores escenarios en los momentos anteriores a la batalla de Salamina:

> El espectáculo a unos les hacía irrumpir en lamentos y a otros les producía admiración a causa de su valor. [...] Sin embargo, los ciudadanos que, por su vejez, se quedaban allí, inspiraban compasión. Incluso pudo observarse una especial inclinación afectiva por parte de los

> animales domésticos y de compañía, que con ladridos y muestras de cariño corrían al lado de sus amos durante el embarque. Entre ellos se cuenta que el perro de Jantipo, el padre de Pericles, no soportó quedarse solo sin él y, arrojándose al mar, llegó nadando al lado del trirreme hasta Salamina; allí, desfallecido, murió al punto.[30]

Al margen de la dudosa veracidad de estos lamentables relatos, lo cierto es que Atenas había quedado completamente indefensa. Los pocos habitantes que permanecieron en la capital ática se replegaron y se atrincheraron en la Acrópolis, utilizando las puertas de madera de las viviendas de la ciudad para construir una barricada en la ladera occidental del promontorio, única vía de acceso a los templos que albergaba el lugar; mientras que los persas, poco impresionados por la táctica defensiva de los ciudadanos, tomaron posiciones en la colina del Areópago, a unos ciento cincuenta metros, y comenzaron a disparar sobre la improvisada empalizada una lluvia de flechas previamente envueltas en fuego. Con todo, los defensores consiguieron dificultar el asedio a las tropas de Jerjes, lanzando bloques de piedras a los soldados que trataban de acercarse; hasta que un pequeño destacamento de guerreros fue enviado para escalar la zona norte de la Acrópolis, la más escarpada y sobre la que ningún ateniense había reparado, pues no esperaban tal determinación por parte del enemigo. Una vez que la infantería persa fue penetrando paulatinamente en el monte, algunos de los defensores optaron por lanzarse desfiladero abajo y otros decidieron acogerse a sagrado en el templo dedicado a la divinidad poliada. De poco sirvió: los asaltantes echaron abajo las puertas del templo y masacraron a todo ateniense que encontraron en el interior, para después proceder al saqueo indiscriminado de los bienes de la diosa. Por último, cuando el ejército persa se aseguró plenamente de que la polis había caído en sus manos, la Acrópolis fue reducida a cenizas. Culminaría, con este acontecimiento, la venganza del soberano aqueménida por el incendio perpetrado por las tropas jonias en Sardes en el contexto de la sublevación que originó la Primera Guerra Médica una década atrás.[31]

Jerjes tenía motivos para estar orgulloso tras la toma y destrucción de Atenas; es posible, de hecho, que considerase el conflicto visto para sentencia a tenor del mensajero que envió hacia Susa con órdenes de transmitir con la mayor celeridad posible los acontecimientos sucedidos en la «cuna de la democracia». Pero lo cierto es que la escuadra griega estaba prácticamente en plenas capacidades operativas y que la península del Peloponeso, bajo la hegemonía espartana, permanecía en libertad con la mayoría del ejército lacedemonio ansioso por trabar batalla con el «bárbaro».

La batalla de Salamina (480 a. C.)

Entretanto, la flota helénica se había reunido junto a Salamina, una pequeña isla situada en el golfo Sarónico, a dos escasos kilómetros de la misma Atenas. Desde allí debió de presenciarse la devastación a la que la polis ática fue sometida, lo que habría llevado a algunos de los capitanes griegos a reconsiderar la opción de presentar batalla en aquella bahía para, en su lugar, dirigirse al istmo de Corinto, a las puertas del Peloponeso, coincidiendo con el muro que el ejército que había marchado desde Esparta habría comenzado a construir para detener el imparable avance de las tropas persas desde el Ática. Nuevamente, fue el ateniense Temístocles quien hubo de convencer a Euribíades y al corintio Adimanto (este habría protagonizado una férrea oposición a la estrategia del primero) para permanecer junto al islote y esperar allí a la armada aqueménida, dado que buena parte de los habitantes de Atenas habían sido evacuados allí y se podría proteger igualmente la entrada a la península del sur griego. Después de una larga deliberación de la plana mayor de la marina, Euribíades, en tanto que comandante de la agrupación, cambió de opinión y decidió que el enfrentamiento tendría lugar en las aguas de Salamina.

Fuerzas en combate

En vista de los vaivenes que uno y otro bando fueron experimentando en el transcurso de la invasión persa del centro de Grecia, se hace necesario un nuevo recuento de los efectivos que se enfrentaron en la batalla naval que, librada en algún momento de septiembre del año 480 a. C, supuso un antes y un después en el devenir de la Segunda Guerra Médica.[32] Atendiendo, como siempre, al testimonio de Heródoto, la flota que se reunió para defender la «causa» de la Hélade superaba con creces la que combatió en el cabo Artemisio, siendo los atenienses, de nuevo, quienes más naves aportaron: unas ciento ochenta —aproximadamente la mitad de la escuadra total—, un número que se acercaba a los doscientos trirremes con los que Temístocles pretendía dotar a su polis. La cantidad de barcos despachados por el resto de *póleis* beligerantes queda ensombrecida por la abundancia con la que Atenas planteó la batalla; así, Mégara, ciudad enclavada entre el Ática y el istmo de Corinto, aportó veinte naves; Ampracia, siete y Léucade, tres. Desde el Peloponeso, fueron los corintios quienes contribuyeron con mayor firmeza a la empresa, con cuarenta buques, los mismos con los que se enfrentaron a los persas en Artemisio. Esparta superaba la cooperación mostrada en el cabo con dieciséis trirremes; quince fueron los que llegaron desde Sición, diez desde Epidauro, cinco desde Trecén y tres desde la pequeña localidad de Hermíone. En lo que a las islas del Egeo se refiere, Egina puso a disposición de Euribíades un total de cuarenta y dos barcos. La siguieron Calcis, con veinte embarcaciones; Eretria, con siete; Naxos, con cuatro; Ceos y Estira, con dos cada estado y Citnos, con un único trirreme. Mención especial merece la reducida, pero simbólica aportación de una nave llegada desde Crotona, polis ubicada en la *Magna Graecia*, en el extremo meridional de la península Itálica, que accedió a su integración en el conflicto como pago a una hipotética ayuda prestada por Dorieo de Esparta en la guerra que enfrentó a los crotoniatas contra Síbaris a finales del siglo VI a. C., en el marco de los viajes coloniales del que fuera hermanastro del diarca Cleómenes.[33] El total de las naves enviadas por estas veintiuna ciudades griegas ascendía, de este modo, a trescientas setenta y ocho. En cambio, la flota persa había perdido navíos progresivamente, ya fuera por la incidencia de las tormentas desatadas sobre el grueso de su escuadra o de los combates trabados contra los griegos en Artemisio. Aun así, tenemos motivos para pensar que el destacamento al servicio de Jerjes continuaba superando numéricamente al de Euribíades, si bien en esta ocasión las diferencias no eran tan acusadas. Dado que las fuentes permanecen inamovibles en cuanto a otorgar un conjunto de mil doscientas siete naves a los asiáticos, la historiografía moderna, teniendo en cuenta las circunstancias anteriormente descritas, estima que el Gran Rey contaría con entre cuatrocientos y setecientos trirremes.[34]

Antecedentes de la batalla

A tenor del testimonio herodoteo, sembrado una vez más de elementos mitológicos, los mismos dioses comenzaron a mostrar señales de su enojo con el rey persa y de su veredicto favorable a la estrategia de los griegos coaligados. Para empezar, la mañana siguiente al debate entre los capitanes de la flota helénica acerca de la actitud a la que acogerse, «se produjo un seísmo acompañado de un maremoto»,[35] signo inequívoco de la actividad de Posidón, la deidad a la que el imaginario olímpico otorgaba el control sobre el mar y los movimientos de las fallas terrestres. La tripulación que presenció el fenómeno se dispuso a entonar el peán correspondiente para aplacar al dios y acordaron enviar un navío a Egina para tomar las estatuillas de madera (las denominadas *xóana*) que personificaban a los héroes Áyax y Telamón, siguiendo la creencia consistente en que estas imágenes encerraban el auténtico espíritu de los representados.

En segundo lugar, continúa Heródoto, se constató un prodigio sobrenatural en la localidad ática de Eleusis, donde descansaba un santuario dedicado a Deméter y a su hija Perséfone. Según el autor, al mismo tiempo que se producía la devastación en Atenas, los persas pudieron ver cómo «desde Eleusis avanzaba una polvareda, como si la causasen poco más o menos unos treinta mil hombres».[36] Cuando el exdiarca Demarato, que se encontraba a la sazón en Atenas, preguntó a un ateniense medizante qué estaba ocurriendo, este le advirtió que los dioses actuaban en favor de los aliados y que si la nube de polvo «se encamina contra las naves [persas] que están en Salamina, el monarca correrá el riesgo de perder su flota». El fragmento eleusino concluye con el ascenso a los cielos de la polvareda y su posterior caída sobre las aguas del golfo Sarónico.

Así llega el turno, en las *Historias*, de la reunión celebrada por el estado mayor de la escuadra aqueménida —fondeada en la costa de Falero—, con el mismo objeto con el que se había reunido previamente el almirantazgo griego, pero con matices que permiten diferenciar la vanidad que, para los helénicos, exhibía un imperio como el aqueménida. En el consejo, Jerjes aparece dirigiendo la reunión sentado en un trono, y los capitanes a su servicio no pueden dirigirse a su persona de forma directa, sino a través de un intermediario, papel que, en el relato herodoteo, desempeña el general Mardonio. Cada agregado tendría un turno para exponer sus ideas al comandante del ejército, quien, acto seguido, las transmitiría al Gran Rey. Aparte del ceremonial que el autor nos presenta como típico del Estado persa, es reseñable la aparición en escena de Artemisia de Caria, la única mujer presente en las más altas esferas militares orientales (dado que en el mundo griego la mujer está totalmente apartada de la vida castrense), tirana de Halicarnaso y capitana de la flota que la ciudad jonia habría puesto al servicio de Jerjes; así como el discurso con el que se opuso a que la armada a la que pertenecía presentase batalla en Salamina:

> Señor, es de justicia que te transmita mi más sincera opinión; concretamente, lo que considero más beneficioso para tus intereses. Paso, pues, a exponértelo. Reserva tus naves y no libres un combate naval, pues, por mar, nuestros enemigos son tan superiores a tus tropas como lo son los hombres a las mujeres [...].[37]

Puesto que la gran mayoría de los líderes navales allí congregados se manifestaron en favor de continuar con el plan de luchar en el golfo Sarónico, Jerjes, pese a la alta estima en la que tenía a Artemisia, hubo de declinar su petición. La flota aqueménida, pues, levó anclas y se dirigió a Salamina.

Solo la caída de la noche impidió que las naves persas iniciaran el enfrentamiento nada más llegar a las aguas de la isla, es más, la fuerza del Rey de Reyes había adoptado ya formación de batalla.[38] Al mismo tiempo, el ejército de tierra había iniciado la marcha hacia el Peloponeso, razón por la que los guerreros griegos procedentes de la península, comandados por el espartiata Cleómbroto (hermano del caído Leónidas), se apresuraron a construir un muro en el istmo de Corinto. Cuando estas noticias llegaron a la posición que mantenían los buques de la coalición, volvió a desatarse el temor y, otra vez, surgió el planteamiento de abandonar el golfo y dirigirse inmediatamente al istmo para defender el solar peloponesio. Este suceso, de muy improbable veracidad (dado que la flota griega tendría muy difícil una escapatoria hacia el norte con las naves persas bloqueando su paso) fue solucionado por un Temístocles cuya tenacidad contra el «bárbaro» se ha convertido, en este punto de la crónica de Heródoto, en otro de los *tópos* de la propaganda ateniense posterior, de la que, probablemente, bebiera el historiador.[39] Empero, los capitanes persas se habían preocupado ya por ocupar el islote de Psitalea —entre Salamina y el continente— con unos cuatrocientos hombres, según Heródoto, instados por un enviado de Temístocles que les hizo creer que la disensión entre las naves griegas daría la victoria inmediatamente a Jerjes en caso de entablar batalla.[40] Así pues, el enfrentamiento era ya inevitable.

Comienzo de las hostilidades

No conocemos con exactitud cuál de los dos bandos inició el enfrentamiento. Indica Heródoto que, después de un apasionado discurso de Temístocles a la tripulación y de que llegaran las *xóana* heroicas solicitadas a Egina, los griegos se dispusieron a levar anclas cuando, repentinamente, fueron atacados por el enemigo. En cambio, Esquilo proporciona una versión diferente y épica en la que son los trirremes de la alianza los que se disponen a cargar contra el grueso de la formación persa.[41] Sí sabemos que, en el orden de batalla, los atenienses ocuparon el ala izquierda de la formación (situado en el extremo noroeste), al tiempo que los trirremes lacedemonios permanecieron en el flanco derecho, puesto de honor de la escuadra, ya que el conjunto de navíos quedaba bajo el mando de Euribíades. Con todo, siendo tan escasa la aportación lacedemonia a la «causa», se ha planteado que los barcos eginetas acompañaron a los del navarco en una posición de tanta responsabilidad.[42] De hecho, el posterior testimonio de Diodoro ubica en el flanco oriental a megarenses y eginetas por «ser los más expertos marineros después de los atenienses».[43] En lo que toca a la disposición de la armada persa, los temibles navíos fenicios se colocaron en su ala derecha, es decir, enfrente de los atenienses. Frente a los lacedemonios, según Heródoto, o a los megarenses y eginetas, de acuerdo con Diodoro, se desplegaron los buques jonios al servicio del Gran Rey.

En general, los detalles que aportan las fuentes literarias sobre la batalla son especialmente superficiales, pero, si es cierta la declaración del historiador, tan pronto como los griegos se percataron del rápido ataque persa hacia sus posiciones, sus naves comenzaron a retroceder lentamente con la proa dirigida hacia el frente, maniobra esta que podría encubrir una posible retirada. Ahora bien, una de las embarcaciones atenienses, dirigida por un tal Aminias de Palene, tomó la iniciativa y embistió con su espolón uno de los navíos enemigos, de manera que ambas estructuras quedaron inmovilizadas. Para no abandonar a su compañero, la totalidad de la flota griega pasó entonces a la acción y avanzó para trabar combate con la vanguardia de la escuadra persa, envalentonada, según continúa Heródoto, por la aparición de una mujer, probablemente la divinidad Atenea, que reprochó a los almirantes coaligados su actitud extremadamente defensiva. El mismo autor admite posibles equivocaciones en el relato que expone, claramente imbuido de tradición ateniense, y pone sobre la mesa la posibilidad de que fuera la nave egineta que portaba las estatuillas la que comenzó la conflagración, suposición esta, aun así, difícil de sostener.

La obra de Diodoro, pese a su limitación, parece contener el análisis más fiable del transcurso de la reyerta. Parece que, tal y como las fuentes antiguas y modernas ponen de relieve, la estrategia seguida por la flota griega en Salamina guardaba un gran parecido con la que puso en práctica Leónidas en las Termópilas, esto es, la atracción de un enemigo aritméticamente superior hacia un corredor estrecho en el que tal supremacía quedara absolutamente anulada. Dejemos, pues, que sea el siciliota quien nos informe de los hechos:

> En un primer momento, los persas conservaban su formación, dado que, al navegar en mar abierto, tenían mucho espacio, pero cuando llegaron al estrecho, se vieron obligados a romper las líneas separando algunas naves, lo que provocó un gran desconcierto.[44]

Tal vez fuera el desorden que reinaba en la escuadra persa lo que llevó a su almirante en jefe (Ariabignes, hermano de Jerjes, según Heródoto; Ariámenes, según Plutarco)[45] a lanzarse inconscientemente al ataque, temeridad que le costó la vida tras un breve combate. Inmediatamente, la flota aqueménida quedó sumida en el caos, pues «eran muchos los que daban la voz de mando, pero cada uno daba órdenes diferentes». Los capitanes intentaron recular progresivamente hacia alta mar, probablemente con la intención de acercarse a Falero —puerto del que habían partido en primera instancia— y provocar en sus aguas un combate en el que les resultara más fácil maniobrar; pero los marineros atenienses, intuyendo su precaria situación, arremetieron enseguida contra los persas y los pusieron en fuga. Así, el ala izquierda de la formación griega consiguió dominar el mar con cierta facilidad. No ocurría lo mismo en el flanco oriental, en el que los navíos de la coalición, ya fueran lacedemonios o eginetas y megarenses, se batían encarnizadamente con los contingentes jonios en un combate que parecía indeciso hasta la aparición de las naves atenienses que habían perseguido a sus contrincantes fenicios hasta la costa. Desaparecido el flanco derecho persa y derrotado finalmente el izquierdo, el centro de la formación aqueménida sencillamente emprendió la retirada o cayó ante unos tripulantes griegos enardecidos por el desarrollo de «una brillante batalla naval».

Mientras tanto (y volviendo al relato de Heródoto para completar el del Sículo), Arístides, quien fuera uno de los protagonistas de la batalla de Maratón y posteriormente condenado al ostracismo por oponerse a las políticas de Temístocles, resurge en la crónica de la historia de Atenas como estratego de un ejército terrestre formado por hoplitas áticos y acantonado en la costa de Salamina para desembarcar en Psitalea, el islote previamente ocupado por un cuerpo expedicionario de cuatrocientos guerreros persas, donde «tras trabar combate con los bárbaros los mató a todos, excepto a los grandes personajes que fueron capturados vivos».[46] Asimismo, la suerte corrida por Artemisia de Caria es también descrita por el halicarnasio, más interesado en señalar pequeñas historietas que en transmitir la evolución de la naumaquia. La tirana, puede que por su condición de compatriota del autor, es tratada con benevolencia en su relato: su trirreme habría encabezado la formación aqueménida, y tras entablar duelo con una de las naves griegas (quizá la de aquel Aminias de Palene), sufriendo un constante hostigamiento, se le ocurrió hundir de una embestida uno de los navíos bajo su mando «tripulado por calindeos, a bordo del cual iba el propio rey de Calinda, Damasitino». Heródoto asegura no conocer el motivo de la reacción de Artemisia, que pudo responder a rencillas anteriores entre ambos capitanes o al instinto de supervivencia de la primera. En cualquier caso, el barco ateniense dio por sentado un cambio de bando de la caria y cesó en su persecución. Simultáneamente, Jerjes, desde el trono que había desplegado en la ladera del monte Egáleo, enfrente de la misma isla de Salamina, se deshizo en halagos hacia su subordinada, creyendo que el barco que había incapacitado con tanta eficacia pertenecía a la flota griega: «Los hombres se me han vuelto mujeres; y las mujeres, hombres».[47] Por fortuna para la capitana, ninguno de los calindeos que luchaba a bordo del barco hundido sobrevivió para contradecir esta versión de los hechos y limitar el consecuente prestigio que la lideresa estaba alcanzando. Artemisia, finalizado el combate, consiguió escapar, a pesar de la recompensa de diez mil dracmas que el estado ateniense —o lo que quedaba de él— ofrecía por su cabeza, «ya que consideraban algo inadmisible que una mujer hiciera la guerra contra Atenas».

Lamentablemente, el relato de Heródoto apenas aporta detalles en torno a la táctica que llevó a los griegos a obtener la victoria. Solo podemos inferir de la segunda anécdota que nos presenta al respecto de la batalla que el flanco derecho persa fue rotundamente derrotado por los trirremes atenienses. La historia, de complicada veracidad, es reflejo de las continuas sospechas que pesaban sobre los contendientes jonios de la flota persa y sobre su posible defección hacia las filas de los griegos coaligados. Dice el halicarnasio, en un fragmento del que ninguna otra fuente antigua posterior se hace eco, que, cuando las naves de los fenicios fueron destruidas por el flanco izquierdo helénico, sus capitanes se personaron ante Jerjes para acusar a los jonios de una traición que había ocasionado la pérdida de sus barcos. Pero, en el transcurso de la intervención de los líderes fenicios, el Gran Rey pudo presenciar cómo, durante la conflagración, una nave jonia (procedente de Samotracia) hundía una embarcación ateniense para posteriormente ser embestida por otro trirreme egineta; pese a ello, antes de perder por completo su barco, los jonios abatieron con sus jabalinas a la tripulación de Egina y se apoderaron de su navío trepando por sus costados. Al comprobar el soberano persa la bravura y la lealtad con las que sus soldados jonios combatían, no solo no tomó ninguna represalia contra sus capitanes, también ordenó que aquellos que les calumniaban fueran decapitados.[48] Luego de la derrota definitiva, la flota persa se retiró a Falero, su base permanente en el Ática, en cuyo camino fue atacada por trirremes eginetas. Fueron los efectivos de Egina, para Heródoto, los griegos más destacados en la batalla que supuso un momento culminante en el conflicto que enfrentaba a griegos y persas.

Balance de bajas, consecuencias y significado

A la hora de establecer un recuento de pérdidas en uno y otro bando, la crónica herodotea no proporciona información alguna más allá de la descripción de escenas posteriores, en las que los pecios de los trirremes persas son arrastrados por el viento hacia la costa del Ática y los marineros persas, por su poca destreza en el agua, mueren ahogados; sin embargo, de la más competente valoración de Diodoro se desprende un inventario de cuarenta naves griegas perdidas y más de doscientas embarcaciones persas inutilizadas o hundidas, sin contar con aquellas que habrían sido apresadas por los aliados.[49] Como vemos, y pese a lo que cierto sector de la historiografía moderna pretende hacer ver, la batalla que se produjo en el golfo Sarónico no fue tanto un escaparate de tácticas navales brillantes como un ejemplo de cómo las luchas navales de la Antigüedad se decidían a través de una enconada pelea cuerpo a cuerpo, mediante maniobras de embiste y abordaje, pese a que la estrategia enfocada a desarrollar los acontecimientos en un espacio cerrado pudo resultar decisiva en el resultado.[50]

La naumaquia de Salamina fue un duro e inesperado revés para un Jerjes ya acostumbrado a hacerse con la victoria. En Susa, centro político del imperio oriental, las noticias del descalabro calmaron repentinamente la euforia que desató el incendio de Atenas:

> La llegada, acto seguido, del mensaje los sumió [a los persas] en una consternación tal que todo el mundo se rasgó las vestiduras, y prorrumpió en gritos y lamentos interminables, echándole la culpa a Mardonio. Y esa actitud de los persas no respondía tanto a su pesar por la pérdida de las naves como a su preocupación por la suerte del propio Jerjes.[51]

En efecto, Mardonio y el resto de la cúpula militar aqueménida fueron responsabilizados del desastre por la sociedad persa, dado que la campaña respondía en parte al deseo de las altas esferas orientales de continuar con las conquistas territoriales que, en su día, emprendieron los predecesores del Gran Rey. Aun así, y siguiendo presuntamente el consejo de Artemisia de Caria, un apesadumbrado Jerjes decidió abandonar Grecia sin perjuicio de proseguir con la guerra, dejando a tal efecto a su comandante Mardonio con un tercio de los hombres que originalmente atravesaron el Helesponto, unos ochenta mil guerreros (cifra que el siempre extremista Heródoto amplía a «trescientos mil hombres del ejército»).[52] En todo caso, la otrora inmensa armada persa dejó de suponer un quebradero de cabeza para los líderes de la Grecia «libre».[53] El conflicto habría de continuar un año más, pero los navíos de Jerjes regresaron a las inmediaciones de la península de Anatolia con su tripulación encomendarse a sus dioses para que Euribíades o Temístocles no utilizaran la renovada moral de sus hombres para poner rumbo hacia Oriente y cruzar el Egeo, algo que, por el momento, no llegó a ocurrir.

Como no podía ser de otra manera, lo que aconteció junto a la isla de Salamina fue elevado por la tradición posterior al rango de leyenda, categoría de la que ya disfrutaban los hechos de Maratón y las Termópilas. Su desenlace, una victoria totalmente decisiva para la alianza griega, salvó al Peloponeso de una inminente invasión —ya fuera desde el istmo de Corinto o por medio de un desembarco persa luego de su circunnavegación desde Falero—, permitiendo a la coalición helénica continuar con la guerra desde una perspectiva diferente: si, en la primera parte del conflicto, los griegos apenas comprendían el alcance de la invasión, a partir del último tercio del año 480 a. C. daría comienzo una nueva fase de las hostilidades, aquella enfocada a la expulsión persa del territorio helénico.

No obstante, el regocijo de los aliados pronto dio paso a serias disensiones en el seno de la Liga Helénica, particularmente entre atenienses y espartanos, que, lejos de solucionarse, se fueron agravando con el paso de los años hasta desembocar en el estallido de la Guerra del Peloponeso décadas después. Cuando la flota persa zarpó del puerto ático de Falero en dirección a los pontones construidos sobre el Helesponto con la intención de facilitar el paso a Anatolia de Jerjes, los capitanes griegos, a sabiendas de que sus enemigos no presentarían batalla, sino que estaban efectuando una retirada estratégica, optaron por perseguir los barcos orientales. Llegados a la isla de Andros y sin rastro de las naves aqueménidas, los líderes de la alianza se entrevistaron a fin de determinar el próximo movimiento. Temístocles, como arquitecto del potencial naval ateniense, aspiraba a dar caza al enemigo y a presentarse en el Helesponto para destruir las pasarelas e impedir la retirada del Gran Rey; opinión diametralmente opuesta a la que defendían Euribíades y la totalidad del almirantazgo peloponesio, quienes vaticinaban graves peligros para Grecia en caso de permitir la presencia de las ingentes tropas de Jerjes en su territorio. En este debate que nos presenta Heródoto se revelan ya las líneas generales de la política exterior ateniense y lacedemonia en la primera mitad del siglo V a. C., por las que los áticos caminarán junto a los estados cicládicos hacia la configuración de una poderosa talasocracia, mientras que Esparta mantendrá sus costumbres y se mostrará intensamente reacia a todo proyecto que implique el distanciamiento de sus fuerzas militares de las fronteras del Peloponeso.[54] Sería, en último término, el argumento de Euribíades (como líder supremo, al fin y al cabo) el que más peso ejercería sobre los jefes de la flota griega, que volvió sobre sus pasos y regresó a Salamina para hacerse con el botín de la batalla y dedicar las correspondientes ofrendas a los dioses. Temístocles y Euribíades serían recibidos con grandes honores en Esparta, a pesar de las diferencias entre ambos; el ateniense fue, a tenor de Heródoto, el único extranjero que gozó de los servicios de los trescientos *hippeîs* como escolta en su salida de la ciudad peloponesia.[55]

9
LA SEGUNDA GUERRA MÉDICA (III). EL TRIUNFO DE LA «CAUSA» GRIEGA

En tanto el mismo sol se levante por ahí
y se ponga otra vez por allí,
no te vendrá el final de esta penosa enfermedad
hasta que por tu propia voluntad vayas a la llanura de Troya.

SÓFOCLES, *Filoctetes* 1329-1332

De Salamina a Platea: el invierno del 480-479 a. C.

Operaciones persas en el norte de Grecia

En su camino de regreso a la capital de su imperio asiático, dice Heródoto, Jerjes fue acompañado por uno de sus más fieles generales, un tal Artabazo, de quien sabemos que dirigió a los regimientos procedentes del mar Caspio y de la Jorasmia adyacente. El Gran Rey dispuso, además de una guardia compuesta por «sesenta mil hombres, de las tropas que seleccionara Mardonio»,[1] el comandante aqueménida que permaneció en territorio griego para continuar la guerra en ausencia de su soberano. Huelga precisar que el número de soldados que el historiador atribuye a la escolta real se aleja remotamente de lo que en realidad debió de ser, pues, tal y como hemos comprobado en el capítulo anterior, Mardonio habría quedado al mando de unos ochenta mil hombres, de entre los que el halicarnasio cuenta a la élite que representaban los «inmortales», a mil jinetes y a la totalidad de los regimientos medos, sacas, bactrios e indios. Así, despojar al general de la mayor parte de sus tropas para que estas realizasen labores de guardia personal se antoja, cuanto menos, improbable. Problemáticas aparte, Mardonio pasaría el invierno del 480-479 a. C. en la medizante Tesalia, dado que el Ática había quedado devastada casi por completo después del incendio del año anterior, mientras que Artabazo asistió al Gran Rey en su camino al Helesponto y, tras asegurar su llegada, emprendió el retorno a Grecia.

La logística de la guerra en la Antigüedad exigía que las acciones bélicas se llevaran a cabo durante los meses templados y calurosos del año, dejando para la estación fría una posible vuelta de los soldados al hogar o actividades más relajadas, como un atrincheramiento o la fortificación de una posición concreta. No obstante, la temporada invernal del conflicto no iba a resultar en absoluto tranquila. Durante su marcha de regreso al territorio griego, en su tránsito por tierras macedonias, Artabazo pudo descubrir que varias poblaciones de la península Calcídica habían aprovechado la lejana hibernación de Mardonio y la desaparición de Jerjes del tablero geoestratégico para rebelarse abiertamente ante el poder aqueménida. Lejos de esperar a una potencial llegada de refuerzos, Artabazo procedió al sometimiento de tales *póleis* y puso cerco, en primer lugar, a Olinto, la ciudad principal de la península macedonia, que cayó con relativa facilidad. Sus habitantes, por lo que expone Heródoto, fueron trasladados a un lago y degollados sin cuartel allí mismo por las tropas persas antes de nombrar gobernador a un tirano de la confianza persa, un tal Critobulo de Torone.[2]

Al mismo tiempo había comenzado el asedio a Potidea, ubicada en el istmo de Palene, que une la más occidental de las tres penínsulas de la Calcídica con la Grecia continental. Para facilitar la rendición de la plaza, Artabazo habría entablado negociaciones secretas con uno de los generales defensores, al que el autor da el nombre de Timóxeno, utilizando para sus comunicaciones mensajes enrollados en flechas, en los extremos opuestos a las puntas, donde las plumas podrían camuflar las misivas. Pero, en un intercambio de correos, Artabazo erró al disparar la saeta e hirió en el hombro a un ciudadano potideata a cuyo alrededor comenzó a congregarse con celeridad una muchedumbre preocupada. Tan pronto se detectó la carta, fue entregada por la ciudadanía a los generales defensores, revelándose con ello la traición de Timóxeno, quien, sin embargo, no fue castigado ni reprendido.

El fiasco dio al traste con las esperanzas de Artabazo de tomar la ciudad sin derramamiento de sangre y demoró el asedio por tres meses, es decir, durante toda la temporada invernal. Se dio el caso de que, finalizado este lapso, se produjo una excepcional bajamar que dejó al descubierto una marisma por la que los atacantes decidieron cruzar en dirección a la zona portuaria de Potidea. Aun así, de acuerdo con el testimonio de Heródoto, «cuando habían cubierto dos quintas partes del trayecto (con lo que aún les quedaban tres por recorrer para penetrar en Palene), los sorprendió de improviso una pleamar de una magnitud que, al decir de los lugareños, no se había producido hasta la fecha».[3] La mayoría de los soldados persas perecieron ahogados por la crecida de las aguas, y aquellos guerreros que mostraban unas mínimas nociones de natación fueron masacrados sin piedad por algunos potideatas que habían salido a su caza en pequeñas embarcaciones. Sin un ejército en condiciones con el que continuar el sitio de la ciudad, Artabazo levantó el asedio y se dirigió al sur para unir los restos de sus fuerzas militares con las de Mardonio. Potidea permanecería libre, como demostrará el envío de trescientos hoplitas a la gran batalla que, meses después, tendrá lugar en Platea.

Embajadas persa y espartana a Atenas

Así pues, para el año 479 a. C. Mardonio se había convertido en el comandante en jefe del ejército persa y no debía, ni quería, fallar al Rey de Reyes en la campaña que estaba por dar inicio. Su primer movimiento político comenzó con el envío de un tal Mis, un hombre procedente de Europo —localidad de Caria—,[4] a consultar a todos los santuarios oraculares griegos a los que tuviera acceso. El propio Heródoto reconoce no tener idea de «qué es lo que quería saber de los oráculos al encargarle esta misión», pero sugiere que «lo envió para que recabara informaciones sobre sus perspectivas de entonces, y no sobre otro tema».[5] Visitó la gruta de Trofonio (deidad otónica pregriega posteriormente asimilada por Zeus) en Beocia, el oráculo de Apolo en Abas de Fócide y el de Apolo Ismenio en Tebas. También el santuario de Apolo Ptoo, al norte de Tebas, que le ofreció una profecía «en una lengua bárbara».[6] Mención especial merece la ausencia de una consulta en el santuario de Delfos, que puede responder tanto a una tradición local posterior en la que se enmascara el presunto medismo practicado por su colegio sacerdotal como al posible control del lugar sagrado por rebeldes focidios.[7] Probablemente, la intención de Mardonio consistiría en mostrar a los estados griegos recientemente sometidos al poder persa que su modo de vida no experimentaría variaciones, al menos, en lo referente a lo religioso.

Tras el periplo por los templos oraculares más renombrados del norte de Grecia, Mis regresó a Tesalia y entregó los vaticinios al comandante aqueménida. El historiador no aclara el contenido de los documentos, pero, a juzgar por su relato posterior, es posible que preconizaran la utilidad de una alianza persa con Atenas. A tal efecto envió Mardonio a la polis ática al rey Alejandro I de Macedonia, personaje idóneo para poner en marcha las negociaciones por su condición de *próxenos* (una suerte de embajador) y *evergétes* (benefactor) del estado democrático. De este modo, en su discurso, Alejandro expuso las promesas del rey Jerjes a cambio del giro diplomático en la guerra: el Gran Rey ofrecía una paz duradera, la restitución de todo su territorio con el permiso de anexión de cualquier región que considerasen conveniente y la plena autonomía de gobierno; condiciones que aun así beneficiarían al Estado persa si con ellas se eliminaba la amenaza que representaba la flota de Atenas.

Pero la de Alejandro no era la única comitiva que comparecía ante la asamblea. Cuando los lacedemonios se enteraron de las intenciones de Mardonio y de la embajada enviada al Ática, recordaron unos hipotéticos oráculos que vaticinaban la expulsión de los dorios del Peloponeso por medio de una alianza de atenienses y medos, razones estas que bastaron a los laconios para despachar sus propios heraldos con la intención de evitar tal acuerdo. Dignatarios de una y otra tierra coincidieron en sus intervenciones —de acuerdo con Heródoto— porque los atenienses habían retrasado su audiencia con Alejandro a fin de que los lacedemonios llegasen a tiempo para escuchar su respuesta. Con todo, los espartanos tuvieron oportunidad de reprochar al pueblo de Atenas su culpa en el inicio de una guerra contra el persa —pues apoyaron con veinte trirremes la sublevación jonia (véase cap. 4)— que ellos no deseaban. En contrapartida, ofrecieron encargarse de la manutención de los refugiados atenienses, dando por segura una nueva invasión persa del territorio ático, sin llegar a garantizar expediciones militares más allá del istmo de Corinto. La épica respuesta que, atendiendo a Plutarco,[8] proporcionó Arístides al rey de Macedonia recuerda más a los discursos homéricos que al clasicismo griego:[9]

> Mientras el sol continúe recorriendo el mismo curso que sigue en la actualidad, jamás pactaremos con Jerjes; al contrario, confiando en el auxilio de los dioses y de los héroes, cuyos santuarios e imágenes mandó él incendiar sin respeto alguno, nos enfrentaremos a él para defendernos.[10]

Más interesante aún fue la réplica a la intervención espartana. Tras insistir en su determinación para resistir hasta el último hombre en nombre de la libertad y declinando de manera cortés el ofrecimiento lacedemonio de procurar la alimentación de los refugiados áticos, los oradores atenienses finalizaron su alocución con un llamamiento a un envío de tropas desde el Peloponeso tan inmediato como fuera posible, puesto que resultaba evidente que Mardonio, luego de que fuera consciente de la negativa de Atenas a deponer las armas y aliarse con el Gran Rey, planearía una nueva irrupción en su territorio: «Por eso, antes de que se presenten en el Ática, tenéis [los espartanos] una buena ocasión para adelantaros y acudir a Beocia con socorros». Ante la súplica de establecer la línea defensiva helénica en el norte del Atenas y abandonar el istmo de Corinto, los heraldos lacedemonios, simplemente, se marcharon sin dar una respuesta concreta.

Atenas, arrasada de nuevo

Con la incertidumbre en torno a la actitud que los lacedemonios planeaban adoptar frente a una inminente segunda invasión persa del

Ática culmina, según la división obrada por la filología alejandrina, el octavo libro de las *Historias* de Heródoto, para dar paso al último volumen de su producción literaria, cuya apertura coincide con el inicio de las operaciones militares del año 479 a. C. que desembocarán en el triunfo, no sin esfuerzo, de las armas de la Liga Helénica.

Está claro que la rotunda negativa de los atenienses a la oferta expresada por el rey Alejandro en nombre del soberano persa no sorprendió a Mardonio, pues, cuando el macedonio volvió a Tesalia e informó al comandante persa, el ejército de Jerjes se puso en camino hacia el sur para irrumpir de nuevo en las inmediaciones de Atenas. Como quiera que las tropas que los estados medizantes habían puesto al servicio del imperio en el año anterior debían de haber sido ya licenciadas, Mardonio se ocupó del reclutamiento de nuevos contingentes griegos en cada una de las regiones por las que la expedición avanzó. A su paso por Beocia, algunos hombres ilustres de Tebas intentaron persuadir al general aqueménida de que desistiera en su avance y, en su lugar, tratara de provocar la implosión de la Liga Helénica mediante el uso de sobornos a diferentes líderes. Mardonio, sin embargo, hizo caso omiso de las recomendaciones: «En su corazón había anidado un irresistible deseo de tomar por segunda vez Atenas, motivado, en parte, por una estúpida arrogancia».[11] Ciertamente, el comandante es dibujado a lo largo de las *Historias* herodoteas como el paradigma del sentimiento antigriego merced a la tradición que sobre su figura se formó tras su invasión del territorio ático y su posterior permanencia en Grecia, dando como resultado un personaje obsesionado con el sometimiento de toda la Hélade. Debemos tener en consideración, aun contraviniendo el testimonio del historiador, que la plana mayor persa podría estar perfectamente informada de los movimientos de las tropas tanto atenienses como espartanas, inmóviles estas últimas en el istmo de Corinto, junto al muro cuya construcción ya debía de haber finalizado. En este contexto, la lógica apremiaría a hacerse con el control de todo el Ática y de sus aguas circundantes para obtener cierta ventaja en un potencial choque en la franja terrestre que sirve de entrada al Peloponeso, con lo que, lejos de obedecer a una necesidad irrefrenable de destruir las grandes ciudades griegas, la estrategia de Mardonio podría presentar un fundamento tan coherente como la recuperación de la hegemonía persa en el mar.[12]

Por segunda vez, el ejército oriental se encontró con una Atenas desierta, tanto o más que en la ocasión del año anterior. Sus habitantes habían vuelto a refugiarse en la cercana isla de Salamina, por lo que Mardonio no encontró ninguna resistencia para hacerse con la polis, pero, antes de tomar represalias, emprendió un segundo esfuerzo por impulsar la rendición de los atenienses. Consciente de que los órganos políticos de la ciudad se habían trasladado al islote junto con sus habitantes, envió a «Muríquidas, un natural del Helesponto» para proponer, en audiencia ante la *Boulé*, las mismas condiciones para la paz que ya explicó Alejandro de Macedonia, con la esperanza de que la ocupación efectiva de la práctica totalidad de su territorio influyera en su decisión. Parece —de acuerdo con Heródoto— que algunos miembros del consejo cambiaron de opinión y sugirieron una reunión de la *ekklesía* para deliberar la respuesta; estos hombres, encabezados por un individuo llamado Lícides, sobre el que el historiador insinúa un posible soborno persa, incurrieron en la cólera del pueblo ateniense que, según la tradición, acribilló a pedradas al líder del sector favorable a la capitulación. El escándalo habría alcanzado tal magnitud que las mujeres atenienses, cuando supieron del suceso, «se dirigieron espontáneamente a la residencia de Lícides y lapidaron tanto a su mujer como a sus hijos».[13] Tan siniestro episodio en la historia de Atenas podría relacionarse con un teórico pronunciamiento de las facciones políticas opuestas a la democracia y favorables a los gobiernos oligárquicos fomentados desde el Imperio persa,[14] planteamientos ante los que el pueblo ático, una vez más, se posicionó en contra y elaboró un relato, apropiado para la situación, que ha perdurado en las fuentes literarias.[15]

Atenas estaba clara y mayoritariamente dispuesta a defender su libertad frente al ejército de Jerjes y solo llevó a cabo la evacuación de la polis cuando resultó evidente que, aunque las fuerzas de Mardonio se encontraban en Beocia, el ejército peloponesio no iba a acudir en su socorro. Decepcionados, los atenienses despacharon una embajada con destino a Esparta para criticar la despreocupación de sus autoridades y para recordarles «todo lo que el persa había prometido darles, si cambiaban de bando». Si los hoplitas peloponesios no se ponían inmediatamente en marcha para defender los intereses de la Liga Helénica, los áticos, advirtieron sus heraldos, «ya encontrarían algún medio para protegerse»,[16] esto es, sopesarían detenidamente la oferta del general aqueménida, volviendo quizá a Atenas en contra de los lacedemonios. Resultaba, empero, que los espartanos se encontraban en plena celebración de las fiestas Jacintias[17] (factor que ha permitido a la historiografía moderna datar la comitiva en junio), lo que explicaría el retraso de los contingentes de la península. Los éforos, por su parte, tras haber escuchado las peticiones de los enviados por la polis democrática, declararon que facilitarían una respuesta al día siguiente, excusa que no obstante utilizaron durante diez días para indignación de los heraldos. Mientras tanto, el muro sobre el istmo de Corinto que habría de proteger el Peloponeso, único aspecto que parecía preocupar a las autoridades lacedemonias, estaba prácticamente terminado. El relato de Heródoto sobre la actitud de Esparta en este momento de la guerra implica que los peloponesios creerían no necesitar a los atenienses en caso de tener bien apuntalada su muralla, de ahí las evasivas con las que los éforos despacharon a los heraldos áticos. Sin embargo, el halicarnasio bebe de una tradición claramente enfocada a desprestigiar a los espartanos con anécdotas que realzan un comportamiento apático e indiferente por sus aliados griegos, fabricada indudablemente en Atenas al finalizar la guerra, pero que, pese a su tinte propagandístico, acierta en algunas cuestiones. Es obvio que las fricciones entre ambos estados habían crecido exponencialmente desde las primeras disidencias en el marco de las batallas navales de Artemisio y Salamina, y que tal incremento de las desavenencias se habría agudizado con el rechazo de los líderes espartanos a enviar un ejército a defender el Ática, aun cuando era segura su destrucción; una estrategia, por otra parte, acorde con el punto de vista de la táctica exterior espartana imperante desde mediados del siglo VI a. C. Independientemente de las razones políticas o estratégicas que se encontraran detrás de la permanencia del ejército laconio tras las fronteras del Peloponeso, la decisión habría provocado un obvio e intenso malestar en el seno de la sociedad ateniense que sería recogido por sus entes publicitarios y plasmado por Heródoto en este fragmento de sus *Historias*.[18]

Después de todo, la respuesta definitiva de los éforos se vería afectada por el testimonio de un extranjero, Quíleo de Tegea, hombre de gran influencia en Lacedemonia procedente de una localidad supeditada a los intereses espartanos desde el siglo anterior:[19]

> La situación, éforos, presenta este cariz: si los atenienses no mantienen relaciones cordiales con nosotros y se alían con el bárbaro, aunque un poderoso muro se halle levantado a través del Istmo, el persa cuenta con importantes vías de acceso para penetrar en el Peloponeso. Por consiguiente, prestadles atención antes de que los atenienses adopten alguna medida que entrañe una desgracia para la Hélade.[20]

Lo cierto es que la firma de la paz entre Atenas y Mardonio, así como la consiguiente pérdida de la flota ática para los intereses helénicos, pondría Esparta y el Peloponeso a merced de una más que probable invasión por mar sin que el ejército asiático (apoyado por el ático) se acercara siquiera al muro del istmo de Corinto. Así que los éforos, muy probablemente contrariados por tener que adoptar una resolución que en nada favorecía los tradicionales preceptos de su polis, «hicieron partir, todavía de noche, a cinco mil espartiatas [...] confiando su dirección a Pausanias, hijo de Cleómbroto»,[21] sin avisar a los dignatarios atenienses que aún se encontraban en Esparta. La rápida disposición del contingente, preparado y equipado el mismo día de la decisión, permite suponer que habría, en la ciudad, un brazo político partidario de la actividad espartana fuera del Peloponeso, y que, en consecuencia, los hoplitas se encontraban ya listos para una potencial actividad.[22] Además, no se trataba de un pequeño regimiento como el que acudió a las Termópilas. De Lacedemonia salió, al decir de Heródoto, un ejército de cinco mil soldados, cifra que supone más de la mitad de las fuerzas terrestres que la polis podría poner sobre el terreno de batalla, si tomamos en consideración los ocho mil hombres con los que, según la advertencia de Demarato a Jerjes, contaría (véase cap. 7). En cuanto a su líder Pausanias, o Pausanias «el Regente», era hijo del diarca Cleómbroto, fallecido en la vuelta del ejército peloponesio desde el istmo de Corinto; sobrino del malogrado Leónidas y tutor de su hijo Plistarco, a quien correspondería el mando y la diarquía si contara con la mayoría de edad. Posteriormente, junto con los embajadores atenienses, ya satisfechos, partirían de Laconia otros cinco mil periecos armados para el combate, aportando Esparta por lo tanto diez mil hoplitas, sin contar con los hilotas que acompañarían a cada espartiata y que desempeñarían funciones de infantería ligera.

Paralelamente, los argivos, continuando con la tradicional enemistad que profesaban a todo lo relacionado con Lacedemonia y demostrando la tendencia medizante de sus líderes, se apresuraron a informar a Mardonio de la salida de Esparta de un ejército de diez mil guerreros al que no pudieron hacer frente por su cuenta para evitar las molestias al persa. El comandante oriental, por ello, desistió de sus pretensiones de una beneficiosa paz con Atenas y se dirigió raudo al norte, hacia territorio beocio, donde sus llanuras permitirían la plena capacidad de acción de la determinante caballería persa; no sin antes acometer una segunda gran destrucción del Ática: «Ordenó incendiar Atenas, así como demoler y arrasar todo resto de murallas, de edificios y de santuarios que pudieran quedar en pie»;[23] testimonio que describe una ciudad completamente asolada de manera, quizá, exagerada, pues las noticias que llegaban desde Argos no debieron de permitir al ejército persa detenerse demasiado tiempo en la quema de la polis, como prueba que, en la época de Tucídides e incluso en la de Pausanias, quedaban en pie edificios anteriores a las guerras médicas.[24]

La batalla de Platea (479 a. C.)

En los antecedentes de uno de los últimos y más trascendentales choques del segundo conflicto greco-persa, las diferencias en los ánimos de los contendientes debían de ser más profundas que nunca. El ejército de Mardonio había intentado por todos los medios alcanzar un acuerdo con Atenas que le permitiera recobrar el control de los mares en una eventual maniobra de envolvimiento hacia la retaguardia de la misma Esparta, pero se había visto obligado a abandonar el Ática dejando a los atenienses con un renovado espíritu de lucha. Así, los orientales se preparaban para una reyerta en Beocia sin la presencia del Gran Rey, que hubo de retirarse a Asia para lamerse las heridas después de la inesperada derrota de su armada en Salamina. Además, el contingente persa —todavía muy numeroso— debía de estar afrontando ya los problemas derivados de la intendencia en un conflicto lejano y más prolongado de lo que se deseaba. No hay duda de que estos factores habrían hecho mella en la voluntad aqueménida, tal y como muestra un fragmento de Heródoto relativo a los momentos anteriores a la batalla de Platea, cuando, en un festín organizado por las autoridades de Tebas en honor de Mardonio, uno de los generales de Jerjes comenta con un tal Tersandro: «¿Ves a esos persas que asisten al banquete? ¿Recuerdas al ejército que hemos dejado acampado a orillas del río? En breve comprobarás que, de entre todos ellos, los supervivientes son solo unos cuantos».[25]

En cambio, la moral de los combatientes de la Liga Helénica habría salido reforzada del invierno del 479 a. C. Pese a las discrepancias entre las dos principales potencias que, en su día, integraron el congreso de Corinto, los atenienses estaban ansiosos por vengar la afrenta cometida por las tropas de Mardonio en los dos incendios de Atenas; mientras que Esparta, finalmente, había accedido a enviar un importante y bien nutrido batallón más allá del istmo corintio. Las aguas pertenecían desde hacía meses al bando aliado, por lo que apenas se vislumbraban amenazas de desembarcos inesperados. Parecía el momento propicio para un gran esfuerzo de todas las *póleis* antipersas hacia la expulsión definitiva de las fuerzas del Imperio persa y, efectivamente, en Platea se reunieron treinta y ocho mil setecientos hoplitas y sesenta y nueve mil quinientos infantes ligeros de todos los estados no medizantes, el ejército griego más numeroso congregado hasta la fecha que, aun así, tendría que hacer frente a unas huestes orientales integradas —según los estudios modernos— por unos cien mil soldados de infantería y un número indeterminado de jinetes (lejos quedan los trescientos mil efectivos que Heródoto atribuye a las fuerzas de Mardonio).[26]

Primera escaramuza en Eritras

Pausanias estableció un improvisado campamento en el istmo de Corinto, donde se reuniría con el resto de contingentes enviados desde las ciudades peloponesias. Una vez agrupados los ejércitos y obtenidos los presagios favorables en los sacrificios correspondientes, el Regente avanzó hacia Eleusis, donde se le unieron las fuerzas de infantería atenienses que habían pasado al continente desde Salamina. Fue en la localidad beocia de Eritras donde los aliados tomaron conciencia de que Mardonio y sus hombres se hallaban acampados a la orilla del río Asopo, por lo que el comandante espartiata, previendo un ataque de los jinetes asiáticos, decidió alinear a sus hombres frente a la muchedumbre persa en las faldas del monte Citerón. La decisión táctica de Pausanias no podría haber sido más acertada: poco después de completarse el despliegue griego, Mardonio lanzó «a toda su caballería»[27] contra la posición elevada en la que se encontraban los regimientos hoplíticos, a los que aun así «infligieron importantes daños al tiempo que los tildaban de mujeres». Tal vez por encontrarse en una posición menos elevada que el resto de sus compañeros de armas o por haberse situado en el centro de la formación griega, los soldados megarenses tuvieron que soportar la mayoría de las embestidas enemigas, asunto que, previa queja de los estrategos en cuestión, incitó a Pausanias a buscar de entre los aliados un cuadro dispuesto a relevar a los hoplitas de Mégara. «Trescientos hoplitas atenienses de élite que capitaneaba Olimpiodoro, hijo de Lampón»[28] atendieron a la llamada de auxilio y se comprometieron a situarse en la vanguardia de las líneas helénicas, apoyados por unidades de infantería a distancia; continuando el combate hasta que cayó muerto el líder aqueménida Masistio durante el ataque de uno de sus escuadrones de caballería. Atenienses y persas pelearon entonces por hacerse con el cadáver del general en una virulenta y desordenada pelea, tras la que fueron los griegos quienes consiguieron, finalmente, mostrar el trofeo a sus soldados. Por su parte, la caballería persa se vio forzada a retroceder y, después de informar a Mardonio de la pérdida de Masistio, contemplaron adecuado rendir los honores pertinentes al soldado, pese a la ausencia de cuerpo:

> Al llegar la caballería al campamento, todo el ejército, incluido Mardonio, guardó el más riguroso duelo por la pérdida de Masistio: los bárbaros se cortaron el pelo, hicieron lo propio con las crines de sus caballos y acémilas, y se entregaron a interminables lamentos cuyo eco se extendía por toda Beocia, pues había muerto un personaje que —eso sí, después de Mardonio— gozaba de la más alta consideración ante los persas y ante el monarca. Los bárbaros, en definitiva, honraron a su manera la muerte de Masistio.[29]

Con esta derrota persa concluyó la escaramuza que precedió al gran combate de Platea. Allí se dirigieron, en lo sucesivo, ambos contendientes, sabiendo que la suerte de la batalla que estaba a punto de acontecer podría determinar el resultado de la guerra.

Despliegue en Platea. Pugna entre atenienses y tegeatas por un puesto de honor

Pausanias decidió emplazar a su ejército en las inmediaciones de la fuente Gargafia —en la depresión entre el Citerón y el río Asopo—, que se convertiría en la única fuente de agua corriente de la que disfrutarían los efectivos aliados, toda vez que el acceso al Asopo estaba bien cubierto por los afamados arqueros persas.[30] En ese lugar, según Heródoto, dispuso el espartiata que los griegos comenzaran a formar por naciones, cuando «se produjo un violento altercado verbal entre tegeatas y atenienses, pues unos y otros, alegando recientes y antiguas gestas, se consideraban con derechos para ocupar con sus efectivos una de sus alas».[31] Los de Tegea argumentaban la cobertura del flanco izquierdo desde tiempos homéricos, incluso retrasando la fundación de la Liga del Peloponeso hasta la época del retorno de los Heraclidas; a su vez, los combatientes áticos hicieron hincapié en la victoria lograda contra las naciones persas en la bahía de Maratón en el 490 a. C., supeditándose, en cualquier caso, a la decisión de los lacedemonios. De acuerdo con el atenocéntrico relato herodoteo[32], los espartanos que allí se encontraban manifestaron por aclamación —la forma habitual de tomar decisiones por parte de la *Apélla* (véase cap. 3)—, que los regimientos atenienses «contaban con más méritos que los arcadios para ocupar el ala».[33]

Así pues, el ejército hoplítico griego en Platea se habría desplegado como sigue: en el flanco derecho, uno de los puestos más importantes de la formación, se habrían ubicado los diez mil soldados espartanos (cinco mil espartiatas y cinco mil periecos). Junto a ellos, y a raíz de la enconada discusión apenas aludida, permitieron que se situaran las tropas tegeatas, a la sazón aliadas desde la configuración de la alianza peloponesia. Al otro extremo, el costado izquierdo del ejército estaría protegido por los ocho mil atenienses, dirigidos por Arístides (que habría sido reelegido estratego de Atenas para el año 479 a. C.); acompañados de seiscientos hoplitas plateenses. Los regimientos centrales fueron integrados por hoplitas procedentes del resto de *póleis* antipersas, formando un conglomerado multiestatal de hoplitas. El centro izquierda fue copado por varios regimientos de entre los que destacaba, por el tamaño de sus efectivos, el ejército de tres mil soldados enviado por Mégara. Respecto al centro derecha, fueron los corintios los que contribuyeron con una mayor soldadesca al esfuerzo de Platea, enviando a cinco mil guerreros. En lo relativo a la infantería ligera, prácticamente la mitad de la presente en la batalla pertenecería —en el sentido literal de la palabra, pues estaría formada por hilotas— a los hoplitas espartiatas, a razón de siete esclavos por hombre. La suma de todos los efectivos, pesados y ligeros, de las filas griegas arrojaría, por tanto, la cifra aproximada de ciento diez mil efectivos.

Respecto al ejército persa, una vez concluidos los funerales por la pérdida de Masistio, Mardonio escogió a la flor y nata de su numerosa tropa (esto es, los «inmortales» persas) para situarla frente a los espartanos, sabedor, tanto por la experiencia de las Termópilas como por el consejo que le habrían brindado los tebanos, de la extrema pericia militar con la que contaban los hombres de Pausanias. Aprovechó también su superioridad numérica para crear un regimiento de varias filas de profundidad. En su flanco derecho, opuestos a los batallones atenienses y plateenses, se colocaron los guerreros reclutados de entre los estados griegos medizantes. Sobre las formaciones centrales de Mardonio, dice Heródoto:

> A continuación de los persas alineó a los medos, que tenían enfrente a los de Corinto, Potidea, Orcómeno y Sición. A continuación de los medos alineó a los bactrios, que tenían enfrente a los de Epidauro, Trecén, Lépreo, Tirinto, Micenas y Fliunte. Después de los bactrios situó a los indios, que tenían enfrente a los de Hermíone, Eretria, Estira y Calcis. A continuación de los indios alineó a los sacas, quienes tenían enfrente a los de Ampracia, Anactorio, Léucade, Pale y Egina.[34]

Los contingentes mencionados por el historiador fueron reforzados con pequeñas compañías procedentes de lugares tan remotos entre sí como Frigia, Tracia, Etiopía o Egipto. En cuanto a la caballería, pese a que el historiador no aporta información, es de suponer que se situó protegiendo los flancos.

Indecisión de los mandos de ambos ejércitos

Preparadas las armas a uno y otro lado del campo de batalla, había llegado el momento de buscar el visto bueno de los dioses. Ocho jornadas de presagios negativos en los sacrificios mantuvieron a ambos ejércitos impasibles e hicieron de los preliminares de la batalla de Platea una rememoración de los de la batalla de Maratón. Puede que Heródoto atribuya a los dioses la ausencia de iniciativas de los soldados, cuando, en realidad, fuera la búsqueda de la estrategia adecuada o, sin más, la falta de coraje lo que retrasara el inicio de las hostilidades; quizá los vaticinios desfavorables se convirtieran en excusas por parte de los generalatos griego y persa, expectantes por responder a un primer movimiento del enemigo. Pasados estos ocho días, en vista de que el número de combatientes griegos crecía paulatinamente por la afluencia de hoplitas desde todos los estados favorables a la «causa» y merced al consejo de uno de los oligarcas tebanos que le acompañaban, Mardonio envió a su caballería a «custodiar los pasos del Citerón, alegando que por allí era por donde, todos los días, afluían sin cesar los griegos, y que podrían capturar a muchos».[35] De hecho, la expedición de los jinetes persas consiguió capturar un convoy procedente del Peloponeso con víveres para las fuerzas griegas y, tras dar muerte a los hombres (presumiblemente pertenecientes a la infantería ligera) que los defendían y a todo animal de carga, lo condujeron hasta la presencia del comandante aqueménida. Este tímido movimiento bélico sería el único desempeñado tras el prolongado intervalo dedicado a consultar a las divinidades, pues el inmovilismo de las tropas volvería a constituir la tónica dominante durante los dos días siguientes, más allá de alguna escaramuza sin importancia protagonizada por la caballería persa.

Al undécimo día tuvo lugar un intercambio de impresiones entre Mardonio y Artabazo, los dos generales más prestigiosos del ejército persa que permanecía en Grecia, en torno a la decisión a tomar ante la cada vez mayor fuerza griega que se erigía delante de sus posiciones. Artabazo, de cuya reputación daba fe la labor de escolta que ejerció en el camino de regreso de Jerjes a Anatolia, abogaba por trasladarse a Tebas para tomar la ciudad como centro de operaciones, habida cuenta de su capacidad para alimentar y proveer de suministros a las tropas durante un largo tiempo y de sus ricos tesoros aptos para el soborno de los estrategos antipersas; tesis esta apoyada por las propias autoridades tebanas. Sin embargo, Mardonio, en tanto que comandante supremo de las fuerzas persas en territorio helénico, decidió presentar batalla en campo abierto a la mayor brevedad posible, antes de que el ejército de Pausanias continuara creciendo (y, presuntamente, en contra de lo que los presagios persas habían establecido). Nadie de los presentes se atrevió a contradecir al general, que ordenó preparar todo lo correspondiente para que, a la mañana siguiente, al despuntar el alba, comenzara la batalla.

Luego de esta entrevista, siempre según Heródoto, el rey Alejandro de Macedonia se trasladó al galope desde el campamento persa hasta las posiciones griegas para informar de los preparativos de Mardonio. Tal visita, que dudosamente se habría producido, pertenece casi con total seguridad a la tradición ateniense reflejada en el relato del halicarnasio, y tendría el objeto de presentar al rey macedonio (en tanto que *próxenos* y *evergétes* de Atenas) como un hombre verdaderamente comprometido con la «causa» griega:

> Atenienses, lo que os voy a decir constituye un gran secreto [...]. Desde luego no os lo comunicaría si no sintiese una honda preocupación por la suerte de toda Grecia, pues yo soy un griego de antigua estirpe y no desearía ver que la Hélade pierde su libertad y resulta esclavizada. Por eso os comunico que Mardonio [...] ha decidido hacer caso omiso de los presagios y presentar batalla en cuanto despunte el alba [...]. Y si esta guerra concluye conforme a vuestros deseos, alguien debe acordarse también de mí, [...] por mi devoción a la causa griega [...]. Soy Alejandro de Macedonia.[36]

Así, con los griegos bajo aviso de los planes aqueménidas, Pausanias comenzó la planificación de su estrategia. Tal como ocurre en su relato de la batalla de Salamina, el testimonio de Heródoto está más centrado en sucesos de menor importancia que en el propio desarrollo de la contienda: en primer lugar tenemos un hipotético cambio de posiciones en las líneas defensoras, ordenado por el Agíada, en el que los atenienses pasarían a ocupar el flanco derecho de la formación mientras que los hoplitas espartiatas cubrirían el costado izquierdo, todo ello, dice el halicarnasio, para situar a los áticos frente a la infantería persa, en razón de la experiencia que obtuvieron en la batalla de Maratón. Pero parece ser que Mardonio se percató de la maniobra y ordenó, a su vez, que los efectivos bajo su mando directo fueran movilizados al otro punto de su formación, obligando a los lacedemonios a trabar combate contra estas tropas de élite en caso de que se desencadenara la lucha. Entonces, Pausanias, comprobando que su homólogo enemigo realizaba los movimientos pertinentes para que los soldados de extracción persa se enfrentaran a los espartanos, canceló su primer mandato dejando a sus filas en la posición inicial; procedimiento que también fue seguido por Mardonio. Finalmente, ambos ejércitos no sufrieron variación alguna, pero el comandante de los persas, que habría deducido una presunta renuencia de los espartanos a batirse ante los «inmortales», envió un heraldo al campamento de Pausanias para ofrecer un desafío «a la homérica», es decir, retó al cuadro espartano a un duelo en igualdad numérica frente a un contingente de persas, de manera que el resultado de tal combate dirimiera el desenlace para los dos ejércitos. Este tipo de enfrentamientos fue relativamente común en la Grecia arcaica y los lacedemonios no eran ajenos a su práctica, ya que utilizaron este método algo más de medio siglo atrás, en el 546 a. C., cuando trescientos soldados laconios se midieron a trescientos argivos en la conocida como «batalla de los campeones».[37] Puesto que el enviado de los orientales regresó sin recibir respuesta, Mardonio optó por comenzar las hostilidades.

Tanto el cambio de planes en la formación griega por parte de Pausanias como el posterior desafío lanzado por Mardonio están de nuevo relacionados con un legado marcadamente antiespartano, vertido, aparentemente, por la propaganda ateniense posterior al conflicto. No hay motivo para que el estratego de la coalición griega, conocedor del eventual ataque persa, llevara a cabo modificaciones en su ejército que implicarían el traslado al otro extremo —a una distancia que rondaría los cuatro kilómetros— de dos de sus mejores regimientos. La hostilidad hacia Esparta de la que hace gala la crónica herodotea continúa con un exultante Mardonio lanzando a la caballería contra el grueso de los efectivos helénicos y consiguiendo, a la postre, cegar la fuente Gargafia, de la que todo el ejército aliado se abastecía y que estaría defendida únicamente por los hoplitas lacedemonios. Después del ataque de los jinetes y de algunas bajas en las filas defensoras, el estado mayor griego comprobó que sus líneas de suministros habían sido bloqueadas: la fuente Gargafia había quedado inservible, mientras que la intendencia que partía desde el Peloponeso era presa fácil para la rápida caballería de Mardonio, como habían tenido ocasión de constatar. Por lo tanto, el Regente y sus generales acordaron esperar a la noche para retroceder ordenadamente hasta las inmediaciones de la ciudad de Platea. Es interesante, en este punto, la presunta insubordinación de uno de los *lochagos* u oficiales de regimiento espartanos, Amonfáreto, quien se negó a replegarse por considerarlo un acto deshonroso, conducta que llegó a paralizar temporalmente el flanco derecho del ejército y que depuso solo cuando observó que su compañía quedaba desamparada luego de la retirada del resto de griegos.[38]

EXTENSIÓN DEL IMPERIO PERSA Y SU DIVISIÓN EN SATRAPÍAS A COMIENZOS DEL SIGLO V A. C., CON EL CAMINO REAL DE SUSA A SARDES

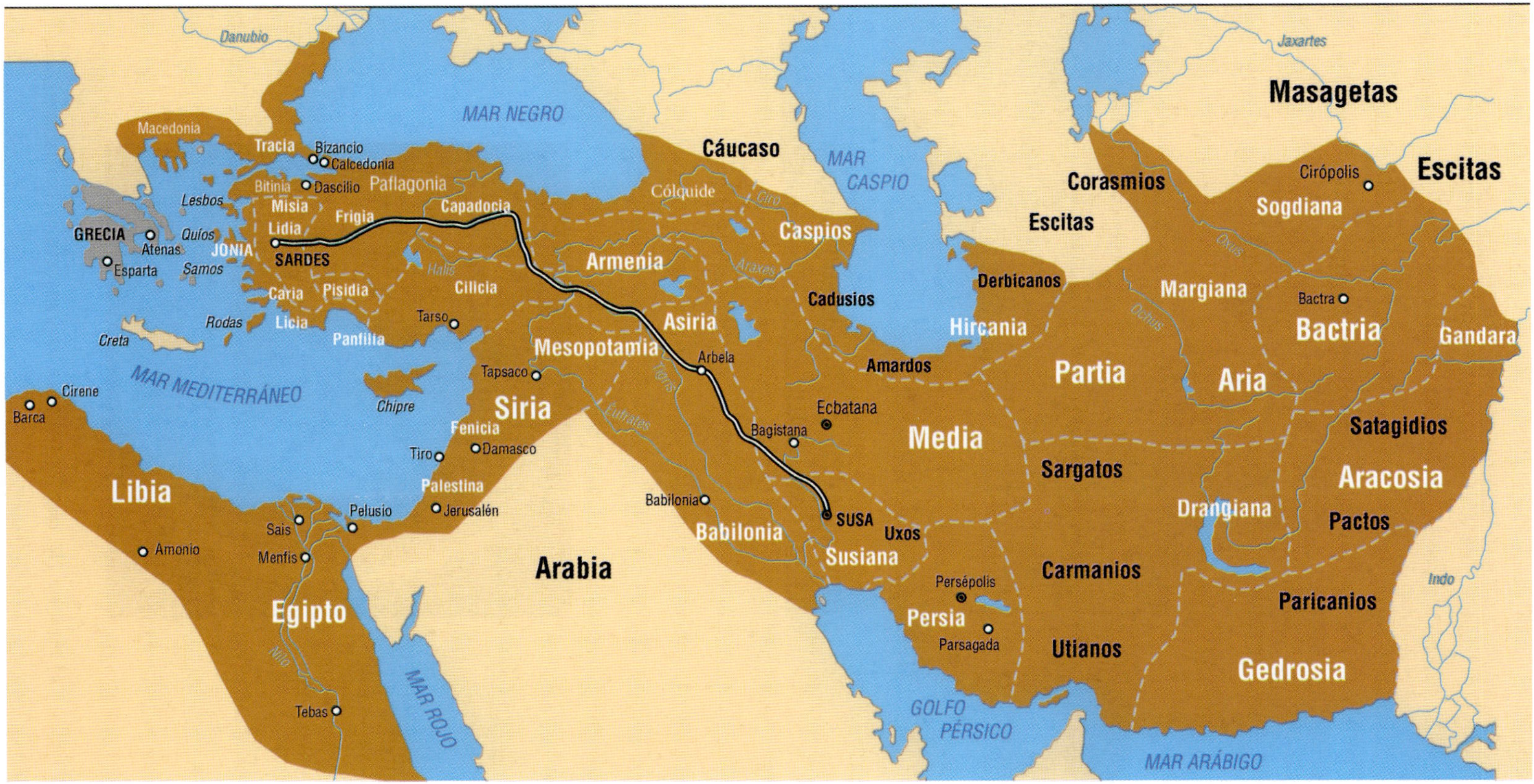

Tumba de Ciro el Grande en Pasargada.
(Diego Delso/Wikimedia Commons).

«Dárico» de oro. (Deflim/Wikimedia Commons).

Guerreros persas cuyo equipamiento coincide con la descripción
de los «inmortales» en las fuentes historiográficas.
Procedente del palacio de Darío I en Susa, en la actualidad
se encuentra en el Museo de Pérgamo, Berlín. (Wikimedia Commons).

Inscripción de Behistún: Darío castiga a Gaumata y sus seguidores. (Hara/Wikimedia Commons).

Grupo escultórico de los tiranicidas Harmodio y Aristogitón en el Museo Arqueológico Nacional de Nápoles. (Wikimedia Commons).

Merry Joseph Blondel, *Licurgo de Esparta*, 1828.
(Wikimedia Commons).

EL MUNDO GRIEGO DURANTE LAS GUERRAS MÉDICAS (500-479 a. C.)

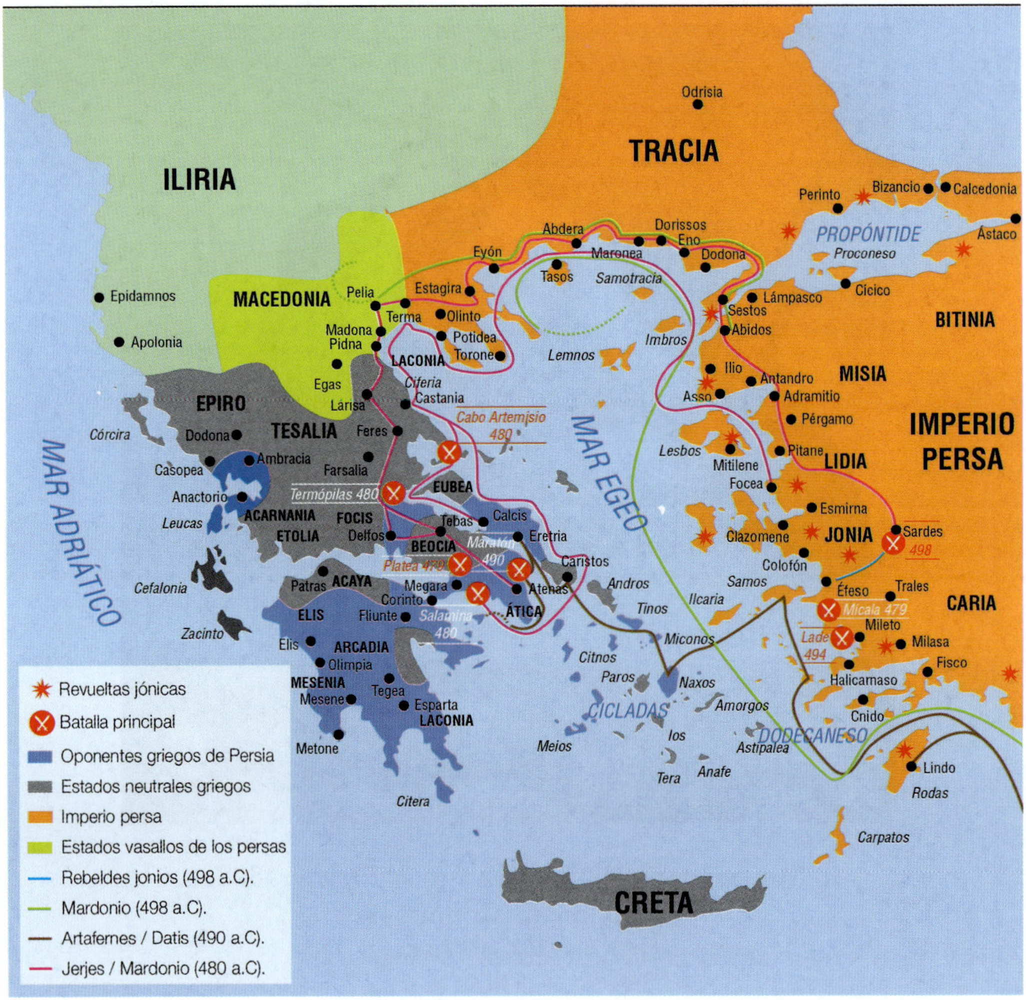

Filípides perece tras anunciar la victoria ateniense en la llanura de Maratón. Luc-Olivier Merson, *El soldado de Marathon*, 1869. (Wikimedia Commons).

Busto de mármol del siglo v a. C. representando un hoplita con casco, presumiblemente Leónidas I. Museo Arqueológico de Esparta. (Ticinese/Wikimedia Commons).

Monumento a la victoria helénica en Salamina. (Wikimedia Commons).

Representación de la batalla de Platea en el friso de la fachada sur del templo de Atenea Niké en Atenas, probablemente mostrando la lucha por el cuerpo de Masistio. (Wikimedia-Commons).

Templo de Apolo, en Delfos, en la actualidad. (Helen Simonsson/Wikimedia Commons).

Restos de la Columna de las Serpientes en la actual Estambul. (Marku1988/ Wikimedia Commons).

Óstraca con el nombre de «Temístocles, hijo de Neocles». (Marsyas/Wikimedia Commons).

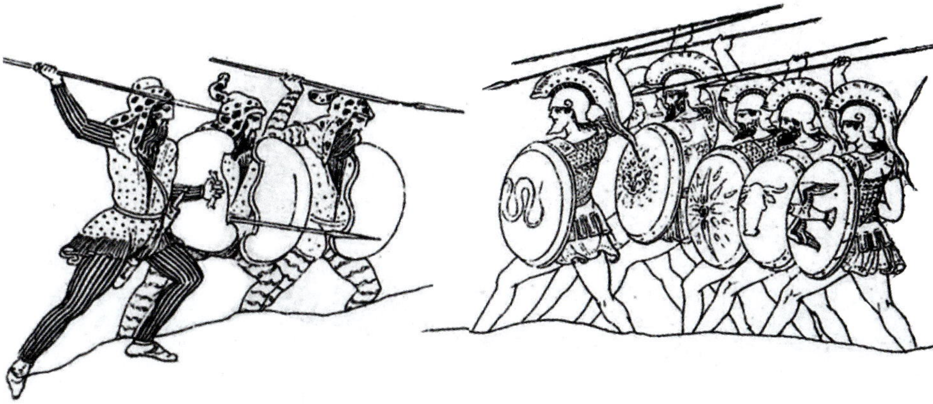

Combate entre guerreros aqueménidas y hoplitas atenienses (representación procedente de la *Stoa Poikilè*). (Wikimedia Commons).

El trirreme *Olympias*, reconstrucción perteneciente a la Armada griega, en 2019. (George E. Koronaios/Wikimedia Commons).

Estatuas de Tucídides y Heródoto en la entrada del parlamento de Austria. (Archivo particular).

Comienzo de la batalla

Llegamos, por fin, al inicio de la batalla propiamente dicha, tras doce días de múltiples escaramuzas libradas por la caballería persa y los infantes griegos que, como pudieron, hicieron frente a sus maniobras. Fue Mardonio quien se decantó por lanzar el órdago al ordenar a sus soldados cruzar el río Asopo, creyendo que el movimiento ejecutado por Pausanias al replegar sus efectivos hacia la llanura de Platea representaba una huida del campo de batalla. Ante el avance de sus compañeros de armas, todos los regimientos del enardecido ejército persa, «vociferando y en tropel, se lanzaron a la carga, convencidos de que iban a aniquilar a los griegos».[39] Pausanias y sus hoplitas espartanos comenzaron a sufrir el acoso de la caballería oriental y el Regente envió al galope un emisario hacia las filas atenienses con el fin de que acudieran en su socorro; no obstante, cualquier posibilidad de ayuda desde el flanco izquierdo ocupado por los áticos fue desmantelada por el ataque de los guerreros tebanos al servicio del imperio. Aislado, pues, el costado derecho, el comandante de los griegos procedió a los sacrificios anteriores a la carga, esperando presagios favorables mientras hacía lo posible por mantener la disciplina de sus propias líneas. La infantería de los «inmortales» ya se habría posicionado a una distancia considerablemente corta de los cuadros lacedemonios y tegeatas situados a la derecha de las líneas helénicas y, siguiendo una típica técnica persa, habrían formado un muro de escudos tras el que protegerse al mismo tiempo que disparaban sus flechas y venablos. De acuerdo con Heródoto, mientras Pausanias celebraba los sacrificios, los guerreros tegeatas que sufrían la lluvia de flechas abandonaron la formación y se abalanzaron sobre los enemigos. Es posible que, junto a los de Tegea, se lanzara asimismo a la carga Aristodemo, uno de los únicos supervivientes espartanos de la batalla de las Termópilas, que habría sido denostado y humillado a su regreso a Esparta (véase cap. 7) y que buscaría una forma de redención, si bien rompiendo la falange lacedemonia y poniendo en peligro a sus compatriotas a cambio de la perseguida «bella muerte».[40] Este habría sido el momento en el que los sacrificios habrían resultado favorables, por los que los espartanos avanzaron en falange y entablaron una lucha cuerpo a cuerpo con los persas que les hostigaban. Probablemente, viendo la actitud rebelde de los soldados de Tegea, el Agíada habría manipulado los presagios para animar al resto del flanco a cargar;[41] en cualquier caso, y siguiendo el relato del historiador, los asiáticos se batieron con gran valor, pero no resultaron rival para las tácticas hoplíticas utilizadas por los griegos:

> Los persas, pues, no eran inferiores a los griegos ni en audacia ni en empuje, pero, además de no contar con armas defensivas, carecían de destreza militar y, en capacidad táctica, no podían compararse a sus adversarios: se lanzaban sobre los espartiatas en acometidas individuales, o de diez en diez (o en grupos más o menos numerosos), y resultaban aniquilados.[42]

Sobre este combate dice Platón que los espartanos utilizaron la misma estrategia seguida en el paso de las Termópilas, mediante la cual simularon una retirada para atraer al enemigo y, una vez al alcance, masacrarlo.[43] Los «inmortales» persas aguantaron estoicamente la prolongada pelea, animados por el aura de su propio comandante Mardonio, presente a lomos de un corcel blanco y protegido por una guardia personal de élite, «los mil persas más valerosos».[44] Pero, en la refriega, el comandante del ejército aqueménida y lugarteniente de Jerjes en Grecia halló la muerte, alcanzado por un espartiata llamado Arimnesto, según Plutarco, de una pedrada en la cabeza (con lo que se cumpliría un hipotético oráculo dado al persa en Anfiarao),[45] historia difícil de creer: muy dudosamente un espartiata abandonaría sus armas y a sus compañeros en mitad de una *mêlée* para utilizar una piedra que encontrara en el suelo. Con la pérdida de su líder, los persas comenzaron a ceder terreno, aunque toda la escolta de Mardonio continuó luchando hasta la muerte.

En el flanco izquierdo del ejército griego, los infantes atenienses consiguieron poner en fuga —no sin un gran empeño— a los tebanos que se les enfrentaron y de los que dicen las fuentes que habrían combatido con inigualable valor, perdiendo sobre el campo a trescientos de sus más ilustres hombres. El resto de los guerreros beocios pudo escapar de la reyerta gracias a la cobertura proporcionada por su propia caballería, la cual habría impedido que los atenienses dieran caza a los fugitivos, aunque Diodoro de Sicilia, en su versión de los hechos, concede a los áticos un breve episodio de persecución.[46] Entretanto, el centro de la formación aliada no había tomado parte aún en la batalla, por lo que, aprovechando la desbandada general provocada por el ala de Pausanias, los contingentes corintios, «sin adoptar orden de combate alguno [...], se dirigieron a la zona de operaciones», pero los jinetes beocios cargaron contra ellos y mataron a seiscientos combatientes, rechazando con facilidad al resto del cuadro. No obstante, la pelea entre este sector del ejército griego y la caballería de Tebas pudo resultar crucial para asegurar la victoria de los hoplitas atenienses que se estaban batiendo contra la infantería medizante.[47]

Con la batalla claramente perdida, el grueso de las fuerzas persas supervivientes emprendió la huida hacia su campamento y hacia una fortificación de madera que habrían erigido en territorio tebano. Cabría mencionar la actitud de Artabazo, firme detractor de librar una batalla campal contra las huestes de Pausanias, tal y como hizo saber a Mardonio en el encuentro que mantuvieron con anterioridad al despliegue de las tropas; pues, conocedor del resultado de la conflagración antes siquiera de que diera comienzo —dice Heródoto—, el general, fingiendo dirigir sus tropas hacia el frente, desapareció del tablero de operaciones, marchando hacia Fócide con la intención de poner rumbo al Helesponto y privando a Mardonio de una notable parte de sus fuerzas.[48]

Pausanias y sus hombres se dirigieron inmediatamente al fuerte en el que los persas se habían atrincherado, pero no consiguieron tomarlo mediante asalto. En los primeros compases de la Época Clásica, los espartanos no contaban con ninguna destreza en lo que a la poliorcética se refiere, y, a decir verdad, ninguno de los estados griegos disfrutaba de conocimientos de asedio. Ni siquiera los atenienses, cuyos avances en la materia serán renombrados conforme avance el siglo V a. C., contaban con máquinas de asedio apropiadas para una labor como la que se presentaba, a pesar de que Heródoto (quien, por otra parte, escribe su obra décadas después de la finalización de las guerras médicas) atribuya a su irrupción en el lugar el progresivo resquebrajamiento de las defensas enemigas. En definitiva, la precaria fortaleza acabó cayendo merced a la determinación de los griegos, quienes, una vez en su poder, pasaron a cuchillo a la gran mayoría de los persas que se encontraban en su interior. Con este baño de sangre culmina, en la narración de Heródoto, el enfrentamiento de Platea, que revestiría al espartiata Pausanias de «la victoria más gloriosa de todas»;[49] al fin y al cabo, y pese a la participación de guerreros procedentes de varios estados griegos, la batalla fue esencialmente ganada gracias al hacer de los once mil quinientos hoplitas lacedemonios y tegeatas del flanco derecho. Así quedó grabado en la memoria colectiva: incluso el dramaturgo ateniense Esquilo atribuyó el triunfo de la coalición a «la lanza doria».[50]

Balance de bajas

Si existe alguna disonancia entre las fuentes literarias que relatan la batalla de Platea, es en el recuento de muertes, prisioneros y desaparecidos de ambos bandos. Según Heródoto, las bajas en el lado griego fueron anecdóticas y exiguas: noventa y un espartanos, dieciséis tegeatas y cincuenta y dos atenienses; un total de ciento cincuenta y nueve hombres de un ejército de cuarenta mil hoplitas que se había enfrentado a los temibles «inmortales» persas y a la caballería tebana y a los que el historiador no pretende sumar los corintios que se adelantaron para luchar desde el centro de la formación. La cifra herodotea contrasta con la que ofrece Plutarco, abiertamente contrario al testimonio del halicarnasio y para quien los griegos dejaron en el campo de batalla mil trescientos sesenta cuerpos sin vida. Por su parte, Diodoro de Sicilia, haciéndose eco de la obra de Éforo de Cime, aumenta la cantidad de caídos en la batalla a «más de diez mil».[51]

Las cantidades aumentan significativamente en el lado aqueménida. Para Heródoto, «de un ejército de trescientos mil hombres, ni siquiera sobrevivieron (sin contar a los cuarenta mil con los que huyó Artabazo) tres millares de soldados»; cantidades que, dada la tendencia del halicarnasio a exagerar el tamaño de la soldadesca persa, no deberíamos tomar en consideración. El informe del médico Ctesias reduce la cantidad y atribuye a la expedición de Mardonio un total de ciento veinte mil bajas, al tiempo que el testimonio de Diodoro continúa la tendencia a la baja y proporciona la redondeada cifra de cien mil muertos, «una cantidad increíble de cadáveres».[52] Es probable que fuera Esquilo quien, sin otorgar cantidad alguna, mejor explique la presunta debacle del Imperio persa: «Montones de cadáveres, hasta la tercera generación, indicarán sin palabras a los ojos de los mortales que cuando se es mortal no hay que abrigar pensamientos más allá de la propia medida».[53]

Pausanias, el héroe de los griegos

Hemos comprobado cómo el relato de Heródoto referente a la batalla de Platea está claramente viciado por la influencia de una tradición contraria a la exaltación de las costumbres espartanas, muy probablemente originada en Atenas y desarrollada en la época en la que el historiador escribió su *opera magna*, la misma en la que el clima de tensión entre ambas *póleis* estaba a punto de desencadenar un nuevo conflicto entre griegos. Ahora bien, el atenocentrismo del que adolece buena parte del testimonio herodoteo parece romperse no solo en el tramo final de su versión del combate en la localidad beocia —en el que concede un mayor mérito a las armas espartanas que a las atenienses—, sino en el tratamiento ulterior de la figura de Pausanias el Regente, a quien retrata de manera evidentemente favorable, como un respetuoso militar que muestra compasión por el cadáver enemigo, matiz que se desprende del fragmento en el que un egineta con «un propósito extremadamente impío» sugirió al Agíada tomar la revancha por el mancillamiento del cuerpo de Leónidas (véase cap. 7):

> Hijo de Cleómbroto, [...] la divinidad te ha permitido salvar a la Hélade y conseguir, que nosotros sepamos, una gloria muy superior a la de cualquier otro griego. Culmina, por consiguiente, tu hazaña [...]. Como quiera que, a la muerte de Leónidas, Mardonio y Jerjes ordenaron que le cortaran la cabeza y que la clavasen a un palo, si tú, en

> reciprocidad, haces lo mismo con el primero de ellos, serás elogiado [...], ya que habrás vengado a Leónidas, tu tío paterno.[54]

De acuerdo con esta anécdota herodotea (evidentemente ahistórica), Pausanias replicó con una rotunda negativa: «Tal proceder es más propio de bárbaros que de griegos». Luego de amenazar al egineta con un duro castigo por su inapropiada sugerencia, el comandante de los griegos procedió al reparto del abundante botín encontrado en el campamento persa, del que dedicaría una décima parte al santuario délfico. El ensalzamiento de Pausanias, como veremos, se revertirá una vez alcanzado el triunfo contra los persas. Antes de eso, las fuerzas griegas aún tendrían que expulsar de su territorio a las huestes del Rey.

La liberación de Grecia

El triunfo de Platea confirió a la Liga Helénica la hegemonía militar sobre la Hélade en detrimento de unas fuerzas persas descabezadas tras la desaparición de sus líderes más renombrados. No obstante, quedaban aún cabos sueltos que debían ser debidamente solucionados. Por una parte, la Grecia continental continuaba siendo el hogar de algunos estados medizantes, de entre los que destacaba Beocia por su entusiasmo en la defensa de la «causa» persa. Las islas del Egeo permanecían asimismo bajo un control cada vez más tenue del Gran Rey, pero, desde el fracaso de la flota oriental en Salamina, se habían convertido en presa fácil para los intereses de los griegos coaligados. Era el objetivo del Agíada Pausanias, por tanto, culminar con la intermitente campaña iniciada más de una década atrás, cuando algunas ciudades de Asia Menor cuestionaron por la fuerza la soberanía aqueménida.

El asedio de Tebas

Sepultados los cuerpos de sus caídos y después de una deliberación de su plana mayor, el ejército helénico tomó la resolución de marchar hacia Tebas, la polis más importante de Beocia, para someterla a un asedio que solo se vería interrumpido cuando sus autoridades entregasen a «quienes habían abrazado la causa de los medos».[55] Concretamente, Pausanias pidió la cabeza de dos individuos, Timegénidas y Atagino: al primero le atribuye Heródoto el consejo mediante el que Mardonio, en una de las escaramuzas que precedieron la batalla de Platea, consiguió capturar un convoy con víveres para el ejército defensor y dar muerte a todo hombre y animal de carga que lo escoltaba. Por su parte, Atagino fue el oligarca responsable del gran banquete con el que los tebanos agasajaron a Mardonio y a su generalato en el contexto inmediatamente posterior al segundo incendio de Atenas, cuando, al conocer la partida de los hoplitas espartanos, la expedición persa puso rumbo al norte como ya hemos podido analizar. Dado que los sitiados se negaron en rotundo a entregar a los personajes en cuestión, el Regente procedió a «devastar su territorio y realizar ataques contra su muralla».

En vista de que la determinación de Pausanias no daba síntomas de cesar, Timegénidas se dio por vencido e hizo saber a sus ciudadanos que estaba listo para ponerse a disposición de un tribunal integrado por miembros de la Liga Helénica. Tebas envió al campamento de Pausanias un heraldo con las noticias de la entrega de los individuos requeridos, pero Atagino prefirió huir de la ciudad. En su lugar fueron entregados sus hijos, quienes, por su corta edad y su falta de responsabilidad en el medismo beocio, fueron eximidos de toda culpa. En cuanto a Timegénidas y el resto de oligarcas tebanos, pese a que intentaron comprar el perdón de los aliados con su dinero, fueron ejecutados, por orden no tanto de Pausanias (lo que habría entrado en conflicto con el tratamiento de su figura por parte de Heródoto) como de los jueces impuestos por las potencias vencedoras. Beocia, con ello, fue integrada por la fuerza en el seno de los griegos contrarios al dominio persa, aunque no tomaría parte en el desarrollo final del conflicto. Los tebanos fueron la «cabeza de turco» de los estados medizantes, ya que, en lo que respecta al testimonio herodoteo, ninguna otra región simpatizante con el imperio, como podría haber sido Tesalia, fue castigada o requerida para su redención.

La batalla de Mícale

Continuando con una costumbre originada en torno a las batallas de las Termópilas y Artemisio, la tradición griega elaboró una versión de los hechos bélicos en la que, paralelamente y al mismo tiempo que se libraba el combate en Platea, se originó otra refriega que tuvo su inicio en el Egeo, sirviendo ambos acontecimientos para representar el triunfo final de la «causa» helénica frente a la tiranía encarnada, a su parecer, por el ejército persa.

Tras la victoria en las aguas del golfo Sarónico, la flota aliada fondeó en la pequeña isla de Delos, en las Cícladas, mítico lugar de nacimiento del dios Apolo. Su dirección, puesto que la navarquía en Esparta suponía una magistratura de carácter anual, había recaído sobre el diarca de la rama Euripóntida Leotíquidas II, quien ocupaba el trono lacedemonio desde el año 491 a. C. A aquel lugar arribó una embajada procedente de Samos, otra de las múltiples ínsulas del mar que separa Grecia de Anatolia, sometida, desde décadas atrás, al gobierno del Imperio persa. Uno de los enviados que se presentaron ante Leotíquidas suplicó la asistencia de la armada griega para «librar de la esclavitud unos pueblos griegos y a rechazar al bárbaro»[56] a través de una campaña, aducían, particularmente sencilla, en virtud del lamentable estado de los barcos otrora invasores y de la maltrecha moral que imperaría en el talante de sus tripulantes. Leotíquidas aceptó, previa promesa de los samios de unirse y formar parte activa de las operaciones de la Liga Helénica.

Así pues, tras realizar los sacrificios correspondientes y obtener augurios favorables, la flota aliada desplegó velas y puso rumbo hacia Samos con la intención de librar una batalla marítima con los restos de la escuadra persa que, según aseguraron los enviados samios, se encontraba allí anclada. A su vez, los líderes navales aqueménidas (que no contaban con la asistencia de las expertas naves fenicias por alguna razón que Heródoto no explica), tan pronto como fueron conscientes de los planes de los aliados, hicieron lo propio y procuraron ganar posiciones ventajosas en alta mar. Sin embargo, «al estudiar la situación, decidieron no presentar batalla, pues lo cierto es que no consideraban a sus efectivos parejos a los del enemigo».[57] Optaron así por desembarcar sus tropas en las cercanías del monte Mícale, accidente orográfico que formaba una pequeña península en el extremo oeste de la costa de Anatolia y donde contarían con el respaldo de un ejército enviado por Jerjes para la protección del territorio jonio. Las naves, por lo tanto, fueron varadas y protegidas por una empalizada para evitar su destrozo en caso de derrota, al tiempo que la tripulación pisaba tierra y se acogía al amparo de una fuerza de infantería bajo las órdenes de Tigranes y sus, según Heródoto, sesenta mil hombres (diez mil de acuerdo con estudios modernos).[58]

En realidad, los persas habían escogido la opción más factible: preparar la defensa de un asedio frente a un enemigo poco ducho en la materia, provocar la carencia de suministros y salir a su encuentro aprovechando una hipotética superioridad numérica. Por su parte, los griegos a bordo de los navíos de la liga creyeron, al llegar a Samos, que el enemigo había escapado. Después de una discusión sobre si debían emprender la vuelta a Grecia o marchar sobre el Helesponto para destruir los pontones construidos al inicio de la guerra (que ya habían sido hundidos por una tempestad), el almirantazgo prefirió no llevar a cabo ninguna de las opciones sugeridas y continuar, en una audaz iniciativa, hacia la costa asiática. Pero ninguna escuadra persa le salió al paso, tampoco cuando los griegos avistaron tierra jonia y recorrieron la orilla occidental de Anatolia. En este momento, siguiendo con Heródoto, posiblemente sospechando que una decisiva batalla estaba por producirse en mar o tierra, Leotíquidas conminaría por medio de un heraldo a todos los pueblos jonios a unirse en la lucha por la «libertad», en un corto pero apasionado discurso que recuerda a preludios emblemáticos de otras batallas posteriores como la orden de H. Nelson antes de la naumaquia de Trafalgar de 1805[59] o la arenga de W. Churchill tras la debacle de Dunkerque en 1940.[60] El Euripóntida clamó:

> Jonios, prestad atención a mis palabras todos los que podéis llegar a escucharme (pues los persas no van a entender absolutamente nada de lo que quiero encomendaros): cuando trabemos batalla, todo el mundo debe tener presente, ante todo, su libertad; y, en segundo término, nuestra contraseña: Hera [...].[61]

Acto seguido, los capitanes griegos anclaron sus naves junto a la orilla, desembarcaron sus tropas y las dispusieron en formación de combate; en tanto que los persas acantonados en el fuerte del promontorio, antes de salir al encuentro del enemigo y presumiendo la defección de los guerreros samios, los desarmaron y los enviaron a vigilar «los pasos que llevaban a las cumbres de Mícale»,[62] con la finalidad de mantenerlos alejados de la inminente batalla.

El ejército aliado no tardó en avanzar, animado por teóricos presagios favorables de la divinidad, pues, de acuerdo con el historiador, «pudo verse un caduceo que se encontraba a la orilla del mar». Afirma nuestro autor que el signo de Hermes, mensajero divino del panteón helénico, portaba la noticia del triunfo de las armas de Pausanias frente a los hombres de Mardonio en el choque que, según la tradición, habría tenido lugar la misma jornada. El orden de las líneas griegas fue semejante al de las tropas que pelearon en Platea, con el ala izquierda ocupada por los infantes atenienses (junto a contingentes de Sición y Trecén) y el flanco derecho, de nuevo, bajo las órdenes de los hoplitas espartanos. Fue este costado el que, después de abrirse paso por un terreno escarpado y montañoso, trabó combate en primer término contra los guerreros persas que se les enfrentaron, mientras los áticos, «tras haberse dado mutuos ánimos a fin de que la hazaña fuese obra suya y no de los lacedemonios», ejecutaron una maniobra de envolvimiento y embistieron contra los defensores.

La lucha debió de tener una duración considerablemente menor que el choque en Platea (a pesar del parecido en los relatos que, sobre ambas contiendas, ofrece Heródoto), pues los soldados de Tigranes pronto retrocedieron y se acogieron a la protección de la fortificación que previamente habían abandonado. Continuando con una crónica imbuida de un claro atenocentrismo, fueron los áticos quienes irrumpieron en el fuerte enemigo para poner en fuga a la totalidad de los efectivos persas antes de la llegada de los cuadros espartanos. Atenienses y lacedemonios, con la batalla ya vencida, no mostraron piedad con los asiáticos y «aniquilaron los últimos focos de resistencia».[63] Añade también Heródoto que, en algún momento del enfrentamiento, los samios que habían sido desarmados se volvieron contra sus amos y desempeñaron un papel crucial en la derrota del ejército persa, especialmente tras provocar el abandono del resto de regimientos jonios al servicio de Jerjes. Heródoto no otorga cifras en torno a los combatientes que se reunieron en Mícale, así como guarda silencio acerca de las bajas sufridas en cada bando. Sí sabemos, por su testimonio, que cayó muerto Perilao —general de los sicionios—, por parte aliada; y que el contingente oriental sufrió la pérdida de su comandante Tigranes y de Mardontes, almirante al mando de la flota que no llegó a presentar batalla. En cambio, Diodoro de Sicilia aporta la desmesurada cantidad de «más de cuarenta mil hombres».[64]

En Mícale vería la luz una segunda insurrección de las ciudades jonias sometidas al Imperio aqueménida después de que sus efectivos se unieran a las fuerzas de la Liga Helénica en el transcurso de la pelea. Los supervivientes persas, desmoralizados y sin tropas de refresco que pudiera enviar su soberano, huyeron en dirección a Sardes, donde, a la sazón, se encontraba Jerjes desde la espantada que protagonizó al ver su flota derrotada en Salamina. Gracias a los triunfos en Platea y Mícale, en una fecha cercana a finales de agosto del 479 a. C. y quedando el ejército del Gran Persa incapacitado para responder a la ofensiva griega con una nueva expedición, la Segunda Guerra Médica, caracterizada por una unión sin precedentes de ciudades griegas «libres» a fin de la expulsión definitiva del invasor aqueménida, podría darse por finalizada. Las hostilidades entre griegos y persas continuarían, pero su asunción por parte helénica recaería sobre el ejército ateniense, que, después de Mícale, asediaría y tomaría Sesto, en el Helesponto. Con este episodio culmina asimismo el noveno y último libro de las *Historias* de Heródoto, fuente privilegiada para el conocimiento del desarrollo del complejo conflicto greco-persa.

10

EL PAPEL DE LA RELIGIÓN EN EL CONFLICTO: EL CASO DEL SANTUARIO DE DELFOS

Yo soy el hijo de Zeus, Apolo me glorío de ser.
A vosotros os traje aquí por cima de la gran hondura de la mar
sin albergar malas intenciones, sino que aquí ocuparéis
un espléndido templo, el mío, muy honroso para los hombres todos.

Himno homérico a Apolo, 480-485

El devoto mundo griego: los orígenes del santuario délfico

Si existía un elemento de cohesión cultural en la maraña de estados independientes que configuraba el atomizado y fragmentado cosmos griego, era la religión. Ya fuera como vehículo de transmisión de tradiciones regionales o en su rol legitimador de políticas exteriores, la fe olímpica impregnaba cada aspecto de la vida cotidiana, pública y privada de los antiguos griegos. Parte de estos cultos se materializaban en los templos, pero existían santuarios que, por su supuesta relación con una deidad en concreto, se convertían en recintos sagrados de particular importancia. Estos espacios, piezas clave en el desarrollo de la tradición mitológica helena, aseguraban relevancia al estado que les daba cobijo y estaban frecuentemente controlados por un colegio sacerdotal que llegaba a acumular tal poder religioso y político que les permitía ejercer una considerable influencia sobre las relaciones interestatales. Muchos de estos complejos han pervivido en el imaginario colectivo posterior a la Grecia clásica: el santuario de Apolo en la isla de Delos (donde, según el mito, habría nacido esta divinidad), el dedicado a Zeus en Nemea, o, quizá el ejemplo más representativo, el de este mismo dios en Olimpia. Entre sus muros se celebraban todo tipo de festivales y ceremonias, religiosas, civiles o atléticas. Así, Atenas era la cuna de las fiestas Panateneas, dedicadas anualmente a Atenea, diosa poliada de la ciudad democrática; Nemea constituía la sede de los juegos nemeos, certamen panhelénico organizado cada dos años; al tiempo que Olimpia acogía cada cuatro años los mundialmente conocidos juegos olímpicos, recuperados por la cultura contemporánea a finales del siglo XIX.

Sin embargo, el santuario más importante en la época de las guerras médicas era, sin ningún tipo de duda, el que estaba enclavado en la localidad focidia de Delfos.[1] En efecto, es difícil escuchar hablar de Delfos y no relacionar inmediatamente este nombre con el santuario oracular de Apolo que allí se emplazó. El lugar, convenientemente ubicado en la zona central de Grecia —pocos kilómetros al norte del golfo de Corinto—, llegó a recibir el apelativo de *ómphalós*, el ombligo de la ecúmene antigua y lugar en el que, a tenor de la mitología griega, se encontraron las dos águilas que Zeus hizo volar desde dos extremos opuestos del universo. Allí, sobre las laderas del monte Parnaso, el templo apolíneo adquiriría con el tiempo tintes panhelénicos y una repercusión tan formidable que llegaría a ser considerado el mayor centro de información conocido.

Parece tarea imposible determinar el momento en el que apareció este centro religioso. Los estudios arqueológicos tienden a señalar la presencia de un lugar de culto en Delfos desde, al menos, época micénica (siglo XIII a. C.).[2] Esta conjetura, si bien discutible, ha cobrado solidez mediante el descubrimiento de salas dedicadas a actividades mánticas en el interior del asentamiento prehelénico donde después se levantaría el templo, en las que además se han encontrado estatuillas de barro femeninas o de ganado, poco comunes, en cualquier caso, en los contextos domésticos. Estos objetos cultuales pondrían de manifiesto la existencia de ciertas prácticas religiosas oficiales y asociadas a la clase dirigente micénica, así como la imagen propia de un próspero enclave con un gran dinamismo religioso que podría haber continuado incluso hasta el siglo XI a. C. No obstante, el hallazgo de tales estancias y su coincidencia con la situación del posterior templo apolíneo no son concluyentes para afirmar la continuidad de una misma praxis religiosa.[3] Las manifestaciones arqueológicas aludidas evidencian una clara desigualdad entre las costumbres religiosas micénicas y las propias de la Grecia consiguiente a aquella civilización: las estatuillas de animales, de entre las que destacan representaciones bovinas, no presentan paralelos en los contextos arqueológicos que sucedieron a la decadencia micénica en los que, aunque han aparecido figuras animales, estas representan fundamentalmente serpientes y reptiles.[4] Además, las ofrendas más antiguas encontradas en Delfos, pertenecientes a un periodo más tardío a la destrucción y a la crisis que siguieron al colapso del mundo micénico, están datadas en torno al siglo IX a. C.

Estas señales, que dan fe de un desarrollo délfico cuyo inicio podríamos encuadrar aproximadamente a partir de esta centuria, encajan con la transformación experimentada en el mundo griego del mismo periodo, en la que los asentamientos se multiplicaron, la inversión en ritos religiosos aumentó considerablemente y los intercambios culturales y comerciales por el Mediterráneo comenzaron a hacerse frecuentes, lo que repercutiría, a su vez, en mayores beneficios para los jóvenes santuarios.

No fue hasta el siglo VIII a. C. cuando el lugar se convirtió, luego de un proceso tímido y paulatino, en un referente de la política y de la civilización griegas. Por otra parte, esta es la época aproximada de la aparición del *Himno homérico a Apolo*, fuente escrita sin autor determinado que, ajustándose a la mitología imperante, relata cómo el hijo de Zeus emprendió una odisea desde su natal Delos hasta Delfos, donde, tras una épica lucha contra una dragona (conocida como Pitón), decidió erigir un santuario oracular en el que ofrecer consejo divino a cambio de la correspondiente ofrenda. Pero existieron tradiciones ligeramente diferentes a la contenida en el himno: por ejemplo, Alceo de Mitilene, lírico del siglo VII a. C., ofrece una versión en la que es Zeus quien ordena a Apolo que establezca su oráculo en Delfos.[5] Con todo, habría que esperar hasta el siglo V a. C., la centuria que dio comienzo con la contienda entre griegos y persas, para encontrar la conexión más obvia entre el santuario délfico y los orígenes de la cultura helena de la mano de dos de los poetas trágicos por antonomasia, Esquilo y

Eurípides. En la obra del primero, es una sacerdotisa délfica quien explica los orígenes de Delfos:

> [...] Con esta oración honro, entre los dioses, a la primera profetisa, la Tierra [Gaia]; después de ella a Temis, que, según se dice, fue la segunda en sentarse en este asiento oracular de su madre. Y la tercera en la sucesión, con el consentimiento de Temis y sin presiones de nadie, otra Titánica, Febe, hija de la Tierra, ocupó su lugar. Ella se lo ofreció, como regalo de nacimiento, a Febo Apolo, que recibe de Febe este nombre [...].[6]

Por otra parte, la versión que proporciona Eurípides se centra menos en la genealogía y más en la épica propia de la mitología clásica griega:

> Desde el ilustre lugar de su parto, ella [Leto, madre de Apolo] los llevó [a Apolo y a su hermana, Artemisa] al monte Parnaso [...]. Allí el dragón con ojos del color del vino rojo, con el cuerpo de bronce y escamas de colores, el monstruo más feroz que se pudiera encontrar en tierra o mar, yacía bajo la sombra de las hojas de laurel guardando el antiguo oráculo de la Tierra. Aunque todavía eras un niño pequeño, Febo Apolo, pudiste matar al dragón y te convertiste en sucesor del sagrado oráculo.[7]

Salta a la vista que el empeño de estos autores en vincular el santuario con divinidades preolímpicas como Gaia dan crédito a la premisa que establece que, en este siglo, la consideración griega hacia el oráculo de Delfos había alcanzado sus cotas más altas.

Pero dejemos de lado los difusos orígenes del oráculo. La demanda de consejo divino en Delfos, como en todo santuario, iba precedida de ciertos sacrificios que tenían la finalidad de conocer la predisposición de Apolo a ser consultado. Según parece, la costumbre pasaba por verter agua sobre la cabeza de una cabra esperando que el frío del fluido le provocara cierto temblor.[8] Si los augurios resultaban favorables (es decir, si la cabra temblaba de frío), se sacrificaba al animal y la solicitud del consultante era trasladada a la sacerdotisa apolínea, la célebre «pitia».[9] Acerca de ella nos transmite Diodoro de Sicilia que, en tiempos antiguos, los oráculos «eran pronunciados por vírgenes», pero, tras un episodio saldado con la violación perpetrada por un suplicante a la profetisa de turno, los oráculos pasaron a ser vaticinados por «una anciana mayor de cincuenta años».[10]

Las profecías, resultado del trance en el que se supone que la sacerdotisa caía para contactar con el mismo Apolo, eran asumidas por los consultantes como directrices divinas imbuidas de un sacro carácter de infalibilidad. Por lo general, el demandante aceptaba el veredicto apolíneo sin discusión. La pitia tomaba sus decisiones acompañada de un colegio sacerdotal sobre el que se han vertido ríos de tinta en torno a su supuesta disposición en cuanto a lo que a intrigas políticas y sobornos se refiere, pero, al margen de la posible corrupción que podría haber rodeado al oráculo, lo que debemos tener en cuenta es que las respuestas píticas fueron sinónimo de verdades absolutas y que los posibles equívocos eran atribuidos a simples errores en las interpretaciones que de las palabras hacían los mortales.

El oráculo de Delfos se convirtió en uno de los más representativos símbolos místicos griegos, acudiendo a solicitar su consejo visitantes de toda la ecúmene que, al hacerlo, incrementaban aún más el prestigio del santuario. Alcanzado el siglo VI a. C., una vez superado el proceso de conformación de *póleis* a lo largo del territorio griego y tras haber tomado un hipotético papel determinante en la colonización de enclaves en las costas del Mediterráneo y el mar Negro, la fama del oráculo pítico había trascendido claramente las fronteras helénicas. Su preeminencia cultual se mantendría hasta el siglo IV de nuestra era, cuando el cristianismo asumió la hegemonía religiosa en la década del 360, tras siglos de dominación romana.

El santuario de Delfos durante el conflicto greco-persa

La desconcertante actitud del oráculo durante la guerra

Resulta evidente que, a lo largo de la Historia, las religiones han ejercido un considerable influjo sobre todos los ámbitos de la sociedad y el poder; en este sentido, la guerra antigua, como una expresión más de la política, ha sido especialmente susceptible de sufrir el peso de diversas instituciones de carácter místico.[11] Probablemente, en lo que a la historia de la antigua Grecia respecta, el máximo exponente de las relaciones entre los estados beligerantes y las entidades religiosas lo encontremos en las invasiones persas del territorio helénico, en cuyo desarrollo la actividad oracular délfica pudo resultar decisiva para el desenlace de la conflagración. A continuación, comprobaremos hasta qué punto las acciones militares de algunos de los contendientes griegos estuvieron supeditadas en buena medida a las directrices religiosas emanadas del Apolo Pítico, especialmente durante la penetración acometida por las tropas de Jerjes a finales de la segunda década del siglo v a. C.

A decir verdad, en el contexto de la Primera Guerra Médica, cuando Darío protagonizó la primera invasión aqueménida de Grecia, el santuario de Delfos optó por involucrarse lo menos posible en el conflicto. Parece que sus líderes y su casta sacerdotal no se mostraron particularmente seguros de las posibilidades de los griegos «libres» de rechazar a los intrusos, por lo que la ambigüedad de las respuestas ofrecidas en este periodo por la pitia (una de las señas de identidad de los oráculos délficos), junto con el deseo de salvar al recinto sagrado de las calamidades de la guerra, han sido interpretados por la historiografía moderna como indicios de una teórica tendencia medizante de sus órganos administrativos.[12] No obstante, como hemos tenido ocasión de constatar, el estallido de la Segunda Guerra Médica tuvo como consecuencia inmediata la alianza de parte de las *póleis* griegas más poderosas en una coalición antipersa cuyo liderazgo recayó sobre los lacedemonios, a tenor de su eficaz y profesional falange hoplítica.[13] La unión de los destinos espartano y délfico, ya preconizada por los primeros desde su configuración como polis, cristalizó cuando la institución religiosa decidió abandonar su sospechosa equidistancia hacia los beligerantes para ocupar una posición más próxima a la «causa» griega. Cabe la posibilidad de que el establecimiento de esta excepcional *symmachía* convenciera a las autoridades délficas de una plausible victoria ante el «bárbaro» y de la idoneidad de un alineamiento con el bando defensor, pues, de confirmarse tal triunfo, el devoto mundo griego no habría pasado por alto que el santuario panhelénico por antonomasia hubiera tomado partido por la tiranía que para ellos encarnaba el ejército de Jerjes. Así, la contienda iniciada en el año 480 a. C. contó con la aparición en el escenario geoestratégico de dos decisivos actores: Esparta, con la ya legendaria destreza marcial de sus hoplitas, y Delfos, que pondría en lo sucesivo su influencia política al servicio de la joven Liga de Corinto.

El papel del oráculo en el episodio de las Termópilas

Como sabemos, fueron precisamente Esparta y Delfos los protagonistas del acontecimiento producido en el desfiladero de las Termópilas. Ya hemos analizado la célebre historia del Agíada Leónidas y el sacrificio que, tras tres días de ataques y embestidas persas, llevó a cabo junto a la guardia de trescientos soldados escogidos (véase cap. 7). Pero, según la tradición lacedemonia elaborada tras el episodio, el diarca y sus hombres se dirigieron al lugar de la batalla cumpliendo un oráculo proporcionado por el santuario de Delfos en una fecha desconocida, siendo esta una cuestión que merece una breve reflexión. Nuestra fuente principal, al igual que para todo el conflicto greco-persa, es el halicarnasio Heródoto, en cuyas *Historias* se recoge la fatídica profecía apolínea por la cual, presuntamente, «o bien Lacedemonia resultaría destruida, o bien su rey moriría». La sacerdotisa, de acuerdo con el historiador, expresó así su advertencia:

> Moradores de Esparta, la de anchas plazas, os digo que o bien la gloriosa y gran ciudad estos persas asolarán, y si no, que el país laconio la muerte de un rey del linaje de Heracles va a llorar. Ni la fuerza de leones o toros parará al invasor frontalmente, puesto que tiene el vigor de Zeus. Proclamo que nada lo retendrá hasta que haya hecho trizas de él o de ella.[14]

La disyuntiva planteada en el vaticinio recogido por el historiador, que obligaba a Leónidas a tomar una determinación entre su propia muerte o la reducción a cenizas de su ciudad, presentaba un panorama desolador para Esparta. Pero debemos continuar indagando en la razón por la que el diarca y su minúscula fuerza decidieron asumir una misión tan arriesgada y resistir hasta el último aliento en una posición aparentemente indefendible. Al fin y al cabo, la devoción religiosa atribuida tradicionalmente a los lacedemonios no justifica un escenario en el que uno de sus propios soberanos aceptase alegremente su muerte por el sencillo hecho de que el oráculo de Delfos se manifestara en tal sentido. Existen otros motivos, quizá de naturaleza no tan mística, que podrían explicar la actitud espartana ante la amarga situación.

En el capítulo reservado al devenir de la batalla de las Termópilas hemos examinado cómo la expedición «suicida» de los trescientos espartanos partió de Esparta contraviniendo los preceptos establecidos por las Carneas, durante cuya celebración estaba taxativamente prohibida la salida de la ciudad para acometer campañas militares (véase cap. 7); ahora bien, la actitud de Leónidas cumplió varias finalidades. Por una parte, Esparta se resarcía por su escasa o nula contribución al esfuerzo bélico de la Primera Guerra Médica, una victoria que podría atribuirse prácticamente al empeño de los hoplitas atenienses. De esta manera, a ojos del mundo griego, los lacedemonios podrían dar carpetazo a las críticas vertidas contra su ciudad por parte de otros beligerantes griegos e igualar a Atenas en su pugna por la hegemonía política de la Hélade al encabezar los ejércitos de la Liga Helénica. Asimismo, el envío de un pequeño cuerpo bajo las órdenes del propio diarca para asumir la función de comandante de toda la fuerza griega suponía abandonar la festividad religiosa que se celebraba en Esparta y arriesgarse a incurrir en la ira de los dioses, con lo que se lanzaba un claro mensaje: Leónidas prefería fallar a los dioses que a sus aliados. Por último, una muerte heroica frente al enemigo contribuiría a afianzar la moral griega, aparentemente afligida ante la incapacidad de vencer a un ejército numéricamente muy superior como el aqueménida. Lo más peculiar, con todo, es que la devoción religiosa declarada hacia el oráculo pítico habría llevado a Leónidas a aceptar un fatal destino para salvar a Esparta de la destrucción total.[15]

El resultado es bien conocido: las fuerzas lacedemonias fueron aniquiladas, no sin esfuerzo, por el innumerable contingente asiático, mientras Leónidas caía obedeciendo —teóricamente— el imperativo espartano que prohibía la rendición en la batalla y se resignaba a una muerte pronosticada por la pitia de Delfos. Aun así, la verdadera razón por la que el Agíada decidió resistir hasta el fin continúa constituyendo una de las incógnitas más interesantes de la historia de la antigua Grecia. La lógica induce a pensar que el sacrificio realizado por los trescientos espartiatas habría contribuido a retrasar notablemente el inexorable avance persa sobre la Hélade, de forma que el resto de *póleis* que conformaban la alianza firmada en la Liga de Corinto encontrase la oportunidad para organizar las pertinentes tácticas a seguir; pero no faltan quienes defienden que la derrota del ejército coaligado en las Termópilas no se debió tanto a motivos estratégicos ni al cumplimiento de profecías píticas como a una deficiente organización militar por parte del bando griego (lo que, además, abonaría la tesis en torno a las esperanzas del diarca de buscar la retirada persa).[16] Sea como fuere, lo que parece claro es que los hoplitas a cargo de Leónidas no dieron sus vidas para cumplir con la normativa legal licurguea que exigía un comportamiento heroico en el campo de batalla,[17] habida cuenta de otros casos a los que la historia nos remite y recogidos por la producción literaria antigua en los que los espartanos prefirieron la rendición o la retirada a una muerte sin sentido, como el caso del choque en Esfacteria del 425 a. C., en el contexto de la Guerra del Peloponeso (431-404 a. C.).[18]

Desde el punto de vista délfico, la clase sacerdotal dirigente del santuario no habría encontrado beneficio político o económico alguno favoreciendo la desaparición de uno de los diarcas espartanos, máxime si tenemos en cuenta las más que fluidas relaciones que la polis del Peloponeso y el templo de Apolo Pítio habían establecido desde la misma aparición de la primera (véase cap. 3). ¿Por qué, entonces, originó la sacerdotisa tan fatídica profecía para la realeza lacedemonia? Lo más probable es que el oráculo apenas aludido y contenido en la obra de Heródoto sea el reflejo de la fabricación de un relato heroico del suceso *post eventum*, por lo que todo lo relacionado con esta anécdota histórica debe ser tomado con una extrema cautela. Independientemente de las motivaciones de Leónidas (un asunto cuya resolución es prácticamente imposible), el choque de las Termópilas revistió al Agíada de una gloria que ha perdurado hasta nuestros días y contribuyó considerablemente a forjar el ideal de invencibilidad del hoplita lacedemonio.[19] La propaganda espartana sabría transformar convenientemente la batalla en una completa victoria moral para elevar a sus participantes (concretamente a sus compatriotas) a la categoría de héroes de la libertad de la Hélade.[20]

Por otra parte, el célebre acontecimiento también se presentó como una ocasión de consolidar los ya fuertes vínculos que ambas entidades mantenían en los primeros compases del siglo v a. C. En cualquier caso, entre la fecha del 480 a. C. y la «publicación» de las *Historias* de Heródoto (en torno al año 440 a. C.), un lapso realmente corto para los términos de la Antigüedad, se forjó en Esparta y en toda Grecia el mito que enlazó el comportamiento heroico de Leónidas con una tajante observancia lacedemonia en lo que a las prescripciones apolíneas de Delfos se refiere. Esta armonía entre Esparta y el santuario quedaría además plasmada en el famoso epitafio con el que el consejo anfictiónico de Delfos quiso honrar al diarca y sus guerreros (véase cap. 7). La leyenda ha trascendido a través de los siglos, tal y como pone en evidencia el hecho de que, veinticinco centurias más tarde, el Estado griego moderno grabara esas mismas palabras sobre una estela erigida en el lugar donde presuntamente tuvo lugar el enfrentamiento. Prueba de la adecuada elaboración de la propaganda espartana es también el relato sobre el mancillado cadáver del Agíada, una rememoración de la épica homérica, así como su presunta recuperación por parte del estado lacedemonio, en una fecha aproximada al 440 a. C., momento en el que sus restos fueron enterrados en el ágora de la polis, donde posteriormente se levantaría un templo de tipo heroico (el Leonideo) que llegó a albergar sus propios certámenes, las leonideas.[21]

El santuario y el medismo de Argos

Hasta qué punto Delfos abandonó su hipotética simpatía por el invasor aqueménida tras el comienzo de la Segunda Guerra Médica es otra de las problemáticas del conflicto entre griegos y persas que la historiografía continúa debatiendo. Si, durante la expedición ordenada por Darío I, el santuario había practicado una política de no intervención que le ha valido la etiqueta de «medizante» por parte de una abrumadora mayoría de la historiografía, tras la invasión de Jerjes su colegio sacerdotal siguió unas líneas maestras enfocadas, como mínimo, a obstaculizar o dificultar los potenciales triunfos de la coalición helénica. Así, fue la pitia délfica la que, en nombre de Apolo, recomendó encarecidamente a las autoridades argivas mantener su estado en una estricta neutralidad cuando sus enviados consultaron si debían unirse a la alianza antipersa que se había configurado en Corinto en el 481 a. C., con un vaticinio claro y conciso:

> Tus vecinos te odian, te quieren los dioses inmortales; tú con tu lanza dentro monta la guardia sentado. ¡Protégete la cabeza! Es ella la que el cuerpo ha de salvarte.[22]

El oráculo fue bien recibido en una Argos que aún se lamía las heridas sufridas durante el encarnizado enfrentamiento contra el ejército espartano de Cleómenes I en Sepea, en el año 494 a. C., en el que cayeron seis mil hoplitas argivos y tras el que se desató una inestabilidad política sin precedentes en la Argólide,[23] un *interregnum* en el que el gobierno estatal pasó a ser ejercido por esclavos y del que, al decir de Heródoto, no se recuperaría hasta pasada una generación.[24] Con la declaración de neutralidad de la sempiterna enemiga de Esparta, movimiento que encubría un más que evidente medismo (ya sabemos que, a principios de la década siguiente, la ciudad fue capaz de enviar mil hoplitas a Egina para auxiliar a la isla en su guerra contra Atenas)[25] bajo la excusa de una incompleta recuperación de su mano de obra y soldadesca, no solo se restaba un valioso miembro a la coalición griega, sino que también pudo haber dado lugar, en Esparta, a una presión social suficiente como para que sus autoridades no permitieran al diarca Leónidas enviar al grueso de su ejército al lejano paso de las Termópilas, al considerar más preocupante la amenaza de un potencial enemigo allende las fronteras lacedemonias. Bastaría imaginar a ocho mil hoplitas espartiatas en el barranco, junto a sus aliados griegos, para comprobar que el resultado de la batalla, y, por consiguiente, el del conflicto greco-persa, habría atravesado derroteros muy diferentes. Por lo tanto, no sería descabellado afirmar que el peligro que Argos suponía para el estado espartano, luego de la emisión de esta determinante profecía délfica, representara uno de los múltiples motivos por los que Leónidas no emprendió una movilización en masa de sus fuerzas armadas.

El oráculo y Atenas: el «muro de madera»

Otras *póleis*, debido a la incertidumbre provocada por la irrupción del «bárbaro», también enviaron embajadas a Delfos para decidir una plausible entrada en la coalición helénica, y, en la mayoría de los casos, el oráculo recomendó deliberadamente una posición neutral.[26] Creta, por ejemplo, despachó emisarios que volvieron a la isla con el consejo de mantenerse al margen de la guerra.[27]

> ¡Estúpidos! ¿No estáis contentos con todas las calamidades que la cólera de Minos envió contra vosotros por haber socorrido a Menelao? Porque ellos no os ayudaron a vengar su muerte, que tuvo lugar en Cámico, y en cambio vosotros sí que cooperasteis con ellos a la hora de vengar el rapto de la espartana por parte de un bárbaro.[28]

Pero el caso más renombrado, quizá, fue el de Atenas: parece que, poco antes del suceso acaecido en las Termópilas, los enviados atenienses se dirigieron al santuario, donde, tras realizar los rituales correspondientes, se dispusieron a plantear la consulta al dios. Siguiendo el arco narrativo herodoteo, la sacerdotisa interrumpió su ceremonial y les espetó:

> ¡Tristes! Sentados, ¿qué hacéis? Tú huye al confín de la tierra, tu circular ciudad abandona, las altas montañas: no se sostiene tu cuerpo ni tu cabeza, no quedan firmes tus manos, tus pies tampoco debajo, tu tronco, repelentes, porque todo lo arrasa el dios Ares impetuoso, mon-

> tado en carro sirio. Las llamas perderán muchos más torreones y no solo el tuyo, serán pasto del fuego voraz muchos templos de dioses perennes que hoy aguantan aún sudorosos: el miedo los golpea, los altos techos rezuman oscura sangre. Prevén el desastre ineludible, futuro. ¡Salid ya del recinto, afrontad con coraje los males![29]

Como vemos, el interés del santuario por evitar la entrada de Atenas en el conflicto no podría haber sido más obvio. La pitia délfica, cuyas respuestas constituían auténticos retruécanos de gran dificultad a la hora de su interpretación, emitió entonces una profecía particularmente explícita, sin duda con la intención de minar la moral ateniense. Pero los suplicantes se negaron a volver a Atenas con semejante respuesta y permanecieron en el lugar sagrado, rezando a Apolo por un oráculo más favorable. Entonces, la sacerdotisa accedió y les obsequió con uno de los oráculos délficos más famosos recogidos por la historiografía:

> Palas Atenea no puede al olímpico Zeus propiciarse, aunque le ruegue con muchas palabras y sólido ingenio, mas otra cosa te digo, la cual es fuerte, de hierro. Cuando resulte tomado lo otro, lo que se encierra entre el monte de Cécrope y el Citerón santo, un muro de madera Zeus de ancha vista dará a Tritogenia, que sea indestructible, en provecho de ti y de tus hijos. De modo que tú no aguardes ni luches contra jinetes ni infantes que te ataquen, retira del continente tus fuerzas. Gírate al Noto, porque después deberás afrontarlos. ¡Salamina del dios! Matarás de mujeres los hijos cuando Démeter siembra o cuando siega su trigo.[30]

Esta segunda profecía sí se ajustaba más a las que el santuario de Delfos había acostumbrado a ofrecer. Era una respuesta que obligaba a los heraldos atenienses a volver a su polis para exponer el oráculo proporcionado por la pitia y dar así comienzo a un debate en torno a su interpretación que, con seguridad, retrasaría las eventuales operaciones militares de Atenas en caso de que se decidiera abrir las hostilidades. De hecho, pronto se enfrentaron en la *ekklesía* ateniense los partidarios de resistir en la Acrópolis de la ciudad (recordemos la precaria empalizada de madera levantada por los pocos defensores de la ciudad cuando fue calcinada por vez primera) y aquellos que defendían que las palabras de la sacerdotisa implicaban hacer uso inmediato de la nueva y flamante flota ática para enfrentarse en mar abierto a la escuadra persa. Entre estos últimos se encontraba Temístocles, quien conseguiría imponer su enfoque merced a la fama obtenida tras destacarse en la batalla de Maratón.[31] La ciudad marchó a la guerra al día siguiente,[32] al mismo tiempo que las autoridades áticas entraban en negociaciones con Argos para que abandonara su «neutralidad»,[33] y la perspectiva de Temístocles redundó en un sonado éxito: la naumaquia de Salamina puso fin a la hegemonía persa sobre el mar Egeo.

Aunque el enfrentamiento entre las dos escuadras supuso un triunfo táctico y un necesario espaldarazo a la moral de la «causa» griega, fue el choque de las Termópilas el que realmente marcó un notable punto de inflexión en la guerra contra el Imperio de Jerjes, pues mostró a los líderes de la Liga Helénica un camino para la defensa que pasaba por la aplicación de las tácticas de combate hoplíticas. Así, Salamina y Platea, eventos que truncaron a la larga cualquier plan aqueménida de sometimiento de Grecia, han ocupado un lugar inferior en cuanto a la consideración que la tradición les ha otorgado. Naturalmente, la adversidad de las circunstancias a las que se enfrentaban los guerreros de Leónidas no ha hecho sino sumar relevancia a su actuación, pero existe un significativo factor a tener en cuenta. Tanto en el desfiladero de las Termópilas como en la batalla naval que aconteció en el golfo Sarónico, el santuario de Delfos se mostró evidentemente dubitativo, cuando no contrario, a los ataques griegos. Las fuerzas de la coalición antipersa no contaron con el apoyo incondicional del oráculo panhelénico más importante y, aun con todo, salieron triunfantes.

Delfos se suma al relato victorioso

Los reveses experimentados por el ejército persa debieron de despertar a la clase sacerdotal délfica de su letargo medizante. Si, en el año 480 a. C., los oráculos emitidos tuvieron como objetivo fundamental disuadir a las diversas *póleis* consultantes de tomar medidas y enfrentarse a Jerjes o a Mardonio, durante los preparativos de la gran batalla que se libró al año siguiente en las inmediaciones de Platea la sacerdotisa de Apolo guardó silencio. No solo eso, cuando la victoria de la coalición helénica estaba al alcance de la mano y la invasión daba claras muestras de haber fracasado, los líderes del santuario creyeron oportuno mezclarse en el relato victorioso que ya había comenzado a forjarse. Al respecto, Diodoro de Sicilia nos remite a una hipotética intervención divina en el momento en el que los contingentes aqueménidas se aproximaron a Delfos:

> Los soldados enviados a saquear el oráculo habían llegado a la altura del templo de Atenea Pronea cuando desde todos los puntos del cielo cayeron inesperadamente sobre ellos impresionantes aguaceros acompañados de numerosos rayos; además, al arrancar la tormenta grandes rocas de la montaña, que se precipitaron sobre el campamento de los bárbaros, fueron numerosos los persas que allí perdieron la vida; y todos los otros, espantados por aquella poderosa intervención de los dioses, huyeron de aquellos parajes. Así, pues, el Oráculo de Delfos, por la acción de la providencia divina, pudo escapar del saqueo.[34]

En sus respectivos testimonios, Heródoto y Pausanias nos brindan una versión diferente en la que la defensa del santuario fue encabezada por «dos hoplitas de una estatura sobrehumana que se lanzaron a por ellos y estuvieron matándolos y persiguiéndolos».[35] Con esta gloriosa anécdota apareció el mito délfico local de los héroes Fílaco y Autónoo, a quienes los propios habitantes de Delfos levantaron sendos templos que el geógrafo lidio pudo visitar y describir en su *Descripción de Grecia*.[36] La recién nacida leyenda de Delfos habría servido para explicar por qué uno de los sitios religiosos más relevantes de la ecúmene había sobrevivido intacto a las dos invasiones persas, disipando de un plumazo los razonables indicios de su simpatía por un posible sometimiento a las autoridades aqueménidas. La realidad, sin embargo, es que las calamidades de la guerra no llegaron hasta Delfos, ya que, con arreglo al testimonio de Heródoto, los asiáticos no intentaron en ningún momento atacar el santuario (véase cap. 9):

> [...] Mardonio les dijo: «[...] Hay un oráculo según el cual los persas, si llegan a Grecia, saquearán el santuario de Delfos y luego del saqueo exterminarán sin remisión a los griegos. Precisamente porque lo sabemos, ni iremos contra ese santuario ni intentaremos saquearlo, para no morir por esta culpa.[37]

La crónica del historiador de Halicarnaso es suficiente para que, divina o no, la leyenda de la defensa de Delfos ante el «bárbaro» se desmorone, pero lo cierto es que el santuario no necesitaba para nada un relato que exculpara su conducta. El prestigio del oráculo apolíneo había crecido progresivamente a través de los siglos hasta ocupar una posición de absoluta prominencia sobre el resto de santuarios o lugares sagrados, dentro y fuera del mundo heleno. Para los primeros años del siglo v a. C., a las puertas de la Época Clásica y a punto de enfrentarse al mayor peligro que pudieran conocer, los devotos griegos sencillamente no podían concebir su cultura sin la presencia del oráculo de Delfos. Ya en los inicios de la invasión conducida por Jerjes, los signatarios de la coalición forjada en el 481 a. C. juraron dedicar «el diezmo de los bienes capturados a los griegos que se hubieran pasado a los persas al dios de Delfos».[38] De ahí que, cuando la interpretación de Temístocles sobre la famosa profecía del muro de madera triunfó en la reunión de la *ekklesía*, los atenienses convirtieran convenientemente a la pitia en un agente proclive al rechazo de los persas. Asimismo, el posterior constructo espartano en torno a la figura de Leónidas y sus trescientos espartiatas, al enlazar directamente la suerte de Esparta con el santuario délfico, reescribió apropiadamente los hechos para situar al oráculo del lado de los griegos antipersas en la contienda. Así pues, cuando tuvo lugar la batalla de Platea, sobre la cual las fuentes literarias no remiten a oráculo o vaticinio alguno en relación con la actitud que debían adoptar los contendientes griegos, el bando defensor de la «causa» helénica había acogido e integrado gustosamente en su seno a Delfos.

La desmedida influencia del oráculo tras la guerra

Ofrendas de los vencedores a Apolo Pítio

En el combate de Platea y en el posterior (o simultáneo) que tuvo lugar en el promontorio de Mícale culminaría la resistencia de los griegos coaligados. El artífice de la victoria ante las huestes persas fue el comandante espartano Pausanias, sobrino del —ya para entonces— heroizado Leónidas y regente de la dinastía Agíada. Su triunfo en la batalla le proporcionaría algo más que un merecido reconocimiento: la irrupción de los infantes griegos en el campamento persa tras la muerte de Mardonio se saldó con la captura de un cuantioso botín. Tal y como se prometió en Corinto durante el congreso, una décima parte del saqueo fue consagrado al Apolo délfico y utilizado para erigir en su lugar sagrado «un trípode de oro que tiene en su base una serpiente tricéfala de bronce».[39] Con estas palabras nos presenta Heródoto la conocida como Columna de las Serpientes, el monumento conmemorativo de la victoria griega en Platea, con un evidente simbolismo que unía la expulsión de los aqueménidas y la estrecha vinculación de los defensores con sus dioses en general y con el santuario délfico en particular. La forma de este obsequio —que puede encontrarse en la actual Estambul— tenía antecedentes bien arraigados en el santuario: la base campaniforme se había convertido recientemente en un tipo escultórico relacionado con la victoria «popular» (esto es, de los que se consideraban libres frente al despotismo que supondría la sumisión al Imperio persa). El tronco serpentino, por supuesto, tenía asociaciones míticas con el santuario y con la lucha que Apolo mantuvo contra la serpiente Pitón a las laderas del monte Parnaso antes de decidir levantar su oráculo en aquella,[40] mientras que el trípode que lo coronaba hacía obvia referencia a aquel sobre el que la sacerdotisa, según la tradición, se sentaba en el momento de emitir sus profecías y representaba una de las ofrendas habituales al lugar sagrado (Teopompo indica que los trípodes se cuentan entre las primeras ofrendas al Apolo Pítico).[41] Así, tal como Apolo triunfó sobre la serpiente, así los griegos vencieron al «bárbaro» invasor.

La coalición helénica eligió Delfos como centro donde honrar la gran victoria sobre los persas.[42] No obstante, pese a que la Columna de las Serpientes estaba llamada a erigirse en una de las construcciones más importantes del espacio apolíneo, no fue la única ofrenda monumental dedicada. Una vez que los restos del otrora invencible ejército de Jerjes cruzaron el Helesponto en su retirada, las ciudades de la liga decidieron consultar a la pitia sobre la manera en la que debían celebrar tan magno acontecimiento. La sacerdotisa, muy probablemente consciente de la apropiada oportunidad que se le presentaba para restituir el honor perdido con su neutralidad o su medismo, emitió un vaticinio por el que se exhortaba a las *póleis* vencedoras a construir un altar dedicado a Zeus Eleuterio y a encender un hogar nuevo en el santuario, convirtiendo, con esto, a Delfos en el nuevo hogar colectivo de Grecia.[43] En contraparte, la Anfictionía délfica se apresuró a levantar un complejo funerario en el lugar en el que Leónidas resistió con sus trescientos hoplitas, donde se labró el archiconocido epitafio del poeta Simónides de Ceos (véase cap. 3).

Pero, quizá, el monumento más imponente e interesante de los que coparon el espacio sagrado délfico tras la guerra fue el levantado para honrar el éxito de la flota griega frente a la escuadra persa en Salamina, una gigantesca estatua de Apolo de seis metros de altura que sujetaba un trirreme en su mano, para cuya erección se habrían utilizado precisamente los despojos de los barcos persas capturados en la batalla, si hemos de creer el relato al respecto del geógrafo Pausanias.[44] Lamentablemente, de la formidable figura no queda más que su base, sobre la que permanece parte de una inscripción de gran atractivo para la investigación arqueológica, dado que, a pesar de haber sido descifrada en buena parte, la única zona que está dañada y que no es susceptible de ser leída es la que señalaría al oferente de la donación. Aun así, la estructura gramatical del epígrafe revela que el donante respondería a una palabra en plural de ocho caracteres, un término que podría coincidir con el vocablo *hellanes*, esto es, «los griegos».[45] De ser esto cierto, el conjunto de *póleis* beligerantes y unidas en torno al ideal de la libertad frente a la tiranía no solo habría olvidado las conjeturas en torno al medismo practicado por el santuario de Delfos y la situación de desamparo con la que, sin el apoyo de Apolo Pítio, tuvo que enfrentarse la coalición helénica; sino que también habría utilizado su relación con el lugar sagrado para convertirlo en vertebrador de una inédita conciencia que establecía que los estados griegos eran depositarios de una cultura común, sensibilidad surgida a raíz del fracaso de la invasión persa de Jerjes del 480 a. C., con su germen en el congreso de Corinto y cuyo primer testimonio encontraríamos en esta ofrenda monumental.

Delfos, pues, había salido indemne y reforzado del conflicto bélico, a juzgar por la preponderancia religiosa e incluso política de la que su colegio sacerdotal hizo gala cuando la guerra en el solar griego tocó a su fin: apenas ofrendada la estatua del *Apolo de Salamina*, sus contribuyentes estimaron oportuno preguntar al oráculo si estaba conforme con el regalo, esperando una agradecida respuesta positiva como forma final de confraternización. La pitia, lejos de mostrarse complacida, tuvo la osadía de reclamar más presentes de parte de Egina, una de las ciudades que, recordemos, se declararon sumisas al Imperio persa en tiempos de la Primera Guerra Médica (aunque, para Heródoto, la petición estuvo relacionada con «su heroicidad en la batalla naval de Salamina»).[46] Fuera cual fuese la razón tras las palabras de la sacerdotisa, los eginetas, para limpiar el buen nombre de su estado, se vieron obligados a entregar una ostentosa escultura compuesta por un mástil de bronce y tres estrellas de oro en su parte superior, dos de ellas representando a los Dioscuros y, entre ellas, una representando a Apolo.[47] Así fue como las Guerras Médicas revistieron al santuario délfico de una *auctoritas* que lo transformó en una institución que superaba lo meramente místico y que estaba dirigida por una casta sacerdotal más preocupada por el incremento de su propio patrimonio que por la administración de los actos religiosos correspondientes. Teniendo en cuenta que el apoyo de Apolo estaría supeditado, en lo sucesivo, a la calidad y cantidad de las ofrendas, no es de extrañar que el interés de los oferentes, públicos o privados, fuera en aumento.

El oráculo y el comandante Pausanias

Por su parte, el relato concerniente a Pausanias el Regente ilustra a la perfección la consecución de un proceso que había comenzado antes de la irrupción de las guerras médicas: la conversión del santuario délfico en un sujeto político al servicio del candidato más conveniente. Tal comportamiento, que podría parecer inadecuado desde los ojos del presente, no resulta insólito, pues la clase sacerdotal del sitio debía realizar malabares diplomáticos para asegurar la supervivencia del oráculo. Además, según la tradición recogida en el *Himno homérico a Apolo*, cuando los potenciales sacerdotes del templo preguntaron al dios acerca de su manutención, este les sugirió sobrevivir merced a las ofrendas y dádivas de aquellos que acudieran a consultar a la profetisa.[48]

Pasamos ahora de Heródoto al también historiador Tucídides, quien realiza una descripción poco favorecedora del general espartiata, cuya memoria, pese a su inestimable contribución a la victoria griega, fue proscrita en su polis natal. Atendiendo a la exposición del autor ateniense, el triunfo en Platea habría dotado a Pausanias de una arrogancia (la denostada *hýbris* griega) que le condujo a «tramar intrigas con el rey [de Persia] [...] ávido él de mando sobre Grecia»; para lo cual habría llegado a ofrecer a Jerjes «someter Esparta y el resto de Grecia».[49] Si bien estos indicios eran suficientes para acusar a Pausanias de alta traición contra el estado espartano, parece que su condición de «nacido en la púrpura» le permitió eludir las responsabilidades correspondientes. Sin embargo, continúa Tucídides, el Regente habría cometido una infracción que el mundo griego no pudo pasar por alto. Trató de ganar el favor del santuario de Delfos en su propio beneficio mediante la inscripción de una leyenda personal en la Columna de las Serpientes anteriormente descrita. Según la crónica, Pausanias secuestró el monumento mediante la añadidura de una rúbrica personal:

> El estratego de los griegos, tras vencer al ejército de los persas, Pausanias, a Febo [Apolo] dedicó esta ofrenda.[50]

La inscripción del comandante de la coalición helénica, al margen de agravar las luchas de poder que ya habían anidado en el seno de la clase dirigente espartiata tras la guerra contra el persa, despertó la discordia entre Esparta y aquellas *póleis* que originalmente ofrecieron la columna en el santuario délfico.[51] Tal vez tuvo que ver con la ofensa que representó para el hipotético recién adquirido sentimiento identitario griego al calor del triunfo sobre los persas, o quizá porque, apropiándose de la Columna de las Serpientes, Pausanias se presentaba como el líder político y militar sobre cuyos hombros descansaba la salvación y la libertad de Grecia, un reconocimiento que a largo plazo requeriría del beneplácito délfico y que tanto el resto de donantes como los enemigos políticos de Pausanias no estaban dispuestos a conceder.

En última instancia, las discrepancias habrían motivado que las autoridades espartanas actuasen con rapidez y se apresuraran a raspar el epígrafe para, en su lugar, inscribir en los cuerpos de las serpientes los nombres de las ciudades griegas que tomaron parte en la Liga de Corinto.[52] Al mismo tiempo, Pausanias fue llevado a juicio en un movimiento que probablemente serviría a los lacedemonios para ofrecer ante toda Grecia una imagen de aquiescencia con el sentir general del resto de ciudades. Consciente del destino que le aguardaba, el estratego vencedor de Platea se refugió en el templo espartano de Atenea Calcieco, donde, al igual que en otros espacios sagrados (tengamos presente, por poner solo un ejemplo, la actitud de los defensores de la Acrópolis ateniense cuando se vieron superados antes del primer incendio de Atenas), el derramamiento de sangre era considerado sacrilegio. Los éforos, magistrados encargados de administrar los castigos a los infractores y de mantener bajo una estrecha vigilancia a las dos casas reinantes en su polis, procedieron entonces a tapiar el templo y retiraron la techumbre, con la intención de seguir la evolución en el interior de Pausanias, quien, a la postre, quedó condenado a morir de inanición. Continuando con el relato de Tucídides, el cautivo fue retirado antes de exhalar su último aliento para evitar la profanación del edificio sagrado.

Al fallecer en calidad de delincuente, se ordenó que el cadáver de Pausanias fuera arrojado por el precipicio del Céadas, donde terminaban asimismo despeñados los cuerpos sin vida de los vulgares criminales. Fue entonces cuando el oráculo de Delfos entró en escena. Tucídides prosigue su descripción de los hechos exponiendo la orden de Apolo, de obligado cumplimiento para un espartano, que exigía un trato más honroso para el que fuera líder militar de los griegos:

> El dios de Delfos decretó por un oráculo más tarde a los lacedemonios que trasladaran su tumba adonde había muerto (y ahora reposa en la entrada del recinto sagrado, como lo indica la inscripción de una estela) y que como lo que habían hecho era un sacrilegio, que devolvieran a la diosa Calcieo dos cuerpos a cambio de uno. Ellos mandaron hacer dos estatuas de bronce y las ofrecieron a cambio de Pausanias.[53]

Aparentemente, pese a que el oráculo de Delfos no compartió la euforia que otras *póleis* mostraron en el 479 a. C. en torno a un sentimiento de pertenencia a una cultura helena común, el prestigio del santuario nunca fue mayor que en el periodo inmediatamente posterior a las guerras médicas. Medizante o no, la actuación de la institución mística en el conflicto no le reportó sino gloria.[54] A la nueva situación de Delfos contribuyeron notablemente las diversas *póleis* que defendieron la «causa» antipersa. Es interesante constatar hasta qué grado todas las ciudades griegas que lucharon contra Jerjes llevaron a cabo un ejercicio de indulgencia contra un santuario que, claramente, había comenzado el periodo del conflicto posicionándose (si bien no de manera abierta) en contra de sus intereses. Todo ello con el objeto de conseguir una armonía entre griegos que no conocía precedentes. Mención especial merece Esparta, por constituir la ciudad que tenía unas relaciones más fluidas con el oráculo: sin el vínculo que se forjó entre ambos poderes tras la batalla de las Termópilas, probablemente Delfos habría corrido una suerte muy diferente tan pronto como el ejército persa fue puesto en fuga. En cambio, merced al mito espartano y al deseo de los estados helénicos, el oráculo experimentó un más que satisfactorio desarrollo: su relevancia política y su caudal económico aumentaron en tal medida que, en las cinco décadas que separaron las guerras médicas del inicio de la Guerra del Peloponeso (la llamada

«Pentecontecia»), diferentes estados griegos se disputarían el control de este espacio religioso, en ocasiones mediante las armas, pues en el periodo protagonizado por las guerras médicas se puso de manifiesto que controlar el santuario de Delfos suponía, del mismo modo, controlar la política exterior helénica. En este aspecto, parece que el optimismo ante una hipotética unión de los pueblos griegos también se desvaneció con rapidez.

11
DE LA GLORIA A LA INFAMIA. LA CAÍDA EN DESGRACIA DE PAUSANIAS Y TEMÍSTOCLES

Si tú a Pausanias o también tú a Jantipo elogias
o tú a Leotíquidas, yo alabo a Arístides,
hombre que de la sagrada Atenas
fue el único bueno en venir; pues Leto odió a Temístocles,
mentiroso, injusto, traidor...

TIMOCREONTE, *apud* Plu., *Them*. 21.4

Un amargo destino para Pausanias el Regente

Tratamiento de las fuentes literarias

Con la victoria de las fuerzas griegas coaligadas en la batalla de Platea termina toda referencia de Heródoto al estratego Pausanias, pasando el testigo a ser recogido por Tucídides, el historiador ateniense artífice de la *Historia de la Guerra del Peloponeso* y, a la sazón, autor antiguo sobre cuya obra descansa la mayor parte de la información acerca del Agíada. La desviación que practican ambas fuentes es, cuanto menos, interesante. El halicarnasio retrata al espartiata —como hemos comprobado— de una manera evidentemente favorable: en su relato se nos presenta a un militar honorable, respetuoso con el enemigo y que obtiene, en definitiva, la victoria más sonada hasta entonces en el belicoso mundo griego (véase cap. 9). Es probable que Heródoto siguiera la tradición emprendida por el poeta lírico Simónides, el encargado de realzar con un epitafio la gesta lacedemonia en las Termópilas y en cuya labor podemos encontrar el manido recurso heleno que equipara las victorias militares del naciente clasicismo con la épica homérica para hacer del Regente un nuevo Aquiles.[1] Por el contrario, la perspectiva tucidídea está impregnada de una mayor imparcialidad que podría proceder de la hostil tradición espartana construida en torno a la suerte sufrida, en último término, por Pausanias y que el ateniense, cinco décadas después, parece recoger. Desde luego, como ha apuntado la historiografía actual, la figura del comandante espartano es tratada con una minuciosidad y una extensión que sorprende en una obra que, por lo general, aborda con moderación el periodo anterior a la guerra entre griegos, la «Pentecontecia».[2]

Pausanias el Regente tras el conflicto greco-persa

Profundicemos, pues, en el testimonio de Tucídides al respecto. Aunque las tensiones políticas entre Atenas y Esparta, los estados sobre los que recayó la mayor parte de la gloria procedente de la expulsión de los «bárbaros», continuaban su constante ascenso, ambas *póleis* aún cooperaron en una campaña militar que habría encabezado Pausanias con la intención de liberar algunas poblaciones de cultura helénica del «tiránico» yugo persa.

El cuerpo expedicionario se dirigió en primer lugar hacia Chipre, base de operaciones navales de Jerjes en el Mediterráneo oriental, y tras tomar buena parte de la isla puso rumbo a Bizancio, un importante enclave del Helesponto que permitió a los griegos el control del Bósforo tras la toma de Sesto por los atenienses.[3] Allí, el Agíada sería acusado por los habitantes de la localidad de actuar «con demasiada violencia» y de asemejarse «más a la emulación de una tiranía que al mando de un estratego».[4] Tales eran los rumores que acerca del inadecuado comportamiento del estratego llegaban a Esparta que, en el mismo invierno del año 478/477 a. C., las autoridades lacedemonias tuvieron a bien requerirlo para ser interrogado, incluso sobre las acusaciones de presunta simpatía por las costumbres persas que comenzaban a pesar sobre él. No obstante, Pausanias logró salir absuelto del proceso judicial, si bien obligado al pago de una multa, decisión en la que su pertenencia a una de las dos dinastías reinantes en Esparta habría ejercido una considerable influencia.

Tras el juicio al que le sometieron los éforos, Esparta no volvió a enviar a Pausanias en misión oficial; sin embargo, el Agíada habría conseguido tomar un trirreme en Hermíone con el que volvería a pisar Bizancio, desde donde, según las malas lenguas lacedemonias, retomaría sus contactos con el Rey de Reyes. Las maquinaciones del Regente, ciertas o no, agravarían las sospechas de medismo después de llegar a «tramar intrigas con el Rey [de Persia], [...] ávido él de mando sobre Grecia»; para lo cual llegó a ofrecer a Jerjes «someter Esparta y el resto de Grecia»[5] a cambio de contraer matrimonio con la hija del soberano aqueménida (véase cap. 10). Como quiera que Jerjes mostró cierta disposición a continuar las negociaciones con Pausanias, este, dice Tucídides, se vio desbordado por la soberbia y comenzó a sentirse digno de actuar como un sátrapa persa:

> [...] Se hinchó entonces mucho más, y ya no pudo vivir de la forma habitual; salía de Bizancio ataviado con vestidos persas, y una escolta de medos y egipcios lo acompañaba en sus viajes a través de Tracia; se hacía servir la mesa al estilo persa, y no podía ocultar sus intenciones, sino que en pequeños detalles revelaba las acciones de mayor envergadura que su mente proyectaba para el futuro. Se hacía inabordable y mostraba un genio tan difícil con todo el mundo por igual que nadie podía acercársele.[6]

Denunciado de nuevo ante las autoridades de Atenas por los habitantes de Bizancio, Pausanias fue expulsado por segunda vez de la ciudad para pasar a residir en la localidad de Colonas, en la Tróade. Sin embargo, el argumentario consuetudinario espartano parece fracturarse en este punto, pues no hay manera de determinar cuánto tiempo permaneció el comandante en Bizancio hasta la intervención de los atenienses, por lo que la veracidad de las hipotéticas conversaciones que pudiera mantener con el Imperio persa a espaldas del estado lacedemonio depende de la credibilidad que el lector quiera otorgar al relato de Tucídides.[7] No falta quien opina que, si los contactos entre ambas partes fueron auténticos, es más probable que la intención de Pausanias implicara asegurar el dominio de Esparta sobre el territorio al oeste del Helesponto, en detrimento de la cada vez más antagonista Atenas, a cambio de una no intromisión griega en Asia Menor que habría puesto contra las cuerdas la integridad política y territorial de Jerjes.[8]

El relato en torno a la suerte de Pausanias continúa con un segundo llamamiento a Esparta por parte de los éforos, quienes, una vez en su poder, procedieron a su encarcelamiento; medida preventiva que tuvo que ser desestimada cuando no se encontraron pruebas fehacientes de que urdiera complot alguno con ayuda aqueménida. A pesar de ello, investigando en su pasado, las autoridades lacedemonias recordaron el episodio en el que el Regente trató de ganarse el favor del oráculo de Delfos mediante la inscripción de una leyenda personalista en la Columna de las Serpientes erigida en el santuario para conmemorar la victoria de las armas helénicas en la batalla de Platea (véase cap. 10). En este caso, no existe motivo para dudar de la historicidad del acontecimiento, ya que si seguimos la crónica herodotea, Pausanias ya habría acometido prácticas similares: el halicarnasio nos habla de la donación que, también a título personal, dedicó en «la entrada del Ponto»,[9] donde ofreció una crátera tras la toma de Bizancio en el 477 a. C. Parece cierto que el Regente trataba de aumentar su reputación y prestigio políticos mediante unas contribuciones en santuarios extranjeros que no podría llevar a cabo en la propia Esparta, donde los preceptos licurgueos no contemplaban tales comportamientos; una tendencia, por otra parte, que seguían todos los lacedemonios que gozaban de cierta riqueza y poder institucional.[10]

Las pretensiones del Regente hacia los hilotas

Posteriormente, continúa el historiador ateniense, se le imputaron a Pausanias tratos con la masa hilota por los que «les prometía concederles la libertad y derechos de ciudadanía si se sublevaban junto con él y le ayudaban a realizar todos sus deseos».[11] Cabe la posibilidad de que el ambicioso Agíada, tras cosechar el importante triunfo de Platea en el que participaron estos esclavos, tuviera en mente la adopción de este grupo social en el seno del ejército espartano para crear una fuerza militar o naval efectiva de cara a una hipotética expansión espartana hacia el este a costa del maltrecho imperio de Jerjes. Sin embargo, esto habría convertido a Pausanias en el representante de una política demasiado ambiciosa, que aún no tendría la fuerza necesaria para imponerse en una polis cuyos estratos sociales más altos se hallaban demasiado fragmentados y que contaba con una facción conservadora que no dudó en incluir este proyecto en un contexto de liberación de los hilotas.[12] Los revolucionarios planteamientos de Pausanias, de ser reales, contravendrían los principios de la Gran *Retra* por los que se regía Esparta y que establecían el hilotismo como una mano de obra agrícola necesaria para que la ciudadanía de pleno derecho, los *hómoioi*, pudiera encontrar su peculiar concepto de virtud.

En la personalidad del estratego se fusionaban aparentemente dos acusaciones complementarias en la Esparta inmediatamente posterior a las guerras médicas, como eran el medismo y las intrigas con los hilotas, que representaban, en suma, una total alteración de los principios que dictaban la vida de los lacedemonios.[13] También es probable que los cargos de filohilotismo vertidos sobre Pausanias fueran infundados o facilitados por la inestabilidad que en la ciudad-estado lacedemonia estaba causando este grupo social entre los años 469 y 467 a. C. y que anticipó, a su vez, la gran revuelta de esclavos del 464 a. C. conocida por la historiografía posterior como «Tercera Guerra Mesenia». Al respecto, fuentes antiguas como el propio Tucídides o Claudio Elanio afirman,[14] en sus relatos, que los espartanos creían firmemente que el terremoto que asoló Laconia en ese año y que dio pie a la rebelión fue enviado por Posidón como respuesta a una matanza de hilotas refugiados en el monte Ténaro,[15] donde existía un templo dedicado a la deidad marítima en el que los hilotas y los periecos llevaban a cabo sus cultos, lo que respaldaría la teoría de los disturbios en el interior del territorio espartano.

El extracto tucidídeo prosigue su descripción de los hechos afirmando que el apoyo que, supuestamente, brindaba Pausanias a los hilotas para su liberación no constituía una prueba convincente de su culpabilidad a ojos de los éforos. Hubo de ser uno de los hombres de confianza del Regente, aquel que debía llevar una carta al sátrapa Artabazo para que se la entregara al Gran Rey (con quien, presuntamente, continuarían las negociaciones), quien lo delatara. Al parecer, el mensajero sintió miedo al reflexionar y darse cuenta de que ninguno de los que le habían precedido había regresado de su misión, lo que le llevó a abrir la carta y comprobar que, efectivamente, en ella se indicaba que se diera muerte a su portador.[16] Al dar cuenta del contenido de la carta a los éforos, estos quisieron escuchar del propio Pausanias su traición, por lo que arreglaron una farsa mediante la cual su sirviente partiría como suplicante al Ténaro y prepararía una cabaña dividida en dos mitades por un muro: en una de ellas se situarían los éforos, mientras que en la otra se reunirían Pausanias y su mensajero. Cuando el sirviente expuso sus quejas al otrora estratego, este no solo las reconoció, sino que también instó a su subordinado a que partiese cuanto antes y no obstaculizara las negociaciones con los persas. Los éforos, así, no necesitaron más pruebas para incriminarle.

Refugio y muerte de Pausanias

En el momento en el que se disponían a arrestar al Agíada por traición, uno de los éforos, de acuerdo con la tradición plasmada en el testimonio de Tucídides, «por amistad, le alertó con un imperceptible movimiento de cabeza».[17] El aviso del magistrado es prueba de la fragmentación de la sociedad espartiata y de que el estratego gozaba aún de apoyo político tanto en Esparta como en Asia Menor.[18] Ciertamente, Pausanias encarnaba los intereses de la facción que propugnaba la salida de Esparta de sus tradicionales fronteras peloponesias y el expansionismo militar a través del Egeo y, quizá, de Anatolia. No obstante, esta anécdota puede resultar insuficiente para especular sobre las simpatías ideológicas del éforo, puesto que siendo los miembros de esta magistratura ciudadanos comunes y desempeñando su labor únicamente durante un año, su intención podría haber consistido simplemente en entablar una relación beneficiosa con un personaje tan insigne como el vencedor de Platea. Al fin y al cabo, para un simple *hómoios*, la probabilidad de granjearse una amistad con un espartiata acaudalado era menor que aquella de la que disfrutaban, por ejemplo, los miembros de la *Gerousía*, quienes generalmente pertenecían a familias de clase alta y ocupaban cargos de por vida.[19]

Fue entonces cuando el comandante decidió refugiarse en el templo espartano de Atenea Calcieco. Está claro que la tradición posterior no dejó al azar el lugar sagrado donde Pausanias tuvo a bien encerrarse. El templo, cuya diosa se consideraba garante de la soberanía, habría sido lugar de asilo para líderes durante toda la historia de Esparta: el legendario rey Carilo, quien habría gobernado en la primera mitad del siglo VIII a. C., se puso bajo la protección de Atenea cuando creyó que la revolución licurguea estaba dirigida contra él;[20] el propio legislador Licurgo necesitó ampararse en el templo después de que los ricos se opusieran a la instauración de las *syssitía* y antes de que uno de ellos le dejara tuerto de un golpe;[21] con posterioridad harían lo propio el diarca Leónidas II, tras oponerse a las reformas políticas de su colega en el trono Agis IV (ya en el siglo III a. C.) y el mismo Agis cuando el anterior recuperó su trono.[22]

Pero, a diferencia de estos ejemplos, el Regente Pausanias acabaría sus días bajo el techo del edificio. Los éforos decidieron tapiar el templo (Diodoro de Sicilia y Cornelio Nepote atribuyen a la avergonzada madre del espartiata la decisión de colocar el primer ladrillo de la obra),[23] quedando el recluso condenado a morir de hambre. Solo para no contraer *miasma* (mancha o impureza), los magistrados le extrajeron del recinto casi en el momento en el que expiró. Habiendo perecido en mitad de un proceso para su encarcelamiento, se contempló la posibilidad de que el cadáver de Pausanias fuera arrojado por el precipicio del Céadas, en el que terminaban despeñados los cuerpos sin vida de los criminales, pero los éforos decidieron darle sepultura «en un lugar cercano».

¿Por qué Delfos?

Sin embargo, Esparta habría contraído la correspondiente mácula: en tal sentido informa Aristodemo de la mediación de la pitia de Delfos para atajar la peste que habría asolado la polis y de su relación con los «espíritus de Pausanias».[24] Plutarco asegura que «un oráculo ordenó a los espartiatas que se propiciaran el alma de Pausanias» y que «fueron llamados de Italia los evocadores de almas y, después de hacer un sacrificio, lograron apartar del templo su fantasma».[25] Es interesante constatar la ausencia de todo tipo de referencia a una peste o a la aparición del fantasma del estratego en la obra de Tucídides, quien, no obstante, sí alude a la intervención del oráculo de Delfos (véase cap. 10).[26]

De hecho, con el párrafo alusivo al vaticinio que obligaba a los espartanos a rendir cierto homenaje al vencedor de Platea concluye el fragmento del historiador ateniense sobre Pausanias. La historiografía moderna no alcanza un consenso en torno a la veracidad de las palabras de la pitia: un sector no duda de la autenticidad de una profecía que habría sido entregada como mandato divino a los espartanos sin haberlo estos solicitado, dando fe de que Pausanias contaba con buenos amigos en el santuario de Delfos que realmente lamentaron su muerte e hicieron lo posible para que su memoria fuera honrada adecuadamente.[27] Ahora bien, el encargo pítico de desplazar la tumba del Agíada al lugar en el que falleció es extraño, carece de precedentes entre las respuestas oraculares délficas históricamente constatadas y reviste de un halo de leyenda las palabras de la pitia.[28]

El relato de Tucídides no describe la historia de la muerte y sepultura del Regente con el mismo lujo de detalles que aportan otros autores posteriores, probablemente, porque la tradición en torno a estos hechos no se encontraba aún consolidada en el momento en el que la *Historia de la Guerra del Peloponeso* vio la luz. Con todo, el hecho del recurso a la intervención délfica por parte de la propaganda pone de manifiesto que la sociedad espartana era plenamente consciente de que la muerte (o el asesinato) de Pausanias constituía un hecho éticamente cuestionable y de que los cargos que se le imputaban, si bien graves y execrables para los conservadores *hómoioi*, distaban mucho de acercarse a la realidad.

Pero no debemos entender el mandato délfico de las dos estatuas como una crítica o amonestación al homicidio presuntamente cometido por la sociedad espartana. El oráculo habría representado, para Esparta, el acto conciliador y pacificador que la propaganda posterior a las guerras médicas necesitaba incluir en su historia para proporcionar un final feliz. Así, según la costumbre que se estaba construyendo, Delfos indicó los procedimientos mediante los cuales Esparta podía resarcirse de su *miasma* y liberarse de una preocupación religiosa que amenazaba a una ciudadanía al borde de la guerra civil. Además, incluyendo en la ecuación al elemento délfico, los devotos espartanos otorgaban validez ética a un acto reprobable como podría ser el asesinato de un hipotético aspirante a tirano y traidor de la libertad de los estados griegos.[29] Dado que los lacedemonios creían firmemente que sus soberanos poseían, como Heraclidas, ascendencia divina y que su poder estaba sancionado asimismo por la autoridad de Apolo Pítico, debía ser el propio santuario quien ofreciera tanto una causa justa para procesar a Pausanias (el secuestro de la Columna de las Serpientes) como quien cerrase este desagradable capítulo de la historia de la polis laconia (mediante la entrega de dos cuerpos).

Mito y realidad en la historia de Pausanias

¿Qué hay de real, pues, en la historia de Pausanias el Regente tras la batalla de Platea? Todo parece indicar que el Agíada fue víctima de las luchas intestinas que experimentó la sociedad espartiata inmediatamente después, antes inclusive, de la expulsión de los persas. Tras el triunfo de la coalición helénica en las guerras médicas se había establecido en Grecia una doble hegemonía ya barruntada con anterioridad a la conflagración: la asumida por Esparta en la península del Peloponeso, en virtud del liderazgo de la liga homónima; y la que Atenas comenzó a ejercer sobre el Egeo. La juventud lacedemonia, con su referente en el ambicioso Pausanias, se inclinaba por extender el control de su polis a través de toda la Hélade, aunque esto significara un futuro enfrentamiento contra los poderosos trirremes atenienses. Sin embargo, en una deliberación mantenida en la *Apélla* al respecto, de la que Diodoro de Sicilia es nuestra única fuente, se impuso el parecer de los partidarios de la política tradicional conservadora de Esparta merced al consejo de un tal Hetemáridas, voz de los grandes propietarios espartiatas que no conseguirían ningún beneficio económico a través de la extensión de la hegemonía espartana sobre el resto de estados griegos y, menos aún, con el envío de expediciones a tierras lejanas.[30] El debate, por tanto, terminó con el triunfo de las ideas contrarias a las encarnadas por Pausanias.

De esta manera fue como la figura del estratego, en tanto que cabeza visible de la facción expansionista lacedemonia, se volvió molesta para el sector más privilegiado de la ciudadanía, que prefería su acomodado modo de vida a sobrellevar el esfuerzo socioeconómico que habría supuesto una política espartana imperialista. Esta podría ser la razón por la que la oligarquía de Esparta decidió eliminar al estratego, aprovechando el final de la guerra contra Jerjes y la sensibilidad que el conflicto creó en el seno de la opinión pública espartana y griega ante toda sospecha de simpatía por el enemigo para arrojar sobre su figura los cargos de medismo que hemos analizado.[31]

Por otra parte, sí podemos considerar que Pausanias buscaba dar un radical giro a la política tradicional de su polis natal: Aristóteles asegura que su intención radicaba en suprimir la magistratura del eforado y que aspiraba asimismo a concentrar el poder real, despojando para ello al linaje Euripóntida de sus prerrogativas reales, aspectos que, si bien no guardan relación con los cargos de medismo que se le imputaron, plantearían una extrema gravedad y una reforma revolucionaria inaceptable en Esparta.[32] De ser cierto, podríamos encontrar en el testimonio del estagirita los fundamentos por los que las altas esferas de la sociedad lacedemonia optaron por deshacerse de tan problemático individuo, a pesar de su ascendencia semidivina.

En otro orden de cosas, las acusaciones de filohilotismo vertidas sobre Pausanias podrían esconder un ápice de verosimilitud, sobre todo si tenemos en cuenta que la política expansionista que el Regente representaba requeriría casi necesariamente de una nutrida masa con la que abastecer el ejército. En este sentido, la inclusión de los hilotas en las fuerzas de choque lacedemonias podría suponer el camino más sencillo para alcanzar este objetivo. Si Pausanias había prometido la libertad o un nuevo estatus sociojurídico a este grupo social, parece una cuestión de difícil solución, pero resultaría insólito que la multitud hilota aceptara participar en las guerras de sus propietarios sin obtener algún tipo de rédito a cambio.

En cualquier caso, Esparta había obtenido notoriedad como liberadora de Grecia tras la batalla que lideró en el 479 a. C. y para los espartanos era aconsejable mantener esa imagen ante el resto de la Hélade. En cierto modo, la sociedad lacedemonia no podía tolerar que Pausanias, el Heraclida vencedor de Platea que se había erigido en símbolo y personificación tanto de la autonomía griega como del tenue ideal panhelenista del momento, se corrompiera en una polis en la que, precisamente, los límites entre las actividades privadas y la política estatal distaban de ser evidentes.

Por lo que respecta al santuario de Delfos y a su implicación en el relato oficial elaborado por la oligarquía espartana, no hay razón para creer que su colegio sacerdotal estuviera presente en los inicios de esta tradición. Más probable parece que la pitia emitiera un vaticinio ordenando a los lacedemonios colocar la tumba de Pausanias en la entrada o en el espacio sagrado del templo de Atenea, pero, de ser así, no fue en la forma en la que Tucídides recogió el oráculo. Puede también que la familia real agíada estuviera interesada en otorgar una sepultura digna al general y se encargara de sobornar convenientemente a la sacerdotisa de Apolo para obtener su ayuda en forma de profecía,[33] iniciando con ello la tradición que llegó a oídos del autor.

Los últimos años de Temístocles

El excurso de Tucídides es peculiarmente característico por la conexión que podemos encontrar entre la historia del espartiata Pausanias y la del ateniense Temístocles, artífice de la victoria naval de Salamina y cuyos últimos años de vida política guardan cierto parecido con los que habría experimentado su homólogo lacedemonio.

Las tensiones entre Atenas y Esparta

Resulta curioso que, en lo que a la participación de Temístocles en el desarrollo de las operaciones militares del año 479 a C. se refiere, la mayoría de las fuentes antiguas parecen enmudecer repentinamente. Solo Diodoro de Sicilia apunta que, después de la batalla de Salamina, los griegos defensores de la «causa» se reunieron de nuevo en el istmo de Corinto para otorgar un premio a aquel estado cuyas fuerzas hubieran luchado con mayor arrojo. El proceso de elección, matiz que también encontramos en Heródoto, era simple: los electores —generales y capitanes todos ellos— se acercaban al altar del templo de Posidón de la región, donde depositaban su voto para el primer y el segundo puesto. Sin embargo, en un ejercicio de arrogancia, todos los líderes se votaron a sí mismos en primer lugar, dejando la mayoría el segundo para Temístocles.[34] Así, la votación habría terminado sin un resultado definitivo, pero con un vencedor moral claro en la figura del estratego ateniense, dada la situación. Plutarco, por su parte, llega a poner en duda el testimonio de ambos autores y afirma tajantemente que el primer puesto fue adjudicado a Temístocles. En cualquier caso, a ojos del mundo griego no existía líder militar que ensombreciera la labor del vencedor en aguas del golfo Sarónico, tal como muestra el tratamiento que los lacedemonios le dispensaron junto a Euribíades (véase cap. 8) y el recibimiento que se le brindó durante la celebración de los juegos olímpicos del 476 a. C.:

> Se dice que durante la celebración de la siguiente Olimpiada, cuando Temístocles entró en el estadio, los asistentes se olvidaron de los luchadores y estuvieron todo el día mirándolo a él y enseñándoselo a los extranjeros entre gestos de admiración y aplausos; hasta el punto de que él mismo, lleno de satisfacción, confesó a los amigos que recogía el fruto de los sufrimientos que había pasado por Grecia.[35]

Siguiendo el relato de Diodoro, este constituiría el culmen de las relaciones entre Esparta y Atenas. Parece que, para mermar el creciente poderío político y militar de los últimos, los lacedemonios «hicieron valer su influencia para que se tomara la decisión de conceder el premio a la ciudad de los eginetas, mientras que un segundo premio se otorgaba a título individual a Aminias [...], que, al mando de un trirreme, había sido el primero en embestir».[36] Los atenienses tomaron la resolución como una afrenta a su honor, y, cuando se enteraron de que Temístocles había sido agasajado por las autoridades espartanas, «lo apartaron del cargo de estratego» y concedieron el honor a Jantipo, el padre de Pericles. A partir de este punto, las tensiones entre las dos grandes potencias de la Hélade continuaron *in crescendo*.

Temístocles debía de gozar aún de cierto poder político en Atenas, pues Plutarco le atribuye la construcción de las murallas de la polis democrática una vez expulsado el invasor persa del territorio griego. La medida, teóricamente defensiva y sin demasiada importancia, fue vista desde el bando lacedemonio como una amenazante preparación para un potencial conflicto entre los dos poderes; no obstante, el político y militar del Ática se las arregló para completar el amurallamiento sin sufrir consecuencias diplomáticas más allá de las quejas formales. Para ello, acudió a Esparta a fin de declarar ante los éforos que no se estaba llevando a cabo ninguna construcción perimetral, al tiempo que retaba a los lacedemonios a que fueran a comprobarlo por sí mismos. Dicho y hecho, Esparta despachó una delegación con la intención de cerciorarse de la veracidad de las palabras de Temístocles —no sin antes tomar al ateniense y a su séquito como rehenes—, pero se toparon con una resistente muralla ya finalizada. Cuando la embajada espartana reprochó al pueblo de Atenas el engaño, este hizo lo propio y apresó a los heraldos, poniendo como condición para su excarcelación la puesta en libertad de Temístocles y los suyos. Los lacedemonios, entonces, no tuvieron más remedio que dejar ir al estratego, pero albergarían en lo sucesivo un considerable rencor contra la ciudad democrática.[37]

Desde entonces, Temístocles se dedicó a llevar a buen término la política naval que tenía reservada para mayor gloria de Atenas, cuya ciudadanía, aunque seguía profesando una ferviente admiración por el militar, comenzaba a recelar de sus verdaderas aspiraciones, tal y como refiere el Sículo:

> El pueblo admiraba a aquel hombre, pero al mismo tiempo tenía la sospecha de que emprendía tan grandes y tan ambiciosos proyectos con el objetivo de abrirse el camino a alguna forma de tiranía; y por ello le exhortaban a que a que declarara abiertamente sus propósitos. Pero Temístocles dijo una vez más que no era conveniente para el pueblo que él pusiera al descubierto sus intenciones.[38]

Por lo que a los laconios respecta, el sentimiento imperante en su sociedad era ya irreconciliable con la política de Atenas, razón por la que las autoridades de Esparta apoyaron en todo momento a Cimón, rival político de Temístocles y prohombre de principios muy cercanos a los preceptos espartanos.[39] Un nuevo punto de fricción se alcanzó en el congreso anfictiónico de Delfos cuando, a la propuesta espartana de excluir de la Anfictionía (el consejo de administración del santuario) a todas las *póleis* que no hubieron luchado contra el ejército de Jerjes para no dejar el lugar en manos de traidores a la «causa» griega, Temístocles reprochó la poca idoneidad de la que quedaría revestido el hecho de que el órgano quedara únicamente bajo el mando de «las dos o tres ciudades mayores», dado que solo habían participado en la Liga Helénica treinta y una poblaciones, siendo pequeñas la gran mayoría de ellas.[40] Cabría destacar que, pese a que la sugerencia espartana estaba sin duda encaminada a controlar el santuario mediante la expulsión de su administración de ciudades enemigas de los lacedemonios —como Argos—, el consejo anterior a la invasión aqueménida estaba casi plenamente integrado por estados que manifestaron su simpatía hacia la sumisión; un medismo que Temístocles, para evitar el aislamiento internacional de Atenas, se esforzaba por mitigar.

La repentina ambición de Temístocles

No obstante, podemos encontrar el motivo de la impopularidad de Temístocles tanto en el testimonio de Heródoto como en el de Plutarco, y, pese a que el de Halicarnaso se empapa de una tradición profundamente antiespartana y claramente «antitemistoclea», el biógrafo, quien no esconde en su obra la animadversión por la obra herodotea, parece corroborar su versión. En primer lugar, el estratego, expulsado ya el persa de Grecia, dio muestras de un desmedido apego por la riqueza, avaricia de la que es muestra el episodio de la guerra en el que la flota griega puso rumbo a Andros, una de las islas del Egeo en posesión del imperio de Jerjes, con la intención de someterla a asedio e imponer un castigo pecuniario que, según las fuentes literarias, iría a parar a las arcas privadas del estratego:

> Temístocles, a modo de consideración, adujo que los atenienses se habían presentado acompañados de dos poderosas divinidades, Persuasión y Violencia, de manera que forzosamente debían entregarle dinero. Los andrios, ante sus manifestaciones, le respondieron diciendo que [...] como dos divinidades poco serviciales, Pobreza e Incapacidad, no abandonaban su isla, no le iban a entregar dinero, pues el poderío de los atenienses nunca sería superior a su propia impotencia.[41]

Existen diferencias, eso sí, entre el momento en el que ambos eruditos enclavan esta anécdota: para Heródoto, habría tenido lugar poco después de la batalla de Salamina, mientras el de Queronea lo sitúa pocos años después, acabada ya la guerra y con la de Delos en plena configuración. Dado que, según el informe de Diodoro, Temístocles había sido destituido del cargo de almirante general de Atenas para el año 479 a. C., la historieta, en caso de ser aceptada su veracidad, habría de ser ubicada en la época en la que Plutarco refiere. Andros no fue el único estado extorsionado por el ateniense, pues, de acuerdo con el historiador halicarnasio, envió asimismo emisarios al resto de las islas para exigir la entrega de parte de sus riquezas bajo la amenaza de enviar a la flota helénica «para sitiarlas y arrasarlas». Así, Temístocles habría conseguido reunir una importante suma para su propio beneficio de parte de los atemorizados estados insulares. El estratego perdió de la misma forma adeptos en la propia Atenas mediante la construcción o fundación —quizá utilizando los recursos obtenidos de sus coacciones en el Egeo— de un templo dedicado a

Ártemis Aristobula, «la del buen consejo», cerca de su propia vivienda en Mélite, uno de los barrios de la capital ática. Junto a la edificación se habría levantado también una estatua de aspecto heroico del propio Temístocles, símbolo este de la *hýbris* contraída por el vencedor de Salamina.

Temístocles, víctima del ostracismo

Como consecuencia de estos factores y de los resentimientos propios del ambiente político ateniense, el estratego fue juzgado ante la asamblea y condenado al ostracismo a expensas de su rival político, Cimón, quien también gozaría del afecto de buena parte de la población ateniense gracias a las victorias logradas por el ejército ante las tropas persas. Apunta Plutarco —quien parece mostrarse a favor de la figura del navarco— que tal condena no representaba «un castigo, sino un consuelo y alivio de la envidia, que se alegra con la humillación de los que sobresalen y que dirige hacia esta privación de derechos el viento de la malevolencia». Pero lo cierto es que, a finales de la década que siguió a la segunda guerra contra el «bárbaro» (probablemente en el 471 o 470 a. C.), Temístocles fue expulsado de la cuna de la democracia, desde donde se dirigió a Argos, ciudad, en primer término, amiga de los atenienses y, como bien sabemos, adversaria de los lacedemonios. Allí, según parece, llegó a ostentar el cargo de estratego de las fuerzas militares argivas, incurriendo con ello en una mayor ira de la sociedad espartana.[42]

El político se había convertido ya en enemigo público del estado lacedemonio, tanto por encarnar el progreso naval de Atenas como por la ayuda que, después de su exilio, brindó a Argos, inadmisible para una Lacedemonia cuya máxima preocupación recaía sobre el control absoluto del Peloponeso. Por ello, Esparta intentó eliminar la amenaza que se erigía tras sus propias fronteras extendiendo la acusación de medismo que pesó sobre su comandante Pausanias al propio Temístocles. Volviendo con Tucídides, los espartanos habrían notificado ante el pueblo de Atenas las simpatías de su navarco por la moda persa, con la intención de que fueran sus compatriotas quienes ejercieran el correspondiente castigo. Los áticos, entonces, acordaron «enviar unos hombres con los lacedemonios, que estaban dispuestos a colaborar en la persecución, con la orden de llevárselo detenido dondequiera que lo encontraran»[43].

Quizá los argivos no se atrevieran a plantar cara a una expedición conjunta de espartanos y atenienses, o puede que no quisieran alimentar las sospechas de medismo que incidían sobre la Argólide desde el inicio mismo de las guerras médicas; sea como fuere, mostraron la salida de su polis a Temístocles, quien comenzó un periplo por diferentes localidades huyendo, astutamente, de quienes intentaban darle caza. Fue a parar en primer lugar a la isla de Córcira, actual Corfú, de la que nos dice el historiador ático que, a pesar de la consideración de *evérgetes* del prófugo, los corcireos le negaron la entrada en su recinto para no «no incurrir con ello en la enemistad de los lacedemonios y los atenienses».[44] Los propios habitantes de la isla le trasladaron a la costa continental más cercana, la de la región del Epiro, donde Temístocles, con sus perseguidores pisándole los talones, debió refugiarse en la corte del rey Admeto de los molosos, quien, sin embargo, debía de profesarle cierta enemistad por alguna razón que no se especifica en el relato tucidídeo, pero que estaría relacionada con la oposición que el ateniense mostró tiempo atrás a algunas peticiones de este soberano a Atenas.[45] Con todo, Admeto decidió no llevar a cabo ningún tipo de represalia sobre su ahora invitado, porque «lo noble era vengarse de los iguales y en igualdad de condiciones». Así, cuando espartanos y atenienses llegaron al territorio de aquella tribu epirota, su rey no solo se negó a entregar a Temístocles (pese a que, según Diodoro, los espartanos llegaron a amenazarle con una guerra contra todo el mundo griego),[46] también facilitó, mediante la entrega de una considerable suma de oro, su partida al otro extremo del territorio helénico, hacia Pidna, una de las mayores ciudades del reino de Macedonia, donde el estratego pretendería utilizar la influencia del monarca Alejandro para concertar algún tipo de entrevista o conversación con las autoridades del Imperio persa. A fin de cuentas, Alejandro ya había ejercido funciones de mediación entre ambos poderes, como cuando intentó persuadir a los atenienses de las ventajas de una rendición ante Mardonio antes de que el aqueménida quemara la Acrópolis de la ciudad (véase cap. 9). En su periplo hacia Macedonia, Temístocles pudo haber sido auxiliado por «dos jóvenes originarios del país de los lincestas, que se dedicaban a actividades comerciales y por esta razón conocían los caminos»,[47] y, una vez en la costa del Egeo, subió de incógnito a bordo de un barco mercante con el que intentó poner rumbo a Jonia. No volvería a pisar el suelo de Grecia.

Pero los problemas no habían terminado para el promotor del poderío naval ateniense. Tucídides continúa con su descripción de la particular odisea de Temístocles narrando cómo una tempestad desvió el navío en el que se encontraba hasta las inmediaciones de la isla de Naxos, donde la flota ateniense se encontraba asediando la ciudad. Para no ser descubierto, Temístocles necesitó utilizar el recurso a la extorsión con el capitán de la nave:

> Entonces [Temístocles] tiene miedo y, puesto que viajaba de incógnito, declara al capitán quién es y por qué huye, y le dice que, si no lo salva, contará que se ha dejado sobornar para llevarlo; la seguridad exige que nadie desembarque hasta que se pueda reemprender la navegación y, si le obedece, añade, sabrá agradecérselo dignamente.[48]

Parece que el chantaje surtió el efecto deseado y las tropas del campamento de la flota ateniense no se percataron de la presencia del que fuera su arconte años atrás. La anécdota, no obstante, varía en función de la fuente literaria. Aunque la obra de Tucídides es la más copiada por sus seguidores, Aristodemo apunta que Temístocles consiguió no ser delatado amenazando al capitán con matarlo,[49] mientras que en la versión de Diodoro de Sicilia ni siquiera encontramos este episodio. Dejando de lado este oscuro suceso, aparentemente el estratego logró arribar sin más problemas a la costa de Éfeso, desde donde se ocuparía, según Tucídides, de recompensar generosamente la fidelidad del dueño de la nave en la que viajó.

El vencedor de Salamina ante el Gran Rey

Una vez en tierras anatolias, el siguiente paso consistía en contactar con el Rey de Reyes, punto sobre el que parece existir cierta problemática histórica: algunas fuentes, como Tucídides, mencionan que el soberano del Imperio persa era ya Artajerjes (hijo de Jerjes), quien había ascendido al trono tras la muerte de su padre en el año 465 a. C., al tiempo que parte de la producción literaria antigua afirma que Jerjes continuaba ocupando el trono aqueménida cuando Temístocles contactó con las autoridades persas. Independientemente de quién reinara sobre los asiáticos, el ateniense decidió escribirle una carta en la que concedía su amistad a quien en otros tiempos combatió:

> Yo, Temístocles, acudo a ti, yo, el griego que ha causado mayores males a vuestra Casa durante todo el tiempo en que me vi forzado a defenderme contra los ataques de tu padre; pero los bienes que le dispensé durante su retirada, cuando yo estaba en una situación de seguridad y él en peligro, fueron todavía mucho más grandes. Se me debe, pues, un servicio. [...] Y ahora, con la posibilidad de proporcionarte grandes beneficios, estoy aquí, perseguido por los griegos a causa de la amistad que te profeso. Mi deseo es esperar un año y explicarte luego personalmente el motivo por el que he venido.[50]

El estratego haría con estas líneas referencia a una presunta ayuda prestada por el ateniense al almirantazgo persa y al propio Gran Rey tras la batalla de Salamina, cuando, según Heródoto, Temístocles habría desaconsejado a su tripulación la persecución de la armada aqueménida y la posterior destrucción de los puentes que habían tendido sobre el Helesponto.[51] Con todo, en el mismo fragmento herodoteo se muestra al estratego ateniense completamente a favor de dar caza a las derrotadas naves persas hasta las costas asiáticas, cejando en su empeño solo cuando Euribíades, el navarco supremo de la flota helénica, se posicionó en contra de tal medida. Temístocles, entonces, habría escrito a Jerjes para presentarse como creador de la maniobra que le permitiría la retirada a Susa, quizá para ganarse la simpatía del soberano.

Si el testimonio de Tucídides parecía adolecer en cierta medida de falta de imparcialidad en su crónica de los hechos relacionados con Temístocles, una descripción marcadamente favorable se pone de relieve en la fase final del excurso que el historiador dedica a un compatriota al que colma de elogios. Según su crónica, Temístocles habría utilizado el tiempo que estuvo esperando para conocer personalmente al líder persa en instruirse «tanto como pudo en la lengua persa y las costumbres del país» para llegar a convertirse «en un personaje influyente ante el [Gran] Rey», dado que «daba fundadas muestras de ser inteligente».[52] Tucídides es una de las escasas fuentes literarias antiguas que abordan la figura de Temístocles desde un punto de vista único, es decir, haciendo hincapié en sus virtudes sin detenerse en aquellos errores que pudiera mostrar: incluso el medismo del estratego es comprensible para el historiador, quien lo atribuye a la enemistad que mantenía con Esparta y, quizá, a la animadversión de un pueblo como el ateniense, al que se tilda de desagradecido.

Pero tenemos que recurrir al testimonio del biógrafo Plutarco para obtener noticias sobre la supuesta conversación que mantuvieron Temístocles y —dice el de Queronea— Artajerjes. El ateniense se habría presentado (personalmente y no mediante misivas, como apunta Tucídides) como el salvador de la dinastía Aqueménida. Cuando el rey persa preguntó quién se dirigía hacia él, Temístocles recordó que era «aquel a quien deben los persas muchas desgracias, pero mayores bienes por haber impedido la persecución» y se ofreció como «prófugo y perseguido por los griegos», en definitiva, «enemigo de los griegos». El Gran Rey se congratuló por contar entre sus cortesanos a quien había infligido tan amarga derrota a las naves persas en Salamina (cuenta Plutarco que Artajerjes sonreía en sueños gritando «tengo a Temístocles el ateniense»),[53] pero el sentimiento que despertó en la vieja guardia persa habría sido radicalmente opuesto. De hecho, uno de los líderes de la escolta real del aqueménida, un tal Roxanes, llegó a insultar al estratego, actitud comprensible si tenemos en cuenta la aguda enemistad que los orientales debían de profesarle en los años de la guerra: «Taimada serpiente, el demon del rey te trajo aquí».[54]

Temístocles y Artajerjes entablaron rápidamente una amistosa relación que despertó los recelos del resto de allegados al Rey de Reyes, una envidia que aumentó considerablemente cuando el imperio quiso premiar la lealtad del ateniense (o deslealtad para con los suyos) con el gobierno de tres territorios o ciudades: Magnesia, «que le producía cincuenta talentos de pan»; Lámpsaco, «región que era considerada la más vinícola de aquel tiempo», y Miunte, un puerto en el Helesponto de abundantes recursos pesqueros.[55]

Muerte de Temístocles

La fecha de la muerte del vencedor de Salamina es otro de los aspectos sobre los que los autores antiguos no se ponen de acuerdo. Según Tucídides, el erudito que más férrea defensa articula en torno a su figura, Temístocles habría fallecido luego de una «enfermedad que acabó con su vida», sin dar más detalles al respecto; aunque reconoce la existencia de una versión según la cual «se envenenó voluntariamente, por considerar que no podía cumplir todas las promesas que le había hecho al Rey». Como vemos, el testimonio tucidídeo es favorable incluso en el momento de describir la desaparición del estratego.[56]

Diodoro de Sicilia refiere que el ateniense acabó sus días en su residencia de la recién adquirida Magnesia. Sobre la causa del deceso, el Sículo aporta una curiosa historia: el rey Jerjes (pues, para Diodoro, era quien ocupaba el trono) estaba deseoso por emprender una nueva expedición contra Grecia, para lo cual quiso contar con el apoyo y la sabiduría de Temístocles; este, a cambio, le forzó a prometer que no marcharía contra los griegos sin contar con su aprobación. Para formalizar el trato, se sacrificó un toro con cuya sangre el estratego llenó una copa que bebió de un solo trago, lo que le produjo una muerte instantánea. «Así, dicen, Jerjes renunció a la empresa y Temístocles, con su suicidio, dejó la más bella prueba de que había actuado como un buen ciudadano en lo tocante a los intereses de los griegos».[57] Naturalmente, la versión del siciliota presenta graves problemas de historicidad, no porque Temístocles hubiera aceptado participar en una nueva invasión del territorio de los griegos, cosa que podría haber hecho sin que le causara molestia alguna, sino porque la muerte o el suicidio por ingesta de sangre de toro es otro de los *tópos* literarios propios de la literatura griega antigua. Se creía que beber la sangre de este animal provocaba la asfixia inmediata debido a su rápida capacidad de coagulación, tal y como se recoge en varias fuentes;[58] además, esta habría sido, de acuerdo con el testimonio al respecto de Heródoto, la manera en la que el joven y deshonrado faraón Psamético III quiso poner fin a su vida después de la revuelta que protagonizó en Egipto poco después de la invasión persa protagonizada por Cambises II (véase cap. 1). Diodoro sitúa los sucesos relacionados con la muerte de Temístocles «cuando en Atenas era arconte Praxiergo»,[59] lo que podríamos datar aproximadamente en el año 471-470 a. C.

Plutarco, quien da también credibilidad a la sangre de toro como causa fundamental de la muerte del estratego, enmarca el suceso en el contexto de la expedición ateniense contra la isla de Chipre y de una revuelta que habría tenido lugar en el Egipto sometido a instancias, asimismo, de Atenas. Según el biógrafo, el soberano persa habría pedido a Temístocles que cumpliera su promesa y se pusiera al frente de las fuerzas que debían detener la osadía de sus compatriotas. El prófugo, no obstante, habría optado por proporcionar un adecuado fin a su vida sin atacar a los griegos:

> Él no se dejó llevar por rencor alguno contra sus conciudadanos ni fue impulsado a la guerra por tanto honor y poder, sino que seguramente creía irrealizable la empresa, al contar Grecia ya entonces con otros generales importantes y a causa de los excelentes éxitos que estaba logrando Cimón en los combates; pero, sobre todo, por respeto a la gloria de sus propias gestas y de aquellos famosos trofeos, quiso coronar del mejor modo su vida con la muerte que le correspondía. Así pues, hizo un sacrificio a los dioses y, después de reunir a sus amigos y despedirse de ellos, bebió sangre de toro, según la versión mayoritaria, y, según algunos, se suministró un veneno fatal.[60]

Temístocles habría muerto, de acuerdo con Plutarco, en Magnesia a la edad de sesenta y cinco años. Parece que en su lugar de fallecimiento se construyó un monumento funerario conmemorativo de su figura, mientras sus restos mortales, «según cuentan sus parientes, fueron repatriados por disposición suya y enterrados en el Ática a escondidas de los atenienses, pues no era lícito sepultarlo dado que era un exiliado acusado de traición».[61] Así termina el relato sobre este controvertido personaje, ensalzado en las fuentes posteriores como paradigma de la virtud, y ejemplo, para estos mismos autores, de los inconvenientes de la instauración de la democracia en Atenas. Con sus luces y sus sombras, poseedor de unas asombrosas dotes de liderazgo y de una ambición casi sin límites, Temístocles habría pasado a mejor vida como un traidor a los principios de la «causa» griega que él mismo defendió en las guerras médicas, mas su reputación fue rescatada por la labor de Pericles décadas después, dando lugar a una tradición indudablemente favorable que Heródoto y Tucídides, dos de los grandes pioneros de la historiografía griega, incorporaron a sus respectivas.

12

DESARROLLO MILITAR, EQUIPAMIENTO Y TÁCTICAS DE LOS CONTENDIENTES

Algunos dicen que un ejército de caballería,
o de infantería, o una escuadra de navíos,
es lo más bello sobre la oscura tierra.
Yo digo que lo que uno ama.

SAFO, fr. 27.1-5

La guerra en Grecia tras la Época Oscura y la mitificación de los héroes

En el épico periodo al que nos retrotraen los poemas homéricos encontramos un modo de hacer la guerra que dista mucho de las célebres filas cerradas que, por ejemplo, estuvieron a punto de impedir el paso a la multitud persa en el desfiladero de las Termópilas en el año 480 a. C. Apenas tenemos noticias de las estrategias militares adoptadas durante los misteriosos siglos que siguieron a la desaparición de la civilización micénica, pero nadie duda que, como parte inherente de la naturaleza humana, los conflictos bélicos habrían ocupado un espacio notable en la vida cotidiana de las ciudades griegas.

Los versos de la *Ilíada* parecen conceder una especial importancia a las unidades montadas, ya sean carros de guerra —conocidos y utilizados a gran escala en época palacial— o jinetes armados. Este tipo de regimiento era característico de la alta sociedad de la Época Oscura y podría estar encadenado con la renombrada habilidad de persas y medos como criadores de caballos (véase cap. 1); a fin de cuentas, la mítica Troya estaba emplazada en Anatolia, península sobre la que la influencia orientalizante podría haber difundido un uso de este animal para labores guerreras que se extendió al otro lado del Egeo. Los carros de guerra descritos en las obras épicas están formados por dos o cuatro caballos y concebidos para albergar dos guerreros: un combatiente y un auriga encargado de dirigir la maquinaria hacia la zona de combate. No obstante, el carro tendría una función meramente conductora, pues, si atendemos a los detalles de Homero, los héroes aqueos o troyanos preferían desmontar para luchar a pie antes de requerir de nuevo los servicios de su compañero para volver a la retaguardia. Por inverosímil que pueda parecer, el empleo de estos carruajes como medio de transporte durante el periodo posmicénico no es del todo descabellado, máxime habida cuenta del uso idéntico que otras sociedades ajenas en espacio y tiempo (como podrían ser los britanos en época romana) dieron a artilugios semejantes.[1]

Tenemos, así, una sociedad en la que el peso de las contiendas recaía sobre la aristocracia, sector social que marchaba a la batalla probablemente a caballo, bien armados y con cierta protección; seguidos por una turba ataviada prácticamente con lo que encontraba —palos y piedras, en resumidas cuentas— hacia una pelea en la que se contemplarían unas normas de combate consuetudinarias de obligado cumplimiento. Con los primeros compases del Arcaísmo se vislumbra, por otra parte, una corriente enfocada en la reclamación del legado heroico micénico. A mediados del siglo VIII a. C., toda Grecia presenció el auge de ciertas actividades encaminadas a convertir la teóricamente renacida Hélade en legítima depositaria de la herencia aquea de la Edad del Bronce: se multiplicaron las ofrendas en las otrora abandonadas tumbas micénicas, se erigieron santuarios dedicados a los protagonistas de las epopeyas homéricas (particularmente en Esparta, uno de los estados que luchó con mayor énfasis por ser considerado custodio del patrimonio inmaterial de Menelao y Helena), y los individuos de más alta extracción pugnaron por enlazar su genealogía con la de los míticos personajes de la *Ilíada* y la *Odisea*. Estos aspectos fueron acompañando la progresiva aparición de la polis y desempeñaron un rol esencial en el tránsito de la sociedad acaudillada por *big men* al entramado político representado por el concepto de ciudadanía.[2]

La «revolución hoplítica»

Los dos conflictos entre persas y griegos nos han transmitido acontecimientos que han sido abordados por las fuentes antiguas como verdaderas hazañas en las que los contingentes griegos habían actuado de manera heroica para salvaguardar la libertad y la independencia de sus respectivos estados frente a la opresión personificada por el invasor. Pero ¿acaso estaban los dioses del lado griego? ¿A qué se debió la abultada diferencia de bajas en la batalla de Maratón? ¿Cómo es posible que el reducido ejército de Leónidas resistiera durante días las constantes embestidas persas?

Por «revolución hoplítica» entendemos la serie de cambios que se produjeron en el modo griego de hacer la guerra y que implicaron la adopción de las formaciones cerradas (falanges) de combatientes de infantería pesada u «hoplitas», en detrimento de los guerreros a caballo característicos de las leyendas homéricas y representantes de las altas esferas sociales del Arcaísmo más primitivo. Se ha acotado tradicionalmente esta transformación entre la segunda mitad del siglo VIII a. C. y la primera del VII a. C., coincidiendo con la introducción del escudo hoplita, el *aspís*, protagonista indiscutible de este proceso, dado que su uso solo tiene sentido en el contexto de una fila compacta de soldados en la que cada uno de ellos protege el costado derecho de su compañero. La aparición de esta novedosa forma de protección es indicio asimismo de un cambio radical con respecto a las huestes griegas de la Época Oscura, que aparentemente habrían llevado su escudo suspendido del cuello y sobre el pecho, dejando ambas manos libres para lanzar sus jabalinas una vez cercanos al adversario.[3] En su lugar, los guerreros hoplitas mantenían una hilera bien cerrada y arremetían contra el enemigo como un todo.

Poco a poco, el modelo por el que los combates se decidían a través del duelo singular entre dos adalides o héroes fue abriendo paso a choques de sólidos batallones que terminaban dando lugar a una confusa *mêlée* sobre el campo de batalla. En efecto, el combate entre falanges era tan simple como mortal: ambos cuadros avanzaban hacia el enemigo a paso ligero, puesto que la pesada panoplia obligaba a evitar las carreras prolongadas. Cuando se encontraban a corta distancia, las falanges cargaban haciendo chocar sus escudos, en tanto que las primeras filas blandían sus lanzas sobre sus cabezas e intentaban atravesar al oponente, ardua tarea teniendo en cuenta la protección de los hoplitas. Por su parte, las filas posteriores empujaban hacia el frente a sus compañeros de la primera línea con la intención de romper la formación enemiga.[4] Las contiendas hoplíticas requerían, pues, de una demostración de coraje por parte de sus integrantes, ya que el abandono de uno de sus guerreros significaría el desmoronamiento de toda la falange (y, quizá por este motivo, los espartanos reservaban la más absoluta humillación social a quienes rehusaban el combate). Tirteo, el lírico marcial griego más paradigmático, es uno de los primeros autores que recogen esta modalidad, y establecería un *terminus ante quem* para el presunto comienzo de la revolución hoplítica:

> Mas al punto todos descargaremos nuestros golpes, situándonos cerca de los guerreros enemigos, portadores de lanzas. Terrible será el fragor de ambos bandos [...] al golpear los bien redondeados escudos contra los otros escudos; resonarán al caer unos sobre otros [...].[5]

Sin embargo, y aunque las palabras del vate se centran en lo estrictamente marcial, lo verdaderamente significativo de esta reforma militar es su vinculación con la aparición y el desarrollo del concepto de «polis». La irrupción de las clases no aristocráticas en las batallas que moldearían el destino de su propio estado tuvo como consecuencia definitiva la eclosión de una conciencia cívica común a toda la ciudadanía de la urbe en cuestión, que colisionaría frontalmente con el mantenimiento de las élites en las instituciones y magistraturas más elevadas y que habría que poner en relación con la propia evolución política del Arcaísmo. Dicho de otro modo, la metamorfosis hoplítica se encuentra en estrecha conexión con el surgimiento de una clase media de ciudadanos-soldado, capacitada para dotarse de la panoplia necesaria, participante en las asambleas de su ciudad y responsable en gran medida de los intensos cambios sociopolíticos experimentados por las potencias griegas en los siglos VII y VI a. C., germen de las tiranías y de la ulterior democracia.[6]

Ahora bien, esta revolución, objeto aún de estudio de la historiografía actual,[7] fue un proceso paulatino y poco claro que se extendió de forma heterogénea a través del mundo griego. Para algunos helenistas, en algunos versos de la *Ilíada* emergen ya escenas de combate en las que el papel esencial incide no sobre guerreros aristocráticos o heroizados, sino sobre una muchedumbre preparada para el combate cuerpo a cuerpo en filas semicerradas y de la que la falange habría evolucionado directamente. De igual forma, el registro arqueológico ha revelado representaciones bélicas muy anteriores al periodo arcaico que podrían echar por tierra la teoría de una transformación drástica en el siglo VIII-VII a. C. En algunas de ellas se muestran soldados de infantería pesada uniformados y portadores de una misma panoplia en la que destaca un escudo grande y redondo: es el caso del conocido como Vaso de los Guerreros de Micenas, hallado en las ruinas de la acrópolis de la misma ciudad por el célebre Heinrich Schliemann —quien emprendió las excavaciones de la mítica Troya en el siglo XIX — y que ha sido datado aproximadamente en el siglo XII a. C., es decir, en el epílogo de la civilización micénica.

Esta «protofalange», como el sector de la historiografía que defiende su existencia ha venido a denominar el conjunto, sería muestra, por un lado, de que la asunción de las estrategias hoplíticas habría sido anterior al siglo VIII a. C.; y, en segundo lugar, de que tal «revolución» no sería más que la sistemática adaptación de las artes militares a los nuevos tiempos, en los que los líderes de las hordas helenas reclutaban a personajes de una procedencia social más baja para unirlos a sus filas, sin que esto supusiera en ningún caso una igualdad de condiciones políticas.[8] El debate, quizá uno de los más interesantes que ha suscitado la historia militar de la Antigüedad, continúa abierto.

El ejército helénico

No solo de hoplitas se nutrían los ejércitos griegos que luchaban por la «causa de la libertad». Las intervenciones de otros contingentes, como los de caballería o las unidades a distancia, podrían resultar determinantes para el desenlace de la batalla. Examinemos brevemente algunas de estas formaciones.

Infantería ligera griega

Por lo general, el inicio de las hostilidades quedaba reservado a las tropas de infantería ligera o *psiloí* (literalmente, «desnudos»), encargados de acometer pequeñas escaramuzas de hostigamiento con la intención de provocar el desorden y desestabilizar las filas enemigas, siempre con la protección de la caballería, si la hubiere, en sus costados. Después de varios ataques a distancia cortos y rápidos, los *psiloí* se retirarían para permitir a la infantería pesada de las formaciones centrales entablar combate cuerpo a cuerpo. Los regimientos ligeros estaban integrados por individuos de la más baja clase social, siendo en su mayoría hombres pobres o sometidos a la esclavitud, caso este último ejemplificado en la Esparta del siglo v a. C., cuyos líderes comenzaron tímidamente a utilizar hilotas como apoyo para sus soldados espartiatas. De hecho, el comandante Pausanias habría contemplado la posibilidad de utilizar en masa estas unidades en aras de la expansión de la hegemonía lacedemonia fuera del Peloponeso (véase cap. 11).

El armamento de la infantería ligera quedaba acorde con la posición que ocupaban en la comunidad y era bastante simple: una pequeña daga (*máchaira*), tal vez de filo curvado; una jabalina utilizada para entorpecer los cuadros oponentes y, en algunos casos, un garrote para la lucha cuerpo a cuerpo, que, de producirse, advertiría ciertos problemas en la batalla. Para poder ejercer sus funciones sin dificultad, el infante ligero contaba con escasa o nula armadura. Lo normal consistía en una túnica corta y sencilla propia de la vestimenta civil (*chitón*), sujeta a la cintura y remangada para permitir mayor libertad de movimiento.[9]

Los *psiloí*, de este modo, no constituían una fuerza de choque, sino unidades tácticas empleadas para mermar la moral enemiga. Su uso se fue desarrollando después de las guerras médicas hasta llegar a desempeñar papeles decisivos en alguna de las batallas de la Guerra del Peloponeso, como la de Esfacteria, en el año 425 a. C.[10]

Infantería pesada: el hoplita

Cuando pensamos en un guerrero griego de la Época Arcaica o de la Clásica, inevitablemente viene a nuestra cabeza la imagen del hoplita, el combatiente de infantería pesada por antonomasia de la Hélade. La formación hoplítica se caracterizaba por una extraordinaria disciplina que impedía a sus miembros, teóricamente, ceder un ápice de terreno ante el contrincante. Originariamente protegidos por una coraza de bronce campaniforme, típica de las sociedades micénica y posmicénica, poco a poco se fue imponiendo el corsé de cuero duro con recubrimiento de placas de metal (*thórax*) como coraza ideal para el torso. Sobre este mejorado peto, instalado a su vez sobre el *chitón* —que llegaría hasta casi las rodillas— se colocaban dos hombreras fijadas desde la parte posterior hasta la anterior. La cintura y los muslos podrían gozar también de seguridad mediante unas tiras de cuero lastradas con una pequeña placa de metal, las denominadas *pteruges* o «plumas».

Si por algo eran conocidos los hoplitas, era por su gran escudo redondo (*aspís koilè*, «escudo hueco»), que, a diferencia de lo comúnmente sostenido, no da nombre a la unidad. Con un peso que oscilaba entre los ocho y los doce kilos, podía llegar a medir un metro de diámetro y contaba con un método de sujeción revolucionario para la época, a través de un sistema que permitía su agarre con la totalidad del antebrazo y que proporcionaba una gran maniobrabilidad en combate, pero, sobre todo, posibilitaba la misma formación hoplítica, consistente en la protección del propio soldado con la mitad del escudo y la del compañero ubicado a la izquierda con la otra mitad. El *aspís* se confeccionaba con un esqueleto de madera recubierto por placas de bronce sobre las que se dibujaban símbolos que identificaban a su dueño o a la polis para la que luchaba. Normalmente se trataba de animales (avispas, serpientes, toros), alusiones mitológicas (Medusa era, quizá, la más recurrente) o, como ha quedado plasmado en el imaginario popular posterior, la letra *lambda* mayúscula en representación de Esparta (Λ, pues es la letra inicial de *Lakedaímon*, «Lacedemonia»). No obstante, y pese a lo que la cultura contemporánea ha intentado hacer creer, los hoplitas espartiatas no utilizaron tal signo en sus escudos hasta bien entrado el siglo IV a. C.

Dado que cada hoplita era responsable de su propio equipamiento, podían aparecer variaciones en la panoplia de cada integrante de la falange, especialmente en lo que se refiere al casco. El más popular era el denominado «casco corintio», que, si bien brindaba una excelente protección al dejar a la vista únicamente los ojos y la boca, limitaba considerablemente el oído y la vista del guerrero.[11] Pero también podríamos encontrar otros tipos de yelmo, como el dorio, totalmente cerrado a excepción de dos pequeñas aberturas para los ojos; o el tracio, tradicionalmente asociado con los gladiadores romanos y que ofrecía protección para la cara bajo una visera de bronce. En el caso de pertenecer al líder de la formación, todos los tipos de casco solían decorarse además con una cresta de caballo en su parte superior o con plumas en los laterales, aunque estos patrones se extendían habitualmente a todo el batallón. Por lo que respecta al tren inferior, las tibias podían ser protegidas por grebas de bronce y decoradas al gusto del portador. Estas piezas (*knêmis*), que solían dejar los pies al desnudo, quedaban adaptadas a la forma del soldado y no necesitarían sujeción durante el combate.

Pasando ahora al equipo ofensivo, el arma fundamental del guerrero hoplítico consistía en una lanza de poco menos de tres metros de longitud (*dóry*) ideada para la refriega entre formaciones —dado que su peso impedía su uso como venablo— y compuesta de una robusta vara de madera rematada con una punta de metal en uno de los extremos y un lastre de nivelación, del mismo material y también de posible uso mortal, en el opuesto. Se utilizaba principalmente en la primera carga. El hoplita estaba pertrechado además con una espada corta (*xíphos*) adecuada para el encarnizado combate cuerpo a cuerpo o como arma secundaria, en caso de que la lanza quebrase o de que la situación requiriese soltar el escudo y la lanza, como podría ser una persecución o, por el contrario, una huida desesperada. Esta espada, de filo recto y poco más de medio metro de longitud, fue de uso común en todos los ejércitos griegos, salvo para los lacedemonios, quienes, según Plutarco, preferían utilizar un modelo anticuado y más corto:

> Agis, el joven, cuando Démades dijo que los prestidigitadores se tragaban las espadas espartanas por lo pequeñas que eran, dijo: «Y, sin embargo, los espartanos alcanzan a los enemigos con sus espadas».[12]
>
> Al que intentaba averiguar por qué los espartanos usaban en la guerra espadas cortas, [el rey Antálcidas] le dijo: «Porque luchamos cerca de nuestros enemigos».[13]

La táctica de combate hoplítica se convirtió en la estrategia bélica hegemónica en Grecia hasta la irrupción de la Macedonia de Filipo II, padre de Alejandro Magno, en la segunda mitad del siglo IV a. C. Con la pérdida de autonomía de las *póleis* griegas, materializada tras la batalla de Queronea del año 338 a. C., este modo de hacer la guerra fue gradualmente sustituido por otra falange, en este caso, la macedonia.

Infantería a distancia: honderos

Procedentes de un estatus social y militar muy semejante al de la infantería ligera o *psiloí*, los honderos formaban parte de los escuadrones escaramuzadores griegos. No vestían más que un simple *chitón*, pero se diferenciaban de sus homólogos en el pequeño escudo redondo (*péltê*) con el que podían defenderse y que dio posteriormente nombre a la afamada unidad conocida como «peltasta», frecuentemente compuesta por mercenarios tracios al servicio de los ejércitos griegos y que experimentó su momento de mayor popularidad en el siglo IV a. C. Aun así, en el periodo de las guerras médicas, los ejércitos helénicos ya contaban entre sus filas con peltastas, quienes habrían utilizado escudos más pequeños que los hoplíticos, de unos sesenta centímetros de diámetro, forrados con piel de cabra u oveja en lugar del recubrimiento metálico que caracterizaba el *aspís*. Parece que, con el tiempo, la forma del *péltê* varió de la estricta redondez a un arquetipo más semicircular.[14]

En cuanto a sus armas, aparte de la honda, podían portar una pequeña daga en un cabestrillo colgado sobre el hombro izquierdo. A pesar de su apariencia inofensiva, una honda de cuero duro como la que utilizaban estas tropas podía representar una mortífera arma en las manos adecuadas. Cualquier cosa podía servir como proyectil, ya fueran simples piedras encontradas en el camino o piezas de plomo fabricadas con anterioridad para la ocasión. Curiosamente, tal como ocurre con los misiles balísticos en la época contemporánea, los honderos griegos solían inscribir mensajes vejatorios y humillantes en sus piedras para minar la moral del enemigo o para lanzarlos intramuros en el contexto de un asedio.[15]

Arqueros

Los ejércitos griegos no fueron precisamente conocidos por la integración de tropas con arco en sus expediciones, sabedores de que su destreza con esta arma a distancia no era comparable con la mostrada por sus enemigos persas. Aun así, el empleo del arco no era totalmente ajeno a la vida militar helénica. Los arqueros (*toxótai*), como unidad poco utilizada por los estrategos, carecían de panoplia uniformizada y cada individuo podía presentar varias diferencias con sus compañeros. El arco que manejaban solía ser corto, diseñado para acosar al adversario a reducidas distancias, y era complementado por una pequeña daga o cuchillo para el cuerpo a cuerpo, recurso que, salvo situaciones límite, era evitado a toda costa. Sin embargo, algunos arqueros se preparaban para lo peor con una armadura de cuero ligero sobre el *chitón* y un *péltê*. Al hombro portarían un carcaj de flechas ricamente ornamentado. En Atenas, fueron los *thetes* quienes configuraron un regimiento de arquería que —según sabemos por noticias herodoteas— se creó con posterioridad a la batalla de Maratón y que tuvo la oportunidad de trabar combate en la batalla de Platea, luego de que el comandante Pausanias suplicara a la plana mayor ática su intervención.[16]

Resulta interesante comprobar que, pese a la pericia con el arco de la que algunos personajes de la mitología griega hacían gala —sin ir más lejos, Apolo era considerado «el flechador del arco de plata»—, la técnica de la arquería no experimentó una gran difusión en la Grecia antigua, probablemente por la probada eficacia manifestada por honderos y peltastas en el periodo de las guerras médicas. De utilizarse este tipo de unidad, más propia de «bárbaros» que de griegos, sus efectivos podían actuar mezclados en los cuadros de falanges hoplíticas, como miembros de la infantería ligera de escaramuzadores o, mucho más extraño, en la caballería (*hippotoxótai*), adelantándose a las cargas de los jinetes.

Caballería helénica

El soldado a caballo, como representante de la vieja aristocracia cuyo poder había mermado significativamente en buena parte de las *póleis* griegas a finales del Arcaísmo, casi había desaparecido de los planes de batalla de los comandantes helénicos. La caballería pesada estaba armada prácticamente igual que los hoplitas a pie: con peto, grebas y yelmo; pero con la ausencia de escudo. La razón es lógica, ya que un instrumento de unos diez kilos de peso reduciría de manera considerable la velocidad y eficacia del tándem caballo-jinete. Como si de dragones de la época napoleónica se tratase, estos soldados acostumbraban a desplazarse al lugar de batalla a caballo para desmontar y luchar a pie en primera fila, pero no se descartaban las cargas a caballo contra la retaguardia de las falanges enemigas o incluso acciones de hostigamiento contra su infantería ligera, mucho menos comunes, ya que una carga frontal contra un cuadro de lanceros bien pertrechado y tras un muro de escudos podía constituir un auténtico suicidio; no obstante, buenas tropas persas armadas con lanzas o picas contaban con una menor instrucción militar y eran susceptibles de sufrir cuantiosas bajas, aun procediendo de una carga de caballería cara a cara.

Pese al reducido impacto de la caballería en los ejércitos helénicos, la región de Tesalia se distinguió desde el siglo VI a. C. por contar con los mejores jinetes y caballos de la Hélade, lo que no es de extrañar teniendo en cuenta las inmensas llanuras que componen la orografía de la zona del norte de Grecia. Tal fue la celebridad de la que gozó

Tesalia como criadora de caballos que, durante la invasión del 480 a. C., el propio Rey de Reyes habría intentado comprobar su velocidad, de acuerdo con una anécdota que nos facilita Heródoto:

> Jerjes, en unión de sus fuerzas terrestres, había atravesado Tesalia y Acaya y hacía ya dos días que había irrumpido en Mélide. En Tesalia mandó organizar una carrera de caballos, poniendo a prueba a su caballería y a la caballería tesalia, ya que había oído decir que era la mejor de Grecia; pues bien, en dicho certamen las yeguas griegas quedaron muy atrás.[17]

Los caballeros tesalios ganaron fama como duros mercenarios (al fin y al cabo, sirvieron al Gran Rey en la Segunda Guerra Médica), y, a diferencia de sus homólogos en el resto de estados griegos, su apariencia guardaba cierta similitud. Los jinetes vestían una capa rígida de colores vistosos sobre los hombros y cubrían su cabeza, no con un yelmo, sino con un típico sombrero tesalio de ala ancha y corona pequeña (*pétasos*). Por su parte, las monturas griegas no precisaban de sillas ni de estribos (que hicieron su aparición en el siglo IX de nuestra era); con todo, los tesalios cubrían a sus caballos con una pequeña manta en el lomo, ya fuera por protección o por decoración. Por último, la caballería tesalia, más ligera que la formada por soldados pesados, utilizaba lanzas y jabalinas para el combate cuerpo a cuerpo y a distancia, respectivamente.[18]

El ejército aqueménida

Las fuerzas armadas persas estaban compuestas por una amalgama de soldados procedentes de las innumerables naciones del imperio, cada una con sus costumbres marciales y su propio armamento y panoplia; un ejército que, si bien gozaba de flexibilidad y capacidad de adaptación a distintos terrenos y circunstancias, distaba de presentar la renombrada disciplina de combate propia de las falanges griegas. Estas son algunas de las formaciones más utilizadas por los soberanos asiáticos en sus intentos por adueñarse del territorio griego.

Portaestandartes aqueménidas

En contraposición con los ejércitos griegos —en los que no encontramos señales de esta figura—, los portaestandartes de las fuerzas del Imperio persa eran hombres de rango superior y de origen, en términos generales, socialmente elevado. Por esta condición, los «abanderados» debían mostrar ciertas diferencias con el resto de los soldados en sus ropajes, como tocados de piel de lobo semejantes a los utilizados siglos después por los portadores del águila romanos. Por otro lado, la túnica y los pantalones —que cubrían la totalidad de las piernas— de estos personajes, ajustados y ceñidos al cuerpo, eran también vistosos y coloridos, lo que les convertía en objetivos de gran facilidad para la infantería a distancia enemiga. Su defensa, además, era nula, pues su labor impedía el empleo de escudo o arma alguna; únicamente llevaban al hombro un arco corto y un carcaj de flechas, más como símbolo de autoridad y extracción —recordemos los motivos decorativos de los dáricos persas (véase cap. 1)—, que como prueba de su disposición para la batalla.[19]

Los portaestandartes representaban, probablemente, uno de los grandes errores de los líderes aqueménidas en las guerras médicas: fáciles de abatir por su notoriedad, la pérdida de estos individuos podía ocasionar la inmediata pérdida de moral de un ejército con algunos regimientos que adolecerían de un insuficiente entrenamiento militar y, por lo tanto, de una disciplina de combate facilmente abatible. La huida de un contingente de estas características, en un ejército tan numeroso como el persa, haría peligrar la cohesión de todas las tropas en el campo de batalla mediante un efecto dominó, por lo que se hacía imprescindible la figura de un duro y amenazante oficial que mantuviera el orden en las filas. En segundo lugar, la muerte del adalid supondría un duro golpe para la nobleza oriental, de la que posiblemente procediera, siendo su sustitución una tarea más complicada que si de un simple soldado se tratara.

«Inmortales» persas

La infantería de élite del Gran Rey, formada por soldados escogidos por su habilidad de entre los guerreros procedentes de las etnias meda o persa, recibe su sobrenombre merced al buen hacer de Heródoto, quien, como vimos en su momento, puso de manifiesto la ilusión que el regimiento creaba cuando, al morir uno de sus integrantes, era inmediatamente reemplazado por otro (véase cap. 6). Pero lo cierto es que es probable que los propios aqueménidas no conocieran por ese término a su fuerza especial por excelencia, ni tan siquiera los griegos durante el conflicto. Más plausible es que recibieran el apelativo de «portadores de manzanas», dada la forma de la base metálica de su lanza.

Los «inmortales» vestían para la batalla siguiendo la moda persa del momento: una túnica holgada de mangas anchas y sueltas con una falda larga ajustada a la cintura mediante una faja con flecos, todo ello recubriendo otra túnica interior ajustada a modo de armadura ligera y, a veces, una versátil cota de metal. Al igual que en el caso de los portaestandartes, estas tropas lucían ropajes vistosos con diseños florales o geométricos. En lo que toca al aspecto físico, los guerreros trenzaban tanto su cabello como su larga barba al estilo persa y utilizaban una diadema o tiara para fijar el pelo a la cabeza. Portaban las armas habituales del ejército aqueménida, a saber, un arco corto con un carcaj de flechas al hombro y una robusta lanza de entre dos y tres metros de longitud, con un contrapeso en forma de fruta que, en función del escalafón social al que perteneciera el soldado en cuestión, era plateado o dorado. Como arma de corto alcance se servían de un pequeño cuchillo o daga que apenas llegaban a utilizar. Su escudo, mucho más frágil que el manejado por los hoplitas griegos, se confeccionaba a base de mimbre y cuero y era fácilmente quebradizo; aun con este inconveniente, los «inmortales» estaban más familiarizados con el ataque que con la defensa: su táctica fundamental radicaba en avanzar a la carga sobre las posiciones enemigas, lanzas en ristre, al tiempo que los soldados de los costados de la formación disparaban una lluvia de flechas que mermaba los cuadros enemigos. Esta táctica podía resultar específicamente eficaz contra las falanges hoplíticas, toda vez que su defensa se basaba en la plena capacidad de acción de cada uno de sus componentes.[20]

Infantería ligera

Como parte de su educación durante la juventud, el persa era instruido en equitación, tiro con arco y en evitar a toda costa proferir mentiras. Así, no es de extrañar que, llegado a la adultez, todo soldado bajo las directrices del Gran Rey estuviera más que familiarizado con la arquería y contemplara el arco corto como una prolongación de su cuerpo. Aquellos guerreros que marchaban a la guerra con la orden estricta de emprender acciones de escaramuza vestían al estilo persa, con una larga túnica bajo la que se equipaban con pantalones ceñidos para el tren inferior. También enrollaban una faja colorida alrededor de la cintura y se calzaban con sandalias ligeras.

Sin embargo, no era común que un comandante aqueménida decidiera diferenciar entre infantería cuerpo a cuerpo e infantería a distancia, a sabiendas de que la práctica totalidad de su ejército mostraba cierta destreza con el arco. La fuerza básica de los ejércitos persas recaía sobre los «portadores de escudo» (*sparabara*), aquellos guerreros con armamento ligero preparados para sufrir las primeras acometidas del enemigo. Su función era formar una pared con sus escudos y lanzas, mientras sus compañeros ubicados en las filas traseras disparaban flechas sobre el enemigo durante su avance, tal y como se puso de relieve en la carga ateniense de la batalla de Maratón. Aunque el entrenamiento militar de estas tropas no era tan profundo como el que realizaban los hoplitas griegos (y en absoluto se parecía a la *agogé* espartana), los *sparabara* solían mantener la posición el tiempo suficiente para que otra sección del ejército persa acudiera en su auxilio. Su vestimenta normal, al igual que la de los arqueros, era la túnica y el pantalón, a los que podrían añadir una rudimentaria armadura de lino o de cuero frágil. Era característico su escudo, grande y rectangular, fabricado en cuero y que —en este caso sí— da nombre a la unidad. La infantería ligera supuso la piedra angular de los ejércitos persas durante generaciones y, pese a su versatilidad en enfrentamientos contra ejércitos poco profesionales como el escita o los nómadas asiáticos, no era rival para una falange bien adiestrada.

Caballería

Como es obvio en un estado de criadores de caballos, la caballería constituía, junto a los *sparabara*, la columna vertebral de los ejércitos que asolaron Grecia. Después de la conquista de la Lidia de Creso, cuando Ciro el Grande configuró el estado persa y lo dotó de una dimensión universalista, quince mil nobles medos y persas recibieron el título de «parientes» del Gran Rey y, como tales, estaban obligados a dirigirse a cualquier parte a caballo, llegando a suponer una ofensa a su honor y al del monarca el hecho de ser vistos caminando. En un principio, la fuerza de élite de la caballería aqueménida procedería de este estrato creado por Ciro, lo que nos permite imaginar la importancia que el estado oriental concedía a la equitación.[21]

No había demasiadas diferencias entre la vestimenta de los infantes persas y la de los jinetes, de acuerdo con la descripción de Heródoto. Ambas fuerzas compartían el gusto por las túnicas anchas y decoradas con colores vistosos, con anchas mangas y, en ocasiones, complementadas con armadura de escamas. Comparecían en la batalla ataviados con gorros de fieltro flexible y tiaras sobre la cabeza; estas diademas se decoraban en función de la procedencia social del jinete. Algunos de estos soldados, por el contrario, preferían utilizar un yelmo metálico. El caballo, por lo general, no presentaba ornamentación ni protección alguna, salvo contados casos en los que las monturas eran parcialmente cubiertas con finas placas metálicas, quién sabe si dando origen al modelo que desembocaría en la catafracta medieval.[22] Del mismo modo, no contaban con sillas ni estribos.

Dentro del armamento de la caballería persa no podía faltar el arco corto, aunque no sería este su principal instrumento ofensivo. Manejaban además dos lanzas ligeras o jabalinas de madera, de menos de dos metros de longitud y rematadas con puntas metálicas: lo normal era utilizar la primera como arma arrojadiza y hacer uso de la segunda en una carga. Al igual que su homóloga helénica, parece que la caballería persa no empleaba escudo, presuntamente por los mismos motivos; una fuerza polivalente y rápida como esta no podría permitirse cargar con peso extra que disminuyera tanto la velocidad del caballo como la movilidad de su jinete, aun si el escudo persa estaba realizado con materiales mucho menos pesados que el hoplítico. No sería hasta la segunda mitad del siglo V a. C. cuando, influidos por las tácticas escitas, los persas comenzaron a adoptar los escudos en los escuadrones montados.

La modalidad de combate de la caballería persa, utilizada por Mardonio en los primeros pasos de la batalla de Platea (véase cap. 9), no consistía en cargas directas ni en combates cuerpo a cuerpo, sino en acciones de hostigamiento en las que aprovechaban sus arcos y venablos para mermar las filas enemigas. Seguían además una primitiva táctica de caracol, por la que los diversos escuadrones se acercaban al contrincante, arrojaban sus armas sobre ellos y se apartaban a un lado para replegarse a la retaguardia de la formación y prepararse para un segundo ataque mientras el resto de líneas repetían el movimiento.[23] Sorprendentemente, a pesar del peso de la caballería en los ejércitos del Gran Rey, no tenemos informes de ninguna actuación destacada o decisiva en ninguna de las batallas de las guerras médicas.

Guerreros a camello

Si bien no nos ha llegado noticia alguna de su uso en las batallas derivadas de las invasiones del solar helénico, sabemos, por los bajorrelieves encontrados en lo que fue el palacio de Assurbanipal —el último gran rey del Imperio asirio— en Nínive, que los soberanos persas utilizaron tropas árabes montadas a camello. Los asirios habrían destruido casi en su totalidad las sociedades nómadas a las que pertenecían estos modos de hacer la guerra, dejando abierto el camino para la posterior usurpación persa de su territorio. Tan pronto como fue establecida la administración imperial, los monarcas aqueménidas trataron de desarrollar y perfeccionar en lo sucesivo el empleo de estas unidades para su propio uso, como prueba su participación en la conquista de Babilonia, en el ataque contra el territorio del rey Creso en el 547 a. C. y en la expansión persa a través de los desiertos de Siria y Arabia.[24]

La camellería estaba sistematizada en patrones de dos hombres por montura que hacían uso de armas a distancia, preferiblemente arcos cortos; ahora bien, también utilizaban armas cuerpo a cuerpo como lanzas ligeras.[25] Naturalmente, este tipo de regimiento permitía una excepcional maniobrabilidad y movilidad a través de los escarpados territorios asiáticos y tenía como finalidad la escaramuza contra el enemigo y la persecución de regimientos a la fuga. No obstante, el punto fuerte de esta unidad consistía en su superioridad sobre la caballería, dada la mayor altura del camello y su amenazante aspecto y olor, que, al parecer, infundía pavor entre las monturas enemigas:

> Los caballos enemigos, ya desde una distancia considerable, no los aguantaron [a los camellos persas]: mientras unos, fuera de sí, emprendían la huida, otros saltaban y otros caían revueltos entre sí, pues tal es la reacción de los caballos ante la visión de los camellos.[26]

La camellería continuaría con su presencia en los ejércitos del Medio Oriente y del norte de África, e incluso componen unidades de honor de algunos ejércitos en la actualidad.

Fuerzas mercenarias

El mundo griego no comenzaría a abusar de las unidades mercenarias en sus contingentes hasta el siglo IV a. C. —especialmente en el periodo helenístico—, pero el concepto del mercenariado helénico es tan antiguo como la aparición y configuración de las *póleis* y, aunque era difícil encontrarlos en los ejércitos helénicos, existían grupos de combatientes de ascendencia griega y asiática que hicieron de la guerra su forma de vida y que vendieron su espada al mejor postor, figura esta que, habitualmente, fue encarnada desde el siglo VII a. C. por alguno de los estados anatolios.[27]

Arqueros cretenses

La isla de Creta experimentó una evolución histórica separada a la del resto de la Hélade por su alejada situación en el Mediterráneo: se mantuvo ajena al conflicto greco-persa y consiguió escapar a las depredadoras alianzas de la «Pentecontecia» en los años siguientes. Sin embargo, el territorio contaba con una de las más preciadas castas de guerreros, acaso heredera de las extintas tradiciones minoicas. Merced a su merecida fama con el arco, estas tropas mercenarias parecen haber sido las únicas que llegaron a servir en los ejércitos atenienses durante las guerras médicas, teóricamente encuadradas en regimientos de escaramuzadores o dispersos entre las filas de las falanges. Como unidades ligeras, carecían normalmente de armadura y se distinguían por un *chitón* rojo y un pequeño escudo redondo. Portaban, además del arco (de leño y marfil) y su correspondiente carcaj, jabalinas y una daga de media longitud, lo que indica su posible empleo como fuerzas cuerpo a cuerpo. De ser esto así, los arqueros cretenses representarían una valorada y temida soldadesca; algo que demuestran el testimonio de Jenofonte en su relato *Anábasis* y la aparición de estos colectivos en ejércitos posteriores como el de Alejandro Magno e incluso el de Julio César, siglos más tarde.[28] Su técnica difería de la empleada por otros arqueros griegos en la denominada «tracción mediterránea», por la que, para tensar la cuerda del arco, se utilizaban los dedos índice, corazón y anular, dejando la flecha entre los dos primeros; procedimiento este aún utilizado en las disciplinas de arquería.[29]

Infantería pesada de Frigia

Antes de su conquista en el siglo VII a. C., Frigia era uno de los territorios más extensos de la península de Anatolia. Su presunta vinculación con los hechos épicos de la guerra de Troya y los servicios prestados bajo los gobiernos lidio y persa otorgaron un renombre a los guerreros frigios que perduró hasta el inicio de las guerras médicas, en cuyo transcurso lucharon a las órdenes de comandantes persas y helénicos. En combate, su vestimenta era bastante singular: una túnica coloreada sobre la que lucían una armadura de cuero duro con refuerzos metálicos; bajo esta coraza, el frigio cubría sus brazos y piernas con un tejido grueso y también vistoso, ceñido y apretado en muñecas y tobillos para permitir una mayor movilidad. Las armas utilizadas variaban en función del guerrero, siendo las más corrientes la lanza, la espada o la típica hacha de doble filo (*labrys*) que podemos encontrar tanto en las leyendas minoicas como en aquellos mitos relacionados con las mujeres amazonas. Por último, manejaban un escudo en forma de media luna, más grande y robusto que el *péltê* de las infanterías ligeras griegas, que les permitía enfrentarse a la caballería enemiga colocando su lanza en la concavidad.[30]

Tribus sometidas a los persas

No todos los mercenarios al servicio del Gran Rey procedían de poblaciones localizadas más allá de las fronteras de su imperio. Una de las características más interesantes del estado aqueménida es la presencia de una serie de pueblos —kurdos, misios, etc.— que parecen haber practicado una constante rebelión contra la autoridad persa. Naturalmente, las autoridades «opresoras» se sentían molestas por el acoso y el bandidaje de estos pueblos, pero apenas llevaban a cabo expediciones de castigo hacia sus hogares; de hecho, la destrucción de estas tribus llevaría aparejada la desaparición de una valiosa fuente de mercenarios, utilizados en tiempos de guerra para mantener el orden en el propio imperio.

Estas tropas no recibían los mismos pertrechos que los *sparabara*. Tendían a luchar con las armas propias de su región de procedencia, lo que convertía estos regimientos en un crisol de guerreros individualizados que blandía un armamento muy heterogéneo: hoces, cimitarras, lanzas, espadas, mazas o cualquier instrumento que pudiera causar daño al enemigo. Del mismo modo, dado que su finalidad recaía en la conservación de la paz y en tareas de patrullaje y guarnición, no era necesario un equipamiento similar al de los soldados que combatían en primera línea del frente. La mayoría de estos mercenarios fueron armados con una suerte de lanza, el *taka*, razón por la cual llegaron a ser conocidos con el nombre de *takabara* o, literalmente, «portadores de *taka*». Aunque en algunas fuentes griegas se les identifica simplemente como peltastas, los *takabara* se diferenciaban de los infantes ligeros griegos en su utilidad no solo como tropas a distancia (pues contaban con jabalinas para hostigar los cuadros enemigos), sino como soldados capaces de sostener un combate cuerpo a cuerpo.[31] Aun así, esta infantería podía ser fácilmente derrotada por una falange de hoplitas. Su escudo era similar en forma y composición al utilizado por las tropas mercenarias de Frigia y su protección se fundamentaba en un ligero peto de cuero, mientras que su arma más mortífera, quizá, era el *sagaris*, una peculiar hacha de batalla procedente de las zonas más orientales del imperio y de uso extendido entre la infantería escita.

La guerra en el mar: el trirreme

Evolución de las técnicas navales en el Arcaísmo

«Cincuenta eran las veloces naves al mando de las cuales Aquiles, caro a Zeus, había ido a Troya. En cada una, cincuenta compañeros había sobre los bancos de remeros».[32] Tal y como se describe en estos ilustrativos versos de la *Ilíada* homérica, la galera de cincuenta remos se había erigido en el arma de guerra marítima por excelencia en los inicios del Arcaísmo griego, si bien estaba más enfocada al transporte de tropas que a las verdaderas naumaquias. En algún momento del siglo VIII a. C., este prototipo fue perfeccionado —probablemente gracias a la avanzada tecnología naval de la que disfrutaban los pueblos fenicios— y convertido en lo que conocemos como «birreme», un modelo cuyo nombre alude a las dos filas de remeros tendidas a cada costado del barco, permitiendo una disminución de su eslora y, por lo tanto, una mayor maniobrabilidad. El birreme se convertiría en el primer buque de guerra propiamente dicho mediante la inclusión en su proa de un espolón de bronce, con la finalidad específica de embestir a las naves enemigas y, con suerte, partirlas en dos. Sin embargo, aparentemente el mundo griego no adoptó esta evolución de la galera hasta bien entrado el siglo VI a. C.

Pese a que los griegos no habrían sido en absoluto ajenos a la guerra en el mar, no encontramos referencias a batallas navales hasta el muy tardío relato de Heródoto y su descripción de los combates librados en aguas de Artemisio y Salamina, ambas en el 480 a. C. En su narración, el halicarnasio menciona básicamente dos tipos de embarcación al servicio de las *póleis* defensoras. A una de ellas la denomina «pentecóntero», sin que sepamos si se refiere a la antigua galera de cincuenta remos propia de las epopeyas homéricas y poco adecuada para las naumaquias, o a los birremes, cuyo empleo ya debía de haberse extendido en las escuadras helénicas. Junto a este anticuado navío, Heródoto informa de la presencia de trirremes en las flotas aliada y aqueménida.[33] Teóricamente surgido en el siglo VII a. C., el trirreme, al igual que su homólogo de dos hileras de remos, fue desarrollado a partir de la galera arcaica y sufrió una reducción de su longitud y la adición de tres filas de remos —de las que procede su nombre— y de una gran y única vela. Su numerosa tripulación debía apelotonarse en un buque de unos treinta y siete metros de eslora por solo seis de manga que hacían de este modelo un incómodo zulo en el que el hacinamiento podía dar lugar a focos de infecciones y donde el esparcimiento o el almacenamiento de víveres era impensable. Precisamente por este motivo, el trirreme no disfrutaba de un gran alcance de actividad, puesto que tenía que atracar cada vez que los remeros necesitaban descansar o aprovisionarse; pero su limitada autonomía quedaba compensada por su gran velocidad (unos siete nudos a la hora) y flexibilidad táctica. Gracias a estas ventajas, el navío de tres filas consiguió hacerse con la hegemonía en los mares, hasta casi provocar la práctica desaparición otros tipos de barco.[34]

Tácticas y personal

Los trirremes disponían también, como los birremes, de un espolón de bronce utilizado para embestir a las embarcaciones enemigas; empero, aunque parece que el uso de este modelo de navío ya se había extendido cuando estallaron las guerras médicas, la táctica consistente en chocar con otro barco aún no había calado por completo en las mentalidades de los almirantes griegos. Es cierto que Heródoto se refiere a momentos en los que se dan embestidas, como aquella supuestamente ejecutada por el ateniense Aminias de Palene y que dio inicio a la batalla de Salamina (véase cap. 7), pero hay otros elementos en su arco narrativo que evidencian unas vetustas costumbres navales que no habían sido aún abandonadas. La realidad es que la estrategia más seguida a principios del siglo V a. C. continuaba siendo la del abordaje, por la que ambas escuadras se acercaban para que sus tripulaciones, precursoras de la infantería de marina moderna, trabaran combate cuerpo a cuerpo como si de una batalla terrestre se tratara. Los trierarcos, capitanes de los trirremes, contaban con una selección de guerreros pesados a bordo especializados en los encontronazos derivados del choque de navíos. Estos soldados (*epibátai*), jóvenes escogidos de entre la ciudadanía y equipados de manera semejante a los hoplitas de tierra, representaban uno de los más altos eslabones en la cadena de mando, detrás del trierarco y de su puesto de mando, y su número oscilaría en torno a los veinte efectivos, toda vez que su pesada panoplia podría, por una parte, influir negativamente en la velocidad y operatividad de la embarcación; y, por otro lado, provocar el balanceo de la nave con su movimiento en cubierta, a lo que habría que sumar el caos propio de una lucha sobre una plataforma flotante. Junto a los *epibátai* se desplegarían asimismo cuatro arqueros o *toxótai* (o tiradores de dardos, los *akontistaí*) que, sumados a los ciento setenta remeros, completarían la tripulación o soldadesca del trirreme. Bajo la autoridad del trierarco encontraríamos un timonel (*kubernḗtēs*), un carpintero de a bordo (*naupḗgos*), un oficial de remeros (*keleustḗs*) y un músico (*aulḗtēs*) encargado de marcar la velocidad. En ocasiones, para hacer más llevadera la tediosa tarea de paletear conjuntamente y continuar el ritmo, los remeros emitían unos cánticos o gritos repetitivos que Aristófanes recogió con la onomatopeya «¡Oopop, oopop!».[35] El *kubernḗtēs* era el oficial de más alto rango en un trirreme, ya que estaba a cargo de la navegación a remo y a vela, y de esta figura dependían las decisiones más importantes que podían proporcionar la victoria en combate. A este respecto era asistido por el *keleustēs* y el *aulētēs*, en tanto que las órdenes del timonel eran transmitidas a la masa remera en forma de compás. Los catorce soldados (*epibátai* y *toxótai*), junto al cuerpo de oficiales, formaban lo que se conocía colectivamente como *hipēresia* o grupo auxiliar del trierarco.[36]

El procedimiento de combate naval por abordaje es minuciosamente descrito por Tucídides, quien escribió su *Historia de la Guerra del Peloponeso* en una época para la que esta técnica debía de haber quedado ya completamente obsoleta:

> Tan pronto como por ambos lados fueron alzadas las señales, se encontraron y entablaron batalla; ambas flotas llevaban muchos hoplitas en los puentes, y muchos arqueros y lanzadores de dardos, pues todavía estaban equipadas a la manera antigua, con bastante inexperiencia. La batalla naval fue violenta, y se caracterizó no tanto por la habilidad de maniobra como porque se parecía más a una batalla de tierra; pues cuando se producía un abordaje, difícilmente se despegaban debido al número y a la aglomeración de las naves, y a que para la victoria confiaban sobre todo en los hoplitas de los puentes, que combatían a pie firme cuando las naves estaban quietas; y [...] se combatió con valor y con fuerza más que con ciencia. Por todas partes había un gran tumulto y la batalla era desordenada [...].[37]

A pesar de que, en las primeras décadas de la Época Clásica, los trirremes se construían aún con madera de escasa calidad y susceptible de sufrir un fuerte deterioro si permanecían demasiado tiempo en el agua, se llevaban a cabo acciones de bloqueo marítimo mediante las cuales los puertos enemigos quedaban cercados por una cadena de navíos. Estas operaciones, sin embargo, no podían prolongarse, por lo que los asedios marítimos de las guerras greco-persas debían caracterizarse por su celeridad y, a ser posible, por la cercanía de un fondeadero aliado. Los atributos de los trirremes no los hacían tan adecuados para tareas de vigilancia en alta mar como para acciones de ataque por sorpresa, en las que la velocidad de las embarcaciones suponía un factor determinante; además, a diferencia de lo que podría ocurrir con un ejército de tierra extenso, las escuadras no eran particularmente perceptibles en el horizonte, lo que permitía repentinos desembarcos en territorio enemigo antes de que los ejércitos defensores pudieran acudir a la llamada de los vigías de la costa. Para cuando las tropas llegaban al lugar del desembarco, la tripulación de los trirremes podía haber saqueado e incendiado a placer antes de volver a bordo si las operaciones se habían realizado convenientemente, sufriendo unas bajas muy limitadas.

La asimetría entre soldados «profesionales» y remeros que acabamos de examinar puede parecer desproporcionada a primera vista; aun así, parece que estos últimos también llegaban a desembarcar para participar en las intervenciones terrestres y, especialmente, en los pillajes; situación que se destila de los testimonios de algunos autores antiguos que reseñan el reparto de armas o pertrechos a esta masa: «Demóstenes [...] armó a sus tripulaciones con escudos de baja calidad [...]»:[38] «Trasilo [...] se aseguró cinco mil peltastas de los marineros, pues pensaba emplearlos también como tales [...]».[39] Estos relatos son concernientes a momentos posteriores a las invasiones persas, lo cual, por otra parte, no es óbice para considerar que la entrega de armas a los remeros era una práctica frecuente ya a principios del siglo V a. C.

En caso de que se intentara impedir un desembarco enemigo, era necesario librar una batalla naval, y, en este sentido, se fue imponiendo paulatinamente el estilo moderno de combate, aquel en el que las embarcaciones utilizaban sus espolones como arietes. Los marineros debían hacer gala de toda su destreza para maniobrar lo más rápidamente posible y colisionar en el costado de la nave enemiga. Si era certero y se asestaba en el lugar indicado, el golpe podía acarrear el hundimiento inmediato, de otro modo, el trirreme acosado podía quedar inutilizado e inmóvil sobre el agua, dando lugar a un posible asalto por parte de los atacantes. De ser así, se produciría en la cubierta del navío defensor un cruento combate que dirimiría la suerte del trirreme: si vencía la tripulación del barco que embistió, la nave defensora podía pasar a formar parte de la flota de su estado, siempre que los daños sufridos fueran reparables.

Al igual que en los combates terrestres, una de las dos partes podía renunciar a la batalla y retirarse, o, simplemente, huir tras un encontronazo. En estos supuestos, los vencedores tendían a perseguir durante un tiempo al enemigo para capturar o inutilizar fácilmente algunos de sus barcos, al tiempo que la tripulación apresada era, por lo general, pasada por las armas. Los espolones de los barcos capturados servían a menudo como trofeo de guerra, siendo insigne la ofrenda dedicada en Delfos por los griegos tras Salamina y que utilizó los espolones de las naves persas hundidas o retenidas para erigir una inmensa estatua de Apolo (véase cap. 10). Por último, la recuperación de los cadáveres resultaba más dificultosa que en las batallas terrestres, tras las que se concretaba una tregua en tal sentido: no era insólito, después de una naumaquia, el oleaje o las tribulaciones meteorológicas impidieran el rescate de unos náufragos condenados a perecer en el mar.[40]

13
LA CULTURA GRIEGA EN EL CONTEXTO DE LA GUERRA

Para evitar que, con el tiempo,
los hechos humanos queden en el olvido
y que las notables y singulares empresas
realizadas por griegos y bárbaros [...]
queden sin realce.

HERÓDOTO, Proemio de las *Historias*

La conciencia panhelénica

Origen y evolución del panhelenismo

Una de las características más específicas que describen la idea de polis —el modelo de ciudad-estado que impregnó las comunidades políticas de la práctica totalidad de la Hélade— es la completa independencia que estos asentamientos practicaron entre sí en todo momento. Las sociedades asentadas en el territorio griego, naturalmente, tenían ciertos elementos comunes que, en la actualidad, nos permiten referirnos a ellas sencillamente como «los griegos»: una misma religión, adaptada convenientemente en cada estado para legitimar sus intereses; un idioma con ligeras variaciones en sus dialectos y, como se puso de manifiesto a finales del Arcaísmo, una muy semejante forma de hacer la guerra. Fuera de eso, los diversos centros y estados que salpicaron Grecia no solo se consideraban independientes entre sí, sino que en muchas ocasiones también se contemplaban unos a otros como potenciales enemigos, ya fuera en el plano cultural o en el militar. Antes de que el Imperio persa se convirtiera en una amenaza tangible para este fragmentado mundo griego, la única remembranza de unión de los griegos en persecución de un mismo objetivo la entrañaba la epopeya pretérita plasmada en la *Ilíada*, obra que relata la poco verosímil expedición que, integrada por poblaciones procedentes de todos los rincones helénicos, partió hacia Troya para rescatar a Helena, y que, de narrar hechos ciertos —perspectiva apenas barajada por la historiografía moderna— habría tenido lugar en algún lejano momento del siglo XIII o XII a. C.[1]

Sin embargo, el conflicto desencadenado por las invasiones de los ejércitos aqueménidas logró acotar dos grupos étnicos bien diferenciados y que reflejaron a ambos contendientes, no tanto por la obvia conexión cultural que existía entre los territorios griegos como por el carácter extranjero de quienes penetraron desde más allá del Helesponto. La intrusión de las tropas de Jerjes en el año 480 a. C. ofreció a los pueblos de Grecia una innovadora oportunidad para reconocer su identidad a expensas de un sentimiento de rechazo hacia los orientales que habría nacido, posiblemente, en el transcurso de la propia guerra. Así lo atestigua una elegía de Simónides encontrada en uno de los *Papiros de Oxirrinco* (una serie de manuscritos descubiertos a finales del siglo XIX en un antiguo vertedero de la localidad homónima egipcia), acaso perteneciente a un conjunto de obras que tendrían como finalidad su representación en el santuario de Delfos.[2] En ella se glorifica la victoria de la coalición helénica en Platea en el 479 a. C. y, precisamente, trata de equiparar la hazaña de las tropas de Pausanias con la leyenda surgida de la obra homérica.[3] Simónides podría considerarse, de esta forma, figura artística hegemónica en lo que a la exaltación de los hechos relacionados con las guerras médicas se refiere, puesto que su rúbrica, física o espiritual, aparece en aquellas manifestaciones que honran los acontecimientos más destacados de los defensores de la «causa», los «griegos» como conjunto: la batalla de Maratón, la defensa y el sacrificio de las Termópilas o, en este caso, la gran victoria de Platea. Asimismo, la elección del escenario para su presunta puesta en escena tampoco estaría elegida al azar, dado que el santuario délfico, como sabemos, se había erigido ya en vertebrador de una vacilante identidad helénica, a pesar de las dudas mostradas por su colegio sacerdotal, al menos, en los primeros compases de la guerra contra el persa (véase cap. 10).

Ciertamente, si de verdad existió una corriente panhelenista, los santuarios religiosos se convirtieron en sedes en las que celebrar el legado de una cultura común. Para cuando los persas irrumpieron en el continente griego, los recintos sagrados más destacados albergaban ya certámenes atléticos y musicales que atraían a participantes de todos los estados del mundo griego y cuya dimensión más relevante estaba más relacionada con el honor y la gloria de los que disfrutaban los vencedores a lo largo y ancho de la Hélade que con la cantidad pecuniaria que se les adjudicaba. Prueba de la existencia de una mínima percepción panhelenista es que, de hecho, a principios del siglo v a. C., los juegos olímpicos se restringieron únicamente a aquellos atletas que pudieran demostrar su ascendencia helénica, si hemos de creer el relato que nos ofrece Heródoto:

> En cierta ocasión en que Alejandro [el rey de Macedonia] se decidió a tomar parte en la competición y, con ese propósito, bajó a la pista, los griegos que iban a competir con él en la carrera pretendieron excluirlo de la misma, alegando que la prueba no estaba abierta a participantes bárbaros, sino reservada a griegos. Sin embargo, una vez que Alejandro hubo demostrado que era argivo, se dictaminó que era griego y disputó la carrera del estadio, en la que llegó igualado con el primero [...].[4]

Está claro que detrás de la intención de Alejandro —monarca de un territorio constantemente acusado de ser «insuficientemente griego» por los propios individuos de los estados al sur de Macedonia— de participar en los juegos olímpicos subyacía como propósito el reconocimiento que su presencia en el evento le otorgaría como perteneciente a la misma cultura que sus vecinos meridionales. Pero el hijo de Amintas cargaba con una losa aún más pesada, a tenor de sus simpatías con las autoridades persas durante la guerra: cabría traer a colación el episodio en el que el soberano fue enviado por Mardonio a Atenas para persuadir a la *ekklesía* de firmar la paz con el enemigo y unir la ciudad a sus estados sometidos (véase cap. 9), algo que, de haber sido aceptado, podría haber modificado drásticamente el resultado de la guerra. Para cuando desapareció la amenaza, tras los enfrentamientos en Platea y Mícale, Alejandro se había transfigurado en una suerte de «mal griego». Por esto, supuestamente, habría acudido a Élide —hogar del certamen—, para demostrar que su sangre era tan helena como la de cualquiera de los hoplitas que lucharon contra Jerjes. La anécdota, como suele ocurrir, es difícilmente creíble, habida cuenta de que, en la celebración de los juegos del año 476 a. C., los primeros desde la desaparición de los guerreros persas del territorio griego, Alejandro de Macedonia podría haber alcanzado ya la ancianidad.[5] En cuanto al oráculo de Delfos, si su administración no cerró las visitas a los consultantes griegos fue, tal vez, por su mera supervivencia, ya que buena parte de las generosas donaciones de las que su colegio sacerdotal subsistía eran enviadas desde territorios lejanos poco relacionados con Grecia; bastaría con un repaso en torno a las ofrendas de oro consagradas por los opulentos reyes de Lidia y recogidas igualmente en el relato herodoteo.[6] No obstante, parece que los múltiples intereses estatales se imponían a los de una potencial confederación griega. Al fin y al cabo, en las competiciones que se oficiaban en los santuarios, los candidatos acudían en calidad de representantes de su polis, y sus victorias, al igual que en la actualidad, podían despertar la envidia de los estados adyacentes.

Probablemente, el hallazgo arqueológico que más veracidad aporta a la teoría de la conciencia panhelénica durante las guerras médicas es la base de la gran estatua de bronce de Apolo ofrendada en Delfos tras la victoria de la escuadra griega en Salamina. Sobre ella, la historiografía moderna ha planteado la hipótesis de que el oferente se hubiera presentado con la palabra *hellanes*, «los griegos»; un indicador irrefutable de que los propios griegos se referían a sí mismos por medio de un vocablo concreto (véase cap. 10). Es una voz, además, que aparece relativamente tarde en las fuentes literarias griegas, al menos en aquellas que le dan un significado relacionado a una misma etnia.

Tucídides describe sorprendentemente bien la aparición de la conciencia panhelenista como un fenómeno reciente:

> Me demuestra también, y no con menor claridad, la debilidad de los antiguos el hecho de que, antes de la Guerra de Troya, la *Hélade* no parece haber acometido ninguna empresa en común; pienso, además, que este nombre no solo no designaba todavía al país en su totalidad, sino que antes de Helén, el hijo de Deucalión, ni a su propio pueblo. Pero cuando Helén y sus hijos se hicieron poderosos en la Ftiótide, y los solicitaban para acudir en auxilio de otras ciudades, los diferentes pueblos, desde entonces, debido a aquellas relaciones, dieron una mayor difusión al nombre de *helenos*, denominación que, sin embargo, durante mucho tiempo, no pudo imponerse a todos.[7]

El historiador ateniense sitúa el origen del término en los tiempos de la epopeya homérica, pero le atribuye significado muy diferente al que estamos acostumbrados a conceder. Efectivamente, en la *Ilíada*, «Hélade» es el nombre que se da a la región circundante a la desembocadura del río Esperqueo, al sur de Tesalia, uno de los territorios que habrían pertenecido a Aquiles.[8] Cuando la *Odisea* vio la luz, la palabra pasó a delimitar un territorio algo mayor, definiendo aparentemente el territorio de la Grecia central.[9] Encontramos también referencias al panhelenismo en la producción literaria de los primeros siglos del Arcaísmo, pero, más que aludir a una supuesta unión de los griegos, parece que enfatizan su división o las diferencias culturales entre los diversos estados: «Era pequeño y tenía coraza de lino, pero descollaba con la pica sobre panhelenos y aqueos»:[10] «el sol [...] gira sobre los pueblos y ciudades de los negros y ya más tarde alumbra a los griegos».[11] Habría que esperar hasta el siglo VI a. C. para encontrar el término «helenos» en un sentido cultural y socialmente inclusivo, en detrimento de aquel significado territorial que, si no había caído en desuso para entonces, habría adquirido una magnitud equiparable a la totalidad del territorio considerado griego. Se trata de una inscripción a la que hace mención el geógrafo Pausanias, luego de contemplar supuestamente un trípode dedicado en el 586 a. C. a Heracles en la ciudad de Tebas, ofrenda de un tal Equémbroto:

> Equémbroto de Arcadia consagró a Heracles
> esta joya, por haber vencido en los juegos de los anfictiones,
> cantando para los griegos canciones y elegías.[12]

De acuerdo con lo visto, parece evidente que toda expresión de panhelenismo estaba indisolublemente ligada a las instituciones religiosas; incluso se podría decir que la coincidencia cronológica por la que, en el siglo VI a. C., se comenzó a dar uso a la locución «los griegos» en su dimensión cultural paralelamente al crecimiento de la trascendencia experimentada por los santuarios más relevantes no es accidental.[13] El informe de Heródoto refiere cómo, a mediados de esta centuria, el faraón egipcio Amasis II, el último antes de la aparición del ejército de Cambises en sus fronteras, dispensó un trato de amistad a los griegos que acudían a mercadear a sus ciudades y les permitió levantar un templo para honrar a sus divinidades. Los griegos, en un alarde de unidad, erigieron un santuario común:

> Amasis [...] les dio unos terrenos para que en ellos levantaran altares y recintos sagrados a sus dioses. Pues bien, el mayor de esos recintos (que, al tiempo, es el más renombrado y frecuentado y que se llama Helenio) lo fundaron en común las siguientes ciudades: Quíos, Teos, Focea y Clazómenas, entre las jonias; Rodas, Cnido, Halicarnaso y Faselide, entre las dorias, y solamente Mitilene, entre las eolias [...].[14]

Por otra parte, aproximadamente por las mismas fechas se compuso el conocido como *Catálogo de mujeres*, obra incorrectamente atribuida al poeta Hesíodo (pues contiene alusiones a acontecimientos posteriores a la teórica época de este autor) que detalla la descendencia de las féminas más célebres de la mitología helénica, ya fuera con dioses o con mortales. Uno de sus fragmentos pretende enlazar el origen de las deidades epónimas Doro (de los dorios), Éolo (de los eolios), Aqueo (de los aqueos) e Ión (de los jonios) al mítico rey Helen: «De

Helen, rey amante de la guerra, nacieron Doro, Juto y Éolo que en carro combate. [...] Y por la voluntad de los dioses, Juto tomó por esposa a Creúsa, la de la bella figura, la hija de mejillas sonrojadas del divino Erecteo, y ella, enamorada, se acostó con él y dio a luz a Aqueo, Ión el de los nobles corceles y a la hermosa Diomedes».[15] Con este extracto de difícil datación se daba carpetazo a las diferencias que pudieran existir entre griegos y se integraba a todas las etnias de la Hélade en una gran familia panhelénica.

Aunque la conciencia comunitaria griega continuó en un lento pero progresivo desarrollo a lo largo del siglo VI a. C., hubo de ser la invasión persa y la aparición del estereotipo del «bárbaro» la que catalizase la difusión del concepto de unión de los griegos por todos los estados que se enfrentaron al intruso. El ideal panhelénico permaneció en la Grecia posterior al conflicto como arma arrojadiza en manos de los líderes más ambiciosos: fue utilizada por Esparta contra Atenas durante y tras la Guerra del Peloponeso; por el rey Filipo II de Macedonia y su hijo Alejandro Magno —ya en el siglo IV a. C.— durante sus campañas de anexión de toda Grecia e incluso en los vaivenes políticos de la república romana; y en todos los casos constituyó una ideología enarbolada para justificar la conquista y la agresión diplomática.[16]

Concepción del «bárbaro»

Desde entonces, el vocablo «bárbaro» aparece cada vez con más frecuencia en las fuentes literarias griegas de la Antigüedad para hacer referencia al foráneo que no comparte las costumbres comunes griegas. Ya en la tragedia de Esquilo *Los persas*, aparecida en los años inmediatamente posteriores a la expulsión de las fuerzas aqueménidas, la locución designa constantemente al adversario del pueblo helénico «libre» y es imbuida, al mismo tiempo, de un cariz peyorativo que acompañará en lo sucesivo a la imagen de «lo persa» y «lo extranjero», conceptos que pasarían a encarnar las características opuestas a lo que se consideraba el modelo de virtud griego: los excesos, la cobardía, la ambición desmedida, la injusticia o la crueldad. El cómico Aristófanes va más allá y satiriza el modo de vida persa tildándolo de salvaje y estúpido, primando en todo momento la supremacía de la cultura griega. Sin embargo, el descrédito manifestado por las fuentes antiguas en torno a todo lo oriental —algo lógico teniendo en cuenta las décadas de conflicto entre ambos poderes— estuvo paradójicamente acompañado de un inusitado interés por el exotismo que despertaba una civilización ajena y desconocida, tal como demuestra la proliferación de motivos artísticos en los que se representan guerreros persas, frigios o tracios en las cerámicas de figuras rojas propias de Atenas. Esto, a su vez, plantea una difícil problemática: ¿fue el «bárbaro» un antagonista de la cultura griega creado *ex professo* a través de la propaganda y el arte ateniense, o surgió este concepto con la misma fuerza a lo largo y ancho de la Hélade? Aparentemente, en la medida en la que Atenas capitalizó y casi monopolizó el desarrollo cultural de la antigua Grecia, prácticamente toda nuestra evidencia arqueológica procede de la ciudad de la democracia: Simónides, representante hipotético de las victorias colectivas de la Liga de Corinto, había nacido en la isla de Ceos, pero su trabajo evolucionó gracias a los apoyos de patrocinadores atenienses. Heródoto, el gran compilador de los sucesos bélicos de finales del Arcaísmo, era procedente de Halicarnaso, en la otrora sometida provincia de Caria, mas pasó un considerable tramo de su vida en Atenas antes de trasladarse a Turios, una de las colonias establecidas por las autoridades áticas en el golfo de Tarento. Por el contrario, no encontramos este progreso artístico en otras ciudades como Esparta, donde, si bien no se castigaba su desempeño, el enfoque militarista de los lacedemonios hacía prácticamente imposible que los *hómoioi* dedicaran su tiempo libre al cultivo de esta disciplina. Por lo tanto, pese a que la cuestión parece imposible de resolver, existen indicios que apuntan a que esta denostada noción del «bárbaro» encuentra su germen en una Atenas que comenzaba a recuperarse de la devastación sufrida por las tropas de Mardonio y en la que las manifestaciones literarias y artísticas se consolidaban como la esencia misma del resurgir ático.[17]

Uno de los aspectos que parece echar por tierra la teoría que preconiza el surgimiento de una conciencia panhelenista a través de la Grecia continental es la escasa repercusión que el movimiento habría experimentado durante la guerra. Según parece, la designación del invasor extranjero como «bárbaro» y su caricaturización —cuando no desprecio— no fueron motivos suficientes para materializar una unión completa de todos los pueblos helénicos. Sobre este aspecto debemos tener en cuenta, ante todo, que solo treinta y un estados o *póleis* tuvieron el honor de ver sus nombres grabados en la Columna de las Serpientes que conmemoró la victoria en Platea. Tebas y Tesalia, dos extensos y poderosos estados del centro del territorio griego, manifestaron su aquiescencia o su adhesión a la «causa» persa, sin incurrir por ello en perjuicio de sus costumbres, su religión o su lengua, tan griegas como la lacedemonia o la ateniense. Aparte, del relato de Heródoto se desprende que los atenienses utilizaban palabras distintas para diferenciar a aquel extranjero grecoparlante (*xenoí*) del forastero que no hablaba griego ni disfrutaba de la cultura común (*bárbaroi*); mientras que, para los espartanos, todo individuo procedente de fuera de sus fronteras era considerado un extraño.[18] Y, aunque fue Esparta la polis que lideró la resistencia contra el ejército persa en la coyuntura de la Segunda Guerra Médica, sus autoridades no dudaron en aceptar la ayuda brindada por los asiáticos cuando la ocasión lo requirió. A finales de la Guerra del Peloponeso, el conflicto que enfrentó a las alianzas ateniense y lacedemonia, Esparta tomó de buen grado el oro del Gran Rey y financió con él una ingente escuadra naval que hizo frente y derrotó a la ateniense en Egospótamos, en el 404 a. C. Además, el surgimiento de la idea del «bárbaro» parece concordar con la configuración de la *symmachía* ateniense apenas aludida, la Liga de Delos, integrada mayoritariamente por las islas del Egeo que anteriormente habían rendido pleitesía al soberano persa y fundada, de acuerdo con el testimonio de Tucídides, con el objeto de «devastar el territorio del Rey [de Persia] para vengarse de los daños que habían sufrido».[19] En resumidas cuentas, la paulatina estigmatización del término con el que supuestamente los griegos se refirieron a los persas desde el inicio de la guerra sirvió a los atenienses, por una parte, para establecer una poderosa talasocracia que terminó derivando en una modalidad de administración imperial, y, en segundo lugar, para apropiarse de los pingües beneficios emanados del sistema tributario que Atenas, en calidad de potencia predominante de su liga, impuso sobre el resto de miembros. Cobraría sentido, pues, que las autoridades atenienses se sirvieran de sus más ilustres eruditos y oradores para difundir un concepto que, probablemente, no fue utilizado con la misma vehemencia en otros estados.

El conflicto desde el prisma griego

Libertad frente a tiranía

No hay duda de que el inicio de las guerras médicas debió de convulsionar la cotidianeidad de un mundo griego acostumbrado, como mucho, a constituir el escenario de las interminables rencillas entre sus múltiples poderes. Por primera vez desde la caída de la civilización micénica, la Hélade habría de enfrentarse a una potencia extranjera, audaz y difusora de un modelo estatal denostado por buena parte de las *póleis* que se enfrentaron a los asiáticos. Tras años de resistencia, las fuerzas de la Liga Helénica consiguieron la expulsión del intruso; un triunfo seguramente inesperado para el contendiente defensor, cuyos engranajes propagandísticos comenzaron a trabajar a pleno rendimiento para convertir la conflagración en una victoria de la «libertad» frente a lo que los propios griegos concebían como una autocracia oriental. Gracias a la eficacia de las fuentes literarias griegas en los años posteriores a la guerra y a que el cultivo de la historiografía era prácticamente inexistente en un Imperio persa centrado en asumir la regencia de la ecúmene, es razonable que el relato que ha llegado hasta nuestros días, si bien ya convenientemente matizado por los estudios procedentes de la iranología y por el registro arqueológico, sea el que en su momento esgrimieron los vencedores de la contienda, esto es, una crónica de los hechos marcadamente helenocéntrica que compara la lucha entre griegos y persas con una titánica pelea entre la autonomía propia de las *póleis* y la «tiranía». Aunque es Heródoto quien ofrece la versión más profusa del conflicto, ya encontramos en *Los persas* de Esquilo, «publicada» en el año 472 a. C., varias alusiones al carácter despótico y cobarde de Jerjes:

> ¿Cómo no iba a ser víctima en esto mi hijo de alguna enfermedad de la mente? Temo que mi riqueza, producto de inmensa fatiga, llegue a ser un botín para el hombre que más se apresure. Esto ha aprendido el valeroso Jerjes, por tratarse con hombres malvados. [...] Él, por su cobardía, solo manejaba la jabalina dentro de casa, sin aumentar la riqueza paterna. De oír con frecuencia tales reproches de hombres malvados, determinó esta expedición y una campaña en contra de Grecia. Efectivamente, ellos han producido el más grande desastre, de recuerdo imperecedero.[20]

Como todo erudito, el dramaturgo es hijo de su tiempo y trata de adaptar la democracia imperante en la Atenas del siglo v a. C. con los trágicos sucesos derivados de las guerras médicas y de los incendios de la ciudad. *Los persas*, una de las pocas tragedias que se conservan de Esquilo, es algo más que una celebración del éxito helénico. Muestra también un mundo en el que los hombres son plenamente conscientes de unos hechos políticos en los que los dioses no intervienen en otra cosa más que en premiar o castigar tales actuaciones. Dado que, de acuerdo con la moralidad helena del momento, el comportamiento que se espera de un buen gobernante es la moderación, Jerjes, como paradigma de soberano corrompido por la *hýbris*, es responsable ante su pueblo de dejarse llevar por la arrogancia y la soberbia tan poco propias del buen griego. En el trabajo de Esquilo se pretende hacer hincapié en las calamidades de la guerra en cualquiera de sus enfoques, pero también subrayar la naturaleza opresora del régimen persa al que se enfrentan los griegos y que se contrapone directamente al «mundo libre», representado, en su máxima vertiente, por la polis ateniense: una de las formas que encuentra el autor para ensalzar las diferencias entre los combatientes, entre la autonomía y el despotismo, reside en que, mientras aparecen personajes aqueménidas concretos y con un nombre propio, no comparece en toda la tragedia un solo griego con su nombre, sino que son integrados en una masa anónima de ciudadanos. Esquilo, de quien se dice que habría luchado en las filas atenienses en la batalla de Maratón, defiende con esto la preeminencia de la *isonomía* (literalmente, la «igualdad ante la ley») y el modelo estatal de la polis sobre el individualismo que podría haber dominado en la Grecia de los siglos anteriores.

Heródoto: de la tradición épica al origen de la historiografía

La corriente iniciada por Simónides y continuada por Esquilo encontraría su reflejo en la posterior obra de Heródoto, de donde procede la inmensa mayoría de nuestros conocimientos de la guerra greco-persa y cuya producción continúa centrando una rama sustancial de los estudios derivados de la historiografía moderna. En realidad, las *Historias* recogen buena parte de los patrones épicos que protagonizaron las centurias arcaicas. Para empezar, se escribieron en el mismo dialecto jónico en el que se compusieron los tratados de Hipócrates o las cartas geográficas de Hecateo de Mileto, ambos pertenecientes a una época pareja; pero la variedad jónica era además la que se utilizaba en los poemas épicos tradicionales del Arcaísmo. El halicarnasio utiliza, adicionalmente, expresiones que parecen sacadas de la *Ilíada* o la *Odisea*; no obstante, con este recurso no parece intentar imbuir de un halo mítico-legendario los hechos que relata, sino incluir fórmulas lingüísticas que, a través de la tradición oral y de la difusión de las composiciones homéricas, habrían pasado a formar parte del léxico griego común.[21] Veamos algún ejemplo:

> [...] Mas, si rehúsas someterte a estas condiciones y, pese a todo, acabas conduciendo un ejército contra Grecia, estoy seguro de que cualquiera de los que se queden aquí, en nuestra patria, oirá decir que Mardonio —sí, que tú—, después de haber ocasionado a los persas un terrible desastre, es pasto de perros y aves en cualquier rincón de la tierra de los atenienses o de los lacedemonios [...].[22]

Heródoto pone palabras propias de un griego en boca del persa Artábano durante un discurso en el que este líder aqueménida mostró su actitud reticente a lanzar una campaña a gran escala sobre Grecia. Ahora bien, tal y como el propio autor evidencia en el primer libro de las *Historias*, «en lo que a los muertos se refiere, [...] el cadáver de un persa no recibe sepultura, mientras no haya sido desfigurado por un ave de rapiña o un perro».[23] Para un individuo de ascendencia helénica, este pasaje (repetido en varias ocasiones a lo largo de la narrativa herodotea) representa uno de los mayores temores relacionados con la muerte, a saber, dejar un cadáver insepulto a merced de las aves carroñeras. No podemos determinar si el pánico de los griegos a no recibir sepultura es producto de la tradición épica anterior o si, por el contrario, el lenguaje poético arcaico quiso plasmar las tribulaciones propias de su tiempo para dotar a sus relatos de verosimilitud y suspense; pero tal preocupación aparece recogida en los primeros versos de la *Ilíada*:

> La cólera canta, oh diosa, del Pelida Aquiles, maldita, que causó a los aqueos incontables dolores, precipitó al Hades muchas valientes vidas de héroes y a ellos mismos los hizo presa para los perros y para todas las aves —y así se cumplía el plan de Zeus—, desde que por primera vez se separaron tras haber reñido el Atrida, soberano de hombres, y Aquiles, de la casta de Zeus.[24]

Heródoto lograría, mediante la incorporación de esta terminología, adaptar su obra para la comprensión de individuos de toda extracción social, aspecto este que supone una radical transformación en el mundo cultural griego, habida cuenta de que, si durante el Arcaísmo la literatura épica o su estudio parecía estar reservada a las esferas más privilegiadas de la sociedad (aunque las epopeyas de la guerra de Troya fueran de dominio público), la Época Clásica abrió un nuevo tiempo en el que las artes quedarían al servicio de la ciudadanía —al menos, de la ateniense—. Por otro lado, estas expresiones, más propias de un refranero popular o de la superstición de los griegos que de un trabajo historiográfico, no suponen el único homenaje a Homero presente en la obra del halicarnasio. La elaborada descripción de las fuerzas armadas que cruzaron el Helesponto durante la entrada de Jerjes en territorio griego, por ejemplo, es claramente una derivación del «Catálogo de las naves», el pasaje de la *Ilíada* que recoge la larga y minuciosa relación de los barcos que integraban la armada que partió hacia Troya.[25]

Dejando a un lado las reminiscencias arcaicas presentes en la narrativa herodotea, probablemente la segunda tradición literaria más frecuente en las *Historias* sea el desarrollo de la *hýbris* como parte de la idiosincrasia de los invasores. Toda la crónica está imbuida de una constante soberbia persa que alcanza su cénit en el momento en el que Jerjes intenta dominar la naturaleza tendiendo dos filas de navíos como puentes con los que cruzar el Helesponto y, más aún, durante el episodio en que el endiosado soberano persa ordena fustigar al mar del estrecho del Bósforo como represalia por las inclemencias meteorológicas. Este último suceso ha sido tradicionalmente interpretado como prueba del temperamento irascible y peligrosamente cercano a la locura del monarca. Aun así, cabe resaltar que nuestro conocimiento del comportamiento ritual y religioso de las autoridades aqueménidas es muy limitado, y en este sentido la descripción por la que el historiador de Halicarnaso muestra a un líder encolerizado podría llevar a equívoco y no responder a motivaciones puramente personales.[26]

El comandante Mardonio tampoco se vio exento de incurrir en la arrogancia, sobre todo momentos antes de comenzar la batalla de Platea, cuando optó por no escuchar el consejo de Artabazo en la dirección de demorar el combate o presentarlo en un lugar más apropiado. Como ya ocurriera con la tragedia de Esquilo, en la *opera* de Heródoto las consecuencias para aquellos culpables de proceder bajo los efectos de la temida *hýbris* son desastrosas. A corto término, Mardonio perecerá en la lucha ante los hoplitas de Pausanias y proporcionará a la coalición helénica una de las victorias más importantes en aras de la expulsión definitiva de los persas. A largo plazo, pese a que la intrusión perpetrada por Jerjes tuvo un adecuado comienzo con el triunfo de las Termópilas —éxito este que las fuentes se empeñan por reducir a la mínima expresión—, desemboca finalmente en un estrepitoso fracaso: la escuadra persa sufriría un doloroso revés en Salamina y el Gran Rey tendría que poner tierra de por medio, mostrando, del mismo modo, la ya típica cobardía atribuida a los asiáticos. Los griegos, incluso, se atreverán a pisar tierra anatolia, prueba indiscutible del castigo que los dioses habían reservado para Jerjes como máximo exponente del mal gobierno, siempre de acuerdo con la producción literaria griega y, en concreto, ateniense.

Pero debemos tomar también en consideración que Heródoto difícilmente habría sido coetáneo del Gran Rey. La imparcialidad total es casi imposible de alcanzar para un historiador de la Antigüedad (o de la actualidad), pero hay que reconocer que el halicarnasio llevó a cabo un timorato intento por asignar a los persas un trato digno y justo, aun conociendo el resultado de los acontecimientos; a este respecto, sus «investigaciones» —traducción al castellano del término griego *historíai*— estaban basadas en recopilaciones y organizaciones de material de muy diversa procedencia, desde la tradición homérica a los últimos éxitos de la tragedia griega. Como curiosidad, los atenienses tuvieron a bien celebrar su triunfo sobre los persas con un relieve en el templo de Atenea del Partenón, una vez iniciadas las obras de reparación necesarias tras las destrucciones ocasionadas por Mardonio. Las imágenes de los cuatro costados de la construcción representaban escenas de la más alta condición en el plano mitológico: los dioses en su lucha contra los Titanes, una imagen de griegos peleando contra una tribu de amazonas, los lápitas contra los centauros, y en el cuarto flanco una alegoría de una batalla entre griegos y troyanos que aludía a la victoria que Atenas materializó sobre las tropas de Darío en Maratón, atendiendo a que troyanos y persas proceden del mismo Oriente. El pueblo de la democrática Atenas, así, mitificó su triunfo y se convirtió, sin apenas haberlo intentado, en depositario de la *hýbris* tradicionalmente atribuida al «bárbaro» y de la que, en origen, renegaba todo aquel que se decía «buen griego».[27]

El legado herodoteo

Las repercusiones del fracaso de Darío y Jerjes en sus esfuerzos por someter a un pueblo que consideraban insolente fueron bastante escasas en el Imperio persa, un estado que continuaba su expansión y consolidación territorial hacia todos los puntos cardinales. Con todo,

Grecia se convertiría en el lugar de nacimiento de una nueva generación cultural que destacó por su resplandor, pero que, en su faceta literaria, tomaría como referente fundamental la obra de Heródoto, autor que podría rivalizar en fama e impacto con las —ya por entonces— anticuadas leyendas homéricas.

De entrada, hablamos de «guerras médicas» gracias al (o por culpa del) historiador halicarnasio. En efecto, con la toma de Sesto durante la campaña del 479 a. C. concluye el último de los volúmenes de las *Historias* (véase cap. 9). Todos los historiadores de la Antigüedad que le sucedieron, incluyendo aquellos que, como Plutarco, le criticaron, siguieron su estela y establecieron como final de uno de los conflictos greco-persas ese mismo suceso militar. Tucídides, incluso, da a entender que su concepto de «guerras médicas» se limita a los fenómenos bélicos de los años 480-479 a. C; distinguiendo la época de la conflagración de otro periodo configurado por los siguientes cincuenta años y protagonizado por la escalada de tensiones entre Atenas y Esparta, un lapso que, además, ningún otro erudito se había detenido a examinar. La misma actitud encontramos en el testimonio de Diodoro de Sicilia, quien, asumiendo como punto de partida la versión del también historiador Éforo de Cime, identifica en la toma de Sesto un punto de inflexión bélico e histórico: «Así llegó a su fin la guerra conocida con el nombre de médica, que tuvo una duración de dos años»,[28] insistiendo ulteriormente en que el propio Heródoto determinó el hito como su momento final.

El hecho, para la historiografía moderna, es que la elección herodotea de un momento con el que clausurar su *opera magna*, si es que realmente era su intención, está más relacionada con la perspectiva literaria o artística que con el devenir de los acontecimientos y se encuadra en un clímax propicio hacia las armas de la coalición helénica para el que el resto de su relato de la guerra supone un progresivo camino.[29] Estrictamente, el momento elegido por el autor para detener su narración no es tampoco inadecuado, pues, a fin de cuentas, luego de la campaña del 479 a. C. aparecen en la escena geopolítica nuevos factores dignos de un estudio independiente por parte de la historiografía. Atenas emprenderá un beneficioso itinerario hacia la formación de una talasocracia que la encumbrará a la práctica hegemonía política de Grecia, pasando por encima del austero militarismo espartano y fomentando una relación de superioridad con la mayoría de las islas del Egeo que alcanzaban su liberación.

Lo cierto, no obstante, es que la guerra contra el otrora invasor continuaría sin la presencia de los lacedemonios en el campo de batalla y bajo el férreo mando del renovado poder ático; lamentablemente, la gran historia de una teórica e intermitente «guerra de los cincuenta años» entre griegos y aqueménidas nunca fue contada por sus contemporáneos, y, además, no sabremos nunca por qué Heródoto decidió finalizar su crónica en la toma de Sesto. Probablemente se debiera al cansancio propio de la edad o, más fácil de imaginar, a la dificultad que entrañaría relatar la evolución de la política panhelénica desde la capital de un imperio que obligaría indudablemente al halicarnasio a plasmar la propaganda antiespartana que ya se intuye en algunos fragmentos.

Tucídides

La importancia de las guerras médicas en el imaginario colectivo griego fue disminuyendo conforme se avanzaba hacia lo que parecía ya una inevitable contienda a gran escala entre griegos. De hecho, Tucídides, el siguiente gran historiador tras Heródoto, apenas aporta documentación novedosa en lo que al periodo greco-persa se refiere, ya que su obra se centra en los años de la «Pentecontecia» y de la Guerra del Peloponeso. El mundo griego habría de aguardar hasta el siglo IV a. C., tiempo de cambios en la teoría política y en la prosa literaria, para presenciar la aparición de la *Historia Universal* de Éforo de Cime, en la que, por abarcar un periodo de siete siglos, se podría encontrar la totalidad de los enfrentamientos entre los contendientes que nos ocupan como un único acontecimiento.

Tucídides pertenece a una época posterior a las guerras greco-persas, o al menos vino al mundo años después de la campaña que dio por finalizada la Segunda Guerra Médica. De él sabemos poco más que su condición de ateniense y su cargo de estratego de los ejércitos ático-délicos que se enfrentaron a las fuerzas del general espartiata Brásidas en el panorama de la guerra entre ambas potencias. Como autor de la *Historia de la Guerra del Peloponeso*, Tucídides aporta escasa información sobre la invasión de Darío o Jerjes, pero su testimonio resulta fundamental para conocer las consecuencias que la pugna desató en las *póleis* hegemónicas de la Liga Helénica y en sus personajes más renombrados: gracias al relato tucidídeo conocemos en gran medida la suerte sufrida por el general Pausanias y su semejanza con el destino de Temístocles, si bien, posiblemente por su origen ateniense, el autor describe al último con mucha mayor benevolencia (véase cap. 11). Esta —la incapacidad de mantener un discurso puramente neutral— puede ser la semejanza más palpable en las obras de Heródoto y Tucídides; sin embargo, ambos trabajos están separados por algo más que una línea temporal. Es cierto que entre los hechos narrados por el halicarnasio y los que trata el ateniense median más de cinco décadas, pero las diferencias entre los autores quedan expuestas en el comienzo de la crónica más tardía:

> Así fueron, pues, según mi investigación, los tiempos antiguos, materia complicada por la dificultad de dar crédito a todos los indicios tal como se presentan, pues los hombres reciben unos de otros las tradiciones del pasado sin comprobarlas, aunque se trate de las de su propio país.[30]

Incluso si Tucídides pudo haber tomado como referencia el relato de Heródoto (ambos dan comienzo a su exposición presentándose, aclarando su procedencia y la finalidad que persiguen con su investigación), quizá ya célebre, el elemento épico y legendario tan presente en las *Historias* desaparece por completo en la tarea del ateniense. Es más, Tucídides busca superar a su precursor en fama y notoriedad al afirmar que se dispone a narrar una guerra «más importante y más memorable que todas las anteriores»,[31] en comparación con los conflictos greco-persas e incluso con la guerra de Troya. Así, de la misma forma que ubica la guerra que vivió en una posición prominente frente a aquellas que la precedieron, el propio autor intenta mantenerse alejado del hacer de aquellos historiadores y logógrafos pretéritos; no solo Heródoto, sino todo artífice de la narrativa épica griega hasta el mismo Homero. Para ello, Tucídides introduce una novedad en su método historiográfico: la composición narrativa a partir de simples evidencias. El propio erudito reconoce la dificultad de encontrar tales certidumbres y, en muchos pasajes, no queda suficientemente claro el proceso de examen crítico seguido para llegar a sus conclusiones. A decir verdad, Tucídides se traiciona a sí mismo en varias ocasiones, cuando, irónicamente, basa en gran amplitud lo que denomina «evidencia» en la tradición oral y en los rumores escuchados y sembrados por la propaganda de los estados griegos, siendo el juicio del propio autor el que da lugar al descubrimiento de los hechos finales. En definitiva, y pese a sus intentos por distanciarse de los autores que le precedieron, el ateniense muestra ciertas similitudes metodológicas con Heródoto que han provocado que la historiografía moderna haya desechado recientemente los clichés que comparan la frontera entre ambas exposiciones con la transición de una narrativa incrédula e ingenua como la herodotea a una versión más científica y objetiva. Los ejemplos de paralelismos entre las dos obras son numerosos y en ellos se destilan motivaciones religiosas o pasionales; factores irracionales que chocan con las pretensiones de Tucídides.[32] Sirvan, como paradigma, estos fragmentos:

> Este fue el consejo que le dieron los tebanos; sin embargo, Mardonio no les prestó oídos: en su corazón había anidado un irresistible deseo de tomar por segunda vez Atenas, motivado, en parte, por una estúpida arrogancia.[33]

Este extracto herodoteo alusivo a los momentos anteriores a la segunda destrucción de Atenas, poco antes de la batalla de Platea, encuentra su eco en la obra de Tucídides, en un marco a todas luces diferente:

> Esto fue todo lo que dijo Nicias. Pensaba que, ante la magnitud de la empresa, disuadiría a los atenienses [...]. Pero a los atenienses no se les

> quitó el deseo de embarcarse [...], sino que todavía se sintieron mucho más inclinados y el resultado fue el contrario del que Nicias había esperado. [...] Y de todos se apoderó por igual el ansia de hacerse a la mar [...].[34]

Parece, por tanto, que entre la obra herodotea y la de Tucídides existe un nexo que el segundo se habría esforzado por esconder. Aun así, pese a las obvias referencias tomadas de las *Historias* y a que las «evidencias» manifestadas no fueron suficientes para la reconstrucción de algunos hechos anteriores a su época, los juicios e interpretaciones realizados por el autor de la *Historia de la Guerra del Peloponeso* jugaron un papel vital en sus esfuerzos por originar una nueva tendencia historiográfica enfocada en el descubrimiento de la verdad sobre el pasado con la menor presencia legendaria posible.[35] Tucídides utilizó tradiciones orales (incluso poemas épicos), así como los indicios derivados de la observación personal y el razonamiento que se le atribuye a un erudito de su talla para establecer un discurso ajustado, en su opinión, a la realidad.

Plutarco, una fuente antiherodotea

Mucho más tarde de la conclusión de la Segunda Guerra Médica y de que el testimonio herodoteo viera la luz, a mediados del primer siglo de nuestra era, nació en la localidad beocia de Queronea el intelectual y biógrafo Plutarco, uno de los grandes representantes de la cultura griega y helenística bajo el dominio romano. Gracias a la elevada capacidad económica de su familia, Plutarco pudo compaginar el estudio de la historia y la política con el desempeño del sacerdocio en Delfos, lo que le permitió escribir varias obras de gran interés historiográfico relacionadas con el santuario y sus vicisitudes. Por más que no puede considerarse a Plutarco como una de las fuentes más significativas para el conocimiento de las guerras médicas, parte de su compendio de *Vidas Paralelas*, aquellas referidas a Temístocles y Arístides, resultan de gran utilidad para completar los análisis pertinentes de la actitud de estos dos personajes durante el conflicto y en sus últimos años.

Más interesante aún es su trabajo en el que denigra la obra de Heródoto. Sin lugar a dudas, Plutarco albergaba un arraigado sentimiento de hostilidad hacia el halicarnasio y, en concreto, hacia su tratamiento de las guerras médicas. En esta emoción influirían las constantes alusiones al medismo que practicaron entonces los compatriotas del primero, particularmente renombradas en el episodio de las Termópilas, en el que, probablemente, los tebanos se vieron obligados a luchar por Leónidas; y en la fase final de la guerra, en la que Pausanias se dirigió hacia la misma Tebas con ánimo de someterla a asedio hasta que se le entregaron a las personalidades responsables de la simpatía del estado beocio por los aqueménidas. La animadversión plutarquea quedaría plasmada en *Sobre la malevolencia de Heródoto*, tratado retórico en el que el de Queronea censura el análisis del historiador en lo que a la participación de los diferentes estados griegos respecta. El tratado, como su nombre indica, pretende mostrar al lector la mala intención del autor del siglo v a. C. al dar forma a sus *Historias*. Sin embargo, en muchas ocasiones, esa malicia de la que acusa a Heródoto responde a su método de estudio, pues, para configurar su gran obra histórica, diferencia entre lo que ha oído y lo que ha comprobado, aunque no sean pocos los extractos en los que ambas ideas se mezclan o se superponen.[36] Con todo, el inicio del libelo contra Heródoto es toda una declaración de intenciones por parte de su artífice:

> El estilo de Heródoto ha decepcionado a muchas personas en la idea de que es fácil, sencillo y se dirige de un tema a otro con naturalidad; pero son más quienes han sufrido esta decepción atendiendo a su talante. [...] Considerando que se ha pronunciado así sobre los beocios y corintios en especial (aunque sin exclusión de ningún estado), creo oportuno que salgamos en defensa de nuestros antepasados y de la verdad a un tiempo, ciñéndonos a ese preciso apartado de su obra.[37]

En cualquier caso, el escrito plutarqueo —uno más de su extensísima producción— no pareció conseguir sus objetivos: el relato de Heródoto sigue representando en la actualidad un punto de partida lógico y universal para el estudio del conflicto greco-persa, amén de una primitiva compilación de *lógoi* extranjeros o ajenos al mundo helénico. Es probable que el biógrafo actuara, en esta ocasión, movido por su propia conciencia progriega (parece que quiere tildar de «bárbaro» al halicarnasio) y por la voluntad de construir una renovada y contemporizada memoria histórica más afín a los tiempos de la dominación romana y a las inquietudes ideológicas del propio Plutarco.[38] No obstante, la antipatía del erudito por el autor de las *Historias*, fundamentada o no, refuerza poderosamente el argumento que eleva al halicarnasio a la cumbre de la historiografía antigua.

14
LAS GUERRAS MÉDICAS EN LA CULTURA POPULAR CONTEMPORÁNEA

¡Esto es Esparta!

LEÓNIDAS, *300*

El conflicto a través de la tradición cinematográfica

El conflicto en el cine de mediados del siglo XX

Honestamente, no puede decirse que la contienda greco-persa haya copado las carteleras del celuloide, ni tan siquiera que su presencia en la vertiente militar del séptimo arte sea significativa. Primero, porque la tradición occidental actual, probablemente con razón, considera más relevante su herencia latina que las posibles reminiscencias helénicas, pese al legado cultural, religioso, político y filosófico con el que el mundo griego impregnó la república romana desde el siglo III a. C. Por ello, el cine histórico, en su faceta más proclive a la divulgación de la Historia Antigua, descubrió desde pronto en Roma el filón necesario para entretener al público con cintas que han engrosado el patrimonio colectivo en forma de clásicos: basta con recordar títulos como *Ben-Hur* (Metro-Goldwyn-Mayer, 1959; con una renovada versión en 2016 que resultó ser un estrepitoso fracaso de taquilla), *Espartaco* (Universal Pictures, 1960) o la más reciente *Gladiator* (Universal Pictures, 2000) para comprobar que la Grecia antigua es una de las grandes olvidadas por las compañías productoras y que no encontramos apenas ejemplos renombrados de películas centradas en el dividido cosmos heleno.

En segunda instancia, el cine, como actividad con un propósito estético y comunicativo, es susceptible de servir a determinados intereses ideológicos y políticos, y, en este sentido, una lejana conflagración entre los griegos —vistos como uno de los pilares de la civilización europea— y el Imperio persa —formado por unos pueblos cuyos rasgos asociamos a menudo con las actuales etnias árabes y norteafricanas— no tenía cabida entre las iniciativas propagandísticas occidentales del siglo XX, más enfocadas a derribar el coloso soviético que a recordar una lejana, pero amarga derrota a las naciones que, precisamente, contaban entre sus filas a enemigos del comunismo. Aun así, en 1959, en pleno auge de las tensiones derivadas de la Guerra Fría, se estrenó *La batalla de Maratón* (Titanus), coproducción italo-francesa dirigida por Jacques Tourneur y protagonizada por Steve Reeves (a la sazón, culturista galardonado e intérprete de Hércules en otras producciones) en el papel de Filípides, encargado, según el testimonio de Heródoto, de dirigirse a Esparta en busca de la ayuda de sus hoplitas en los prolegómenos del acontecimiento que da nombre al film (véase cap. 5); pero también, según una ulterior y más que encumbrada tradición recogida en Luciano de Samósata, de llevar la nueva de la victoria a Atenas:

> Se dice que fue Filípides, el corredor, el primero que usó esta expresión al anunciar la victoria de Maratón a los arcontes que estaban sentados y preocupados por el final de la batalla: «¡Alegraos, vencimos!». Y al decir esto, murió, exhalando su último suspiro junto con la noticia y el saludo.[1]

La anécdota enraizó con tal intensidad en el imaginario popular posterior que, en la actualidad, el recorrido de la carrera comúnmente conocida como «maratón» tiene una distancia de poco más de cuarenta y dos kilómetros, exactamente la misma que separa el lugar del enfrentamiento de la ciudad de Atenas.

Pero volvamos con la adaptación a la gran pantalla, que, como frecuentemente ocurre, presenta algunas licencias históricas que no podemos pasar por alto. En ella, nuestro musculoso Filípides, además de correr a la polis democrática, no fallece tras dar la noticia (tal es el carácter cuasi heroico de su intérprete); es además vencedor en unos juegos olímpicos que incluyen la natación como parte de la prueba del pentatlón y lidera con firmeza una «Guardia Sagrada» de Atenas en cuya existencia ninguna fuente histórica ha reparado. La película, en definitiva, pertenece al género de aventuras (el clásico péplum de la época) y no tiene por objetivo ofrecer un relato histórico, como prueba la falta de rigor en el desembarco persa en la bahía y ese afán tan propio del género cineasta de los años cincuenta y sesenta por mostrar a las mujeres con los menores ropajes posibles, aun perteneciendo a la Atenas del siglo v a. C.

Poco después, en 1962, vería la luz *El león de Esparta* (20th Century Fox), cinta del húngaro Rudolph Maté que, con la batalla de las Termópilas como telón de fondo, llama a la unidad de Occidente frente a la «tiranía» (encarnada, esta vez, por la Unión Soviética) en el apogeo de las fricciones entre ambos bloques, luego de desatarse la «crisis de los misiles» y como preámbulo a la desastrosa invasión de Bahía de Cochinos. Se trata de otro péplum más centrado en la épica que en la historicidad, y, por ello, aparecen hoplitas espartanos uniformados hasta parecer clones, con el distintivo de la *lambda* en un escudo hoplítico ridículamente pequeño —apenas cubre el costado del actor que lo sujeta y en absoluto cubre el de su compañero— y que forman una falange con casi un metro de distancia entre figurantes, por donde se cuelan arqueros que disparan a las tropas de Jerjes y que, en algún momento de la película, llega a formar en *schiltron* como si la batalla se hubiera desarrollado en la Edad Media. Mención especial merece un Leónidas con tupé (interpretado por Richard Egan) que invoca al romano Júpiter antes del fragor del combate. Por parte persa cabría destacar la desmedida cantidad de carros tirados por caballos que aparecen en la contienda, aunque, eso sí, la producción parece guardar cierta minuciosidad en cuanto al armamento y el equipamiento orientales.[2]

El siglo XXI y el eco de su geopolítica en la gran pantalla

Si los filmes sobre las guerras médicas de mediados del siglo XX enarbolaron la bandera de la libertad como ideología suprema del bloque encarnado por la OTAN frente al Pacto de Varsovia (en este aspecto hay que señalar, no obstante, que *El león de Esparta* fue emitida en Rusia con resultados más que aceptables), el siglo XXI comenzó con un drástico giro de la geopolítica mundial tras los atentados terroristas de septiembre de 2001 sobre el neoyorquino World Trade Center que enfrentaron de nuevo a Occidente y Oriente. Uno de los frutos más palpables de los nuevos vientos políticos se presentó en *300* (Warner Bros., 2006), obra de Zack Snyder que adaptó al cine el relato de Leónidas en las Termópilas desde el prisma de Frank Miller y su cómic homólogo. Snyder recuperó para la ocasión la épica de la resistencia espartana en el desfiladero establecida en *El león de Esparta*, y, aunque se sirve de todos los clichés mitificados de Esparta, no parece prestar especial atención al testimonio de las fuentes antiguas al respecto de la batalla.[3] Visualmente espectacular, con gráficos generados por ordenador inéditos en el momento y con una fotografía entre legendaria y violenta, la cinta carece, sin embargo, de seriedad desde el punto de vista historiográfico y la enumeración de sus múltiples errores podría servir como ejercicio práctico en las facultades de Historia. Por comentar algunos ejemplos: los espartanos, representados por un elenco de culturistas que asusta —quizá por ello no haya ni rastro de armaduras—, lucen de nuevo la *lambda* sobre unos *aspís* de un tamaño más realista, pero de aspecto áureo; están además liderados por un Leónidas (Gerard Butler) que no supera los cuarenta años (el auténtico contaba ya los sesenta); el traidor Efialtes parece sacado de una novela de ciencia ficción y Jerjes es presentado como un gigante con *piercings* sexualmente ambiguo. Para no faltar a la verdad, la formación en falange está aceptablemente caracterizada. Tampoco estamos ante una demostración de precisión histórica en lo que a los elementos sociopolíticos de Esparta se refiere: la dinastía Euripóntida desaparece del trono lacedemonio, toda vez que solo se menciona al rey Leónidas; lo mismo ocurre con hilotas y periecos, cuya ausencia elimina la esclavitud y el sometimiento permitidos por el organigrama lacedemonio. Las mujeres espartanas están dotadas de una libertad e incluso un prestigio inexistentes no solo en la polis de Laconia, sino en cualquiera de la antigua Grecia; al tiempo que los éforos son representados como seres deformes («cerdos endogámicos», llega a designarlos un hostil narrador) y pervertidos que abusan de la juventud de una pitonisa (¿délfica?) que a duras penas profiere un oráculo negando a los hoplitas la asistencia a las Termópilas.

Pero lo importante de *300* no es el relato, histórico o no, sino la ideología que se esconde tras sus escenas. En efecto, solo hay que echar un vistazo a todo lo relacionado con el Imperio persa en la película para constatar que, tras el apropiado argumento, subyace un enfrentamiento entre dos civilizaciones muy actuales. Jerjes, barbado y regio en todas las inscripciones y representaciones de la Antigüedad, pasa ahora a ser un varón de raza negra barbilampiño y con la cabeza rapada al más puro estilo norteafricano. Los «inmortales», élite del ejército aqueménida y unidad que más dolores de cabeza levantó a los lacedemonios en la batalla, esconden en esta obra su rostro tras máscaras poco agraciadas, de la misma forma que se embozaban los insurgentes iraquíes en los conflictos del golfo Pérsico sucedidos con inmediata anterioridad al estreno de la película;[4] además, controlan a la perfección artes marciales procedentes del lejano continente asiático y blanden catanas con una destreza propia de samuráis. Por si fuera poco, en la producción aparecen engendros humanoides para remarcar el carácter maléfico del imperio oriental: el encargado de decapitar a los líderes de las huestes rechazadas por la falange es un individuo de excesiva obesidad con una suerte de pinza de cangrejo por extremidades; en una interesante escena, Leónidas vence una pelea ante un gigante enfurecido, pero de aparentes pocas luces (probablemente una reminiscencia bíblica a la anécdota de David y Goliat); por último, la analogía entre el islamismo y el anticristianismo o, directamente, el satanismo se pone de manifiesto con la aparición de una figura antropomórfica con patas de carnero entre los músicos de la corte de Jerjes. El largometraje, pues, lanza un mensaje por el que los actuales pueblos próximo-orientales se tornan herederos de una tradición salvaje y anticivilizada.

Con todo, *300* se convirtió en una de las películas más taquilleras del año 2006, solo por detrás de *Piratas del Caribe: en el fin del mundo*, y recibió diversos galardones por sus innovadoras técnicas gráficas. Tales resultados motivaron el rodaje de una secuela inspirada en la batalla de Salamina. Así llegó a las carteleras *300: el origen de un imperio* (Warner Bros., 2014), que decide centrarse en el espectáculo visual en detrimento del mínimo escrúpulo histórico. Su trama tiene por uno de sus protagonistas al ateniense Temístocles (Sullivan Stapleton) y retrotrae los hechos a la batalla de Maratón, en la que podemos contemplar a una maraña de guerreros áticos desconocedores de las tácticas hoplíticas y ataviados con una característica y ahistórica capa azul para que el espectador sea capaz de diferenciarlos de los espartiatas de la cinta anterior, quienes, haciendo un mayor honor a la realidad, aparecían vistiendo una capa carmesí. En esta realidad modificada, por otra parte, Maratón culmina con el asesinato del Gran Rey Darío I a manos del estratego. Es entonces cuando un encolerizado Jerjes decide declarar la guerra «a Grecia» contando con el inquebrantable apoyo de Artemisia (Eva Green), la capitana reina de Caria de la que Heródoto nos habla (véase cap. 8) y que no sería sino una lideresa de ascendencia helénica que habría decidido causar defección con anterioridad al conflicto, luego de ser violada y humillada por soldados griegos. No obstante, el rencor hacia el bando de la Hélade no le impide mantener un fugaz encuentro sexual con el propio Temístocles, su enemigo más acérrimo, poco antes de la batalla naval que estaba a punto de tener lugar; todo ello en una película que, a pesar de sus efectos y de la trama, tiene poco que aportar a la historiografía. El argumento alcanza su clímax cuando, con la naumaquia perdida para la escuadra helénica, aparece en el horizonte marítimo una inmensa flota espartana comandada por la reina Gorgo (Lena Headey), esposa del heroizado Leónidas. No hace falta matizar que ni los lacedemonios contaban con un considerable número de naves, ni habría sido normal para sus autoridades conceder un cargo militar a una mujer, aun siendo la mismísima viuda del diarca.

El panorama cinematográfico es, pues, poco halagüeño para aquellos que depositan sus esperanzas en el séptimo arte como medio de difusión de la Historia Antigua. Parece que, en este sentido, las proyecciones en la gran pantalla obedecen más a réditos ideológicos y políticos que a la precisión histórica; al menos, en lo que respecta a aquellas cintas que han tomado como trasfondo los conflictos greco-persas.

Un mundo apenas explorado: las guerras médicas en el entretenimiento digital

El mundo del esparcimiento electrónico, entendiendo con esta expresión y en este caso concreto todo lo relacionado con el videojuego, no ha recibido tradicionalmente una especial atención por parte de los estudios historiográficos. Sin embargo, a tenor del empuje de la industria y de la proliferación de títulos fundamentados en acontecimientos históricos —o en el propio desarrollo de la totalidad de la Historia—, la esfera del juego interactivo ha conseguido abrirse paso entre los objetos de investigación por parte de los especialistas.[5] No es para menos: en este poco estudiado universo podemos descubrir algunas producciones con una fidelidad a las fuentes infinitamente mayor de la que se observa en algunas obras cinematográficas, especialmente si volvemos la vista a las enunciadas en el apartado anterior. Además, el sesgo político-ideológico de las franquicias distribuidoras y productoras de este tipo de entretenimiento es mucho menor, llegando a constituir este factor, de tropezar con él, un motivo de desprestigio. Como punto en contra, cabría poner de manifiesto el carácter «abierto» de la mayor parte de los títulos y el amplio abanico de posibilidades para moldear la historia a gusto del jugador. De cualquier modo, el sector del videojuego no ha sido en absoluto ajeno al conflicto entre griegos y persas, cuyo reflejo es fácil de localizar en algunos productos dentro del género de estrategia y alta estrategia desde los últimos años del siglo XX. Debemos tener claro, con todo, que probablemente no existan obras interactivas centradas en su totalidad en las guerras médicas; más bien, el conflicto es una de las opciones permitidas al jugador en el marco de una narrativa inmensa y constituye una temática que no tiene por qué desarrollarse. Veamos, pues, algunos ejemplos significativos en los que se nos presenta la facultad para recrear la contienda que nos ocupa.

A finales de 1996 salió al mercado *Age of Empires* (Microsoft), uno de los primeros juegos de estrategia en tiempo real basados en hechos puramente históricos que, poniendo el foco en los orígenes de las culturas humanas, recorre una prolongadísima línea temporal de tres milenios entre la Edad de Piedra y la Edad del Bronce. El jugador debe controlar sus unidades económicas y militares con el objetivo de derrotar a su oponente, escogiendo para ello una de las doce civilizaciones disponibles, entre las que no falta el binomio greco-persa. Entre sus secciones se incluyen asimismo campañas especializadas y fundamentadas en algunas de estas civilizaciones; una de estas modalidades, centrada en el devenir histórico heleno, pasa por alto, sin embargo, el periodo de las guerras médicas y realiza un salto temporal de ocho siglos desde la caída del mundo micénico hasta el comienzo de la Guerra del Peloponeso. Las guerras médicas, por tanto, pueden ser recreadas por el jugador, pero la plataforma no ofrece deliberadamente un evento para introducirle en el conflicto. Además, presenta el inconveniente de la repetición de unidades, de manera que podemos reclutar hoplitas para la civilización fenicia o elefantes de guerra para el ejército sumerio, por ejemplo; por no hablar de la completa ausencia de formaciones. Aun así, *Age of Empires* supuso toda una revolución en el campo de los juegos históricos y de estrategia (al fin y al cabo, estamos en la década de los noventa) y se convirtió en el primer título de toda una serie de videojuegos cuya distribución continúa en la actualidad. Llama la atención el *spin-off* del mismo estudio *Age of Mythology* (2002), con la misma jugabilidad y ambientado en la mitología de diversas culturas entre la que los dioses griegos adquieren un especial protagonismo.

Encuadrado en el mismo género, y perteneciente a la categoría tradicionalmente conocida como *indie* (aquellos juegos de código abierto y de dominio público), *0 A. D.: Empires Ascendant*, desarrollado en origen como *mod* del anterior, se mueve en una cronología mucho más acotada —entre el año 500 a. C. y el 1 d. C.— y cuenta con civilizaciones mucho más específicas que incluyen desde atenienses y espartanos hasta persas o cartagineses. Su mayor inconveniente es una carencia de campañas fruto de su inacabado desarrollo, mas se subsana con una aumentada seriedad histórica que, a pesar de no ser absoluta (tarea casi imposible para algo considerado entretenimiento), no tiene precedentes: hoplitas espartanos con motivos diferentes en sus escudos, unidades navales fieles a la realidad, edificios cuya apariencia varía según la cultura y posibilidad de formaciones propias de cada nación permiten que, si bien no es esta una producción centrada en las guerras médicas, se puedan reproducir algunos de sus acontecimientos bélicos con cierta exactitud. En pocas palabras —y sin ánimo de hacer publicidad—, es un producto que, teniendo en cuenta su gratuidad, puede agradar al «*gamer*-historiador» veterano acostumbrado a la falta de exactitud.

En lo que se conoce como «estrategia por turnos», la saga *Total War* (Creative Assembly) parece haber asumido la hegemonía dentro de lo que a su vertiente histórica se refiere, merced a una selección de trabajos que abarcan la práctica totalidad espacio-temporal. Pero, a pesar de la variedad que presenta la franquicia, ninguno de sus títulos incluye siquiera un capítulo dedicado a las invasiones persas del territorio griego; esto se debe a que, de nuevo, la historia de Grecia queda ensombrecida por la aparentemente más atractiva Roma. De hecho, la serie ofrece dos juegos (*Rome: Total War*, 2004 y *Total War: Rome II*, 2013) que rodean el mundo latino en su expansión y que plantean la capacidad de revivir el conflicto contra el «bárbaro» siglos después, dado que ambos poderes existen como facciones jugables. Solo una expansión del primero nos remonta al mundo de Alejandro Magno, siendo de todos modos un mundo casi dos siglos más tardío de lo que nos concierne. En cualquier caso, *Total War* es una saga que, aunque pretende ajustarse a la historicidad en lo que a unidades y sus pertrechos respecta, adolece de cierta dejadez en el manejo de las cuestiones sociopolíticas. Su máximo acercamiento al mundo greco-oriental cristalizó con la reciente salida a la luz de *A Total War Saga: Troy* (2020), obra que, como su nombre indica, está basada en los versos homéricos.

El género de la alta estrategia histórica está bien representado por la franquicia Paradox Interactive y sus múltiples proyectos que, simulando un tablero geopolítico (en el sentido literal de la expresión), invitan a tomar las riendas de cualquiera de los estados existentes en una línea temporal determinada. Desafortunadamente, su único trabajo centrado en la Antigüedad presenta uno de los problemas que ya venimos identificando como uno de los grandes obstáculos a la presencia de las guerras médicas en la cultura popular actual: el casi exclusivo enfoque en los designios de la Roma clásica. En efecto, *Imperator: Rome* (2019) proporciona el escenario perfecto para comprender los conflictos políticos de la época e incluso conferiría la posibilidad de que el jugador se pusiera a los mandos de cualquier polis, si las hubiera, pues el juego arranca una vez bien establecidos los poderes sucesores del imperio macedonio de Alejandro y, por lo tanto, en un momento en el que el estado persa que puso contra las cuerdas la autonomía de las ciudades helénicas ha desaparecido. Lo mismo ocurre en los restos del mundo griego, engullidos por el voraz expansionismo macedonio y mermados tras la crisis de la polis del siglo IV a. C. Solo una Esparta ya agonizante permite al jugador evocar los tiempos de gloria de la centuria anterior.

Volvamos, para concluir este repaso interactivo, con aquellos títulos en los que encontramos la comparecencia, por mínima que sea, de la conflagración que abrió la Época Clásica. Una de las escasas producciones de los últimos años que ha tenido en cuenta el conflicto es *Assassin's Creed: Odyssey* (Ubisoft, 2018), juego de acción y aventura ambientado en la Grecia de la Guerra del Peloponeso, apenas unas décadas después de las guerras médicas. De hecho, el tutorial pone al jugador en la piel de Leónidas en la batalla de las Termópilas (curiosamente, doblado al español por el mismo actor que puso voz al Leónidas de *300*) durante la carga de un batallón de «inmortales» persas. Aunque el reflejo de la cinta de Zack Snyder es evidente, los desarrolladores de Ubisoft se preocuparon de dar al diarca el aspecto propio de un sexagenario. Este comienzo es, quizá, la única referencia a las guerras entre griegos y «bárbaros» que encontramos en el curso de la trama. No obstante, el videojuego cuenta con una expansión (*El legado de la primera hoja*) protagonizada por personajes persas: de acuerdo con este arco narrativo, obviamente ficticio, el jugador conoce a un antiguo guerrero aqueménida —de nombre, precisamente, Darío— perteneciente a una orden secreta encargada, entre otros asuntos, del asesinato de Jerjes. Las fuentes nos indican que el soberano que ordenó la segunda invasión de Grecia murió a manos de uno de sus hombres de confianza:

> En aquella época en Asia, Artábano, hircanio de origen, que tenía un gran poder en la corte del rey Jerjes y estaba al mando de la guardia del monarca, decidió eliminar al monarca y que el poder real pasara a sus manos.[6]

La trama del juego evita incurrir en ahistoricidad en el momento en el que el personaje persa aclara que, en otros tiempos, se había hecho llamar Artábano. Por otro lado, *Assassin's Creed: Odyssey* presenta, como aspecto más llamativo, la posibilidad de que el jugador controle un trirreme griego y se vea inmiscuido en un sinfín de batallas navales que, verdaderamente, guardan cierto parecido con lo que debía de acontecer en la segunda mitad del siglo v a. C.: naves atestadas de tripulación lista para abordar y espolones de bronce con los que partir otros buques por la mitad, quizá de manera algo exagerada. Por lo demás, llama la atención la fiel reproducción del santuario de Delfos, donde podemos toparnos con los monumentos más importantes erigidos por la Liga Helénica tras el enfrentamiento: la Columna de las Serpientes y, no demasiado lejos, el *Apolo de Salamina*.

Así pues, el periodo clásico griego, en general, se enfrenta a dos «enemigos» de envergadura que le impiden una mayor recepción por parte de los sectores culturales contemporáneos. De un lado, como ha quedado ya patente, la popularidad de la que goza el estado de la Roma republicana y, más aún, su versión imperial; unido a una inusitada admiración del consumidor occidental hacia todo lo que destile un aroma latino. Grecia, aun como precursora de los ideales romanos, ha quedado deliberadamente relegada a más allá de un segundo plano, puesto que resulta más fácil hallar títulos procedentes de distintas épocas dedicados al Egipto faraónico o incluso a la China antigua. Sin embargo, el escollo más difícil para el periodo de las guerras médicas en su lucha por hacerse un hueco en las manifestaciones artísticas de la actualidad se encuentra en la propia historia de la Hélade. Y es que, cuando el público tiene que elegir un momento épico de la larga y compleja cronología griega, un amplio porcentaje se decanta sin dudar por la guerra de Troya, la epopeya configurada por los relatos homéricos y bien apuntalada por la industria cinematográfica cuya veracidad, pese a todo, no ha sido en modo alguno corroborada por la historiografía. Este presunto acontecimiento, en el que intervienen tanto hombres como dioses y que presenta algunos de los componentes de la narrativa más cercana a nuestro tiempo (como la pugna por el amor de una mujer), parece presentar los elementos necesarios para satisfacer al usuario medio más que lo que este puede considerar un tedioso episodio sin más gloria que la aportada por las victorias militares, pero que, en cambio, definió la continuidad de la civilización helénica y su posterior desarrollo. Con esta mentalidad imperante, los procesos históricos griegos quedan prácticamente reducidos a la inexistencia en lo que toca al acervo cultural; máxime teniendo en cuenta que el otro «gran periodo» del mundo griego —si es que podemos denominarlo como tal— es la aparición en escena de Alejandro Magno y la conquista de buena parte de la ecúmene conocida en un espacio de tiempo realmente estrecho, una crónica que goza de los mismos ingredientes épicos que la troyana. Asistimos, por tanto, a un panorama en el que la cultura occidental ha establecido como clímax de la civilización griega dos momentos o periodos concretos: la épica de Troya, que, de ser cierta, habría que encuadrar en torno al siglo XII a. C.; y la expansión de la Macedonia alejandrina, que tiene su comienzo en el último tercio del siglo IV a. C. Las dos son, aun así, circunstancias para cuyo protagonismo no podemos hablar con propiedad de una civilización helénica, toda vez que la primera se habría desarrollado en el ocaso del mundo micénico, en tanto que Alejandro y su padre vieron necesaria la subyugación de los estados griegos a fin de la pacificación de la retaguardia de su imperio. Entre ambas media un Arcaísmo y una Época Clásica repletos de conflictos e intrigas de gran interés para el aficionado a la historia y para el historiador, pero que, quizá, no siguen los patrones implantados en nuestros días por algunas industrias.

Ahora bien, y, para terminar, una cuestión se vuelve inevitable: ¿es posible aprender historia a través de los videojuegos? Es cierto que el mundo del entretenimiento audiovisual debe ser tenido en consideración como un medio más que aceptable para la divulgación de la historia, pero más como introductor del jugador en los procesos históricos que él mismo estime convenientes que como difusor general de conocimientos. Las producciones de la industria del videojuego, como pertenecientes a una globalizada cultura contemporánea, son aún susceptibles de omitir aspectos poco acordes con los tiempos en los que desarrollan sus productos y de incluir, a su vez, algunos que conviertan estas obras en objeto de consumo preferente. Pese a todo, el videojuego, al igual que el cine, constituye un excelente canal de iniciación para potenciales historiadores: aun con sus indiscutibles gazapos, los pocos ejemplos aquí nombrados tienen en su haber la honra derivada del interés por la disciplina histórica suscitado en un numeroso sector de las jóvenes generaciones.

Esparta y Leónidas, protagonistas en otras manifestaciones artísticas

Ciertamente, las leyendas troyanas y la historia de la antigua Roma parecen eclipsar los acontecimientos greco-persas de principios del siglo v a. C., pero no es este el único matiz causante del desconocimiento del conflicto. Es obvio que el reducido impacto causado en el público occidental por las guerras médicas es también consecuencia del mito espartano y, especialmente, de su diarca Leónidas, la figura protagonista de este periodo que más huella ha dejado en el imaginario colectivo posterior. Efectivamente, el sacrificio del diarca en las Termópilas es, en cierto grado, responsable de la escasa repercusión del resto de los hechos bélicos del momento y se ha convertido en estímulo constante, como hemos visto, para todo tipo de manifestaciones.[7] La industria cinematográfica y la del entretenimiento electrónico se han erigido en punta de lanza de la cultura contemporánea, especialmente entre los más jóvenes, llegando en muchos casos a desbancar a canales más tradicionales como los literarios; es más, llega a resultar verdaderamente complicado tropezar con novelas históricas en castellano enfocadas estrictamente en las guerras médicas.[8] Sí destaca, tanto por su poco explorada temática como por el esplendor que desprende su autor, el volumen *Fuego persa* (*Persian Fire*, 2006), obra del prestigioso doctor en Historia Antigua por la Universidad de Oxford

Tom Holland, que representa todo un manual sobre la contienda y uno de los pocos ejemplos con los que cuenta nuestra lengua. Eso sí, como es evidente, previa traducción del original en inglés. Otro interesante producto, procedente en este caso de la erudición italiana, es *Talos de Esparta* (*Lo scudo di Talos*, 1986), del arqueólogo Valerio Massimo Manfredi, quien alcanzaría una merecida celebridad gracias a la publicación de su trilogía sobre Alejandro Magno, *Aléxandros*, en 1998. Lejos de relatar las batallas entre helenos y orientales, el transalpino narra las peripecias —en los albores del siglo v a. C.— de un muchacho enfermo que, después de su abandono en el Taigeto, es recogido por un hilota compasivo hasta convertirse en pieza clave de la rebelión de esclavos acontecida en Esparta a mediados de la centuria.

Caso aparte es la narrativa belicista norteamericana, que ha encontrado en las guerras médicas y en los sucesos de Maratón y las Termópilas una veta con la que alimentar el espíritu imperialista sobre el golfo Pérsico forjado en los primeros años del siglo XXI. Probablemente, uno de los más afamados autores dentro de este género sea el historiador y militar Christian Cameron, veterano de la Marina de Guerra de los Estados Unidos, que ha dedicado toda una saga (*Long War*) al conflicto greco-persa a través de su protagonista, el plateense Arimnesto. Sesgado o no, lo cierto es que el americano cubre la totalidad del acontecimiento, desde la sublevación jonia con *Killer of Men* (2010, en referencia a la definición de Aquiles en el relato de Homero) hasta las victorias griegas de Platea y Mícale, tratadas en *The Rage of Ares* (2016). Entre estas dos obras se sitúan *Marathon: Freedom or Death* (2011, cuyo título es toda una declaración de intenciones); *Poseidon's Spear* (2013), que se acerca a los años de entreguerras; *The Great King* (2014), introduciendo al lector en la batalla de Artemisio; y *Salamis* (2015), sobre la batalla homónima. Cameron, sin embargo, no fue el primer autor que dirigió las guerras contra el «bárbaro» a la cultura castrense actual. En 1998, Steven Pressfield, reputado novelista anglosajón y veterano también de la Marina de Estados Unidos en la década de los sesenta, alcanzó el estrellato con *Gates of Fire* (*Puertas de Fuego*, según la traducción al castellano de 2017), volumen que, por boca del perieco Joanes, ensalza valores de la doctrina militar como la disciplina, la camaradería y el valor, al tiempo que reviste la idiosincrasia espartana de una violencia más relacionada con el mito que rodea a su polis que con su relato histórico. Aun así, la novela ha logrado su recomendación por la Comandancia del Cuerpo de Marines, favoritismo este al que probablemente contribuyó la propia pertenencia de Pressfield en 1966 a su Sexto Cuerpo, cuyos miembros se autodenominan, precisamente, «los espartanos» y lucen en sus antebrazos una *lambda* tatuada, tal como los hoplitas lacedemonios llegaron a ostentar en sus escudos.[9]

En cuanto al elenco intelectual patrio, la producción de literatura histórica de ficción fundamentada en las guerras médicas es prácticamente un erial desolador: pese a que es cierto que existe una considerable proporción de obras dedicadas a Esparta, solo algunas de ellas tienen como trasfondo el conflicto, y de ser así, el terreno elegido por los autores es el clásico desfiladero. Arturo Pérez-Reverte, uno de los buques insignia de la novela actual española y miembro de la Real Academia Española, publicó en 2016 *El pequeño hoplita*, una ligera historia de unas cuarenta páginas dirigida a niños que empiezan a leer y basada en la batalla entre los trescientos espartiatas y el innumerable ejército persa desde el punto de vista de un hoplita y su jovencísimo hijo; un argumento probablemente duro para el público al que está dirigido, pero que concuerda con el estilo combativo de su autor. Dentro de la novela histórica propiamente dicha, el madrileño Javier Negrete se alza como máximo exponente de tan poco explotado filón. De su mano vio la luz, en el año 2009, *Salamina*, detallado volumen y una de las pocas producciones que sale del camino marcado por Esparta y las Termópilas para adentrarse en el intrigante mundo político de la Atenas de Temístocles y en los procesos por los que se llegó a la gran batalla naval que supuso un punto de inflexión en las guerras médicas. El mismo autor completó su particular binomio sobre la lucha greco-persa en 2017 con *El espartano*, ejemplar en el que el protagonismo pasa a incidir sobre uno de los hoplitas de Leónidas en el barranco: Perseo, presunto hijo del exdiarca Demarato, que abandona las Termópilas por orden de su oficial y participa en la decisiva batalla de Platea.

Si los títulos literarios centrados en nuestro conflicto son escasos desde el punto de vista del combatiente griego, superan con creces los tomos dedicados o que engloban de algún modo el acontecimiento desde una óptica persa u oriental, al menos en lo que a la producción de los autores occidentales se refiere. En 1981 apareció el ejemplo más representativo con *Creación*, escrita por el estadounidense Gore Vidal, en cuya ficción se desarrollan las aventuras de un diplomático aqueménida de finales del Arcaísmo que termina trabando amistad con el rey Jerjes y presenciando su derrota ante la Liga Helénica antes de pasar al servicio de su sucesor Artajerjes. La ausencia de una temática narrativa que, focalizada en los vaivenes sociopolíticos y bélicos del Imperio persa durante los primeros años de la Época Clásica, continúe el rastro dejado por este paradigma ilustra, lamentablemente, un profundo desconocimiento de la memoria próximo-oriental y un marcado eurocentrismo de los estudiosos y los investigadores occidentales.

15
EPÍLOGO. EL MUNDO GRIEGO TRAS LAS GUERRAS MÉDICAS

Los atenienses, en efecto, con el notable incremento de su potencia, ya no solían tratar a sus aliados con moderación como hacían antes, sino que ejercían su hegemonía con violencia y arrogancia.

Diodoro de Sicilia, 11.70.3

La configuración de la Liga de Delos, la Tercera Guerra Médica y el imperio marítimo ateniense

La venganza contra Jerjes

Las aproximadamente cinco décadas entre la expulsión persa al término de la Segunda Guerra Médica y el comienzo de la Guerra del Peloponeso en el 431 a. C. son conocidas por la historiografía con el nombre de «Pentecontecia», un periodo caracterizado por la búsqueda del control político y de la hegemonía por parte de los dos estados griegos con mayor responsabilidad en la victoria de la Liga Helénica: de un lado, Esparta, cabeza visible de la Liga del Peloponeso y hogar del ejército griego más temible; por otra parte, Atenas, reforzada tras la devastación sufrida en el conflicto contra el «bárbaro» y con su confianza depositada en la poderosa armada construida durante la conflagración y con la que, ahora, miraba al Egeo.

En el año 478 a. C., los presuntos excesos del regente espartano Pausanias en la estratégica Bizancio provocaron la queja formal de sus habitantes y la petición de que fuera la polis democrática la que, en lo sucesivo, dirimiera el destino de la flota helénica (véase cap. 11).

Ni siquiera el relevo del Agíada auspiciado por las autoridades lacedemonias y el nombramiento de Dorcis en su lugar calmaron los ánimos jonios, decididos a entregar la jefatura de la armada a Atenas, con la que mantenían, a la sazón, vínculos sentimentales al pertenecer a la misma etnia. Esparta, como hemos tenido ocasión de analizar, decidió entonces renunciar a una política expansionista y ceder la hegemonía marítima en beneficio de mantener la estabilidad socioeconómica de su propio estado. En Atenas, en cambio, la noticia fue recibida con alegría. Una de las constantes que experimentaba la polis ática incluía su dependencia del grano procedente de las estepas rusas, con lo que el control del Helesponto y del propio Egeo resultaba crucial para su supervivencia. Así, el establecimiento de una nueva base en Bizancio no obtuvo oposición alguna en la *ekklesía*. La Liga Helénica, formalizada en Corinto en el 481 a. C., había quedado oficialmente disuelta, al menos en su vertiente militar, puesto que la alianza peloponesia comandada por los lacedemonios había abandonado la unión.

Esta coyuntura fue aprovechada por Atenas en el 477 a. C. para convocar un congreso en Delos, una de las islas del centro de las Cícladas, tras el que se creó una nueva *symmachía* con el objetivo de continuar la lucha contra el persa, aun sin contar con los renombrados hoplitas espartanos. La alianza, originalmente sin nombre que la identificara, ha sido denominada por la historiografía posterior como «Liga de Delos», ya que la ínsula representaría la sede administrativa y financiera en la que se reuniría el consejo y se establecería su tesoro. Podemos encontrar, no obstante, la variante «liga ático-délica», de acuerdo con la evidente superioridad militar y política de Atenas en el conjunto; a pesar de esta hegemonía, cada polis mantuvo su independencia y su igualdad de voto. Por otra parte, la supervisión económica fue controlada por diez cargos atenienses, los *hellenotomíai* (los «tesoreros de los griegos»), y es que todos los estados integrantes tenían la obligación de pagar un *phóros*, un impuesto que se materializaba bien en una cantidad monetaria, bien en una aportación por la que se suministraban naves de guerra con las que hostigar al enemigo.[1]

Así pues, los griegos, capitaneados ahora por Atenas, manifestaron su intención de continuar las hostilidades contra el Gran Rey, teóricamente como compensación por los daños sufridos durante las invasiones de Darío y Jerjes, pero también con un fuerte componente revanchista. Sería el ateniense Cimón quien liderase las primeras acciones bélicas de la alianza délica con la toma del enclave de Eyón, expulsando a los aqueménidas de la costa de Tracia en el 476 a. C. Sin embargo, no todas las iniciativas militares se enfocaron sobre el imperio oriental: Cimón partiría posteriormente hacia la isla de Esciros, al norte de Eubea, importante nido de piratas que dificultaba el comercio a través del Egeo. Expulsados sus líderes y esclavizadas sus familias, el líder ático estableció en el lugar una «cleruquía», suerte de colonización emprendida por los poderes atenienses en la que se asentaban individuos de extracción pobre o peligrosa («clerucos») que conservaban su ciudadanía y recibían una parcela de tierra (*kleros*) que, a su vez, les reportaría los beneficios económicos suficientes para ser incluidos en la tercera clase social soloniana, los *zeugítai*, y, por lo tanto, para servir a su metrópolis como hoplitas. De esta manera, las cleruquías daban salida a los elementos menos afortunados y constituían excelentes bases de defensa para la joven *symmachía*.[2]

Tampoco el siguiente objetivo se enmarcaba en la finalidad inicial de la liga. Caristo, otra ciudad al sur de Eubea, fue una de las polis que rehusó su adscripción a la alianza, pero Atenas y sus coaligados zarparon al enclave para obligar a sus autoridades a unirse. Poco después, los naxios —quienes originariamente formaban parte de la asociación— intentaron separarse pacíficamente, y nuevamente Atenas hizo uso de la violencia para impedirlo. No solo eso, los áticos también destruyeron sus murallas, confiscaron su flota y entregaron sus terrenos a clerucos de procedencia ateniense. En lo sucesivo, Naxos vería sus naves requisadas por el estado hegemónico y pagaría su tributo de manera pecuniaria.

A pesar del cariz que estaba tomando la situación, la alianza seguía sumando miembros. En el 467 a. C., la Liga de Delos obtuvo una importante victoria contra los persas en la desembocadura del río Eurimedonte, en Asia Menor, donde Cimón dio muestras de sus dotes de mando:

> Con la intención de engañar a los bárbaros con una estratagema, hizo que sus mejores hombres embarcaran en las naves capturadas al enemigo, después de haberles proporcionado tiaras y haber ordenado que se vistieran con ropas persas. Tan pronto como se acercó la flota, los bárbaros, engañados al ver las naves y los vestidos persas, pensaron que eran sus propios trirremes, por lo que recibieron a los atenienses como si fueran sus camaradas. Caída ya la noche, Cimón hizo desembarcar a sus soldados y, acogido como amigo por los persas, irrumpió en el campamento de los bárbaros. La confusión fue grande entre los persas, y los hombres de Cimón hicieron una degollina de todos los que fueron a su encuentro.[3]

Jerjes perdió en el enfrentamiento doscientas naves fenicias que pasaron a engrosar las filas griegas, pero más notables fueron las consecuencias de la batalla. Gran cantidad de ciudades de Licia y Caria, en la costa anatolia, se integraron en la liga; además, Eurimedonte fue testigo del fin de las pretensiones aqueménidas de llevar a cabo una nueva invasión de Grecia.

Dos años más tarde, en el 465 a. C., Tasos se rebeló ante el liderazgo ateniense de la alianza de la que la propia isla formaba parte. Los insurgentes contaban con una ayuda militar espartana que nunca llegaría (pues, como ahora veremos, Esparta estaba centrada en recuperarse de un terremoto que había sacudido el sur del Peloponeso), por lo que Atenas pudo contener la rebelión con relativa facilidad. Tras someter Tasos, la represión fue extremadamente dura: se destruyeron la flota y las murallas de la polis, se impuso el pago de una cuantiosa indemnización y las tierras fueron confiscadas y entregadas a clerucos que actuarían como guarnición en caso de una reanudación de la revuelta. En lo sucesivo, además, Tasos perdería el voto en la liga y sería obligada a pagar el *phóros* en metálico.

La muerte de Jerjes, asesinado en ese mismo año por el comandante de su guardia real, fue seguida de problemas en el Imperio persa derivados de una revuelta protagonizada por Egipto en el 460 a. C. y que fue apoyada por Atenas. El inicio de un conflicto a gran escala a través del Mediterráneo oriental serviría a las autoridades áticas para apagar las cada vez más numerosas voces que clamaban en contra de la persecución sufrida por los ciudadanos de Tasos y para devolver a la liga ático-délica su significado originario, evitando con ello más defecciones. Por otro lado, en caso de victoria, Atenas se haría con el dominio del comercio marítimo de Levante y conseguiría un importantísimo acceso al trigo egipcio.

Luego de algunos éxitos iniciales en los que las fuerzas atenienses controlaron el Nilo y parte del distrito de Menfis, «la causa de los griegos fracasó después de seis años de guerra».[4] Frente a esta derrota, Cimón atacó con éxito la isla de Chipre, creando las condiciones ideales para la búsqueda de un armisticio por parte de ambos contendientes. En efecto, una sucesión de victorias y derrotas atenienses y persas desembocaron en la firma de la «paz de Calias» en el 449 a. C., tratado por el que, además de interrumpirse los enfrentamientos, se arrancó a los persas el compromiso para mantenerse alejados del Egeo y respetar una zona neutral en Asia Menor, reconociendo, *de facto*, la supremacía ateniense. A cambio, Atenas devolvía Chipre al Rey de Reyes, prometía no intervenir en Egipto y, en definitiva, accedió a cesar cualquier injerencia en territorio aqueménida. Mucho se ha debatido sobre la propia historicidad de esta paz, dado que carecemos del tratado propiamente dicho y, según las fuentes literarias posteriores, el desarrollo de la guerra estaba siendo lo suficientemente favorable para el bando griego como para haber exigido más condiciones o haber continuado las hostilidades. De existir, el acuerdo supuso la inmediata pérdida de la función fundamental de la Liga de Delos, con lo que la polis democrática debió escoger entre dos alternativas: permitir su disolución o encabezar una talasocracia militar.

De la symmachía *a la* arché

La liga se fue convirtiendo paulatinamente en un verdadero imperio. Ya en el 454 a. C., antes de la presunta «paz de Calias», las autoridades áticas trasladaron el tesoro de la alianza de Delos a Atenas bajo el pretexto de un inminente ataque persa tras la derrota griega en Egipto.

Pero los fondos de la *symmachía* no fueron utilizados únicamente con fines militares. Buena parte del dinero se invirtió en la construcción de la nueva Acrópolis, cuyos restos permanecen y pueden visitarse en la actualidad. Al mismo tiempo, la mayor parte de los miembros de la liga fueron obligados a convertirse en tributarios pecuniarios: solo las grandes islas de Quíos, Lesbos y Samos, merced a sus extensas armadas, continuaron contribuyendo al esfuerzo común mediante el suministro de sus naves. El resto, en adelante, tendría que aportar el *phóros* correspondiente. Cualquier intento de secesión o rebeldía, además, podía ser fácilmente solucionado con un desembarco y el posterior traslado de la titularidad de las tierras a clerucos atenienses.

A medida que el control sobre sus aliados se iba haciendo más férreo, Atenas comenzó a estipular la cuantía del tributo de cada miembro, por lo que la *ekklesía* sustituyó en la práctica al consejo federal de la liga. Las *póleis* que integraban la naciente talasocracia fueron integradas, a su vez, en distritos tributarios, lo que representó asimismo una creciente centralización del poder de la alianza en torno a la polis ática. Además, siempre que lo consideraba necesario o, simplemente, cuando tenía la posibilidad, Atenas impulsaba la llegada al poder de regímenes democráticos populares, consciente de la idoneidad de que los *demoi* insulares y jonios apoyaran abiertamente las decisiones adoptadas en el Ática. Se utilizó también el recurso al *próxeno* —políticos filoatenienses o embajadores— como informadores o auténticos espías que controlaban la situación y daban parte de las posibles germinaciones de revueltas. En el terreno religioso, el dios Apolo, protector de la alianza (recordemos que Delos era su mítico lugar de nacimiento) fue sustituido por Atenea: todos los miembros fueron coaccionados a participar en las Panateneas, transformándose las cuantiosas ofrendas a la diosa en considerables beneficios económicos para Atenas.[5] De esta manera, el bloque democrático, diametralmente opuesto política e ideológicamente a los preceptos espartanos, se convirtió en un arrollador imperio marítimo.

Rebelión hilota en el monte Ítome. Tercera Guerra Mesenia

Terremoto en el Peloponeso

En el año 464 a. C., un devastador terremoto asoló Laconia. Las fuentes dan fe de la virulencia del fenómeno: en palabras de Diodoro de Sicilia, «las casas se desplomaron desde los cimientos y encontraron la muerte más de veinte mil lacedemonios»;[6] mientras que, para un desproporcionado Plutarco, «la propia ciudad fue arrasada por completo, salvo cinco casas».[7] Obviamente, las declaraciones de los dos autores son exageradas, pero son reflejo de la magnitud de la catástrofe y de su pervivencia en el momento en el que escriben.

Haciendo gala una vez más de su marcado carácter religioso, los espartanos transformaron esta calamidad en un castigo divino enviado por el dios Posidón, enfurecido —tal como afirmaron entonces los damnificados— por el sacrilegio cometido por sus compatriotas cuando dieron muerte a unos hilotas que se habían refugiado en su templo del cabo Ténaro, al sur de la región de Laconia, en el que, como en muchos otros centros religiosos de la antigua Grecia, el derramamiento de sangre estaba taxativamente prohibido (véase cap. 11). Sería este grupo social el que protagonizaría los acontecimientos que siguieron al temblor y que desencadenaron una de las mayores crisis vividas en Esparta durante la Pentecontecia.

Las pérdidas demográficas, si bien no alcanzaron las cifras que nos proporcionan las fuentes antiguas, debieron de ser notables, pues el seísmo provocó el derrumbamiento de un gimnasio abarrotado de jóvenes espartiatas, generando un daño irreparable sobre la ciudadanía espartana y, por consiguiente, sobre la capacidad bélica de la militarizada polis, como revela el hecho de que Esparta no pudiera prestar ayuda a sus aliados de Tasos en la revuelta que llevaron a cabo ante Atenas ese mismo año.[8] Probablemente fuera esta circunstancia la que impulsara a la masa hilota de Mesenia a llevar a cabo la rebelión que derivaría en la «Tercera Guerra Mesenia». Las fuentes antiguas recalcan cómo, mientras los supervivientes espartiatas se esforzaban por recuperar lo poco que quedaría de sus pertenencias, el entonces diarca Arquidamo II ordenó de forma inesperada que se diera la señal de alarma propia del combate y que todos los varones en condiciones de portar armas se presentaran ante él:

> En efecto, mientras la ciudad era azotada por la fuerza terrible del seísmo, él [Arquidamo] fue el primero de los espartiatas que, tras tomar a toda prisa sus armas, se precipitó fuera de la ciudad en dirección al campo y ordenó a sus ciudadanos que hicieran lo mismo. Los espartiatas le obedecieron y de este modo los supervivientes consiguieron salvarse, y el rey Arquidamo los organizó sobre las armas y se preparó para hacer la guerra a los rebeldes.[9]

Fue la actitud del rey espartano la que salvó a su polis de la destrucción, pues, aprovechando la confusión generada tras el terremoto y el resentimiento de la maquinaria bélica del estado lacedemonio, los hilotas mesenios y laconios, unidos a dos comunidades periecas, se organizaron con la intención de acudir a Esparta y reducirla a cenizas. El enfrentamiento entre espartanos y rebeldes trascendió los procesos característicos de una sublevación —como los actos de guerrilla— y alcanzó una dureza propia de los combates hoplíticos, lo que se desprende del pasaje de Heródoto al respecto:

> Mardonio cayó a manos de Arimnesto, hombre de gran prestigio en Esparta, que en tiempos posteriores a las guerras médicas ejerció el mando sobre trescientos hombres, y murió con ellos en Esteniclero en una guerra contra todos los mesenios.[10]

El halicarnasio podría referirse, al hablar de trescientos hombres caídos, al cuerpo de *hippeîs* —la guardia real espartana—, estableciendo un paralelismo con el sacrificio de Leónidas y sus hombres en las Termópilas. De ser cierto el relato herodoteo, los hoplitas espartanos se habrían enfrentado en campo abierto a los rebeldes en la llanura de Esteniclero, la antigua capital de Mesenia, disipando las dudas entre el tipo de conflicto que se había establecido entre ambos contendientes.

Los efectivos hilotas habrían alcanzado tal potencial que podrían haber ocasionado una derrota sobre la flor y nata del ejército lacedemonio, a la que sin duda habría contribuido el terremoto anterior, que habría diezmado la soldadesca lacedemonia hasta reducir su cuerpo militar a los tres o cuatro mil soldados, la mitad de lo que Esparta podía poner sobre el campo de batalla a principios de la centuria.[11] Estos acontecimientos inducen a pensar que el estado espartano no había conseguido subyugar totalmente Mesenia a mediados del siglo v a. C., y que, en el momento de la Tercera Guerra Mesenia, Esparta se enfrentaba a un estado con plenas capacidades políticas y militares. Tucídides, por su parte, hace referencia a la lucha de los espartanos contra «los hilotas»,[12] en lugar de referirse a un único sector de esta clase social, dando a entender que Esparta se encontraba en guerra con la totalidad de sus súbditos no libres. Los contingentes periecos que se unieron a los sublevados agravaron la situación lacedemonia, habida cuenta de que su ejército necesitaba de sus hoplitas para hacer frente a amenazas externas e internas. Esta revolución de esclavos, por lo tanto, no era semejante a otras a las que Esparta pudiera haber hecho frente con anterioridad. Se trataba «no solo de la mayor convulsión sufrida por Esparta en el periodo clásico, sino también una de las revoluciones sociales más significativas de toda la antigua Grecia».[13]

El «insulto de Ítome»

Tras una serie de enfrentamientos militares sobre los que no nos detendremos, los hilotas terminaron refugiándose en la fortaleza del monte Ítome, un accidente geográfico que constituía un formidable bastión natural en el que las tácticas de combate hoplítico quedaban invalidadas por completo. Conscientes de la situación, los espartanos emplazaron a diversos estados griegos a tomar parte en un asedio que condujera a la rendición de los insurgentes, invocando para ello una de las cláusulas de la ya maltrecha Liga Helénica que precisaba la ayuda mutua de sus miembros en caso de rebelión de esclavos.[14] Atenas, en virtud de sus avanzados conocimientos poliorcéticos, también fue requerida. Aunque en la polis democrática existía un nutrido grupo político posicionado en contra de prestar ayuda a los espartanos, un cuerpo expedicionario de cuatro mil hoplitas (cifra proporcionada por el cómico Aristófanes)[15] partió de la ciudad en dirección a Mesenia con Cimón a la cabeza. Cabe recordar que el general ateniense, perteneciente a la aristocracia ática, no escondía su simpatía por las maneras espartanas (véase cap. 11), hasta el punto de que llamó a su hijo Lacedemón. Parece, en este sentido, que entre la nobleza ateniense existía cierto entusiasmo por el modo de vida espartano.[16] Sin duda, Cimón mantendría además una amistad con el embajador lacedemonio en Atenas, Periclidas, artífice de que se materializara el envío de hoplitas atenienses a Mesenia y quien, en contrapartida, nombró a su vástago Ateneo.[17] En definitiva, el político ateniense era partidario de mantener una doble hegemonía en Grecia, en la que Atenas fuera dueña de los mares y Esparta ejerciera su dominio en el continente.

La aparición de los soldados de Cimón en el escenario de operaciones mesenio terminó por empañar las ya frágiles relaciones entre Atenas y Esparta. Después de la batalla de Platea del 479 a. C., la sociedad espartiata se sintió gravemente enojada ante la decisión de Temístocles de eludir el deseo espartano de que las murallas de Atenas no fueran reconstruidas (véase cap. 11). Al año siguiente, la asamblea espartana (la *Apélla*) rechazó por pocos votos declarar la guerra a la polis ática (véase cap. 11). También se ha hecho alusión anteriormente a una plausible ayuda del ejército espartano a la ciudad de Tasos en su revuelta, que fue truncada, precisamente, por el ya visto terremoto del 464 a. C. y las consecuencias que le siguieron. Por estos factores, la asistencia prestada por los atenienses en la Tercera Guerra Mesenia constituye un interesante suceso que solo puede entenderse en el contexto de las luchas de la política interior de Atenas.

La llegada de los cuatro mil hoplitas a los pies del monte no produjo efectos visibles en un asedio que parecía no tener fin. No solo eso: ante la desesperada tesitura, las autoridades espartanas comenzaron a recelar de sus aliados atenienses. La idea de llevar individuos de obvia ideología democrática armados a asediar una posición tomada por esclavos rebelados contra sus señores agradaba cada vez menos a los lacedemonios, temerosos de una posible conspiración entre hilotas y atenienses que recrudeciera aún más la situación.[18] La inquietud espartana estaba bien fundamentada, dado que, al fin y al cabo, los hilotas —tan griegos como los atenienses— representaban para buena parte del mundo griego el auténtico espíritu del sur de la península del Peloponeso, un pueblo autóctono oprimido por la férrea oligarquía de Esparta, cuyos órganos supremos se negaban a aceptar a los hilotas como grupo étnico.[19] Las similitudes entre ambos colectivos, quizá, no habían sido tenidas en cuenta por el gobierno espartano cuando requirió la ayuda de Atenas, y la desconfianza aumentó conforme la plaza continuaba sin ser tomada.

Tras este periodo de prudencia, las preocupaciones de Esparta terminaron por provocar que, en el año 462 a. C., se despachara al ejército ateniense de entre todos los aliados espartanos y se le enviara de vuelta a su ciudad, argumentando que su presencia en Mesenia ya no era necesaria. Como era de esperar, la sociedad ateniense se tomó el despido como una desproporcionada afrenta, en lo que se conoce tradicionalmente como el «insulto de Ítome». La historiografía moderna no alcanza un acuerdo acerca de la verdadera razón por la que Esparta decidió prescindir de los hoplitas de Cimón. Algunos investigadores lo consideran una simple medida cautelar ante una posible confraternización de atenienses e hilotas,[20] al tiempo que otra parte de los estudiosos encuentran en el agravio indicios de una encubierta hostilidad espartana hacia todo elemento democrático.[21] Sea como fuere, las relaciones entre ambas *póleis* quedaron irremediablemente arruinadas y Esparta no pudo aprovecharse de la experiencia ateniense en lo referente a asedios. Atenas, por su parte, rompió todo lazo con la Liga Helénica y se apresuró a rubricar una alianza con Argos y Tesalia, hostiles al sistema lacedemonio. Cimón, lejos de ver cumplida su pretensión de una Grecia en paz con dos esferas de influencia bien definidas, acabó pagando con el ostracismo su solidaridad y empatía con el que se convirtió en estado antagonista.

¿Una intervención délfica?

La cronología del terremoto que azotó Laconia y de la posterior Tercera Guerra Mesenia no está en absoluto clara. Según Tucídides, la rebelión se demoró diez años.[22] No obstante, el historiador y militar coloca el inicio de los acontecimientos en el año 464 a. C. y su conclusión en una secuencia de acontecimientos que pertenece a la década del 460 a. C. La historiografía propone, por tanto, enmendar el manuscrito tucidídeo y estimar que el enfrentamiento tuvo una duración menor. Otra solución estribaría en adelantar el comienzo al año 469 a. C., fecha ofrecida por Diodoro de Sicilia, quien, sin embargo, hace finalizar la guerra en el 454 a. C.[23] En cualquier caso, la rebelión y el asedio posterior experimentaron un inesperado giro de los acontecimientos con la irrupción en escena del oráculo de Delfos, de acuerdo con las palabras de Tucídides:

> Los que estaban en Ítome, al no poder resistir ya más una lucha que duraba diez años, llegaron a un acuerdo con los espartanos, con la condición de salir del Peloponeso bajo las garantías de un acuerdo, y no volver a poner el pie nunca en él, y si alguno era sorprendido, que fuera esclavo de su capturador. Existía, por lo demás, un oráculo pítico, conocido por los lacedemonios desde mucho antes, que mandaba «dejar marchar al suplicante del Zeus del Ítome».[24]

A los espartanos no les quedó más remedio que poner fin a las hostilidades y permitir que los hilotas abandonaran la fortaleza. Atenas, dolida aún por el desprecio a sus soldados, supo aprovechar la coyuntura y ofreció a los mesenios establecerse en la estratégica ciudad de Naupacto, enclavada en el golfo de Corinto y recientemente arrebatada a los locrios ozolas, tomándose el desquite y asegurándose una posición privilegiada para atacar el Peloponeso en las guerras que estaban por venir.

Pero el vaticinio délfico parece más bien una adecuada manera de enmascarar el fracaso lacedemonio. Pese a su aura de invencibilidad, el ejército espartano solo estaba preparado para el combate cuerpo a cuerpo en campo abierto y no poseía apenas conocimientos de asedio de ciudades ni fortalezas. Con el despido de los cuatro mil hoplitas de Cimón se habría esfumado cualquier posibilidad de tomar Ítome, por lo que probablemente el asedio se habría prolongado sin mermar el espíritu de los defensores. Como en todo asedio infructuoso, las fuerzas atacantes habrían comenzado a sentir el peso de la fatiga bélica y se habrían desmoralizado ante la incapacidad de hacerse con la ciudadela. En vista de que la situación no iba a mejorar, las autoridades de Esparta habrían creído más conveniente llegar a un acuerdo por el que los hilotas conservarían la vida y la dignidad y se marcharían del Peloponeso.

La Tercera Guerra Mesenia, así, resultó ser un desastre para Esparta, dado que puso en evidencia el retraso de su ejército en técnicas militares especializadas como la poliorcética. Más relevante aún sería el daño económico causado por el éxodo hilota tras el oráculo: los esclavos se encargaban de los trabajos despreciados por los *hómoioi* y que estaban relacionados con la tierra propiedad de su amo.[25] El conflicto supuso asimismo una decepción para todos aquellos espartanos y atenienses esperanzados con mantener la paz y el equilibrio de poderes alcanzado tras las guerras médicas.

La segunda guerra sagrada: la lucha entre Atenas y Esparta por el control del oráculo délfico

Mientras que, en los años inmediatamente posteriores a la expulsión de los persas, los espartanos continuaban consultando al Apolo Pítico de una manera «espartana», esto es, sin destacarse particularmente por la magnitud de sus obsequios, Atenas llevó a cabo una monopolización del espacio sagrado délfico paralela a la creación de la Liga de Delos. En un terreno cada vez más repleto de monumentos concernientes a la historia triunfal helénica, la polis democrática cubrió el lugar con ofrendas que la presentaban como la dominadora del mundo griego que se estaba configurando tras el final de las Guerras Médicas: levantó un tesoro en la década del 470 a. C., construyó una estoa para exhibir el botín de sus victorias militares y, aproximadamente en el año 460 a. C., ofrendó una palmera de bronce con una estatua dorada de Atenea que conmemoraba el triunfo de la joven Liga de Delos sobre la escuadra persa en el río Eurimedonte, acaecido en el 467 a. C.[26] Delfos, así, quedó inconfundiblemente controlado por los atenienses.

Las intromisiones de Atenas en el espacio délfico no se limitaron a colmar de ofrendas propagandísticas el santuario. En el año 458-457 a. C., varias ciudades de la región de Dóride, donde se encontraba el templo de Apolo, fueron ocupadas por sus vecinos focidios, quienes, a su vez, gozaban del respaldo militar ateniense. Cuando Atenas decidió apoyar también la pretensión de Fócide de incluir a Delfos en su esfera política, las autoridades délficas apenas pudieron emitir una protesta. Por ello, el monopolio del santuario efectuado por los atenienses a través de sus ofrendas se convirtió, *de facto*, en un control político sobre la propia institución. La Anfictionía, en el ínterin, parecía mostrarse inactiva al respecto o, al menos, no se posicionó en contra de esta usurpación de la soberanía délfica por parte de Atenas. El dominio ateniense sobre Delfos durante estos años se plasmó en los oráculos emitidos por la pitia, que legitimaron en todo momento las acciones políticas de la polis ática.[27]

Ante la amenaza de que Atenas mermara significativamente su influencia en el santuario, Esparta reaccionó para intentar restablecer el equilibrio de poder sobre Delfos abandonando la sencillez que la caracterizaba en sus ofrendas y emprendiendo una ambiciosa campaña de recuperación de la hegemonía política sobre el recinto, a sabiendas de las intenciones atenienses y de la pérdida de autonomía del santuario. A la llegada de estas suntuosas ofrendas por parte de la ciudad-estado peloponesia se unió un factor inesperado para el mundo helénico: el envío de soldados espartanos al templo de Apolo para restituir la histórica independencia que Atenas había violado. Tucídides apenas dedica un breve párrafo a describir el acontecimiento:

> [...] Después de esto, los lacedemonios emprendieron la llamada Guerra Sagrada, se adueñaron del templo de Delfos y se lo restituyeron a los delfios. A su vez, algo más tarde, los atenienses, cuando aquellos se

> retiraron, hicieron otra expedición, se apoderaron de él y lo devolvieron a los focidios.[28]

Durante los primeros años de la década del 440 a. C. se repitieron las incursiones militares espartanas y atenienses a Delfos con el objetivo de controlar su santuario, en lo que la historiografía conoce como «Segunda Guerra Sagrada». Esparta tenía razones de peso para despachar a sus hoplitas a Delfos. Para empezar, en Esparta existía una vinculación sentimental con la región de Dóride, patria ancestral de los lacedemonios antes de las migraciones que llevaron a su etnia a ocupar la península peloponesia. Dicha conexión, que las autoridades espartanas supieron vincular religiosamente con el santuario délfico para ocupar el correspondiente asiento de la Anfictionía del santuario, podría haber impulsado las expediciones a Delfos más que las motivaciones políticas.[29] Además, como sabemos, los espartiatas acataban las profecías oraculares de este corruptible centro religioso con una gran seriedad, por lo que no es de extrañar que, bajo una fachada liberadora, Esparta interviniese en Dóride para propiciar un cambio de gobierno que los habitantes delfios sometidos por las autoridades focidias habrían aceptado de buen grado.

Una vez que el ejército focidio y su aliado ateniense fueron expulsados del santuario, los delfios consagraron una estatua de bronce que representaba a un lobo —aludiendo al mito referente a un gran lobo que ayudó a los espartanos—, en cuya parte superior inscribieron un decreto que honraba la contribución lacedemonia.[30] No obstante, tal y como indica Tucídides en su último extracto mencionado, la alegría de Esparta fue efímera. Los soldados atenienses, bajo el mando de un joven Pericles, regresaron a Delfos para tomar las pertinentes represalias y devolver el control del santuario a sus antiguos señores focidios. Este vaivén de expediciones procedentes de ambas *póleis* terminó en el invierno del año 445 a. C. sin un vencedor claro, pero Esparta salió aparentemente beneficiada de este enfrentamiento.

En primer lugar, la transformación de los patrones de las ofrendas lacedemonias hacia un modelo significativamente más lujoso había abarrotado el recinto de suntuosas donaciones con las que la polis del Peloponeso consiguió desbancar a su adversaria en lo que al control sobre el santuario se refiere. Por otra parte, los atenienses perdieron el dominio sobre Fócide, Lócride y Beocia tras la batalla de Coronea del año 447 a. C., revés al que se sumaron las defecciones de Eubea y Mégara (esta última tras una sublevación que terminó con la vida de toda la guarnición ateniense) a favor de la Liga del Peloponeso, terminando de un golpe con las aspiraciones de Atenas de establecer un imperio continental.[31]

En el año 445 a. C., estimulado por los nuevos integrantes de su alianza y aprovechando esta serie de infortunios atenienses, el ejército espartano decidió poner fin a las intromisiones atenienses en el continente y llevó a cabo una invasión del suelo ático con el diarca Plistoánax, hijo de Pausanias el Regente, a la cabeza. Sin embargo, la expedición no pasó de Eleusis y Trionio y se retiró de vuelta a Esparta, motivo por el que el diarca que la comandaba «fue expulsado de Esparta, por parecer que había sido sobornado».[32] Plutarco realiza una descripción más detallada de los sucesos relacionados con este rey y su teórica tendencia a evitar la confrontación:

> Pericles [...] no se atrevió a trabar combate con muchos y valerosos hoplitas en actitud provocadora; pero viendo que Plistoánax era muy joven, y que entre sus consejeros se dejaba guiar sobre todo por Cleándridas, a quien los éforos enviaron con él como guardián y asesor por su juventud, lo tentó en secreto y mediante soborno al punto lo convenció para que se llevara a los peloponesios del Ática. Cuando se retiró el ejército y se dispersó por las ciudades, los lacedemonios, indignados, multaron al rey con dinero; y aquel, como no podía pagar la suma, se marchó de Lacedemón. Respecto a Cleándridas, que se había dado a la fuga, lo condenaron a muerte.[33]

Plistoánax, que abogaba también por un sistema de hegemonía dual en la Hélade ejercida por la Liga del Peloponeso y el laconófilo Cimón al frente del gobierno ateniense, hubo de poner tierra de por medio y refugiarse en un santuario religioso de la región de Arcadia.[34] Volvería casi dos décadas después, en el marco de la Guerra del Peloponeso, donde de nuevo pondría en práctica una política pacifista.

Finalmente, Esparta y Atenas concretaron una paz por treinta años (nombrada por la historiografía, en un alarde de pragmatismo, «paz de los Treinta Años») que parecía singularmente beneficiosa para la primera. La celeridad y la facilidad de compromiso por ambas partes con las que el tratado fue firmado aportan, para un sector de los investigadores modernos, credibilidad a las acusaciones de soborno vertidas por Plutarco sobre Plistoánax. Según lo ratificado, los atenienses devolverían las plazas tomadas en la península del Peloponeso durante la guerra, al tiempo que Esparta reconocía a la Liga de Delos como sujeto político y, más importante, la posibilidad de ambas alianzas de integrar en su ámbito a los estados neutrales que considerasen necesarios. Así quedaban configurados los dos bloques antagónicos que medirían sus fuerzas en las últimas décadas del siglo v a. C.

En lo referente al santuario de Delfos, el control ejercido por Atenas se desvaneció. Esparta consiguió restaurar el equilibrio de poder y la autonomía del colegio sacerdotal apolíneo, como muestra la oleada de ofrendas procedentes de infinidad de *póleis* que se sucedió tras la Segunda Guerra Sagrada. Podría decirse que, dado el papel desempeñado en la liberación de Delfos del yugo focidio, Esparta gozaba en este momento de una posición ventajosa en sus relaciones con el oráculo y que había salido vencedora en su contienda con Atenas por hacerse con la supremacía del santuario, ganando así un valioso aliado en la contienda que impregnaría la segunda mitad del siglo.

Las pretensiones pacifistas de Pericles y Plistoánax y la frágil «paz de los Treinta Años» no lograron impedir el progresivo aumento de las fricciones entre Atenas y Esparta. Conforme avanzaron los años centrales del siglo v a. C., la incapacidad de los medios diplomáticos para resolver los problemas entre ambas *póleis* y sus respectivas alianzas se puso de manifiesto: en el mundo griego, toda actuación política de cualquier estado sumaba un grano de arena a la tensión interestatal que recorría la Hélade. La situación, finalmente, desencadenó el estallido de la Guerra del Peloponeso en el 431 a. C., en la que la Liga del Peloponeso, encabezada por Esparta, y la Liga de Delos, el imperio talasocrático ateniense, medirían sus fuerzas durante las siguientes décadas.

Cronología

827 a. C.	Construcción del Obelisco Negro. Primeras alusiones a los «Parsua» y los «Mada».
730/710 a. C.	Primera Guerra Mesenia.
669 a. C.	Batalla de Hisias.
c. 650 a. C.	Probable instauración de la Gran *Retra* en Esparta. Segunda Guerra Mesenia.
645 a. C.	Ocupación de Elam por el Imperio asirio.
632 a. C.	Conjura de Cilón en Atenas.
625 a. C.	Ascenso de Ciaxares al trono medo.
624/620 a. C.	Promulgación de las leyes de Dracón en Atenas.
614 a. C.	Saqueo medo de Assur.
612 a. C.	Los medos saquean Nínive.
c. 600 a. C.	Guerra entre Esparta y Tegea.
594 a. C.	Elección de Solón como legislador en Atenas.
585 a. C.	Ascenso de Astiages al trono medo.
c. 560 a. C.	Muerte de Solón y aparición de la tiranía de Pisístrato.
559 a. C.	Ascenso de Ciro el Grande al trono persa. Segundo gobierno de Pisístrato.
553/550 a. C.	Revuelta de Ciro el Grande, toma de Ecbatana y conquista de Media.
546 a. C.	Conquista persa de Lidia. Tercer gobierno de Pisístrato.
543 a. C.	Incendio en Delfos y destrucción de su templo de Apolo.

539 a. C.	Conquista persa de Babilonia. Redacción del *Cilindro de Ciro.*
538 a. C.	Los persas conquistan Jerusalén.
c. 530 a. C.	Campaña de Ciro contra los masagetas. Muerte del rey persa y ascenso de Cambises II.
528 a. C.	Sepultura de Ciro el Grande.
527 a. C.	Muerte de Pisístrato. Tiranía de Hipias e Hiparco.
525 a. C.	Campaña persa contra Egipto. Batalla de Pelusio.
523 a. C.	Muerte de Cambises II. Sublevación y muerte del mago Gaumata.
522 a. C.	Ascenso al trono persa de Darío I.
518 a. C.	Anexión total de Egipto al Imperio persa.
514 a. C.	Muerte de Hiparco.
513 a. C.	Conquista persa de Tracia. Campaña de Darío sobre los escitas.
512/511 a. C.	Sumisión de Macedonia al rey persa.
510 a. C.	Primera expedición espartana a Atenas.
508 a. C.	Elección de Iságoras como arconte de Atenas. Toma del poder por Clístenes y comienzo de las reformas democráticas.
506 a. C.	Segunda expedición espartana a Atenas. *Dichostasía* entre los diarcas lacedemonios.
502 a. C.	Instauración de la democracia en Naxos.
501 a. C.	Campaña persa sobre Naxos.
499 a. C.	Sublevación de Jonia.
498 a. C.	Toma e incendio de Sardes por los rebeldes jonios.
497 a. C.	Sublevación de Chipre. Batalla del río Marsias. Muerte de Aristágoras a orillas del Estrimón.
494 a. C.	Batalla de Lade. Batalla de Sepea.
493 a. C.	Fin de la rebelión jonia.

492 a. C.	Comienzo de la Primera Guerra Médica. Expedición de Mardonio. Frínico presenta *La toma de Mileto.*
491 a. C.	Huida del diarca Demarato a la corte persa.
490 a. C.	Expedición de Datis y Artafernes. Batalla de Maratón.
c. 490 a. C.	Muerte de Cleómenes I.
c. 488 a. C.	Ascenso de Leónidas I al trono agíada.
487 a. C.	Primer ostracismo documentado.
486 a. C.	Condena al ostracismo de Megacles. Rebelión en Egipto, muerte de Darío I y ascenso al trono de Jerjes I.
484 a. C.	Condena al ostracismo de Jantipo, padre de Pericles. Desaparición del reino de Babilonia.
482 a. C.	Triunfo en la *ekklesía* de Temístocles y condena al ostracismo de Arístides.
481 a. C.	Preparativos de Jerjes en el Helesponto. Creación de la «Liga Helénica» en el primer congreso de Corinto.
480 a. C.	Comienzo de la Segunda Guerra Médica. Segundo congreso de Corinto. Expedición helénica a Tempe. Batalla de las Termópilas y Artemisio. Batalla de Salamina.
479 a. C.	Batalla de Platea y Mícale. Asedio helénico de Tebas. Expulsión de los persas del territorio griego.
477 a. C.	Proceso judicial a Pausanias el Regente. Configuración de la «Liga de Delos».
476 a. C.	Toma de Eyón por Cimón.
c. 472 a. C.	Esquilo presenta *Los persas.*
c. 470 a. C.	Condena al ostracismo de Temístocles.
467 a. C.	Batalla del río Eurimedonte.
c. 465 a. C.	Asesinato de Jerjes I y ascenso al trono de Artajerjes I. Rebelión de Tasos.
464 a. C.	Terremoto en Laconia. Tercera Guerra Mesenia.
462 a. C.	«Insulto de Ítome».

460 a. C.	Revuelta en Egipto.
458/457 a. C.	Segunda guerra sagrada.
449 a. C.	«Paz de Calias».
447 a. C.	Batalla de Coronea.
c. 440 a. C.	Heródoto presenta *Historias.*
431 a. C.	Inicio de la Guerra del Peloponeso.

ABREVIATURAS

A.	Esquilo
Eu.	*Euménides*
Pers.	*Los persas*
AC	*L'Antiquité Classiquea*
Ael.	Claudio Eliano
VH.	*Historias diversas*
AJPh	*American Journal of Philology*
Alc.	Alceo de Mitilene
Ar.	Aristófanes
Ach.	*Los acarnienses*
Eq.	*Los caballeros*
Lys.	*Lisístrata*
Ra.	*Las ranas*
Arist.	Aristóteles
Ath.	*Constitución de los atenienses*
HA	*Historia de los animales*
Pol.	*Política*
Aristodem.	Aristodemo
Arr.	Arriano
An.	*Anábasis de Alejandro*
B.	Baquílides, *Odas y fragmentos*
BCH	*Bulletin de Correspondance Hellénique*

CJ	*The Classical Journal*
Ctes.	Ctesias, *Pérsica*
CPh	*Classical Philology*
CQ	*Classical Quarterly*
DB	*Inscripción de Behistún* (de acuerdo con la edición de L.W. King y R. C. Thompson, *The Sculptures and Inscription of Darius the Great on the Rock of Behistûn in Persia*, London, 1907).
D.	Demóstenes
De cor.	*Sobre la corona*
DHA	*Dialogues d'Histoire Ancienne*
D.S.	Diodoro Sículo, *Biblioteca Histórica*
E.	Eurípides
IT	*Ifigenia entre los tauros*
Eranos	*Eranos: Acta Philologica Suecana*
FGrH	F. Jacoby, *Die Fragmenta der griechischen Historiker*, Berlin-Leiden, 1958.
h.Hom. h.Ap.	*Himno homérico a Apolo*
Hes.	Hesíodo
Cat.	*Catálogo de mujeres*
Op.	*Trabajos y días*
Hesperia	*Hesperia: The Journal of the American School of Classical Studies at Athens*
Hdt.	Heródoto, *Historias*
Historia	*Historia: Zeitschrift für Alte Geschichte*
Hom.	Homero
Il.	*Ilíada*
Od.	*Odisea*
HPTh	*History of Political Thought*
Isoc.	Isócrates, *Discursos*

Iust.	Justino, *Epítome de las "Historias Filípicas" de Pompeyo Trogo*
JHS	*The Journal of Hellenic Studies*
Klio	*Klio: Beiträge zur Alten Geschichte*
Ktèma	*Ktèma: Civilisations de l'Orient, de la Grèce et de Rome Antiques*
Lycurg.	Licurgo
Leoc.	*Contra Leócrates*
Nep.	Cornelio Nepote
Milt.	*Vida de Milcíades*
Paus.	*Vida de Pausanias*
Pallas	*Pallas: Revue d'Études Antiques*
Paus.	Pausanias, *Descripción de Grecia*
Pind.	Píndaro
fr.	fragmentos
Pl.	Platón
La.	*Laques*
Lg.	*Leyes*
Mx.	*Menéxeno*
Plb.	Polibio, *Historias*
Plu.	Plutarco
Agis	*Vida de Agis IV*
Arist.	*Vida de Aristides*
Art.	*Vida de Artajerjes*
Cim.	*Vida de Cimón*
Mor.	*Moralia (Tratados morales y de costumbres)*
Per.	*Vida de Pericles*
Them.	*Vida de Temístocles*
Thes.	*Vida de Teseo*
Sol.	*Vida de Solón*

Sull.	*Vida de Sila*
Lyk.	*Vida de Licurgo*
Polis	*Polis: Revista de Ideas y Formas Políticas de la Antigüedad Clásica*
Polyaen.	Polieno, *Estratagemas*
POxy.	*Papiros de Oxirrinco*
QUCC	*Quaderni Urbinati di Cultura Classica*
QS	*Quaderni di Storia*
RBN	*Revue Belge de Numismatique et de Sigillographie*
RHR	*Revue de l'Histoire des Religions*
RSA	*Rivista Storica dell'Antichità*
S.	Sófocles
Ph	*Filoctetes*
Str.	Estrabón, *Geografía*
Th.	Tucídides, *Historia de la guerra del Peloponeso*
Theopomp.	Teopompo
Tyr.	Tirteo
fr.	fragmentos (con arreglo a la edición de E. Diehl, *Anthologia Lyrica Graeca*, II, Leipzig, 1942).
Val. Max.	Valerio Máximo, *Hechos y dichos memorables*
X.	Jenofonte
Eq.	*De la equitación*
Cyr.	*Ciropedia*
Hell.	*Helénicas*
Lac.	*Constitución de los lacedemonios*
ZPE	*Zeitschrift für Papyrologie und Epigraphik*

Bibliografía

ALBERTZ, A., *Exemplarisches Heldentum. Die Rezeptionsgeschichte der Schlacht an den Thermopylen von der Antike bis zur Gegenwart*, De Gruyter, Múnich, 2006.

ALONSO TRONCOSO, V., «Neutralismo y desunión en la Segunda Guerra Médica», en G. Pereira Menaut (ed.), *Actas Primer Congreso Peninsular de Historia Antigua (Santiago de Compostela, 1986)*, Santiago de Compostela, 1988, pp. 55-70.

ASHERI, D., «Simonide, Achille e Pausania figlio di Cleombroto», *QUCC* 77/2, 2004, pp. 67-73.

BARCELÓ, P. y HERNÁNDEZ DE LA FUENTE, D., *Historia del pensamiento político griego. Teoría y Praxis*, Editorial Trotta, Madrid, 2014.

BATTISTINI, O., «Les trières de Salamine», *DHA* 4.1, 2010, pp. 77-86.

BECKWITH, C. I., *Empires of the Silk Road: A History of Central Eurasia from the Bronze Age to the Present*, Princeton University Press, Princeton, 2009.

BETTALLI, M., «Erodoto e la battaglia di Platea. Tradizioni epicoriche e strategie narrative», en M. Giangiulio (ed.), *Erodoto e il modello erodoteo: formazione e trasmissione delle tradizioni storiche in Grecia*, Università degli studi di Trento, Trento, 2005, pp. 215-246.

BOEDEKER, D., «Epic Heritage and Mythical Patterns in Herodotus», en E. J. Bakker, I. J. F. de Jong y H. van Wees (eds.), *Brill's Companion to Herodotus*, Brill, Leidn-Boston-Colonia, 2002, pp. 97-116.

BONNECHERE, P., «La "corruption" de la pythie chez Hérodote dans l'affaire de Démarate (VI, 60-84). Du discours politique faux au discours historique vrai», *DHA* 8, 2013, pp. 305-325.

Bonner, R. J. y Smith, G., «Administration of Justice in the Delphic Amphictyony», *CPh* 38/1, 1943, pp. 1-12.

Bowden, H., *Classical Athens and Delphic Oracle. Divination and Democracy*, Cambridge University Press, Cambridge, 2005.

Bowra, C. M., *La Atenas de Pericles*, Alianza Editorial, Madrid, 2015.

Boyce, M., *A History of Zoroastrianism. Vol. II: Under the Achaemenians*, Brill, Leiden, 1982.

—, «Achaemenid Religion», en *Encyclopaedia Iranica*, 1/4, 1983, pp. 426-429.

Bresciani, E., «The Persian Occupation of Egypt», en I. Gershevitch (ed.), *The Cambridge History of Iran*, Cambridge University Press, Cambridge, 1985, pp. 502-528.

Briant, P., *From Cyrus to Alexander: A History of the Persian Empire*, Eisenbrauns, Winona Lake, 2002.

Brouwers, J., *Esbirros de Ares. La guerra en la Grecia arcaica*, Desperta Ferro Ediciones, Madrid, 2016.

Brun, P., *La bataille de Marathon*, Larousse, París, 2009.

Brunt, P. A., «The Hellenic League against Persia», *Historia* 2/2, 1953, pp. 135-163.

Burn, A. R., *Persia and the Greeks: The Defence of the West,* c. *546-478 B. C.*, St. Martin's Press, Nueva York, 1962.

Cartledge, P., *Sparta and Lakonia: A Regional History. 1300 to 362 B. C.*, Routledge, Londres, 2002.

—, *The Spartans: An Epic History*, Pan Books, Londres, 2003.

—, *Termópilas: la batalla que cambió el mundo*, Ariel, Barcelona, 2010.

Casillas, J. M., *La antigua Esparta*, Arco, Madrid, 1997.

Cassin-Scott, J., *The Greek and Persian Wars: 500-323 B. C*, Osprey Military, Londres, 1977.

Cawkwell, G., *The Greek Wars: The Failure of Persia*, Oxford University Press, Nueva York, 2005.

Chapinal, D., *Dodona y el Epiro. Vías y comunicaciones en torno al santuario*, Tesis Doctoral, Universidad Complutense de Madrid, Madrid, 2017.

D'Amato, R., «Arms and Weapons», en G. L. Irby (ed.), *A Companion to Science, Technology, and Medicine in Ancient Greece and Rome*, Blackwell, Hoboken, 2016, pp. 801-816.

DAVID, E., «Sparta's Social Hair», *Eranos* 90, 1992, pp. 11-21.

—, «Xénophon et le mythe de Lycurgue», *Ktèma* 32, 2007, pp. 297-310.

DE MIROSCHEDJI, P., «La fin du royaume d'Ansan et de Suse et la naissance de l'Empire perse», *Zeitschrift für Assyriologie und vorderasiatische Archäologie* 75, 1985, pp. 265-306.

DE STE. CROIX, G. E. M., *The Origins of the Peloponnesian War*, Bloomsbury, Londres, 1972.

DE SOUZA, P., *The Greeks at War: From Athens to Alexander*, Osprey Publishing, Oxford, 2004.

DEVELIN, R., «Miltiades and the Parian Expedition», *AC* 46/2, 1977, pp. 571-577.

DONLAN, W. y THOMPSON, J., «The Charge at Marathon: Herodotus 6.112», *CJ* 71/4, 1976, pp. 339-343.

EVANS, J. A. S., «Histiaeus and Aristagoras. Notes on the Ionian Revolt», *AJPh* 84/2, 1963, pp. 113-128.

FIELDS, N., *Ancient Greek Warship: 500-322 B. C.*, Osprey Publishing, Oxford, 2007.

FINLEY, M. I., *El nacimiento de la política*, Crítica, Barcelona, 2015.

FLACELIÈRE, R., *Greek Oracles*, Elek Books, Londres, 1965.

FONTENROSE, J., *Python. A Study of Delphic Myth and its Origins*, Biblo & Tannen, Nueva York, 1974.

—, *The Delphic Oracle. Its Responses and Operations with a Catalogue of Responses*, University of California Press, Los Ángeles, 1978.

FORNIS, C., «Espartanos en la pantalla (grande y chica)», en B. Antela-Fernández y C. Sierra Martín (coords.), *La historia antigua a través del cine. Arqueología, Historia Antigua y Tradición Clásica*, Editorial UOC, Barcelona, 2013, pp. 109-120.

—, «Pausanias el Regente y la *stásis* en la clase dirigente espartiata tras las Guerras Médicas», *Polis* 27, 2015, pp. 27-38.

—, *Esparta. La historia, el cosmos y la leyenda de los antiguos espartanos*, Editorial Universidad de Sevilla, Sevilla, 2016.

—, «Esparta como paradigma histórico en el cómic», en C. Eduardo Campos, L. F. Bantim de Assumpção y J. M. Gomes de Souza Neto (eds.), *História em Quadrinhos em Perspectiva para o Ensino de História*, Desalinho, Río de Janeiro, 2020a, pp. 123-136.

—, «Maratón: un legado de libertad en la memoria cultural occidental», *Desperta Ferro: antigua y medieval* 57, 2020b, pp. 52-56.

Fornis, C., y Domínguez Monedero, A. J., «El conflicto entre Argos y Esparta por la Tireátide y el culto a Apolo Piteo», *Gerión* 32, 2014, pp. 79-103.

Forrest, W. G., «Themistocles and Argos», *CQ* 10/3-4, 1960, pp. 221-240.

—, *A History of Sparta*, Bristol Classical Press, Londres, 1968.

Forsdyke, S., «Greek History, *c.* 525-480 B. C.», en E. J. Bakker, I. J. F. de Jong y H. van Wees (eds.), *Brill's Companion to Herodotus*, Brill, Leiden, 2002, pp. 521-549.

—, «Thucydides' Historical Method», en R. K. Balot, S. Forsdyke y E. Foster (eds.), *The Oxford Handbook of Thucydides*, Oxford University Press, Oxford, 2017, pp. 19-38.

García Romero, F., «La elegía de Simónides sobre la batalla de Platea», en C. Ames y M. Sagristani (eds.), *Estudios Interdisciplinarios de Historia Antigua. Volumen I.*, Editorial Brujas, Córdoba, 2007, pp. 247-261.

García Sánchez, M., *El Gran Rey de Persia: formas de representación de la alteridad persa en el imaginario griego*, Publicacions i Edicions de la Universitat de Barcelona, Barcelona, 2009.

Georges, P. B., «Ionia under Darius: The Revolt Reconsidered», *Historia* 49/1, 2000, pp. 1-39.

Giannelli, G., *La spedizione di Serse da Terme a Salamina*, Vita e Pensiero, Milán, 1926.

Giorgini, G. G., «The Riddle of Pausanias: Unraveling Thucydides' Account», *RSA* 94, 2004, pp. 345-384.

Gómez Espelosín, F. J., «El santuario de Delfos y la guerra», en A. Pérez Jiménez y G. Cruz Andreotti (eds.), *La religión como factor de integración y conflicto en el Mediterráneo*, Ediciones Clásicas, Madrid, 1996, pp. 29-53.

Graf, D. F., «Medism: The Origin and Significance of the Term», *JHS* 104, 1984, pp. 15-30.

Green, P., *The Greco-Persian Wars*, University of California Press, Londres, 1998.

HALL, J. M., *A History of the Archaic Greek World: ca. 1200-479 B. C. E.*, Blackwell, Oxford, 2010.

HAMMOND, N. G. L., «The Lycurgean Reform at Sparta», *JHS* 70, 1950, pp. 42-64.

—, «The Narrative of Herodotus VII and the Decree of Themistokles at Troizen», *JHS* 102, 1982, pp. 75-93.

HANSON, V. D., *Carnage and Culture: Landmark Battles in the Rise of Western Power*, Knopf Doubleday Publishing Group, Nueva York, 2002.

HARD, R., *El gran libro de la mitología griega*, La Esfera de los Libros, Madrid, 2016.

HARVEY, D., «Leonidas the Regicide? Speculations on the Death of Kleomenes I», en G. W. Bowersock *et al.* (eds.), *Arktouros: Hellenic Studies presented to Bernard M. W. Knox on the occasion of his 65th birthday*, De Gruyter, Berlín, 1979, pp. 253-260.

HENDRICKS, H. M., «The Battle of Sepeia», *Mnemosyne* 32, 1980, pp. 340-346.

HOLLAND, T., *Fuego persa. El primer imperio mundial y la batalla por Occidente*, Ático de los Libros, Barcelona, 2017.

HORNBLOWER, S., «The Dorieus Episode and the Ionian Revolt», en E. Irwin y E. Greenwood (eds.), *Reading Herodotus: A Study of the* Logoi *in Book 5 of Herodotus' Histories*, Cambridge University Press, Cambridge, 2007, pp. 168-178.

JACQUEMIN, A., «Guerres et offrandes dans les sanctuaires», *Pallas* 51, 1999, pp. 141-157.

JACQUEMIN, A. y LAROCHE, D., «Une base pour l'Apollon de Salamine à Delphes», *BCH* 112/1, 1988, pp. 235-246.

JAMESON, M. H. «A Decree of Themistokles from Troizen», *Hesperia* 29, 1960, pp. 198-223.

JARA HERRERO, J., «El papel del oráculo de Delfos en las Guerras Médicas», *Revista Universitaria de Historia Militar* 9/18, 2020, pp. 154-174.

KAGAN, D. y VIGGIANO, G. F. (eds.), *Hombres de bronce: hoplitas en la antigua Grecia*, Desperta Ferro Ediciones, Madrid, 2017.

KELLY, T., «Argive Foreign Policy in the Fifth Century B. C.», *CQ* 69/2, 1974, pp. 81-99.

KENT, R. G., *Old Persian. Grammar, Texts, Lexicon,* LLC, Connecticut, 1950.

KRENTZ, P., *The Battle of Marathon,* Yale University Press, New Haven-Londres, 2010.

KUHRT, A., *El Oriente Próximo en la Antigüedad (c. 3000-330 a. C.). Volumen 2,* Crítica, Barcelona, 2001.

LABARBE, J., «Chiffres et modes de répartition de la flotte grecque à l'Artémision et à Salamine», *BCH* 76, 1957, pp. 384-441.

—, *La loi navale de Thémistocle,* Presses Universitaires de Liège, Lieja, 2013.

LANG, M., «Herodotus and the Ionian Revolt», *Historia* 19/4, 1970, pp. 504-508.

LARSON, J., *Understanding Greek Religion,* Routledge, Nueva York, 2016.

LAZENBY, J. F., *The Spartan Army,* Pen & Sword Military, Warminster, 1985.

—, «The Defence of Greece, 490-479», *B. C.* S., l., Aris & Phillips, 1993.

LENDON, J. E., *Soldiers and Ghosts: A History of Battle in Classical Antiquity,* Yale University Press, New Haven-Londres, 2005.

LÉVY, E., *Sparte. Histoire politique et sociale jusqu'à la conquête romaine,* Éditions du Seuil, París, 2003.

LINCOLN, B., *Religion, Empire, and Torture: the Case of Achaemenian Persia, with a Postscript on Abu Ghraib,* University of Chicago Press, Chicago, 2007.

LIVERANI, M., *El antiguo Oriente. Historia, sociedad y economía,* Crítica, Barcelona, 1995.

LORAUX, N., «La "belle mort" spartiate», *Ktèma* 2, 1977, pp. 105-120.

LUPI, M., *L'ordine delle generazioni. Classi di età e costumi matrimoniali nell'antica Sparta,* Edipuglia, Bari, 2000.

—, «Amonpharetos, the *lochos* of Pitane and the Spartan System of Villages», en S. Hodkinson y A. Powell (eds.), *Sparta and Wa,* Classical Press of Wales, Swansea, 2006, pp. 185-218.

—, «Le origini di Sparta e il Peloponneso Arcaico», en M. Giuangiulio (ed.), *Storia d'Europa e del Mediterraneo. Il mondo antico, II, vol. III: Grecia e Mediterraneo dall'VIII secolo a. C. all'età delle guerre persiane,* s. e., Roma, 2007, pp. 363-393.

—, «Sparta and the Persian Wars, 499-478», en A. Powell (ed.), *A Companion to Sparta*, Blackwell, Hoboken, 2018, pp. 271-290.

Luraghi, N., «The Imaginary Conquest of the Helots», en N. Luraghi y S. E. Alcock (eds.), *Helots and Their Masters in Laconia and Messenia: Histories, Ideologies, Structures*, Center for Hellenic Studies, Washington D. C., 2003, pp. 109-141.

Lynn, W. T., «Eclipses during the War of Xerxes with the Greeks», *The Observatory* 7, 1884, p. 138.

Mactoux, M.-M., «Phobos à Sparte», *RHR* 210/3, 1993, pp. 259-304.

Malkin, I., *Myth and Territory in the Spartan Mediterranean*, Cambridge University Press, Cambridge, 1994.

Marín Valdés, F. A., «Plutarco, Temístocles y el santuario de Ártemis Proseóa», *Arys: Antigüedad, religiones y sociedades* 3, 2000, pp. 101-114.

Matthew, C. A. y Trondle, M., *Beyond the Gates of Fire. New Perspectives on the Battle of Thermopylae*, Pen & Sword Military, South Yorkshire, 2013.

Meiggs, R. y Lewis, D. M., *A Selection of Greek Historical Inscriptions to the End of the Fifth Century B. C.*, Oxford University Press, Oxford, 1969.

Molineux, J. H., *Simonides: A Historical Study*, Bolchazy-Carducci Publishers, Wauconda, 1992.

Montero, S., *Diccionario de adivinos, magos y astrólogos de la Antigüedad*, Editorial Trotta, Madrid, 1997.

Müller, S., «Delphes et sa région à l'époque mycénienne», *BCH* 116, 1992, pp. 445-496.

Murcia Ortuño, J., *Atenas: el esplendor olvidado*, Alianza Editorial, Madrid, 2016.

—, *Esparta*, Alianza Editorial, Madrid, 2017.

Nafissi, M., «Tucidide, Erodoto e la tradizione su Pausania nel V secolo», *RSA* 34, 2004, pp. 147-180.

—, «Pausania, il vincitore di Platea», en C. Bearzot y F. Landucci (eds.), *Contro le «leggi immutabili». Gli spartani fra tradizione e innovazione*, Vita e Pensiero, Milán, 2013, pp. 53-90.

—, «Oreste, Tisameno, gli *Ephoreia* e il santuario delle Moire a Sparta», en V. Gasparini (ed.), *Vestigia. Miscellanea di studi religiosi in onore di*

Filippo Coarelli nel suo 80° anniversario, Franz Steiner Verlag, Stuttgart, 2016, pp. 633-644.

OBST, E., *Der Feldzug des Xerxes*, Scientia Verlag, Leipzig, 1963.

OLIVA, P., *Sparta and her Social Problems*, Academia, Ámsterdam-Praga, 1971.

OSBORNE, R., *La formación de Grecia: 1200-479 a. C.*, Crítica, Barcelona, 1998.

—, *La Grecia clásica*, Crítica, Barcelona, 2002.

PAPAKONSTANTINOU, Z., *Sport and Identity in Ancient Greece*, Routledge, Londres-Nueva York, 2019.

PARKE, H. W. y WORMELL, D. E., *The Delphic Oracle, Vol. I: The History*, Blackwell, Oxford, 1956.

PARKER, R., «Greek States and Greek Oracles», *HPTh* 6/1-2, 1985, pp. 298-326.

PETTERSSON, M., *Cults of Apollo at Sparta: The Hyakinthia, the Gymnopaidiai and the Karneia*, Svenska Institutet i Athen, Estocolmo, 1992.

PICARD, O., «La découverte des gisements du Laurion et les débuts de la chouette», *RBN* 147, 2001, pp. 1-10.

PICCIRILLI, L., «Artemide e la metis di Temistocle», *QS* 13, 1981, pp. 143-166.

POMEROY, S., BURNSTEIN, S., DONLAN, W. y TOLBERT, J., *La antigua Grecia. Historia política, social y cultural*, Crítica, Barcelona, 2011.

POWELL, A., *Athens and Sparta. Constructing Greek Political and Social History from 478 B. C.*, Taylor & Francis, Londres, 2002.

PROIETTI, G., «La stele dei Maratonomachi (o "stele di Loukou")», *Axon* 4/1, 2020, pp. 31-50.

QUESADA SANZ, F., *Armas de Grecia y Roma. Forjaron la historia de la Antigüedad clásica*, La Esfera de los Libros, Madrid, 2014.

RAAFLAUB, K. A., «Archaic and Classical Greece», en K. A. Raaflaub y N. Rosenstein (eds.), *War and Society in the Ancient and Medieval Worlds*, Center for Hellenic Studies, Washington, 1999, pp. 129-161.

RICHER, N., «Le rôle de Delphes dans les pratiques militaires des Lacédémoniens, notamment à l'époque archaïque», en N. Birgalias *et al.* (eds.), *War-Peace and Panhellenic Games: in Memory of Pierre Carlier*, Institut du Livre, Atenas, 1998a, pp. 439-460.

—, *Les éphores. Études sur l'histoire et sur l'image de Sparte* (VIIIE-IIIE *siècle avant Jésus-Christ*, Publications de la Sorbonne, París, 1998b.

ROBINSON, E. W., *Democracy Beyond Athens: Popular Government in the Greek Classical Age*, Cambridge University Press, Cambridge, 2011.

ROGKOTIS, Z., «Thucydides and Herodotus: Aspects of their Intertextual Relationship», en A. Rengakos y A. Tsakmakis (eds.), *Brill's Companion to Thucydides*, Brill, Leiden-Boston, 2006, pp. 57-86.

ROISMAN, J., *Ancient Greece from Homer to Alexander. The Evidence*, Wiley-Blackwell, Oxford, 2011.

ROLLEY, C., «Les grands sanctuaires panhelléniques», en R. Hägg (ed.), *The Greek Renaissance of the Eighth Century B. C.: Tradition and Innovation. Proceedings of the Second International Symposium at the Swedish Institute at Athens*, Svenska Institutet i Athen, Estocolmo, 1983.

ROOBAERT, A., *Isolationnisme et impérialisme spartiates de 520 à 469 avant J.-C.*, Aedibus Peeters, Lovaina, 1985.

ROSS, W. y WELLS, H. G., *The Outline of History: Volume I. Prehistory to Roman Republic,* Barnes & Noble Publishing, Nueva York, 2004.

SANCISI-WEERDENBURG, H., «The Personality of Xerxes, King of Kings», en E. J. Bakker, I. J. F. de Jong y H. van Wees (eds.), *Brill's Companion to Herodotus*, Brill, Leiden-Boston-Colonia, 2002, pp. 579-590.

SCHRADER, C., «Sobre la estrategia persa en Salamina», en J. A. Beltrán, A. Encuentra, G. Fontana, A. L. Magallón y R. M.ª Marina (eds.), *Otium cum dignitate: estudios en homenaje al profesor José Javier Iso Echegoyen*, Prensas de la Universidad de Zaragoza, Zaragoza, 2013, pp. 757-764.

SCOTT, L., *Historical Commentary on Herodotus Book 6*, Brill, Laiden, 2005.

SCOTT, M., *Delfos. Historia del centro del mundo antiguo*, Crítica, Barcelona, 2015.

SEKUNDA, N., *The Persian Army: 560-330 B. C.*, Osprey Military, Londres, 1992.

—, *Marathon 490 B. C.: The first Persian invasion of Greece*, Osprey Publishing, Londres, 2002.

SHAHBAZI, A. S., «The Achaemenid Persian Empire (550-330 B. C. E.)», en T. Daryaee (ed.), *The Oxford Handbook of Iranian History*, Oxford University Press, Oxford, 2012, pp. 120-141.

SHEPERD, W., *Plataea 479 B. C.: The Most Glorious Victory Ever Seen*, Osprey Publishing, Oxford, 2012.

SIERRA, C., «Plutarco contra Heródoto: razones de una censura», *Talia Dixit* 9, 2014, pp. 23-46.

STANTON, G. R., *Athenian Politics, c. 800-500 B. C.: A Sourcebook*, Routledge, Nueva York, 1990.

STRAUSS, B., *The Battle of Salamis: The Naval Encounter that saved Greece -and Western Civilization*, Simon & Schuster Paperbacks, Nueva York, 2005.

SZEMLER, J., CHERF, J. y KRAFT, J. C., *Thermopylai. Myth and Reality in 480 B*, Ares, Chicago, 1996.

TARN, W. W., «The Fleet of Xerxes», *JHS* 28, 1908, pp. 202-233.

TAUSEND, K., «Der Lelantische Krieg - ein Mythos?», *Klio* 69, 1987, pp. 499-514.

TUCKER, S., *Battles that changed History: an Encyclopedia of World Conflict*, ABC-CLIO, Santa Bárbara, 2011.

VALDÉS GUÍA, M., «El proceso de sinecismo del Ática: cultos, mitos y rituales en la «primera *polis*» de Atenas», *Gerión* 19, 2001, pp. 127-197.

—, «Areópago y prítanos *ton naukraron*: crisis política a finales del siglo VII a. C. (de Cilón a Solón)», *DHA* 28/2, 2002, pp. 65-101.

VENEGAS RAMOS, A., *Pasado interactivo. Memoria e historia en el videojuego*, Sans Soleil Ediciones, Vitoria, 2020.

VIGGIANO, G. F., «La revolución hoplita y la aparición de la *pólis*», en Kagan y Viggiano 2017, pp. 133-156.

VON STAUFFENBERG, A. S. G., «Dorieus», *Historia* 9/2, 1960, pp. 181-215.

WATERS, M., *Ancient Persia: A Concise History of the Achaemenid Empire, 550-330 B. C. E.*, Cambridge University Press, Nueva York, 2014.

WIESEHÖFER, J., *Ancient Persia from 550 B. C. to 650 A. D.*, I. B. Tauris, Londres, 1996.

ZAHRNT, M., «Delphi, Sparta und die Rückführung der Alkmeoniden», *ZPE* 76, 1989, pp. 297-307.

Notas

Prólogo

1. Hdt., 1.4.4.

1. El Imperio persa: la formación de un dominio universal

[1] D.S., 2.32.4.

[2] Plu., *Art.* 1.4.

[3] Para Holland 2017: 49, no existe evidencia de que estos «Parsua» y el que conocemos como «persa» se traten del mismo pueblo.

[4] Miroschedji 1985.

[5] Liverani 1995: 704.

[6] Hdt., 1.104-107. La versión de las *Historias* de Heródoto utilizada es la perteneciente a Carlos Schrader (Madrid, Editorial Gredos), en cuyas traducciones y notas al respecto se apoya en buena medida el presente volumen.

[7] Hdt., 1.98.

[8] Kuhrt 2001: 306-308.

[9] Hdt., 1.107.

[10] Hdt., 1.108.

[11] Hdt., 1.119.

[12] *Cfr.* Liverani 1995: 709-711.

[13] Hdt., 1.124.

[14] Hdt., 1.127.2-3.

[15] Hdt., 1.129.3.

[16] Hdt., 1.55-56.
[17] Hdt., 1.32.5.
[18] B., 3.35-70.
[19] Wiesehöfer 1996: 2.
[20] Wiesehöfer 1996: 2.
[21] García Sánchez 2009: 74.
[22] Liverani 1995: 710.
[23] Hdt., 1.205.1.
[24] Heródoto parece confundir este río, al que da el nombre de Araxes. En la actualidad es conocido como Amu Daria.
[25] Hdt., 1.207.3.
[26] Hdt., 1.212.
[27] Hdt., 1.214.1.
[28] Hdt., 1.214.4-5.
[29] Especialmente para Jenofonte, quien en X., *Cyr.* 8.7.6-28 describe a Ciro falleciendo tranquilamente en su palacio.
[30] Briant 2002: 51.
[31] Kuhrt 2001: 315.
[32] Polyaen., 7.9.
[33] Hdt., 3.15.4. Se creía que la sangre de toro coagulaba al momento en la sangre del ajusticiado, provocando una muerte inmediata.
[34] Hdt., 3.29.
[35] Wiesehöfer 1996: 3.
[36] X., *Cyr.* 8.8.2.
[37] Hdt., 3.30.2.
[38] Hdt., 3.80-82.
[39] Hdt., 3.84.3.
[40] Hdt., 3.86.
[41] Sobre la inscripción, véase Wiesehöfer 1996: 13-21.
[42] DB 20-46.
[43] Kuhrt 2001: 318.
[44] Liverani 1995: 710.
[45] Briant 2002: 408-409.
[46] Kuhrt 2001: 347-348.
[47] Hdt., 5.52-54.
[48] Kent 1993: DB, 9.
[49] Kent 1993: DB, 78-81.
[50] Lincoln 2007: 17-22.

[51] Boyce 1982: 43-47.
[52] Boyce 1983.
[53] Arr., *An.* 6.29.
[54] Hdt., 3.31.
[55] Hdt., 1.131.

2. Atenas: el difícil camino hacia la democracia

[1] Plu., *Thes.* 22.1.
[2] Th., 2.15.2. Traducción de Antonio Guzmán Guerra.
[3] Hard 2016: 466.
[4] Este punto de vista es puesto en tela de juicio por Valdés Guía 2001: 150.
[5] Véase Murcia Ortuño 2016: 86.
[6] Acerca de esta magistratura, véase Valdés Guía 2002.
[7] Arist., *Pol.* 1247a.
[8] Pomeroy *et al.* 2011: 192.
[9] Es la fecha comúnmente aceptada, pero no existe unanimidad al respecto. Véase el estudio de Barceló y Hernández de la Fuente 2014: 150-151, quienes sitúan el acontecimiento en el año 555 a. C.
[10] Th., 1.126.4-5.
[11] Hdt., 5.71.2.
[12] Th., 1.126.8.
[13] Plu., *Sol.* 12.
[14] Th., 1.126.11.
[15] Pomeroy *et al.* 2011: 193.
[16] Murcia Ortuño 2016: 127.
[17] National Geographic, «Hallazgo truculento en Atenas: 80 esqueletos maniatados del siglo VII a. C.», «https://historia.nationalgeographic.com.es/a/hallazgo-truculento-atenas-80-esqueletos-maniatados-siglo-vii-ac_10285/6» [consultado el 20 de julio de 2020].
[18] Zahrnt 1989.
[19] Osborne 1998: 256-257.
[20] Arist., *Ath.* 4.1.
[21] Pomeroy *et al.* 2011: 194.
[22] Murcia Ortuño 2016: 130.
[23] El decreto puede encontrarse en Meiggs y Lewis 1969: 264-267.

[24] Plu., *Sol.* 17.1.
[25] Arist., *Pol.* 1274b10.
[26] Plu., *Sol.* 17.4.
[27] Plu., *Sol.* 17.3.
[28] Stanton 1990: 21.
[29] Pomeroy *et al.* 2011: 195.
[30] Osborne 1998: 257.
[31] Plu., *Sol.* 8.
[32] Plu., *Sol.* 12.
[33] Osborne 1998: 262.
[34] Pomeroy *et al.* 2011: 197.
[35] Arist., *Ath.* 6.
[36] Arist., *Ath.* 8.4.
[37] Plu., *Sol.* 19.1-3.
[38] Arist., *Ath.* 13.4.
[39] Hdt., 1.59.4.
[40] Hdt., 1.60.4-5.
[41] Arist., *Ath.* 13.5.
[42] Véase Stanton 1990: 65.
[43] Arist., *Ath.* 16.1-8.
[44] Pomeroy *et al.* 2011: 201-204.
[45] Fornis 2016: 102.
[46] Hdt., 5.91.1.
[47] Véase Bowra 2015: 27-32.
[48] Arist., *Ath.* 21.6.
[49] Pomeroy *et al.* 2011: 207.

3. Esparta

[1] Véase Forrest 1968: 24.
[2] Paus., 2.18.7.
[3] Cartledge 2003: 46-47.
[4] Tyr., fr. 1D.
[5] Cartledge 2002: 79-80.
[6] Casillas 1997: 11-12.
[7] En cuanto a la problemática suscitada en torno al uso del término «polis» para referirnos a la entidad política representada por la antigua Es-

parta, participo de la opinión al respecto de Fornis 2016: 36, para quien «no encontramos justificación para negar a Esparta la condición de ciudad-estado autogobernada por sus ciudadanos e independiente en política exterior, los dos rasgos más definitorios de la polis como entidad política representativa del mundo griego antiguo».

[8] Cartledge 2002: 100.

[9] Str., 8.4.4.

[10] Paus., 4.4.2. Traducción de María Cruz Herrero Ingelmo.

[11] Paus., 4.4.3.

[12] Fornis 2016: 39.

[13] Tyr., fr. 4D. Traducción de Francisco Rodríguez Adrados.

[14] Lupi 2007: 375.

[15] Fornis 2016: 41.

[16] Paus., 4.14.4.

[17] Sobre esta cuestión, véase Hammond 1950 y David 2007.

[18] Tyr., fr. 3D.

[19] Hdt., 1.65.3.

[20] Plu., *Lyk.* 1-2.

[21] Plu., *Lyk.* 8.

[22] X., *Lac.* 2-3.

[23] X., *Lac.* 7.

[24] X., *Lac.* 11-13.

[25] Hdt., 1.66.1.

[26] Plu., *Lyk.* 29.10.

[27] Hdt., 6.52.

[28] X., *Lac.* 15.2.

[29] Fornis 2016: 65.

[30] Hdt., 1.67.5; Murcia Ortuño 2017: 73.

[31] Murcia Ortuño 2017: 76.

[32] X, *Lac.* 10.2.

[33] Plu., *Lyk.* 26.3-5.

[34] Plu., *Lyk.* 26.6-7.

[35] Plu., *Lyk.* 6.8.

[36] Véase Fornis 2016: 68-69.

[37] X., *Lac.*, 10.2.

[38] *Cfr.* Richer 1998a: 442-449.

[39] Arist., *Pol.* 1272a11.

[40] Sobre esta institución en general, véase Richer 1998b.

[41] Pl., *Lg.* 692A. Traducción de Francisco Lisi.
[42] Arist., *Pol.* 1272a10.
[43] Plu., *Agis* 11.4-9.
[44] Plu., *Lyk.* 25.1.
[45] Hdt., 7.234.2.
[46] Hdt., 7.208.
[47] Plu., *Lyk.* 27.3.
[48] Hdt., 9.11.3.
[49] Paus., 3.20.6.
[50] Th., 1.101.2.
[51] *FGrH* 555 F13 *apud* Str., 6.3.2.
[52] Fornis 2016: 357.
[53] X., *Hell.* 3.3.6.
[54] Plu., *Lyk.* 28.3-4.
[55] Plu., *Lyk.* 28.7-11.
[56] Paus., 4.18.3.
[57] Paus., 4.17-18.
[58] Hdt., 1.66.3.
[59] Paus., 8.47.2.
[60] Hdt., 1.67.2.
[61] Hdt., 1.67.4.

4. La sublevación de Jonia

[1] Hdt., 1.142.3-4.
[2] Hdt., 1.146.1.
[3] Isoc., 12.49.
[4] Hdt., 4.98.2-3.
[5] Véase Ross y Wells 2004: 290-292.
[6] Hdt., 4.127.
[7] Véase ahora Beckwith 2009: 69.
[8] Hdt., 4.137.
[9] Hdt., 5.18-20. El halicarnasio trata de mostrar la afición a la bebida de ambos pueblos, considerados bárbaros por los «verdaderos» griegos: *cfr.* Plb., 8.11; Arr., *An.* 4.8.2; Hdt., 1.133.3-4.
[10] Hdt., 5.24.
[11] Waters 2014: 84.

[12] Hdt., 5.30.3.
[13] Evans 1963.
[14] Hdt., 5.31.1-3.
[15] Hdt., 5.33.4.
[16] Th., 1.129.1.
[17] Hdt., 5.35.3.
[18] Polyaen. 1.24.
[19] *Cfr.* Burn 1962: 197.
[20] Pomeroy *et al.* 2011: 212.
[21] Hdt., 5.49.7.
[22] Hdt., 5.50.
[23] Th., 3.86.3-4.
[24] Hdt., 5.97.2.
[25] Th., 1.15.3; Str., 10.1.11-12. Sobre la posibilidad de que este conflicto forme parte del conglomerado mítico helénico: Tausend 1987.
[26] Hdt., 5.100.
[27] Hdt., 5.101.
[28] Holland 2017: 208.
[29] Plu., *Mor.* 861B-C.
[30] Hdt., 5.105.2.
[31] Hdt., 5.111.2.
[32] Hdt., 5.112.
[33] Lang 1970.
[34] Hdt., 5.126.1.
[35] Th., 4.102.2.
[36] Hdt., 6.8.1-2.
[37] Hdt., 6.9.1.
[38] Hdt., 6.26-30.
[39] Hdt., 6.32.

5. La Primera Guerra Médica y la batalla de Maratón (492-490 a. C.)

[1] Hdt., 6.43.3.
[2] Forsdyke 2002: 530.
[3] Hdt., 6.43.4.
[4] Véase Cawkwell 2005: 88.

[5] Hdt., 6.44.1.

[6] Hdt., 6.44.2-3.

[7] Scott 2005: 200-201.

[8] Hdt., 6.45.1.

[9] Burn 1962: 223.

[10] Plu., *Them.* 1.

[11] Hdt., 7.133.1.

[12] Bonnechere 2013.

[13] Hdt., 6.50.1.

[14] Hdt., 6.66.2-3.

[15] Hdt., 6.75.3.

[16] Harvey 1979.

[17] Hdt., 6.95.1.

[18] Hdt., 6.100.3.

[19] Hdt., 6.101.3.

[20] Según Hdt., 6.105.1, la decisión fue tomada inmediatamente. Nep., *Milt.* 4.4 asegura que la discusión se alargó más de lo deseado.

[21] Hdt., 6.106.2.

[22] Véase Lupi 2000: 61-64. Pl., *Lg.* 698D-E atribuye a problemas en Mesenia la ausencia de espartanos en la llanura de Maratón.

[23] Véase Georges 2000: 37-39.

[24] Nep., *Milt.* 5.3.

[25] Paus., 7.15.7.

[26] Paus., 10.20.2.

[27] Sekunda 2002: 19.

[28] Nep., *Milt.* 5.1.

[29] Plu., *Mor.* 305A.

[30] Nep., *Milt.* 4.1.

[31] Val. Max., 5.3.

[32] Paus., 4.25.5.

[33] Pl., *Mx.* 240A.

[34] Iust., 2.9.

[35] Holland 2017: 191-195.

[36] Hdt., 6.112.1.

[37] Brun 2009: 56. Sobre la carga, véase Donlan y Thompson 1976.

[38] Hdt., 6.112.2-3.

[39] Hdt., 6.117.1.

[40] *Cfr.*, por ejemplo, Krentz 2010: 168.

[41] Pl., *Mx.* 240C.

[42] Paus., 1.14.5.

[43] Véase también Proietti 2020.

[44] Paus., 1.32.3.

[45] Krentz 2010: 171.

[46] Ar., *Ach.* 180-182.

[47] Véase Fornis 2020b.

6. Evolución y política greco-persa en el periodo de entreguerras (490-481 a. C.)

[1] Nep., *Milt.* 6.3.

[2] Hdt., 6.132.

[3] Hdt., 6.133.1.

[4] Nep., *Milt.* 7.1.

[5] Véase Develin 1977: 576.

[6] Hdt., 6.134.2.

[7] Nep., *Milt.* 7.3-4.

[8] Sobre esta discusión, *cfr.* Burn 1962: 258-259; Lazenby 1993: 81-83.

[9] Hdt., 6.136.1.

[10] Nep., *Milt.* 7.5.

[11] D.S., 10.30.1; Plu., *Cim.* 4.4.

[12] Plu., *Them.* 3.2.

[13] La fecha es puesta en entredicho por Picard 2001, que data el descubrimiento en torno a 520 a. C.

[14] Pomeroy *et al.* 2011: 222.

[15] Plu., *Them.* 4.1-2.

[16] Plu., *Arist.* 7.7-8.

[17] Finley 2015: 69-70.

[18] Hdt., 7.1.2.

[19] Sobre esta cuestión, véase Fornis y Domínguez Monedero 2014.

[20] Pl., *Lg.* 692D y 698E.

[21] Bresciani 1985: 509.

[22] Hdt., 7.2.3.

[23] *Ibíd.*

[24] Hdt., 7.24.1.

[25] Hdt., 7.34.

[26] Hdt., 7.35.1-2.
[27] Hdt., 7.37.3.
[28] Lynn 1884.
[29] Hdt., 7.56.1.
[30] Hdt., 7.55.2.
[31] Hdt., 7.59.3.
[32] Hdt., 7.83.1.
[33] Hdt., 7.184.2.
[34] Hdt., 7.186-187.
[35] Shahbazi 2012: 129-130.
[36] Holland 2017: 286.
[37] Véase Lazenby 1993: 91; De Souza 2004: 49.
[38] A., *Pers.* 340-345.
[39] *Cfr.* Graf 1984.
[40] Plu., *Mor.* 864E-F.
[41] Hdt., 9.15.4.
[42] Hdt., 7.129.1.
[43] Hdt., 7.6.2.
[44] Hdt., 7.130.2.
[45] Hdt., 6.83.1.
[46] Fornis 2016: 105.
[47] Hdt., 7.132.1.
[48] Hdt., 7.136.2.
[49] Plu., *Them.* 6.
[50] Hdt., 7.145.1.
[51] Paus., 3.12.6.
[52] Véase Brunt 1953.
[53] Hdt., 7.132.2.
[54] Hdt., 7.146.3.
[55] Hdt., 7.149.2.
[56] Hdt., 7.168.4.
[57] Hdt., 7.161.1-2.
[58] Plu., *Them.* 24.1.
[59] Nep., *Them.* 2.1.
[60] Th., 1.136.1.

7. La Segunda Guerra Médica (I). Grecia en llamas: la ofensiva persa

[1] Hdt., 7.172.2.
[2] Plu., *Mor.* 864E.
[3] Hdt., 7.173.4.
[4] Para profundizar en estas conclusiones, véase Lazenby 1993: 108-111.
[5] Hdt., 7.175.1-2.
[6] Lazenby 1993: 112.
[7] Hdt., 8.41.1.
[8] Jameson 1960. Traducción disponible en Pomeroy *et al.* 2011: 224.
[9] Hammond 1982.
[10] Hdt., 7.180.
[11] Hdt., 7.183.
[12] Hdt., 7.190.
[13] Green 1998: 62.
[14] Fornis 2016: 114.
[15] Hdt., 7.202-204.
[16] Isoc., 4.90.
[17] D.S., 11.4.5.
[18] D.S., 11.4.6-7.
[19] Paus., 10.20.2.
[20] Lazenby 1993: 134; De Souza 2004: 57.
[21] Hdt., 7.234.2.
[22] Plu., *Mor.* 225C.
[23] Plu., *Mor.* 866B.
[24] El carácter suicida de la expedición lacedemonia es puesto en entredicho por Matthew y Trondle 2013: 134.
[25] Hdt., 7.206.1.
[26] Hdt., 7.220.3.
[27] Hdt., 7.208.3.
[28] Hdt., 209.3-4.
[29] Véase David 1992. La atrevida comparación pertenece a Cartledge 2010: 130.
[30] Plu., *Mor.* 225B.
[31] Hdt., 7.210.1.
[32] D.S., 11.7.2.
[33] Hdt., 7.212.1.

[34] D.S., 11.8.2-3.
[35] Hdt., 7.213.1.
[36] D.S., 11.8.4.
[37] Montero 1997: 205.
[38] Plu., *Mor.* 225D.
[39] D.S., 11.10.1-2.
[40] Plu., *Mor.* 866A-B.
[41] Hdt., 7.223.4.
[42] Hdt., 7.231.
[43] Hdt., 7.2213.2.
[44] Véase Molineux 1992: 175-180.
[45] Hdt., 7.228.3.
[46] Lazenby 1993: 148.
[47] Véase Loraux 1977.

8. La Segunda Guerra Médica (II). Tras la estela de Leónidas

[1] Hdt., 7.36.1.
[2] Pl., *Lg.* 699B.
[3] Isoc. 4.93, 4.97 y 4.118.
[4] D.S., 11.3.7.
[5] A., *Pers.* 340-345.
[6] Hdt., 7.236.2.
[7] Atenas no desplegó en la batalla la totalidad de su flota: véase Labarbe 1957: 387-391.
[8] Hdt., 8.1.1-2.
[9] Hdt., 8.4-5; Plu., *Them.* 7.5., quien omite conscientemente la figura de Adimanto.
[10] Hdt., 8.6.
[11] Lazenby 1993: 129.
[12] D.S., 11.12.3.
[13] Hdt., 8.8.1.
[14] Véase Obst 1963: 119.
[15] D.S., 11.12.6.
[16] *Cfr.* Th., 2.83.5.
[17] Lazenby 1993: 139.
[18] Hdt., 8.12-13; D.S., 11.13.

[19] Hdt., 8.15.1.

[20] D.S., 11.13.2.

[21] Tal era la opinión de Tarn 1908: 219. Sobre las bajas del bando griego, véase Labarbe 2013: 182.

[22] Pind. fr. 77 *apud* Plu., *Them.* 8.2.

[23] Piccirilli 1981; Marín Valdés 2000.

[24] Plu., *Them.* 8.5.

[25] Hdt., 8.23.2.

[26] Hdt., 5.30.2.

[27] Plu., *Sull.* 15.4.

[28] Hdt., 5.32-33.

[29] Plu., *Mor.* 864F.

[30] Plu., *Them.* 8-10.

[31] Hdt., 8.50-54.

[32] Según Hanson 2002: 58-60, la de Salamina fue una de las batallas navales más importantes de la historia universal.

[33] Con carácter general, acerca de la figura de Dorieo, véase Von Stauffenberg 1960 y Malkin 1994: 192-218. Sobre la contribución de Crotona: Hornblower 2007: 175.

[34] Roisman 2011: 235.

[35] Hdt., 8.64.

[36] Hdt., 8.65.

[37] Hdt., 8.68.1α.

[38] Con carácter general: Schrader 2013.

[39] Véase Battistini 2010.

[40] Hdt., 8.75-76.

[41] *Cfr.* A., *Pers.* 395-405; Hdt., 8.83.

[42] Como planteó en su momento Gianelli 1926: 68.

[43] D.S., 11.18.2.

[44] D.S., 11.18.5.

[45] Hdt., 8.97; Plu., *Them.* 14.3.

[46] Hdt., 8.95; Plu., *Arist.* 5.1.

[47] Hdt., 8.87-88; *Cfr.* A., *Pers.* 465-470; Plu., *Them.* 13.1.

[48] Hdt., 8.90.

[49] D.S., 11.19.3.

[50] Lazenby 1993: 196.

[51] Hdt., 8.99.2.

[52] Hdt., 8.100.5.

[53] Strauss 2005: 220-222.

[54] Hdt., 8.108-112.

[55] Hdt., 8.124.3.

9. La Segunda Guerra Médica (III). El triunfo de la «causa» griega

[1] Hdt., 8.126.1.

[2] Hdt., 8.127.

[3] Hdt., 8.129.2.

[4] Paus., 9.26.3.

[5] Hdt., 9.133.

[6] Plu., *Mor.* 412-414 atribuye el milagro a un rechazo del ofendido dios a la consulta en lengua caria.

[7] Lazenby 1993: 211.

[8] Plu., *Arist.* 10.6.

[9] Véase S., *Ph.* 1329-1336.

[10] Hdt., 8.143.2.

[11] Hdt., 9.3.1.

[12] Highnett 1963: 271-272.

[13] Hdt., 9.5.3.

[14] Plu., *Arist.* 13.

[15] *Cfr.* D., *De cor.* 204, quien da el nombre de Círsilo al ajusticiado; Lycurg., *Leoc.* 122 solo habla de la ejecución de un hombre.

[16] Hdt., 9.6.

[17] Sobre la festividad, sirva Pettersson 1992: 9-41.

[18] Highnett 1963: 284-285.

[19] En torno a la guerra de Tegea, las luchas de legitimación y la preponderancia política espartana sobre el Peloponeso, véase ahora Nafissi 2016.

[20] Hdt., 9.9.2.

[21] Hdt., 9.10.1.

[22] Burn 1962: 505.

[23] Hdt., 9.13.2.

[24] Th., 1.89; Paus., 1.20.2.

[25] Hdt., 9.16.3.

[26] Sobre los efectivos persas en la batalla, véase Lazenby 1985: 100; Tucker 2011: 21; Fornis 2016: 125; Holland 2017: 392-393. Con carácter general: Sheperd 2012.

[27] Hdt., 9.20.

[28] Hdt., 9.21.3.

[29] Hdt., 9.24.

[30] Highnett 1962: 428.

[31] Hdt., 9.26.1.

[32] Sobre esta cuestión, sirva Betalli 2005: 229-233.

[33] Hdt., 9.28.1.

[34] Hdt., 9.31.3-4.

[35] Hdt., 9.38.2.

[36] Hdt., 9.45.2-3.

[37] Fornis y Domínguez Monedero 2014.

[38] Hdt., 9.53.1; véase Lupi 2006: 186-195, para quien Amonfáreto constituye uno de los oficiales de los trescientos *hippeîs* espartanos; Fornis 2016: 124-125.

[39] Hdt., 9.59.2.

[40] Acerca del ideal de muerte heroica en Esparta: Loraux 1977.

[41] Highnett 1962: 336.

[42] Hdt., 9.62.3.

[43] Pl., *La.* 191C.

[44] Hdt., 9.63.1.

[45] Plu., *Arist.* 19.1.

[46] D.S., 11.32.1.

[47] Hdt., 9.69; Highnett 1962: 338.

[48] Hdt., 9.66.

[49] Hdt., 9.64.1.

[50] A., *Pers.* 417.

[51] Hdt., 9.70.5; Plu. *Arist.* 19.5-7; D.S., 11.33.1.

[52] Hdt., 9.70.5; Ctes., *FGrH* 688F13; D.S., 11.32.5.

[53] A., *Pers.* 818-820.

[54] Hdt., 9.78.2-3.

[55] Hdt., 9.86.1.

[56] Hdt., 9.90.2.

[57] Hdt., 9.96.2.

[58] Tarn 1908: 228.

[59] *England expects that every man will do his duty.*

[60] [...] *We shall fight on the beaches, we shall fight on the landing grounds, we shall fight in the fields and in the streets, we shall fight in the hills; we shall never surrender* [...].

[61] Hdt., 9.98.3.

[62] Hdt., 9.99.3.

[63] Hdt., 9.103.1.

[64] D.S., 11.36.6.

10. El papel de la religión en el conflicto: el caso del santuario de Delfos

[1] Una reciente aproximación en Scott 2015.

[2] Flacelière 1965: 64.

[3] Sobre el lugar en época micénica, véase Müller 1992: 478-481.

[4] Rolley 1983: 113.

[5] Alc. fr. 307.

[6] A., *Eu.* 1-19.

[7] E., *IT* 1234-1258.

[8] *Cfr.* Plu., *Mor.* 438B.

[9] Véase ahora Larson 2016: 76-78.

[10] D.S., 16.26.6.

[11] Se reproduce y amplía, a continuación, buena parte de lo ya publicado en la *Revista Universitaria de Historia Militar*: véase Jara Herrero 2020.

[12] Así Parke y Wormell 1956: 165; Cartledge 1979: 128.

[13] Hdt., 7.205.3.

[14] Hdt., 7.220.3-4.

[15] Véase Fornis 2019:71-73.

[16] Szemler, Cherf y Kraft 1996: 44-59.

[17] *Cfr.* X., *Lac.* 9.

[18] Th., 4.16-27.

[19] Para profundizar en la cuestión del mito de las Termópilas, véanse Albertz 2006 y Fornis 2019: 316-342.

[20] Fornis 2019: 119.

[21] Scott 2015: 152.

[22] Hdt., 7.148.3.

[23] Sobre la batalla de Sepea y sus consecuencias: Hendricks 1980.

[24] Hdt., 6.76-80.

[25] Fornis 2016: 105. En torno a la actitud de Argos ante el Imperio persa y Atenas, sirvan Kelly 1974 y Robinson 2011: 24-26.

[26] Acerca de esta problemática, véase el estudio de Alonso Troncoso 1988.

[27] Scott 2015: 152.

[28] Hdt., 7.169.

[29] Hdt., 7.140.2-3.

[30] Hdt., 7.140.2.

[31] Parker 1985: 307-308; Bowden 2005: 100-103.

[32] Puede encontrarse el decreto de entrada en el conflicto en Meiggs y Lewis 1969: 23.

[33] Hdt., 7.148.4.

[34] D.S., 11.14.3-4.

[35] Hdt., 8.38.1.

[36] Paus., 10.8.7.

[37] Hdt., 9.42.2-3.

[38] Hdt., 7.132.2.

[39] Hdt., 9.81.1.

[40] *Cfr. h.Hom h.Ap.* 300-374; Plu., *Mor.* 417F.

[41] Theopomp. *FGrH* 115F193; véase también Fontenrose 1974: 515-517.

[42] En general, sobre esta cuestión: Jacquemin 1999.

[43] Scott 2015: 157.

[44] Paus., 10.14.5.

[45] La pieza es bien analizada por Jacquemin y Laroche 1988.

[46] Hdt., 8.122.1.

[47] Hdt., 8.122.3.

[48] *h.Hom, h.Ap.* 527-542.

[49] Th., 1.128.3, 1.128.7.

[50] Th., 1.132.2.

[51] Bonner y Smith 1943: 2-3.

[52] Plu., *Mor.* 873C-D.

[53] Th., 1.134.4.

[54] Parker 1985: 322.

11. De la gloria a la infamia. La caída en desgracia de Pausanias y Temístocles

[1] Asheri 2004.

[2] Fornis 2015: 31-32.

[3] Th., 1.94.

[4] Th., 1.95.

[5] Th., 1.128.3, 1.128.7.

[6] Th., 1.130.1-2.

[7] Fornis 2015: 33.

[8] Giorgini 2004.

[9] Hdt., 4.81.3.

[10] Hodkinson 2000: 295.

[11] Th. 1.132.4.

[12] Nafissi 2013: 58.

[13] Nafissi 2004: 169-170.

[14] Th., 1.128.1; Ael., *VH.* 6.7.

[15] Fornis 2015: 35.

[16] Th., 1.132.5.

[17] Th., 1.134.1.

[18] Fornis 2015: 35.

[19] Hodkinson 2000: 361.

[20] Plu., *Lyc.* 5.8.

[21] Plu., *Lyc.* 11.2; *Mor.* 227A

[22] Plu., *Agis* 11.8 y 16.6. Sobre el templo de Atenea *Calcieco* como lugar de refugio, véase Mactoux 1993: 281-282.

[23] D.S., 11.45.6-7; Nep., *Paus.* 5.3.

[24] Aristodem. *FGrH* 104 F1.8.5

[25] Plu., *Mor.* 530F.

[26] Th., 1.134.4.

[27] Parke y Wormell 1956: 183.

[28] Fontenrose 1978: 129-130.

[29] Nafissi 2004: 172-173.

[30] D.S., 11.50; Fornis 2016: 129. Sobre la asamblea, véase Roobaert 1985: 212-215.

[31] Fornis 2015: 34-35.

[32] Arist., *Pol.* 1301b y 1307b.

[33] Lupi 2018: 285 ve probable que fuera petición de Plistoánax, diarca en el momento.

[34] D.S., 11.27.2; Hdt., 8.123.

[35] Plu., *Them.* 17.4.

[36] D.S., 11.27.2.

[37] D.S., 11.39.

[38] D.S., 11.42.4.

[39] Plu., *Cim.* 16.2.

[40] Plu., *Them.* 20.4.

[41] Hdt., 8.111.3; *cfr.* Plu., *Them.* 21.2.

[42] Véase Forrest 1960.

[43] Th., 1.135.3.

[44] Th., 1.136.1.

[45] Chapinal 2017: 35.

[46] D.S., 11.56.2.

[47] D.S., 11.56.3.

[48] Th., 1.137.2.

[49] Aristodem. *FGrH* 104 F1.10.

[50] Th., 1.137.4.

[51] Hdt., 8.108.2-4.

[52] Th., 1.138.

[53] Plu., *Them.* 28.

[54] Plu., *Them.*29.1.

[55] Th., 1.138.5.

[56] Th., 1.138.4.

[57] D.S., 11.58.3.

[58] Ar., *Eq.* 83-84; Arist., *HA* 3.19.

[59] D.S., 11.54.1.

[60] Plu., *Them.* 31.4.

[61] Th., 1.138.6.

12. Desarrollo militar, equipamiento y tácticas de los contendientes

[1] Brouwers 2016: 50.

[2] Pomeroy *et al.* 2011: 108-109.

[3] Viggiano 2017: 135.

[4] Pomeroy *et al.* 2011: 133.

[5] Tyr., fr. 1D.

[6] Viggiano 2017: 147.

[7] Para entender la revolución hoplítica y las deliberaciones que ha originado, es fundamental Kagan y Viggiano 2017.

[8] Véase Raaflaub 1999.

[9] Cassin-Scott 1977 :34-35.

[10] Th., 4.32-36.

[11] Lendon 2005: 53, 63.

[12] Plu., *Mor.* 216C.

[13] Plu., *Mor.* 217E.

[14] Véase Quesada Sanz 2014: 109-114.

[15] Cassin-Scott 1977: 35.

[16] Hdt., 9.60.1.

[17] Hdt., 7.196.1. Traducción con ligera variación propia.

[18] Cassin-Scott 1977: 39.

[19] Cassin-Scott 1977: 33.

[20] Briant 2002: 261-264.

[21] De Souza 2004: 27.

[22] Hdt., 7.86.2.

[23] *Cfr.* X., *Eq.* 7.17-18.

[24] Cassin-Scott 1977: 34.

[25] X., *Cyr.* 6.2.8.

[26] X., *Cyr.* 7.1.27.

[27] Quesada Sanz 2014: 93.

[28] X., *An.* 1.2.9; 3.3.7.

[29] D'Amato 2016: 809-810.

[30] Cassin-Scott 1977: 37.

[31] Sekunda 1992: 24.

[32] Hom., *Il.* 16.168-170.

[33] Brouwers 2016: 92-93.

[34] Osborne 2002: 120.

[35] Ar., *Ra.* 208.

[36] Fields 2007: 14-15.

[37] Th., 1.49.1-4.

[38] Th., 4.9.1.

[39] X., *Hell.* 1.2.1.

[40] Osborne 2002: 121-123.

13. La cultura griega en el contexto de la guerra

[1] Osborne 2002: 194.

[2] García Romero 2007: 256-257.

[3] *POxy*. 3965.

[4] Hdt., 5.22.1-2.

[5] Sobre la participación de Alejandro de Macedonia en los certámenes olímpicos: Papakonstantinou 2019: 73-77.

[6] Hdt., 1.14.2-3.

[7] Th., 1.3.1-3.

[8] Hom., *Il.* 9.395.

[9] Hom., *Od.* 11.496.

[10] Hom., *Il.* 2.530.

[11] Hes., *Op.* 525-530.

[12] Paus., 10.7.6.

[13] Hall 2010: 270-275.

[14] Hdt., 2.178.1-2.

[15] Hes., *Cat.* 9, 10, 20-24.

[16] Osborne 2002: 195.

[17] Hall 2010: 268.

[18] Hdt., 9.11.2.

[19] Th., 1.96.1.

[20] A., *Pers.* 750-760.

[21] Véase Boedeker 2002: 102-103.

[22] Hdt., 7.10 ⊠ 3.

[23] Hdt., 1.140.1.

[24] Hom., *Il.* 1.1-7.

[25] Hom., *Il.* 2.494-760; Hdt., 7.61-99.

[26] Sancisi-Weerdenburg 2002: 585.

[27] Pomeroy *et al.* 2011: 228.

[28] D.S., 11.37.6.

[29] Burn 1962 :554.

[30] Th., 1.20.1.

[31] Th., 1.1.1.

[32] Rogkotis 2006: 58-61.

[33] Hdt., 9.3.1.

[34] Th., 6.24.1-3.

[35] Véase Forsdyke 2017: 23-26.

[36] Sierra 2014: 26-27.
[37] Plu., *Mor.* 854E.
[38] Sierra 2014: 42.

14. Las guerras médicas en la cultura popular contemporánea

[1] Luciano de Samósata, *Sobre un error cometido al saludar*, 3.
[2] Véase Fornis 2019: 293-295.
[3] Fornis 2013: 110.
[4] Fornis 2013: 111 lo indica con mejores palabras: «Y es que, abundando en este aspecto, detrás de todo este volcán escenográfico no se esconde otra cosa que una ideología *neocon*, esto es, reaccionaria, belicista y neoimperialista [...]».
[5] Una flamante aproximación a esta cuestión en Venegas Ramos 2020.
[6] D.S., 11.69.1.
[7] Leónidas y las Termópilas representan «el ariete del mito», para Fornis 2019: 316.
[8] Sobre la posible presencia del conflicto en el cómic, sirva Fornis 2020a.
[9] Fornis 2019: 307-308.

15. Epílogo. El mundo griego tras las guerras médicas

[1] Pomeroy *et al.* 2011: 235.
[2] Pomeroy *et al.* 2011: 236.
[3] D.S., 11.61.1-3.
[4] Th., 1.110.1.
[5] Pomeroy *et al.* 2011: 234-245.
[6] D.S., 11.63.1.
[7] Plu., *Cim.* 16.4.
[8] Hodkinson 2000: 117; Fornis 2016: 139.
[9] D.S., 11.63.6-7; *cfr.* también Plu., *Cim.* 16.6.
[10] Hdt., 9.64.2.
[11] Lévy 2003: 131.
[12] Th., 1.101.2.
[13] Así lo cree Oliva 1971: 163.
[14] Fornis 2016: 140.

[15] Ar., *Lys.* 1142-1145.
[16] El comediógrafo Aristófanes lo denomina «laconomanía»: Ar., *Av.* 1281.
[17] Th., 4.119.2.
[18] Fornis 2016: 141.
[19] Al hilo, véase Luraghi 2003.
[20] De Ste. Croix 1972: 180; Cartledge 1979: 220.
[21] Powell 2002: 110.
[22] Th., 1.103.1.
[23] D.S., 11.64.4 y 11.84.7.
[24] Th., 1.103.1-2.
[25] Fornis 2016: 357.
[26] Scott 2015: 168-170.
[27] Parke y Wormell 1956: 121.
[28] Th., 1.112.5.
[29] Gómez Espelosín 1996: 40.
[30] Scott 2015: 171.
[31] Fornis 2016: 146.
[32] Th., 2.21.1.
[33] Plu., *Per.* 22.2-3.
[34] Véase Cartledge 2003: 143.